イスラム主義

新たな全体主義

メフディ・モザッファリ
鹿島正裕 訳

風行社

ISLAMISM

A New Totalitarianism

by Mehdi Mozaffari

Japanese translation rights arranged with Mehdi Mozaffari
through Japan UNI Agency, Inc.

シャープール・バフティヤールに

〔目　次〕

【凡例】

- 多くの国の多くの固有名詞が出てくるが、著者自身が緒言の最後で「西洋以外の名前・称号・地名については、主要な新聞や雑誌のほとんどが用いているアプローチを採用し、もっとも一般的な表記を用いることを選んでいる。」と述べているように、英語圏で一般的に用いられている表記によっている場合が多い。本訳書においても、日本で知られている人物や地名の場合は、日本の主要な新聞や雑誌の多くが用いている表記に従っている。知られていない人物やアラビア語の術語等の場合は、それらの読み方との整合性を意識しつつ、原語の発音をなるべく尊重した（『岩波　イスラーム辞典』を参照した）。
- ただし、原語では長音になる音節は、英語表記ではそれと分からないし、日本語では一般的に短音表記になっている場合が多いので（たとえばイスラームをイスラムとする）、本訳書においても基本的にそうしている（アラビア語の術語等はかならずしもそうではない）。
- イスラム関連のアラビア語（一部はペルシャ語）の術語は、巻末に術語解説があるので訳注は付けなかった。
- 人名や歴史上の事件に関する原注は、中東関係を除けばあまり付されていないので、訳注も最小限にして、本文中で〔　〕内に記した。これに対して本文中の原注は、［　］で示した。
- 原書でイタリックになっている単語は、太字で表わした。

緒言

人間の歴史は、自らの運命をその手に握り自由になろうとした者たちと、他者を支配しようとした者たちとの間の闘争によって特徴付けられている。二者の闘争は、様々な形態をとってきた――抑圧された民衆の側では市民的不服従の行為、暴動や革命、そして他者の支配を目指した者たちが用いた無数の形態の物理的力、戦争、奴隷制や抑圧など。支配は様々な形態をとるが、常に巧みな操作を通じて行なわれ、巧みな操作は言説の助けを借りてなされる。言説は知的構成物であって、一行為者の、あるいは行為者の集団（政党、カースト、階級等）の行動を正当化しようとする。言説は、支配された民衆に、支配者の言説は公正であり、支配者の目標は被支配者の幸福実現なのだと納得させようと試みる。

歴史の過程において、宗教とイデオロギーは言説の最重要の源泉であった。宗教的・イデオロギー的言説は、二重の役割を果たす。それは一方で、人類を支配のくびきから解放すると称して自己の存在を正当化する。他方で、まさに同一の宗教やイデオロギーが、新たな種類の支配を正当化するのに用いられうる。共産主義、ナチズム、ファシズム、そしてイスラム主義は、全体主義的支配の異なる形態であって、イデオロギーに起源をもつか、イスラム主義の場合のように宗教的起源をもつのである。

イスラム主義が、本書の中核的主題をなす。私はマルクス主義、自由主義、ファシズム、その他あらゆる「主義」が取り扱われるのと同じ仕方でそれを取り扱おうと試みた。イスラム主義の基礎をよりよく理解するために、私は最初に、社会科学における同様の主題にとって適切な枠組みにそれを当てはめ、次にイスラムの枠組み、そして最後に私たちの現代世界のグローバルな枠組みに当てはめた。イスラム主義の研究がなぜ重要で、必要でさえあるのか、そしてその概念はいつ、どのように発明され使用されたか、それはいかなる意味で、誰によってであるかに光を当てようと試みた。

イスラム主義の起源と発展を、スンニー派のイスラム主義とシーア派のイスラム主義の双方について辿るのに、どこまで歴史を遡るべきだろうか？　本書において、イスラム主義のイデオロギー的根源が第二章で深く論じられ、第三章ではヨーロッパの全体主義との比較においてイスラム主義の勃興と衰退の問題が取り上げられる。シーア派の急進化過程は、イスラムの急進化に関する主流派の文献ではあまり論じられていないので、この問題を第四章で簡潔に取り上げる。

もう一つの重要な問題は、ムスリムの間で広まっている、失われたイスラム文明を復興させ、新たなムスリムの帝国を創出しようという夢である。この夢を実現することは可能となるだろうか？　ムスリムの思想家や著述家は、この質問にどう答えているだろうか？　第五章は、歴史の過程におけるイスラム文明の勃興と衰退の批判的分析に当てられている。それは、傾いた文明の再興は可能かという、より一般的な議論に導く。さらにもう一つの主要な問題は、非物質的価値、とりわけ表現の自由に関するイスラム一般の、そしてとりわけイスラム主義の立場である。これはたいへん今日的な問題であり、ラシュディ事件、ムハンマドの風刺画、**シャルリー・エブド**襲撃、そして世界中で見られた芸術家、著述家、ジャーナリスト、映画製作者への体系的抑圧以降、とりわけそうと言える。この問題は第六章で論じられる。

カール・シュミットによれば、行為者の行動を本質的に規定するのは、友人か敵かという未解決問題《プロブレマティーク》である。

それゆえ、この問題に関するイスラム主義者の見解について有用な知識を得ることが重要であり、それはコーランの宇宙の文脈で、第七章において論じられる。その章ではまた、同一の未解決問題に関する、今日もっとも影響力ある指導者やイデオローグ中のイスラム主義者の見解を提示する。

第八章は、イスラム主義者の世界観と彼らの思想的立場、また外部世界に対する彼らの反応を取り扱う。テロリズムの最終的結果は何かという疑問、イスラム主義政権の命運について予期されうる様々なシナリオの分析も、第八章に含まれている。

第九章の題「イスラム主義――新たな全体主義」は、本書のタイトルでもある。この章では、新たな全体主義としてのイスラム主義の若干の顕著な特徴を強調する。この未解決問題は、その複数の次元について明らかにさらなる追究を必要とする。この課題を、将来若い学者たちが果たすことを期待している。

イスラム主義が、高度に複雑で多面的な現象であることは明白だ。私は、その次元や側面をすべて取り上げたと言うつもりはない――それらの一つひとつが、それ自身丸ごと一冊の本の主題となりうる。そのかわりにイスラム主義の、私の見地からしてもっとも意義深い側面を取り扱おうと試みた。私の目的は、読者が、イスラム主義をその多重の、多様な色合いや形態においてよりよく理解するのを助けうる、持続可能な分析手段を提供することだった。

私は政治学徒であるから、本研究における私のアプローチが、主にこの学問分野によって吹き込まれたものであることをお断りしておくべきだろう。読者は、私の専門的・個人的背景についてより多くの情報を、第一章に見出されよう。

本書は、二〇一三年一〇月にデンマーク語で出版した作品の、改訂され最新化されたバージョンである。デンマーク語版は温かく受け入れられ、同年最良の書籍の一つに挙げられた。

オーフス大学のビジネス・社会科学部長トマス・パッレセン教授と、同大学の政治学科長ペーテル・ムンク・クリスティアンセン教授に、いつも非常に価値ある支援をいただいたと謝意を述べることは、私のうれしい義務である。原稿の様々なバージョンを、非常な忍耐心と粘り強さをもって読み、編集したアイダ・エリザベス・ウォーバーグにとりわけ感謝を捧げたい。ラウトレッジ社が、私が同社から出版した作品からいくらかの文章を再使用するのを認めてくださったことにも感謝する。

本書刊行までの全過程においてよく協力してくれた、ハンス・シラーとティム・ミュッケにも感謝したい。さらに、特別なお礼に値する人物がいる——フリードリヒ・エーベルト・シュティフトゥンク社のマグレブ地域部長ゲルト・エミル・リーザーだ。私がチュニスでリーザーに会った際、会話の中で彼は本書の適切な出版社としてフェルラーク・ハンス・シラー社を示唆してくれた。リン・リーンナー出版社社長のリン・リーンナーにも、特別な恩義がある。彼女の高く評価されている学術出版社が今や本書の共同出版者となり、私は非常に幸せである。原稿の改善に向けた彼女の個人的貢献は素晴らしく、私は彼女の知識と知恵から多くを学んだ。

最後に指摘しておきたいことだが、本書が広範な読者を得るようにという私の野心から、西洋以外の名前・称号・地名については、主要な新聞や雑誌のほとんどが用いているアプローチを採用し、もっとも一般的な表記を用いることを選んでいる。

メフディ・モザッファリ

コペンハーゲンにて、二〇一七年二月

第一章　イスラム主義の研究はなぜ重要か？

全体主義が矯正すると主張する諸悪の一つとして、全体主義それ自身より悪いものなどない。

アルベール・カミュ(1)

あるとき、ＥＵ委員会の委員長だったジャック・ドロールは、ヨーロッパ連合をＵＰＯ（Unidentified Political Object――未確認政治体）と定義した。彼はもちろん、この定義によって新しく前例のない政治的・経済的構成物としてのＥＵの特質や独自性を強調したかったのだ。ＵＰＯという隠喩は、イスラム主義にもＵＲＯ（Unidentified Religious Object――未確認宗教体）として適用できよう。本書は、このＵＲＯの正体を明らかにしようという野心を有する。

「イスラム主義」というラベルを、一七世紀末にフランスの著述家たちが最初に用いたことはほぼ確実である。『**ル・プチ・ロベール**』は、この単語への最初の言及を一六九七年とする。(2)啓蒙哲学者のヴォルテールは、この術語を使った最初の著述家の一人で、「この宗教は**イスラム主義**と呼ばれている」と述べた。(3)一八三八年の作品の中で、トクヴィルは「**イスラム主義**の根源を」ユダヤ教に見出した(4)。コサン・ド・ペルスヴァル、ゴビノー伯爵、エルネスト・ルナン、ベルナール・カラ男爵も同様にこの術語を使い、カラ男爵は「イスラム主義」を「使い古された宗教」と特徴付けた。

上述の著作者たちは、「イスラム主義」をそれぞれの作品である本または章の題の一部として用いている。コサン・ド・ペルスヴァルは、著書『**アラブ人のイスラム主義以前、マホメット時代の歴史についてのエセー**』（三巻、一八四七―九年）の題の中に用いた。この題は、著者の心中では「イスラム主義」が「イスラム」、すなわちムハンマドの興した宗教を意味していることを、明瞭に示している。ゴビノー伯爵は、著書『**中央アジアの宗教と哲学**』の第二章を**ペルシャのイスラム主義**の研究に捧げた。彼はイスラム主義を、イスラム以前に存在した諸宗教のカムフラージュされた混合物と考えている。このたいへん短い発言の後、ゴビノーはイランと中央アジアの諸社会の魅惑に満ちた分析を続けるが、「イスラム主義」のさらなる分析を行なうことには関心を示していない。ゴビノーが、「イスラム主義」という術語を「イスラム」という意味でのみ用い、いかなる特定の政治的・イデオロギー的含意も与えていないことはきわめて明白だ。何年か後にゴビノーの同時代人エルネスト・ルナンは、「イスラム主義」という術語を、とくに一八八三年三月二九日のソルボンヌ（パリ）で開かれた会議で用いた。その会議は、高度に論争的な側面のおかげでたいへん有名になり、今でもそうである。当時、サイイド・ジャマール・アル＝ディーン・アル＝アフガーニーという名の謎めいたムスリム思想家が、エジプト、ペルシャ、オスマン・トルコで扇動を行なっていた。彼はパリに滞在し、近代性と科学に対するイスラムの立場について活気あふれる論争に従事していた。ルナンが『**イスラム主義と科学**』についての講演を行なったのは、この文脈においてである。ルナンは、その時代の知的文脈に完全に同調して、「イスラム主義」を「キリスト教」（**クリスチアニスム**――英語の「クリスチアニティー」に当たる）の対応語として用いた。「イスラム主義」によって、ルナンは単純に「イスラム」を意味している。「イスラム」と「イスラム主義」を、互換可能な術語として使っているからだ。

「イスラム」と「イスラム的」は、西洋のイスラム学者、東洋学者、政治学者によってもっとも頻繁に使用される術語となった。様々な分野の次のような西洋の非常に多くの著述家たちは、こうした置換を実に明瞭に行なっている――マックス・ウェーバー（一九二〇年没）、イグナーツ・ゴルトツィエール（一九二一年没）、オズワルト・シュペングラー（一九三六年没）、アーノルド・トインビー（一九七五年没）、アンリ・ラウスト（一九七六年没）、フェルナン・ブローデル（一九八五年没）、クロード・カエン（一九九一年没）、ウィリアム・モンゴメリー・ワット（二〇〇六年没）、アン・K・S・ランプトン（二〇〇八年没）、サミュエル・ハンティントン（二〇〇八年没）、そしてフランシス・フクヤマ（一九五二年生まれ）。彼らの作品の索引に、「イスラム主義」の単語は見当たらない。一九七八―一九七九年のイランのイスラム主義革命以前は、「イスラム主義」と「イスラム主義者」という術語は、新聞記者の語彙にも事実上含まれていなかった。

語彙における変化は、アヤトッラー・ホメイニの指導下にイスラム主義革命が勃発したことで生じた。彼は政治的イスラムを説き、二〇世紀で初めての「**イスラム主義**政府」を樹立したのである。この宗教革命によって、その新たな現象の特異性を要約するために新たな語彙を見出すことが不可欠となった。突然、世界は、イスラムの歴史における新時代の「新奇さ」を把握するためとされる、多くの様々な術語や形式的ルールを目にした。例を挙げれば、「イスラム原理主義」、「急進的イスラム」、「イスラム復興」、そして「政治的イスラム」といった術語が頻繁に使われた。これらの術語は、数知れぬ本や無数の記事の題に登場したが、明確であると同時に曖昧だった。それらは、この種の「イスラム」が「イスラム」の他のバージョンとまったく異なることを示していた。しかし、この「イスラム」の「新たな」形態とは、正確には何を含んでいるのか？　その曖昧さは、ほとんど完全に残ったままである。たしかに、イスラムのこの特定の形態は（より）政治的で、しばしば暴力的であり、西洋に対して極度に批判的だし、最後に、ただし重要度最小というわけではないが、ムスリム世界の既成政権に断固とした敵意を抱いていたことが明らかになった。にもかかわらず、「イスラム原理主義」、「政治的イスラム」、「イスラム急進主義」、あるいは「急進的イスラム主義」の主要な特徴を定めるそのリストは、この現象の明確な概念化をもたらしていない。

概念の明確化の必要性が高まるには、九・一一の悲劇的事件が起きるのを待たねばならなかった。九・一一以来、「イスラム主義」という言葉の使用が世界中の政治家やジャーナリストの間で広がったのは事実である。同様に、学者が、イスラム主義のイデオロギー的内容に、注意を徐々に集中させてきたことが見て取れる。一九世紀の定義とは異なって、「イスラム主義」はもはや**クリスチアニスム**の模倣ではなく、むしろ新たな、独立した概念となっている。

しかしムスリムの著述家は、自分や同信者をどのように呼んでいるだろうか？　アラビア語では、ムスリムは**ムスリム**（男性単数）、**ムスリマ**（女性単数）、**ムスリムーン**（男性複数）、あるいは**ムスリマート**（女性複数）と呼ばれる。コーランは、**ムスリムーン**とともに**ムウミヌーン**（信仰者）という術語を用い、けっして**イスラーミッユーン**とは言わない。イスラムの古典的作品は、一般にコーランの専門用語を尊重している。四つの主要な学派（ハナフィー、マーリク、シャーフィイー、そしてハンバル）の神学者たちは、**ムスリムーン**か**ムスリム**を用い、**イスラミッユーン**は用いない。同じことが、偉大な中世の歴史家や法学者・思想家――イブン・イスハーク（七六八年没）、イブン・ヒシャーム（八三三年没）、ブハーリ（八七〇年没）、ファラビ（九五〇年没）、マスーディ（九五八年没）、マワルディ（一〇五八年没）、アヴィセンナ（一〇三七年没）、ガザーリ（一一一一年没）、アヴェロエス（一一九八年没）、イブン・ハルドゥーン（一四〇六年没）ら――にも見られる。近現代でも、一八・一九・二〇世紀のムスリムの著者間で同じ伝統が受け継がれていることが観察される。この傾向は、ムハンマド・イブン・アブド・アル＝ワッハーブ（一七九二年没、ワッハーブ派の創始者）、サイイド・ジャマール・アル＝ディーン・アル＝アフガーニー（一八九七年没）、ムハンマド・アブドゥ（一九〇五年没）、そしてラシード・リダー（一九三五年没）といった著者にも見て取れる。さらに進めると、二〇世紀に決定的な役割を果たしたムスリムの指導者たちも、その浩瀚な作品において「イスラム主義」を使わなかったと言うことができる。ハッサン・アル＝バンナ（一九四八年没）は、有名な『**ラサーイル**』（小冊子）という作品において、頻繁に「ムスリム」や「ムスリム同胞」という術語を、とりわけ自分の弟子たちの話しをするときに用いた。彼は「イスラム」を追究して、散発的に「**イスラーム・アル＝ハニフ**（真のイスラム）」あるいは「**イスラーム・アル＝シャーミル**（自足的イスラム）」という術語を用いた。ムスリム同胞団の熱狂的イデオローグのサイイド・クトゥブ（一九六六年没）も、また東南アジアの高名なイスラム主義指導者マウドゥーディ（一九七九年没）も、「イスラム主義」という術語を使わなかった。最後の例は、政治的イスラムを理論から現実のものとしたアヤトッラー・ホメイニ（一九八九年没）であろう。シーア派であるが、彼はスンニー派と同じ術語、すなわち**ムスリミーン**あるいは**ムサルマナーン**（ムスリムのペルシャ語版）を用いた。

しかしながら、多くのムスリムの著述家が実際に「イスラム主義」（**イスラーミーヤ**）を用いてきた。スーダンのハッサン・アル＝トゥラビ（二〇一六年没）は、自分の本『**アル＝イスラーム・ワル・フクム**（イスラムと政府）』の中でムスリム間の様々な分派を論じ、「政治的ムスリムで、イスラムが解決であり、イスラムが宗教と政府であり、イスラムが憲法であり法律だと考える者」を呼ぶのに**イスラーミッユーン**を用いた。[5] 一部の（ムスリムの）世俗的著述者は、ますます**イスラーミッユーン**を用いている――たとえば、チュニジアのサルワ・アル＝

シャルフィだ。[6] ラルビ・サディキの著書にはイスラム主義の徹底的分析が見られ、そこで彼はイスラム主義の言説や思想の批判的分析を提示した。ただし独立した研究としてではなく、著書の主要な問題（民主主義）への付録としてである。[7]『**諸イスラムと諸近代性**』の著者アジーズ・アル＝アズメーは、現代のイスラム運動を「政治的イスラム主義」と名付けており、「イスラム原理主義」といった言葉は使っていない。[8]

私の見解では、イスラム主義はなんと言っても第一にイデオロギーであり、そういうものとしてマルクス主義・ファシズム・自由主義等の他の政治的教義やイデオロギー同様に扱い、研究すべきだ。そうしてその起源、一組の思想・信念から様々な運動の塊へ、さらには政治体制への変容に至る発展を研究する必要がある。イスラム主義は、宗教に基づくイデオロギーという特質をもつ。イスラム主義の着想や模倣のイスラム的源泉を探ることが、決定的に重要である。そうした研究により、我々は世俗的なイデオロギーに着想を与えた諸宇宙とはまったく異なる宇宙へと導かれるだろう。我々はイスラム主義のような新概念に直面し、それが世界情勢において目立った役割を果たしていれば、その実質、メッセージ、そして他の諸概念の間で占めている地位を把握すべく、真剣に受けとめる必要がある。フランスの哲学者ミシェル・フーコーが、一九七九年にアヤトッラー・ホメイニの指導下にイランで起こったイスラム主義革命のメッセージを読み違えて、深刻な誤りを犯したことを思い出す。言説分析の父と認められているフーコーは、宗教に鼓舞されたこの革命を理解するのに劇的に失敗し、混乱したのだ。それはフーコーが、イスラムとイスラム的象徴・言説・儀式・教条等に十分な知識をもたなかったためだ。彼は明らかにイスラム主義を、ほとんど歴史をもたず、系譜も特定の生命ももたない概念と考えていた。フーコーは独特の事例だというわけではない。西洋の左翼知識人の無視しえない部分が、イスラム主義の反米的言説を本物の「反帝国主義的」傾向と誤って認識し、同情を表明し支持している――実はイスラム主義自身、帝国主義的教義を表わしているのだが。この誤読はやはり、イスラム主義の構成要素についての表面的知識によるものである。概念的側面に加えていくつか現実の、そして事実に関わる要素があり、それがイスラム主義のより詳しい検討を適切、いやむしろ不可欠なものとしている。

ムスリムの大きな共同体が、インド、中国、ロシア、そして西半球の諸国等、非ムスリム諸国で生活している。非ムスリム社会での生活へのムスリムの反応は、自治と独立の主張から差別への不平まで多岐にわたる。ヨーロッパでは、世俗的で民主主義に基礎をおく法律に対してシャリーア法を導入しようとする闘争が、大きな緊張を生み出し、ヨーロッパ社会への完全な統合をある面で困難にしている。今日の世界におけるイスラム主義の重要さにもかかわらず、それは適切に、あるいは十分に研究されてこなかった。こうした状況には、多くの理由がある。

第一に、イスラム主義は、元来西洋の**フェルシュテントニス**（Verständnis、理解）に近い、非西洋的概念を表わしている。西洋が支配する言説は自由主義的・キリスト教的・マルクス主義的の下位区分に分かれる。西洋の哲学・社会科学・人文学の学者たちは、それら諸学派の深い知識をもつだけでなく、彼ら自身それらを練り上げ、一貫してそれらの決定的発展に貢献している。それこそ、我々がスターリニズム・ナチズム・ファシズムに関してあれほど包括的に材料を収集し、ごく細部まで研究してきた理由である。しかしイスラム主義に関しては、他の全体主義的イデオロギーに対するほど広範な材料を見出せない。今のところ、西洋の政治学者・社会学者・哲学者は、イスラムの神学、イスラムの歴史、そしてイスラムの政治理論に詳しいことは滅多にない。この知識欠如は、イスラム主義のまさに本質を把握するために、明らかにハンディキャップをなしている。

第二に、西洋のイスラム学者は、伝統的にイスラムの深い知識と、イスラムの遺産の価値を高めることへの優れた貢献で知られている。しかしイスラムの専門家であることは、イスラム主義に関する調査をする資格のほんの一要素でしかなく、それには政治学一般の確かな知識が求められるのだ。現代のイスラム学者は、その部分をしばしば欠いている。

第三に、イスラム主義への還元主義的アプローチが支配的なことは、イスラム主義を理解する上で今一つの深刻な障害をなしている。このアプローチにおいては、イスラム主義はテロリズムのみに還元され、テロリズムはアル＝カイダや現在のＩＳＩＳ〔ＩＳ〕のような集団に要約される。これこそ、九月一一日の攻撃以降、西洋の諸政府が採用した手段である。ジョージ・Ｗ・ブッシュ大統領は、政府の政策として「対テロ戦争」を打ち出し、テロリズムと戦うためにヨーロッパと北米の諸国は何十億ドル、さらに何十億ドルと費やしてきた。この手段を選択したことは、もちろん政治的計算と無縁ではなかった。民衆の圧倒的多数はテロリズムに反対であり、したがって政府の反テロ政策パッケージを支持するだろう。この政策はまた、テロ行動の背後にある（そしてテロリストたち自身によって公然と主張されている）イデオロギーや宗教的枠組みについての目立った言及をひたすら避ける点で、有益な副次的効果をもった。バラク・Ｈ・オバマ大統領が就任して以来、アメリカの言説がイスラム主義へのいかなる言及からも故意に切り離されたことは事実である。ブッシュ大統領が、テロリストたちはイスラムを拐《かどわ》かしたと述べたとき、ムスリム諸国ではその言明を支持する声は一つもあがらなかった。しかし、同じ大統領がテロリズムの背後のイデオロギーを指さして、下手人たちを「イスラムのファシスト」と呼んだとき（二〇〇六年八月）、ほとんど全世界が立ち上がって彼を「イスラムとムスリムの敵」だと非難した。おそらくこの経験から、オバマ大統領は違う政策を採り、テロリズムに関連してイスラムやムスリム、イスラム主義に少しでも言及することを注意深く避けたのだ。彼は、単に「過激派」や「テロリスト」といった簡潔な用語を使うことで満足した。ＩＳＩＳが幾人かのアメリカや西洋のジャーナリストを恐ろしい仕方で処刑して初めて、オバマ大統領はイスラム主義に、きわめて慎重な仕方でだが、いくらか触れたのだった。

上述の諸要素に加えて、西洋の社会科学者は一般に、全体主義の時代は過去、すなわち二〇世紀前半に属すると考えている。それゆえ彼らは、新たな形態の全体主義が勃興する可能性を想像するのが難しいのだ。多くの西洋の学者や観察者の間で、イスラム主義の定義についてさえ混乱が見られることは、この現象のよい例である。ミシェル・フーコーによるイランのイスラム主義革命の歴史的誤判断は、新たな全体主義が政治体制として出現したことを、西洋の知識人や学者が読み違えた唯一の実例ではなかった。彼とともに、ヨーロッパとアメリカのほとんど全左翼が同じ誤りを犯したのだ。後で見るように、この革命を解放的なものと見なすのに躊躇する者は、それを適切な範疇に入れることが難しかったのだ。

さらに、ホロコースト症候群に言及すべきである。それは、ナチス政権下でのユダヤ人の悲劇的状況と、ヨーロッパにおけるムスリムの状況を比較するために意識的・無意識的に使われている。それゆえ、多くの公的討論者やオピニオン・メイカーは、イスラム主義が本物の概念であり、ヨーロッパで少数派のムスリムが受けている扱いとは独立したものだと考えるのを躊躇している。政治的正しさは代価を有する。その代価は、ときには絵を誤読したり、事実を見えなくさせる結果をもたらしかねない。これらの要因すべてが、イスラム主義研究の難しさを表わしている。同時にそれらは、そうした研究をバランスのとれた仕方で行なうことの緊急性を示しており、それこそ私がなそうとしていることである。

最後に我々は、一般に「アラブの春」と呼ばれる北アフリカと中東の一連の事件——二〇一〇年一二月に始まって、チュニジア・エジプト・リビア・イラク・シリア・イエメンで現在も様々な程度と異なる形態で進行中の——に注目すべきだ。それら諸国のすべてで、イスラム主義者がムスリム同胞団、アル＝ナフダ、ジャブハト・アル＝ヌスラ、ＩＳＩＳといった様々なラベル・名前の下で、驚くべき前進を見せている。多くの不明瞭な点があるが、この地域におけるイスラム主義運動の決定的重要さに疑問の余地はない。問題は、この新たな展開が新たなイスラム主義の勃興の前兆なのか、それとも同一の傾向でありデジャ・ヴュ〔既視〕の事件なのかということである。この問題は、本書の後の部分で論じよう。

全体主義との関わりで、イスラム主義の諸特質を検討しようとしてみよう。どのような要素がイスラム主義と古典的全体主義の双方に共通し、またイスラム主義にのみ固有のものは何か？　この疑問を探るには、まず本物の全体主義を特徴付ける諸要素の全体図を描かなければならない。その図が得られたら、現実世界にあるがままのイスラム主義にそれを適用する。そのようにすれば、古典的全体主義と新たなそれとの類似性と相違点について、一つの結論を得ることができよう。

方法論と個人的所見

いかなる学問的研究も、その主な理念、中心的な動機と目的は、新たな知識を創出するか既存の知識を改訂することである。新たな芸術作品を創造し、世界、自然、そして私たち人間の理解に向けて新たな窓を開くことが、様々な分野の研究者の目標である。理解（フェルシュテンニス）は、研究者の動機が何であれ――特定の目標、特定の政治体制、イデオロギー、宗教、その他の目的に奉仕すること等――、その方向に向けての第一歩だ。この意味では、新たな知識、新たな芸術、新たな音楽の生産は、それ自体一つの価値と見なされるべきである。人文科学と社会科学においては、客観性の問題が卓越した重要性をもつ。この問題についての長く終わりのない論争を経なくても、一作品の客観性はカール・ポパーの反証の定理、すなわちデータ・事実・事件の真正性の立証によって評価されなければならないことは明らかである。

イスラム主義が、本書の主題だ。それは複雑な現象である。イスラム主義の特別な複雑さは、特定の宗教、すなわちイスラムとの密接な共示《コノテーション》に存する。他の全体主義イデオロギーは、この特別な複雑さを免れている。ナチズム・共産主義・ファシズムは、いかなる宗教への愛着も喚起しない。それゆえ私の仕事は、二重の複雑さ、すなわち学術調査に特有の通常の複雑さと、この主題自体の性質そのものの複雑さに直面した。

より正確に言うと、「イスラム主義」との関係で「イスラム」を喚起することは、ただちに存在論的な未解決問題を作り出し、研究の主題をいっそう複雑にするのだ。宗教に関わることは何であれ、何らかの仕方で神秘化するリスクがあり、敏感さや疑念を引き起こしがちだ。それを何とか脱神秘化するために、イスラムとは何か？どのイスラムか？　真のイスラムはどうしたら、またどこで、発見できるのか？　といった質問をしてもよいはずだ。もし我々が、「標準的イスラム」はどのようなものか分かっていれば、こうした質問に答えられよう。実際はそうではない。測定手段として役立ちうる「標準的イスラム」といったものは、存在しない。もちろん、神の唯一性とムハンマドの預言の二つを確認するという、ムスリムの信仰告白（**シャハーダタイン**）はある。しかし、この根本的かつ基本的な原則についてさえ、ムスリムの間にコンセンサスはまったくない。シーア派の信仰者は、「アリーは神の友である」（**アリアン・ワリ・アッラーフ**）という第三の主張要素を付加する。さらに進んでイスラムの五柱を標準ととるなら、これもまた争われていることが分かる。（本物の）スンニー派にとっては、五柱とは①（上述の）**シャハーダタイン**、②**サラート**、すなわち日に五回、適切な仕方で祈りの儀式を行なうこと、③**ザカート**、すなわち貧者や困窮者を助けるために義援（あるいは慈善）税を払うこと、④**サウム**、すなわちラマダン月に断食すること、⑤**ハッジ**、すなわちメッカへの巡礼、である。シーア派は、それに**アドル**（神の正義）の原則を付加し、他の一部のムスリムはジハード、すなわちイスラムの名において戦争を始めることも、イスラムの柱の一つと信じている。たとえ今我々が、ムスリムの多数派は多かれ少なかれこれらの本質的要素に合意していると想定しても、それは最小限のものでしかない。次の問題は政治権力についてであり、カリフ政・イマーム政の問題であるとともに、ムスリムと非ムスリムの個人・共同体・国民間の関係規制に関わる、多くの重要な論点に及ぶ。それらの論点については、コンセンサスがまったくない。

イスラムにおいては、ヴァチカンのような機関の等価物は何もないし、聖座がカトリック教のために行なっているように公的イスラムを規定できる、教皇にあたる権威者もまったく存在しない。もっとも尊敬されるイスラムの学術機関であるエジプトのアル＝アズハルのシェイフでさえ、教皇の権威のような権威をまったくもたない。もちろんコーランがあるし、預言者ムハンマドのスンナと、一四世紀以上にわたる歴史がある。しかし、ムハンマドの死後三〇年経って成文化されたコーランは、多くの様々な、相矛盾しさえする解釈を受けてきた。それゆえ、ムスリムの過半数に受け入れられるような仕方で、イスラムを定義することは不可能である。こうして、イスラムは具体的で定義可能な実体というより、精神的構成物となる。無数の宗派、儀式、神学派に分かれており、それぞれが「真の」イスラムを代表すると宣言している。そのうえ歴史のこの時点において、ムスリムは未だかつてなく、互いに対して現実の戦争状態にある。かわりに私が、コーランとスンナの独自の解釈に基づいてイスラムを構成することもできる――自己製のイスラムである。その場合は、すでに存在する無数のイスラムのバージョンに、また一つのバージョンを付け加えるだけのことになろう。そういうわけで、この道を選ぶわけにはいかなかった。それにかえて、自分の理論的・分析的体系の基礎としていっそう堅固な土台を見出そうと、私は他所を探した。そして、「イスラム」より「イスラム主義」の概念が、私の求める必要な資格を保有するという結論に達した。出発点として、まさに現象の神秘的側面を避けるため、イスラム主義を宗教的主題ではなく通俗的主題と見なすことにした。それを確立した後、着想と愛着の「宗教的」源泉の探索がなされた。言い換えれば、私はイスラム主義を宗教的議論で説明しないし、イスラム主義がイスラムに則っているか否かを確かめるという課題に取り組むつもりもない。バッサム・ティビは国際的に知られたムスリムの学者で、イスラムとイスラム主義に関する多くの価値ある作品の著者であるが、自分の使命を次のように定義した――「最初に、私はイスラム主義に対してイスラムを擁護したい……次に、西洋の文明とイスラムの間の溝に、橋を渡すことに貢献したい。」(9) 私はこのような使命、すなわちイスラムを擁護するか非難することを、自分のものと認めない。

上述したように、イスラムはとらえがたく曖昧な概念であるばかりでなく、ムスリム自身の間で激しく口論や分裂がなされている主題である。しかし、イスラム主義についてはそうでない。本書の全体を通して見られるであろうように、イスラム主義の内容と主要な特徴については、イスラム主義者自身の間でも、またイスラム主義の研究者の間でも、コンセンサスが存在する。このコンセンサスのおかげで、イスラム主義の包括的な定義を、「概念上のコンセンサス」を導きそうな仕方で公式化することができる。「概念上のコンセンサス」とは、イスラム主義者として知られる指導的なムスリム人士の間ですべての、あるいは少なくとも多数派の、権威ある意見が収斂することを意味している。イスラム主義者の間で、イスラム主義の（イスラムの、ではなく）信条について概念上のコンセンサスが存在するからといって、彼らが互いに対立感情や敵意をもたないわけではない。それは政治的・戦術的問題であって、概念上の問題ではないのである。

このように、コーランとスンナの私自身の読み方や解釈を重要な一次資料とすることを排除した上で、私は具体的かつ立証可能な他の二つの柱に、研究を基礎付けることを選んだ。第一は、イスラム主義者自身のイスラム解釈、より正確に言えば彼らの「イスラム」定義の仕方であり、第二は歴史である。

この仕事は、言説分析を必要とする。それで私は、イスラム主義運動の指導者の言説を分析したが、対象にはシーア派とスンニー派のベテランであり指導的人物であるハッサン・アル＝バンナ、アブル・アラ・アル＝マウドゥーディー、サイイド・クトゥブ、アヤトッラー・ホメイニ、オサマ・ビン・ラーデン、そしてＩＳＩＳの指導者らを含めた。この仕事から見えてくる共通の言説から、著者たちの宗派的・政治的・文化的・地理的・言語的差異にもかかわらず、みな本質的には同じことを表明していると分かる。それゆえ、この段階で我々は、この八〇年を通してもっとも著名なイスラム主義の権威者たちによって表明された、有資格のイスラム主義者によるイスラムの定義を手にする。この想定に基づき、私はイスラム主義の次のような定義の公式化を行なう――イスラム主義とは、イスラムの全体主義的解釈に基づく、宗教に着想を得たイデオロギーで、その究極的目標は、いかなる手段を用いても世界を征服することである。この定義は、有効な定義の二つの必須基準である、排他性と包括性に基づいている。すなわち、イスラム主義の言説に無縁な要素は何ら含まない一方で、イスラム主義の言説に含まれる有意義な要素をすべて包含している。

イスラム主義の定義をこのように公式化したところで、イスラム主義の分析においては歴史の利用が重要であると、簡潔に言及しておく必要がある。歴史はすべてを語りはしないが、多くを語る。歴史はある意味で、理論の実行による具体化である。理論・哲学・宗教の具体化は、創始者のメッセージとけっして一致しない。歴史は、創始者のメッセージが、その後の様々な時期に様々な変化や動揺を見せることを示す。歴史は組織的であれば有用だが、さもなければ原料の首尾一貫しない塊でしかない。私はこの点で、フェルナン・ブローデルの手法が適切な作業方法だと思う。ブローデルは、歴史における事象の三つの範疇を区別する――単発的（**エヴェヌマンシエル**）、循環的（**コンジョンクチュレル**）、長期的（**ロング・デュレ**）である。[10] 私はこれを、自分の仕方で適用しようとしてきた。たとえば、『イスラム主義のイデオロギー的根源』において、現代のイスラム主義に似た初期の行動や言説を求めて、歴史を遡った。それによって紀元七世紀に辿り着いた。ムスリム同胞団の結成を研究した際には、それを第一次大戦後の社会や、ヨーロッパでの諸帝国崩壊の文脈に位置付けた。イスラム主義の展開を扱ったときには、時期区分を行なって各時期の特徴を述べたが、それは有益かつ啓発的だった。

さて、ここで著者の個人史について若干述べるべきだろう。研究者には、人生の偶然により好むと好まざるとにかかわらず関係付けられたか、押し付けられたいくつかの主題――しばしば劇的かつ悲劇的でさえある――があるものだ。こうした場合その研究者は、研究のトピックと彼の「異常な」関係（言葉の文字通りの意味で）について、何らかの仕方で読者に伝える義務がある。もし著者が戦争、革命あるいはテロ行為の犠牲者となり、その戦争、革命あるいはテロ行為の研究を志すなら、その研究主題に同様の個人的関係を何らもたない他の研究者と同じ仕方でその主題を扱うことができないのは、私にとって明らかである。著者と研究主題の間のこの種の関係は、視角の選択、諸要素間の優先順位の設定、行為者・場所・事件への同情あるいは反感に影響するであろう。若干の有名な著者の人生の物語は公衆に知られているが、私の場合はそうでない。ドイツの哲学者で政治学者のハンナ・アーレントの個人的運命は、全体主義に関する研究の選択にたしかに影響した。生まれた国でナチズムが勃興したため、彼女はドイツを離れてアメリカ合衆国へ行かざるをえなくなり、そこでアメリカ市民になった。多くの人が毎日していることは、国や国籍を変えるほどの問題ではない。アーレントと同様な事例では状況はまったく別で、嫌々ながら国や国籍を変えるのである。それはアイデンティティーの変容、あるいは少なくともアイデンティティーの重要な部分、世界観、人間観を変えることである。あなたの友人・隣人・家族のメンバーさえもが、なぜ、そしてどのように、一夜にしてあなたの敵になるのか？　そしてあなたはどのようにして、彼らを「対敵協力者」かつ「裏切り者」と見なすようになるのか？　ここで言いたいのは、全体主義政権と同様の経験をもったことのない研究者は、おそらくハンナ・アーレントと違った風に全体主義を扱うだろうということだ。

私は、嫌々ながら巨大な動乱の犠牲者となり、人生に劇的な影響を受けた研究者の範疇に属する。三九歳の時、私は一九七九年のイランのイスラム主義革命から逃れ、私の国、私の生地、私の所有物、テヘラン大学での私のキャリア、私の友人、私の家族、そしてとくに私の本！を後にした。私は、シャー政権の支持者ではないが、この革命に反対した少数者の一人だった。それゆえイスラム主義研究への私の特別な興味は、私の人生及びイラン人すべての人生、さらには中東の一般情勢をあれほど激烈に変え、世界政治に大きな衝撃を与えたこの現象を理解したいという渇望によって、動機付けられていることを否定できない。劇的な事件によって影響されることは理解できるし、不可避ですらあり、おそらく個人の、あるいは集団のトラウマを引き起こす。それゆえ、影響された研究者が彼の状況を自覚し、望むと望まざるとにかかわらず関係付けられた事件の個人的日記を書くのか、その現象の本物の研究に従事するのかを、選択することが肝要である。それは、冷静で本物の研究の過程は、その研究者の側に、恒常的な内面の闘争を要求することを意味する。研究過程が開始されたら、それは研究者の実存的状況と無関係に、それ自体の論理に従わなければならない。『ビヒモス』（一九四二年）の著者フランツ・ノイマン、『大衆国家と独裁——恒久の革命』（一九四二年）の著者シグマンド・ノイマン、『全体主義の起源』（一九五一年）の著者ハンナ・アーレント、『全体主義的独裁と専制』（一九五六年）の著者カール・J・フリードリヒとズビグニュー・K・ブレジンスキーのような研究者は、自分自身の経験にもかかわらず、研究の本物の過程を尊重して正直な作品を生み出した著者の部類である。私の能力は限られているが、私もこれらの著者たちが踏みしめた同じ道を辿ろうと努めた。私の人生、私のキャリアを変え、私を自国から、おそらく永久に離れさせたこのイスラム主義を、私は理解したいのだ。何千何万もの人々が自分の命を捧げようとしている、このイスラム主義とは何なのか？　イスラム主義のイデオロギー的・歴史的起源は何なのか？　イスラム主義者は何を欲するのか？　イスラム主義者はなぜ、あれほど断固として世界秩序を変えようとしているのか？

　これらが、私が本書で答えようとしたいくつかの疑問である。イスラム主義研究を通じて、私は自分の個人史が研究を導くことのないように努めてきた。学問的研究を支配する一般的ルールを尊重するためだけでなく、第一には私自身のためにである。あなたを傷付けたある現象の真の姿を発見するための最良の方法は、怨恨や怒りによることではないだろう。それは、あなた自身を自分の感情から十分遠ざけて、その現象を「普通の」調査対象と見なすよう努めることで達成されるだろう。研究主題への私の執着をすでに知らされた読者は、私が何について好意的でありうるか、何について偏見をもっているかもしれないか、自分で見抜くことができるかもしれない。いずれにせよ、これ、すなわち正直に命題や議論、データ、出来事を提示することが、本書を書くにあたっての私の方針であった。私はこのアプローチを、フランスにおけるイスラム社会学の分野のベテランであるマクシム・ロダンソンから学んだ。博士論文のためのデータを集め始めたとき、私は彼に自宅で会って、「調査にあたって、どうすれば客観性を得られるでしょうか？」と尋ねた。彼は私をじっと見て、ほほえみながら「親愛なる友よ、社会科学においては絶対的客観性なぞないのです」と言った。この答えはショックだった。私はちょっとまごつきながら、「どうすれば資格を満たす研究ができるのですか？」「そうした研究の基準は何ですか？」と応じた。ロダンソンは「ずるをしないことです！　つまり研究者は、すべての議論を提示して、彼が他ならぬこの特定の議論、あるいは命題を選んだ理由を論じなければなりません」と答えた。これはたしかに、私のような若い研究者にとって価値ある教訓であった。そのとき以来、私は全学問的キャリアを通じて、この黄金律に従うよう努めてきた。

また私の意見では、私はイスラム主義を扱うために十分な専門的資格を有すると、強調することが重要である。子供時代から、私は不可避的にイスラムと親しくなった。私はマシュハドという奇妙な名前の町に生まれたが、それは今やイランで第二の大都市であり、同国で最重要な聖都でもある。マシュハドとは「殉教の場所」を意味する。ホラーサーン（日の昇る場所）の遠い古代からある都市（トゥース）である。トゥース市は、バニ・ハシム貴族家のアラブ人子孫であるアリー・イブン・ムーサ・アル＝レザー（あるいはアル＝リダー）が、メルヴ市で皇太子に推挙されアッバース朝のカリフ、アル＝マアムーンの後継者に指名されることになって、メディナ市からそこへ行く途中到着したときにマシュハドとなった。アル＝レザーは、八一八年にトゥースの一地域であるノウガンで亡くなった。彼の急逝は疑惑を招いた。一部の人は、カリフ・アル＝マアムーンがアル＝レザー「毒殺」の首謀者だと非難した。彼がそこで埋葬された際、その町は名前を変えてマシュハドとなったのである。同市の強い宗教的性格は、何物も、また何者も無関心にはしておかない。子供の生活でさえも影響されている。一般的学校教育と並行して、私は兄によって週に二～三夜宗教学校に行かされ、そこで初級アラビア語を学び、若干のコーラン学習を授かった。私のティーンエイジャー時代は、石油産業国有化を求める国民運動と同時期であったが、この運動は一九五三年にＣＩＡが仕組んだクーデタによって、首相でありこの運動の指導者だったムハンマド・モサッデクが打倒されて終わった。同世代の多くの若者同様、私はモサッデクの支持者になり、同時に宗教的儀式を実行していた。イスラムの真実宣伝センター（カヌネ・ナシュレ・ハギャイェゲ・イスーラミー）の周囲のサークルに親しく、それは今や一九七九年のイスラム主義革命のイデオロギー的設計者として名高い、有名なアリー・シャリアティの父親、ムハンマド・タギ・シャリアティの指導下にあったが、私はアリー・シャリアティと友達になった。テヘラン大学で法律と政治学を学び、そこでモサッデク支持運動ジェブへ・メッリ（国民戦線）の積極的メンバーになった。一九六二年春にパリに着き、そこで私はイラン人学生連盟（フランス）がロンドン世界学生会議に送る代表の一人に選ばれた。同時に、そして政治学院・東洋言語学部・法学部での勉強と並行して、私はフランスのジェブへ・メッリの責任者や、メフディ・バザルガンの政党の代表を務めていた。バザルガンは、私が彼と彼の仲間から離れてから何年も経って、一九七九年にホメイニの最初の首相になった。アリー・シャリアティがパリに滞在していた最後の数年に、私は反シャーの刊行物『イラン・アザド（自由イラン）』の臨時編集者として、彼の親友かつ協力者だった。これらすべての年月を通して、私は一九六六年まで実践的ムスリムであり続けたが、その年に博士論文『**イランにおけるウラマーの政治的役割**』を完成した。この論文は、当時の政治学と政党における指導的人物の一人であったモーリス・デュヴェルジェの指導を受けた。この論文の章の一つが、「シャーとホメイニの対峙！」という題をもっていたことは言及する価値がある。あの頃は、イスラム専門家でこの名をもつアヤトッラーに気付いていた人はほんのわずかだったし、一三年後にこの対決が実現すると予測しえた人は、私自身を含めて誰もいなかったことを想起しなければならない。ソルボンヌでの私の博士論文の執筆は、一九六八年の学生紛争（五月革命）とたまたま同時期だった。他の多くの学生同様、私はデモやこの驚くべき歴史的事件の関連活動に参加した。それは実に、私の人生の最良でもっとも充実した時期の一つだった。私の命題は、シーア派の権力概念についてのものだった。シーア派の政治理論は、フランスの大学でマルクス主義が絶対的に支配的な教義であった当時の文脈を考えれば、通常ならざる主題だった。あれはジャン＝ポール・サルトルの絶頂期であり、彼の自由主義的ライバル、レーモン・アロンは衰退期で、その教室が学生たちによって荒らされた。当時政治学の分野では、宗教、とりわけイスラムの役割を研究することは、魅力的でなく「馬鹿げて」さえいると考えられた。四年間研究した後、私は一九七一年二月一一日に論文の口述審査を受けた。政治学の国家博士号を、「優秀（トレ・ビアン）」の評価で取得した。私の論文が、アヤトッラー・ホメイニの本『**イスラムの政府**』に先駆けたことは言及する価値がある――彼の本は、同年夏にネジェフ（イラン）で出版された。これらすべての出来事に私が言及する理由は、シーア派イスラムに関する研究をした結果、私は世俗的かつ反聖職者になり、その結果とりわけ、自分が属していたシーア派支持のサークルを去ったことだ。異端派が忍ばなければならない、あらゆる惨めさを述べる必要はない。同様の状況を経験した人は、裏切りに対して支払わなければならない高い代価を知っている。しかし、歴史は私が正しいことを証明した。私はイスラム主義の革命を支持しなかったが、同時にシャー政権の支持者でもなかった、数少ない教育あるイラン国民の一人である。左翼であれ右翼であれ、ホメイニに付き従った人たちは、私がイスラム、とりわけシーア派についての研究を通して獲得したのと同様の知識を、おそらくもたなかったのだ。彼らは、アヤトッラーがイランに民主主義をもたらすと予期したのである！　世俗的民主主義者で愛国者のシャープール・バフティヤールのような、ほんのわずかな指導者のみが、宗教的・政治的蒙昧主義に対抗して立ち上がる勇気をもった。彼はその勇気の対価を、命で支払った。本書を、彼の思い出に捧げたい。

第二章　イスラム主義のイデオロギー的起源

始めに言葉があった。

『創世記』第一編

イスラム主義は、今日世界中で暴力的な活動を引き起こしている指導的なイデオロギーの一つであり、ムスリム同胞団、アル＝カイダ、アル＝シャバブ、そして「イラクとシリアのイスラム国」（ＩＳＩＳ）のような無数のイスラム主義政党・組織・運動を鼓舞している。さらにイスラム主義は、イラン・イスラム共和国のようないくつかのイスラム主義国家の理論的基盤をなしている。イスラム主義は、特定の歴史的文脈において出現した、ある古い理念から派生している。本章の目的は、まずイスラム主義の歴史におけるイデオロギー的系譜を確定し、次にイスラム主義者が、その信仰をまったくそのままに保とうという強い意志を掻き立てている動機を探り、最後にイスラムの停滞と、現代のイスラム主義者の一部の攻撃的行動との相関関係を検討することである。

序

政治思想の歴史的起源と政治体制の系譜的起源の探求は、常に学者の注目を集めてきた。イデオロギー、運動、そして特定の政治体制としての全体主義は、知的探求を逃れられなかった。カール・ライムント・ポパーは、その名高い作品において、プラトンからヘラクレイトス、そしてヘーゲルからマルクスに至る全体主義の系譜的道を辿っている。(11) この分野の他の学者は、はるかに焦点と照準を絞った研究を行なってきた。ブレジンスキーとフリードリヒにとっては、「全体主義イデオロギーは、西洋の思想、とりわけその政治思想の全体に根差している。(12)」より特定すれば、「マルクス主義は、フランス革命の思想様式、またヘーゲルのみならずバブーフから派生したマルクス主義的弁証法に、大きな知的負債を負っている。(13)」同様に、ナチズムはほとんど無から出発せざるをえず、社会ダーウィニズムの論者――『**人種間の不平等についてのエセー**』(一八五三―一八五五年)の著者ゴビノー伯爵からヒトラーの愛読書『**一九世紀の基礎**』(一八九九年)を書いたヒューストン・スチュアート・チェンバレンに至る――の人種主義的命題に理論的正統性を求めた。(14) ハンナ・アーレントやレーモン・アロンにとっては、ウィルフレド・パレートのイデオロギー的ビジョンが全体主義概念を提供した。(15) さらにナチズムは、ニーチェの虚無主義や超人(**ユーベルメンシュ**)観念、そしてリヒャルト・ワーグナーの音楽が着想の源泉だと主張した。(16)

同様にムッソリーニは、トマス・ホッブズやフリードリヒ・ヘーゲルの諸理論を基に、強い国家という新たな理念を構成しなければならなかった。ジョヴァンニ・ジェンティレ率いるファシズムの理論家は、ファシズムが依拠しうる、そしてファシズムが歴史的正統性を引き出しうる、何らかの知的根源を見つけなければならなかった。こうした精神から、彼らは一九世紀に戻った――より正確には、ジュゼッペ・マッツィーニやカトリック哲学者のジアムバッティスタ・ヴィーコにまで。ジェンティレはマッツィーニを、理由がなくはないが預言者の地位にまで引き上げ、「マッツィーニは我々の**リソルジメント**〔イタリア統一運動〕の預言者であり、彼の教義の多くの特徴ゆえに今日のファシストたちの主人である」と述べた[17]。

イスラム主義はまた、歴史に根差した全体主義イデオロギーであり、私はそれを「宗教に着想を得たイデオロギーであり、イスラムを全体論的に〔全体主義的に〕解釈しており、その最終目的はあらゆる手段を用いて世界を征服することである」と定義した[18]。現代のイスラム主義は、運動そして組織として、一九二八年にハッサン・アル＝バンナの指導下に形成され、全体主義国家としては一九七九年のイラン革命以来、アヤトッラー・ホメイニの指導下に形成された[19]。しかし世界的アクターとしては、イスラム主義は一九九八年にアル＝カイダの創設とともに勃興し、その後アブー・バクル・アル＝バグダーディによってＩＳＩＳ（イラクとシリアのイスラム国家）として知られるカリフ政が宣言される（二〇一四年六月二九日）に至ったのである[20]。

イスラム主義は一元論だが、一枚岩的存在ではない。そのイデオローグのグローバルな野心にもかかわらず、イスラム主義者は中心をもたないし、いかなる全体の汎イスラム的・急進的指導部もない[21]。この点でイスラム主義は、共産主義やファシズムと同様である。共産主義は、ときに敵対する多様な諸傾向（スターリニズム、トロツキズム、マオイズム、アルバニア・バージョン、北朝鮮バージョン）に分裂していた。ファシストの運動にも、様々な変種があった。イタリアのファシズムは、フランスの**アクション・フランセーズ**やスペインのフランコ主義とは同じでなかった。これらの諸運動のいずれも内部で分裂していたが、それにもかかわらず同じイデオロギー的信条から発していた。イスラム主義も、同種の分裂を特徴とする。世界的運動内部の様々な下位宗派が、イデオロギー的信条の多様な解釈を推進しているのだ。ここでの問題は、同一宗教内での帰属集団による

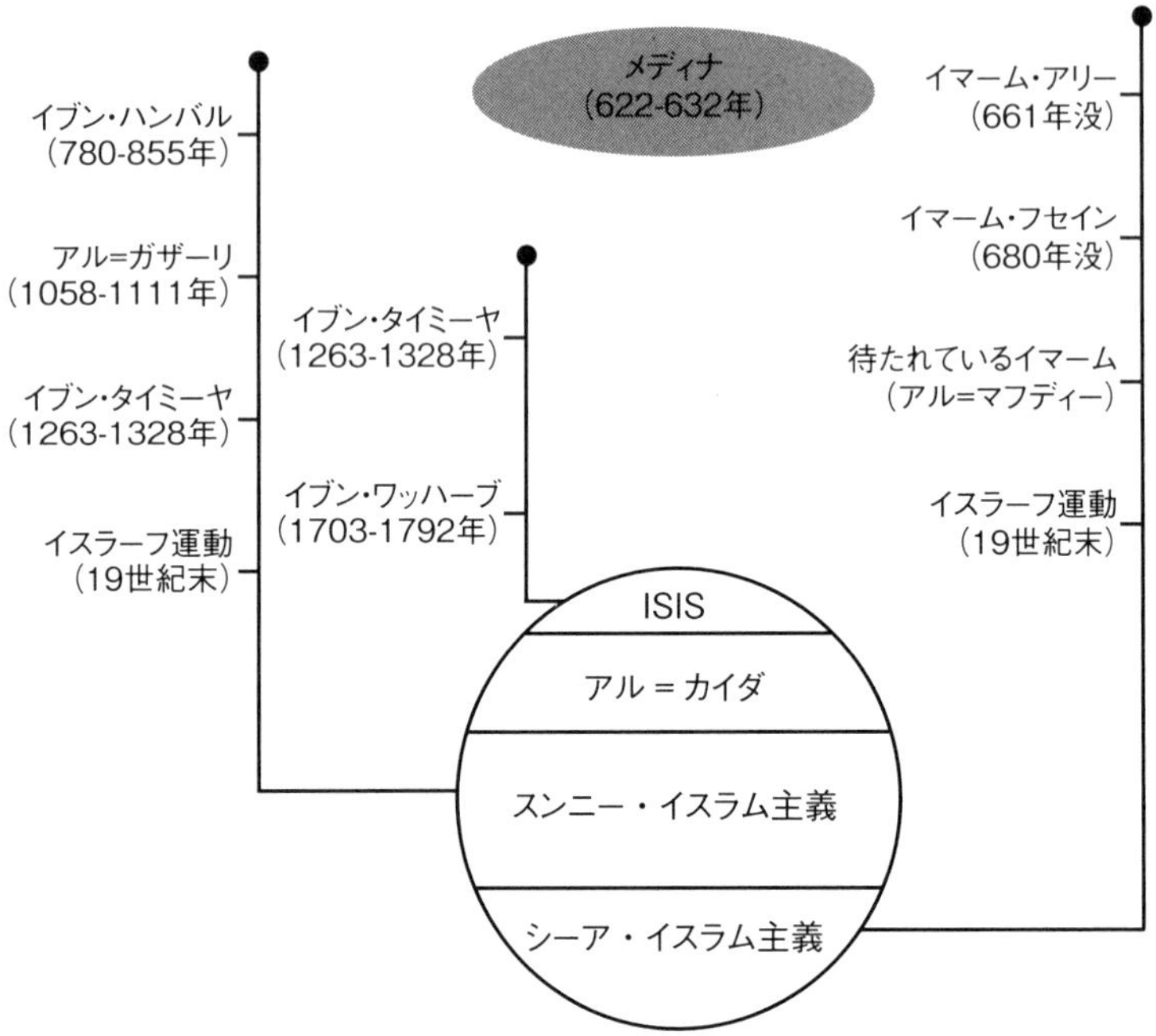

図 2-1　イスラム主義のイデオロギー的根源

分裂である。この領域では、イスラム主義は三つの主要な部門、スンニー、シーア、ワッハーブに分かれている。この分類は完全でも網羅的でもないが、有用だ。たとえばワッハーブ派は、スンニーの下位宗派でもあるが、他のスンニーの下位宗派とあまりにも違うので（ピューリタニズムや宗教的厳格さによって）、半ば自律的存在として扱える。スンニー部門は、四つの神学的・司法的学派、すなわちハナフィー、マーリク、シャーフィイー、そしてハンバルに分けられる。ワッハーブ派はハンバル学派から派生し、イスラムをとりわけ教条的に解釈している。重要な点は、イスラム主義の運動における多様性が、それぞれのイデオロギー的根源に影響を与えたことだ。しかし、そうした根源はたしかに同じ根本的基礎を共有しているのだ——他のトピックについては分かれるのだが。本研究は、共有基盤と、イスラム主義者をその主要なイデオロギー的基準に照らして分裂させる諸要素の、双方に光を当てるだろう（図２－１を参照）。

今や問題は、イスラムの歴史をどこまで遡れば、現代のイスラム主義の最初の確実な痕跡を見出すことができるかである。この疑問への解答は、我々のイスラム主義解釈・理解の如何による。二つの例でこの点を示そう。今日のイスラム主義が根本的に反西洋で、とりわけアメリカに公然と敵対していることは事実である。明らかに、この種のイスラム主義は最近の現象でしかありえず、歴史に等価物を求めることは無益であろう。今日のイスラム主義はまた、反近代主義かつ反民主主義の教条である。前近代・前民主主義の歴史にそうしたイスラム主義を探すのは、やはり意味がないだろう。けれども、表面的な偶然性を超えて、イスラム主義のより一般的な特徴を考慮するならば、イスラム主義は二〇世紀よりはるか昔から存在したことが明らかになる。たとえば、イスラム主義運動の現在の反アメリカ主義は、外国人・非ムスリム・敵に対する一般的敵意の表現として見ることができる。

同じ手段を用いて、近代性の出現から哲学の領域へと進んでいけば、前近代・前民主主義の時代にもイスラム主義の表現を見出すだろう。なぜなら結局のところ、歴史の特定の瞬間にイスラム主義によって敵と指名された人が、どこの誰であるかはそれほど重要ではない。最初に、かつ何よりも重要なのは、イスラム主義者による「敵」概念の構成である。この点では、歴史を通じてその敵を具体化したのがモンゴル人だったか、トルコ人、フランス人、あるいはイギリス人だったかは、さして関係がない。さらに、現代のイスラム主義の反西洋精神は、外国文化に対するいっそう一般的な敵意の特定版でしかない。最後に、今日のイスラム主義の反民主主義的要素は、何世紀も前の古典的ギリシャ文化に対する敵意の再現であるとみることが、十分に可能だ。

さて、歴史におけるイスラム主義の道を辿ると、イスラム主義思考の端緒は、九世紀末のサラフィー主義（**サラフィーヤ**）の誕生と、過去に帰ろうとする思想の普及に密接に結び付いていることが分かるが、それこそムスリム一般、そしてとりわけムスリム・エリート間の全般的不安感のもっともたしかな徴候であった。その不安感は、時が流れる間に危機が深化するや、ますます目立ち、強まった。イスラムのカリフ政の最初の二世紀、すなわち六三二年のムハンマドの死からアル＝マアムーンの在位（八一三—八三三年）までの間、**サラフィーヤ**の—退廃を分析して、メディナ時代を再興すべく源泉に文字通り帰ろうと提案する意味での——いかなる具体的痕跡も認められないのは、驚くほどだ。たとえ存在したとしても、それは「宗派」（とりわけスンニーかシーア）の形態で表わされたか、神学的・司法的学派の形態を採り、長期的（**ロング・デュレ**）政治停滞の開始への治療法として、イスラムの盛時への「復帰」を求める思想流派にはならなかった。九世紀までイスラム主義的な傾向が見当たらないことは、「勃興と衰退」の曲線で説明できる。それは、イスラムが領土的・政治的膨張に向けて奮闘していた間は、その種の教条主義は存在理由がなかったということを意味する。一方での永続的拡張と他方での外敵の不在は、ムスリムに増大する繁栄と権力をもたらした。実際はその当時、ムスリムの間に大小あまたの不和が存在した。思想の司法的・神学的学派の多様性が緊張・競合へ、そしてときに一種の紛争へと発展したが、それは様々な人種やエスニック集団からなる広大な帝国では予期されることである。そうした紛争にもかかわらず、ムスリムは大きく言えば、過去よりも将来に目を向けていた。それゆえ、ムスリム統治者のある者たちは、非ムスリム文化に対して開放的になれるだけの自信があった。アル＝マアムーンのようなアッバース朝の統治者は、「異国の」思想、とりわけギリシャの哲学と科学にかなりの関心を示した。アッバース朝の首都バグダードで、アル＝マアムーンはバイト・アル＝ヒクマ（智恵の家）という機関を創設し、そこで学者が神学・哲学・法律・自然科学の諸分野で活発な討論をもたらした。ムウタジラ派（八—一〇世紀のイラクで興ったイスラム神学の学派〕の改革運動は、宗教の教義を哲学と折合わせてイスラムの信条を合理化する道を探って、コーランの文字通りというよりは比喩的な解釈を探求し、いわゆる「創造されなかったコーラン」の教義を定義した。[22]このようにバグダード、バスラ、その他のムスリム帝国諸都市において、洗練された人たちの輪の中できわめて熱意ある討論が行なわれ、ムスリム自身の間で内部の討論や討議が成立した。しかし、非ムスリムの文化要素に開放的だったこの時期はまもなく終わり、不安と文化的排外主義が支配する新たな時代が始まろうとしていた。この変容は、今我々が「イスラム主義」と名付けるものが生まれるにあたり、信じがたい影響を与えた。この大事件の原因を、どう説明すべきだろう？　一般に、学者は次の二大要因に基づいて説明する――第一に、ハールーン・アル＝ラシード（七八六―八〇九年）の在位後、地方でカリフ政の政治的権威が急速に崩壊し、第二に、未曾有の危機や騒擾が起こったことだ。その時点まで、カリフ政はほとんどのムスリムによって承認され尊敬されており、全帝国の政治的中心と見なされていた。その正統性は、カリフの種族的出自、すなわちアラブ人であり、預言者自身が属したクライシュ族の出身であることに基づいていた。この正統性は、セルジュク家の指揮の下に団結したトルコ系部族が実際に帝国の主人となり、自らにスルタン、アミール、ハンといった称号を名付けるに至って、政治的内容を消耗してしまった。[23]それゆえ、一〇世紀初めから一二五八年のモンゴルによるバグダード征服までに、「カリフ政はほぼ名ばかりの機関、スンニー派イスラムの団結の形式的表現、主権を有効に行使した数多くの軍事的支配者を正当化する権威となったと言われる。[24]」最初の十字軍に直面した際に、二重のカリフ政（アッバース朝とファーティマ朝）が見せた驚くほど受動的な態度は、深刻な危機やカリフ政の治療不能な脆弱さにもかかわらず、同一の要因によって説明される。[25]カリフ政の危機は、社会的危機によって増幅された。庶民の社会的苦難が、民衆反乱の勃発に火を着けた。[26]当時の史料によると、バグダードは「富める者には天国、貧しい者には苦難の地[27]」だった。庶民生活の費用上昇、基本的食料の物価インフレ、国家弱体化による税収減少、困難な時代なのにカリフたちが贅沢を見せつけたことといった外面的諸要因が、**アーンマ**（低階層の人々）や**アッヤルーン**（勇者）などの反逆運動を引き起こした。後者は、都市のゲリラ活動を率い、カリフたちがイスラム軍に加えていたトルコ系の兵士や将軍たちから略奪した[28]。このような「世紀末（**ファン・デュ・シエクル**）」の雰囲気の中で、アフマド・イブン・ハンバル（七八〇―八五五年）の著作に着想を得て、支配的言説としては初の退行的・反知性的学派が再登場したのだが、その目標はイスラムの最初期に戻ることで明らかな退廃を治癒することであった。言い換えれば、もしアル＝ハールーンとその息子アル＝マアムーンのカリフ政を、一部の学者が言うようにイスラム帝国と文明の絶頂と見るならば[29]、来たるべき危機と衰退のたしかな徴候は、カリフ政のもとですでに目に見えていたと言わざるをえない。智恵の家を創設し「合理的」思考学派（ムウタジラ）を採用したあのアル＝マアムーンが、その学派を統治用教義として公式審理（ミフナ）を課し、従うことを拒否した者を厳罰に処したのである[30]。

以下では、最初に、あらゆるイスラム主義者とすべてのムスリムの間で合意のある根本的参照事項を、簡潔に述べる。次に、スンニー派とシーア派の間で論争のある、イデオロギー的な主要参照事項を跡付けよう。

根本的参照事項

イスラム主義者は、そのイデオロギーの公式化にあたり、ムハンマドのメッカにおける経験（六一〇―六二二年）に始まり、きわめて長い時間幅に広がった多くの史料にしばしば言及する[31]。そうした史料のうち、ムハンマド指揮下のメディナ時代（六二二―六三二年）は、あらゆるムスリムやイスラム主義者にとって模倣と着想の絶対的主要源泉として傑出している。それに続くのは正統カリフ（**アル＝ラーシドゥーン**、六三二―六六一年）の時代で、それはすべてのスンニー派ムスリムとスンニー派イスラム主義者には一致して受け入れられているが、シーア派は部分的に異議を唱えている。最後に、三番目は宗教的教条主義の多様な波の隆起で、それはムスリムのエリート間におけるギリシャ哲学時代への敵意ある反動として、九世紀末に始まって一一―一二世紀に花開いた。これらの波の最新のものが、今日のイスラム主義である。宗教的教条主義はかならずしも政治的全体主義ではないが、その硬直性と不寛容から、後者に有利と思われるパターンを含んでいる。**アル＝ラーシドゥーン**時代は、本質的にメディナ時代の延長であるので脇におき、本章の焦点は最初に、かつ何よりも、メディナ時代に当てられ、次に九世紀以来のイスラム教条主義の勃興と展開に向けられる。

メディナ時代は、メッカ時代と鋭い対照をなす。この対照性は、ムハンマドの個人的・政治的な立場の変化とムスリムの「共同体」の性格に、きわめて明白である。メッカでは、ムハンマドは説教者でしかなかったが、メディナでは政府の長及び総司令官になった。メッカでは、ムハンマドの弟子たちは個別化されていたが、メディナでは「共同体」（**ウンマ**）を構成した。こうした変化に並行して、コーランの言説と声調は対応する変化を見せた。コーランに含まれる一一四のスーラ［章］中、八六がメッカ時代に属する。メッカのスーラ（**マッキヤ**）は、一般に、メディナからの二八のスーラ（**マダニヤ**）よりずっと短い。しかも、違いは長さに限られない――**マッキヤ**のスーラは、ほとんどが信仰箇条や以前の預言者たち（ヨナ、ヨセフ、アブラハム、イエスとマリア等々）に関わる物語を扱っている。それらは「人類に、彼の存在の秘密や彼を取り巻く宇宙の秘密を説明した。[32]」それゆえ**マッキヤ**のスーラは、「よい知らせ（**ビシャーラ**）」の告知、預言の段階的詳説、そしてその宣伝手段であると考えられる――一種の宗教的多元性を認めており、コーランに述べられているように、「おまえたちにはおまえたちの宗教があり、私には私の宗教がある」（第一〇九章六篇）。

ムハンマドのメディナ聖遷（**ヒジュラ**）により、メッカ時代は六二二年に終わった。**ヒジュラ**はイスラム暦の起点であり、新たな宗教、新たな形の政府としてのイスラムの教化の歴史における一主要事件である。**ヒジュラ**以降、「彼［ムハンマド］とその仲間が必要としていた種類の指導は……彼らが以前に必要としたものと同じではなかった。それゆえ、マディーナのスーラは、メッカのスーラとは異なる。後者は増大する社会的・政治的共同体に、そして模範・立法者・改革者としての預言者に、手引きを与える。」[33]

実際、**ヒジュラ**はイスラムを逃避の宗教、移民信仰者の共同体、脱領域的共同体とした。イスラム主義者は、彼ら自身の政治的神話を構成するにあたり、こうした語りを復活させている。[34]

メディナは、イスラム主義のイデオロギー的武器庫の主要で最重要な要素をなすという決定的重要さをもつが、それは次のような様々な要因によっている。第一に、メディナはムハンマドの預言者としての、また政治的な経歴の最終局面をなしている。第二に、メディナは比較的小集団の革命家たち――その大半は一〇代・二〇代だった――による、二三年間の刻苦精励の成果だった。この見地からは、メディナは最初に、かつ何よりも、成功した革命と人間社会の急進的変化のための行動及びパターンのモデルと見なされる。第三に、メディナは新たな共同体、**ウンマ**として現われている。**ウンマ**とは、イスラムの後代の展開に巨大な影響を与えてきた脱領域的実体を指しており、あらゆる境界（地域、地方、国の）を越えるイスラム主義者の行動を説明する。さらに、**ウンマ**は個人のアイデンティティーを根本的に変え、部族的アイデンティティーから、ムスリム・非ムスリムの範疇間に区別を確立することで宗教的アイデンティティーへと移行させた。メディナ時代に、暴力行使、敵意、戦争がムハンマドの統治の通常の行動となった。戦争は、その様々な形態（**カズワ**［攻撃］、**キタール**［通常の戦争］、そして**ディファー**［自衛戦争］）において、宗教的権力の拡大の合法的道具となったのである。[35]

殉教（**シャハーダ**）の教義[36]は、メディナで形成され実行されて、行動中に死亡したムスリム兵士を天国の「最高の段位」によって報いた（第九章二〇篇）。この戦闘的精神で、ムハンマドは服従を強調した――「アッラーを恐れ、私に従え」とは、コーランのメディナ時代の部分でよく出てくる言葉である。**ウンマ**は、預言者かつ政治的・軍事的司令官としての自己の地位を、元気旺盛に固めている指導者によって導かれる。[37] しかし上述したように、メディナ時代のもう一つの特質は、メディナの詩篇及びムハンマドの行為に埋め込まれた、辛辣で厳格な声調である。同様に辛辣な声調と残虐な行為が、様々な宗派の現在のイスラム主義者の言説や行動に見て取れる。さらに、イスラム主義者の敵との闘争を分析する際には、こうした実践もまたメディナに遡ることを想起しなければならない。メディナにおいて、外部・内部の敵――最初に、かつ何よりも異端者がそうだが、のちにはユダヤ教徒や若干のキリスト教徒も（第九章二九篇）――との戦いが、ムスリムの義務だと宣言された。ムスリムの間で、共同体の不服従なメンバー（たとえば**ムナフィクーン**［偽善者］）もまた、次のように敵と見なされた――「預言者よ、背教者や偽善者と闘え。彼らにたいしてきびしく臨め。彼らの行き着く先はゲヘナ［地獄］である。なんと悪い住まいであることよ。」（第九章七三篇）

（イスラムにおける）不信仰者との戦いの現代版は、サイイド・クトゥブの著作に（例として）見出される。「信仰者とその敵との間の闘争は、本質的に信仰の闘争で、それ以外のものではありえない。敵は彼らの信条に対してのみ怒り、彼らの信仰に対してのみ激怒するのだ[38]」と、彼は宣言している。

服従と、疑念や独自の発議への警戒の強調は、のちのムスリム神学者に非正統的思考や哲学的思想一般を拒否するよう促した要因であるかもしれない。イスラムにおいては、**クフル**（不信仰）や**シルク**（多神教）は人間の心が抱きうる最悪の罪であり、ムハンマドはこうした態度に対して、暴力を含むあらゆる可能な道具を用いて戦うのだ。

これらすべての側面により、メディナ・モデルは、イスラム主義者にとって魅力の重要な極となっている。彼らはメディナ・モデルの再生産を、可能なだけでなくムスリムの失われた栄光を取り戻すために必要なことと確信している。メディナ・モデルの政治的次元に加えて、もう一つの要因が、メディナ・モデルの理想化において不可欠の役割を演じた。政治においては成功ほど魅力的なものはなく、メディナが非常な成功であったことは否定しがたい。驚くべきことに移民の小集団が、その多くは若く、一部は社会的に恵まれてもいなかったが、この新たなモデルを、急速に巨大で強力な帝国へと変えることに成功したのである。彼らは当時の偉大な帝国、ペルシャとビザンティンをともに征服した。現代のイスラム主義集団の宣言は、彼らがみな同様の事業、すなわち同時代の非イスラム列強を打倒することは、実現可能だと確信しているのを示す。彼らが時の諸大国、一九八〇年代のソ連や今日のアメリカなどに対峙する小集団として出発した事実は、イスラム主義者に原初的イスラムの語りを復活させる可能性を与えるため、その意欲を高める要因となっている。イスラム主義者集団の信じがたい意志と動機は、この見地から理解すべきである。それにより、彼らが戦争で、自爆で、あるいは九・一一のハイジャック等の行動によって、自分の命さえ差し出す理由が説明される。イランで（一九七九年に）アヤトッラー・ホメイニがシャーの皇帝政権に勝利したことは、同様の観点から考えるべきである。新たなカリフ政は、メディナにおける最初のイスラム国家の創設者たちが開いたのと同じ道を歩んでいる。

イデオロギー的源泉

スンニー及びワッハーブ学派の現代のイスラム主義者は、前の諸世紀の選ばれた、特定数の著名なムスリム理論家に言及することで、自己の言説を正当化する。現代のイスラム主義者にもっとも影響を与えているこれら理論家の思想の本質を、簡潔に引き出してみよう。

イブン・ハンバルの退行的教義

アル＝マアムーンの治世に、イブン・ハンバル（七八〇―八五五年）は、ギリシャの文化や哲学の導入と戦ったが、それはイスラムの宇宙にとって有害な侵入と見なしたからである。彼はムスリムの信仰を、コーランとスンナの源泉に戻り、それらのみを参照することで再活性化する必要性を公式化した。そのイデオロギー的立場を、ムハンマドのものとされる次の言明に基づいて定義している――

預言者は、最後の巡礼で与えた［説教］において、私のスンナと後に続く「正統カリフたち」のスンナに従うように、と語った。それをしっかりと守るように。スンナに固執し、革新を疑いなさい、なぜならいかなる**ビドア**（革新）も逸脱であるからだ。[39]

イブン・ハンバルは、この言明から二つの重要な結論を引き出す。第一に、「正統カリフたち」の下でのイスラム帝国の非常な拡張に焦点を当て、それによってムハンマドと四カリフによる最初の征服のたいへん好戦的な、まさに文字通りの読み取りを促す。四カリフという神学的概念と、その四という正典に権威付けられた数はイブン・ハンバルが生み出したとされ、その時代の政治的・神学的論争においてこの概念的枠を用いるために、彼は預言者からの上述の引用を敷衍し、重要性を付加している。ギリシャの哲学は**ビドア**（革新）だと焼き印を押され、その結果、イスラムの神学的伝統を哲学的思考と折り合わせようとする哲学者は、イスラムの敵と定義された。

実際のところ、イブン・ハンバルはいかなる非イスラムの源泉を用いることをも非難し、それと戦う。教会分離論者は誰でも**タクフィール**（破門）に直面し、教会分離論的思想は**タブディー**（異端）という焼き印を押される。[40] 神学的反動であるが、ハンバリ運動は当時の社会的危機や葛藤と共振して、全般的混乱の一「**表現**」となった。それゆえ、教条的な神学派の出現は、深い社会的危機と深刻かつ永続的な正統性危機の付随的要因として説明される。まさに正統性の全般的危機の長期化と、イスラム諸帝国（バグダードのスンニー派アッバース朝とカイロのシーア派ファーティマ朝）の分裂こそが教条主義の強化をもたらしたのだが、ガザーリはそのもっとも顕著な代表となっている。

ガザーリの教条主義

神学者アブー・ハメド・アル＝ガザーリ（一〇五八―一一一一年）は、現代のイスラム教条主義において二つの分野で重要である。彼は、哲学を真のイスラム的世界観に無縁なものと見なしてその影響と戦い、正統なスンニー派皇帝権力の復興を支持した。シャーフィイー神学派に属するガザーリは、一〇九一年に、アッバース朝でもっとも名高い法学校の一つであるバグダードのニザミーヤの校長に任命された。[41] 彼がバグダードに着いた頃、シーア派の暴動が起きて、スンニー派の神学者たちは、カリフ国家の全住民が彼らの支配を受け入れているわけではないことに気付かされた。

現代のイスラム主義者は、いかなる非ムスリム思想学派の影響をも拒否する際に、ガザーリの**イフヤー・ウルーム・アル＝ディーン**（宗教科学の再活性化）に着想を得られるかもしれない。ガザーリは、同時代の統治者たちの専制と不信仰を非難し、庶民が神に服従しなかったために、不公正かつ抑圧的な統治者という形で神の折檻を呼び起こしてしまったのだとなじった。[42] ガザーリの教義によれば、この不服従は、ギリシャ哲学に着想を得た非正統的思考や、ムウタジルの教義あるいは他のあらゆる非スンニー派の教義の残滓に、多くの点で匹敵した。ガザーリは、イブン・ハンバルによって提示された上述のテーマ、すなわち**ビドア**（革新）、**シルク**（多神教）、そして絶対的**タウヒード**（神の単一性）の否定についての考察を詳説する。こうした傾向は、どこでも現われたら戦わなければならない。ガザーリは、ギリシャの影響への反駁に、作品『**タハーフト・ウル＝ファラーシファー**（哲学者の矛盾）』の全編を当てた(43)。

オスマン・バカルが説明するように、アル＝ガザーリが**タハーフト**で目的と宣言したのは――

理性を啓示に服従させる神学的見方を、擁護することである。この見方は、形而上的真理を啓示された信仰の領域に割り当てるので、理性が啓示とは独立的にそうした真理を理解するという主張は、否定されなければならない。この主張の否定は……理性の否定的側面を強調することで、確言されるはずだ(44)。

ガザーリは、科学の異なる部門間に「正当な」境界を設けようとする。彼の見解では、数学・論理学・自然科学のほとんどは、宗教的教義の基盤を脅かさない限りで正当と見なされる。しかし形而上学・政治学・倫理学は、宗教科学に取り込まれるものであり、それに奉仕すべきで、反抗してはならないのだ(45)。ガザーリが知識を「受け入れられる」ものと「受け入れられない」ものに分ける立場は、現代のイスラム主義者に模倣されており、彼らは「科学」は受け入れるが「異邦の」思想を拒否している(46)。

次のステップは、形而上学的・倫理的・政治的な考察の正当な表現の、境界を設計することである。この問題は、ガザーリの著述で一貫した優先事項となっている。ガザーリの見方においては、**ビドア**は何ら正当化されない。形而上学・倫理学・政治学も同様に、預言者が教えと行動によって定義した限界内にとどまらなければならない。エリートも大衆も同様に、生活の外的及び内的表現をシャリーアが組織しなければならない(47)。したがって、**タハーフト**が**タクフィール**（破門）、つまりある人を背教者と名付ける、あるいは定義することの司法的・

刑法的結果を暴露するとき、それはイブン・ハンバルの道を辿っているのだ。[48] 上述のように、メディナでムハンマドが敵を無力化あるいは排除したことは、ガザーリがスンニー派の正説を復活させようとして同様の行為をなすことを正当化する。その結果、いくつかの作品においてガザーリは、誰が正しい道を歩み、誰が教会分離論者で、誰が**タクフィール**の咎を受けるかの範疇を詳述している。[49] ガザーリは、スンニー派信仰とバグダードのアッバース朝カリフの擁護者であり、後者の権威に対するこうした直接的攻撃を看過しえないことは明らかだ。ムスリム共同体を確立するために、ガザーリは背教者に対する戦争を促し、異端派を非難し、法の正統的適用を宣伝することで活動的・党派的精神を鍛える必要を、無数の頁を使って説いている。こうした説教は、今日のイスラム主義者にとって魅力的だ。彼らの政治改革は、大衆の支持にほぼ依存するからである。ガザーリが訴えた宗教的・政治的事項は、創造したかった完全な社会を創造できなかったために、部分的に失敗した。[50] しかし彼は、ムスリム世界の将来に深甚な影響を及ぼし、異端派と哲学者を脇に追いやり、ウラマーあるいは**フカハー**（ムスリム神学者）の権力とシャリーアの重要性を増大させ、完全な都市メディナの復活という夢を甦らせた。

ガザーリは、最初の十字軍の時代（一〇九六―一〇九九年）に生きたが、十字軍について一言も語らなかった。しかし彼の著作は、十字軍と内部の権力闘争に対する反応としてムスリム当局者の間で育まれた精神的再軍備において、疑いもなく重要な役割を果たしている。十字軍と戦うために、ウラマーはコーランとスンナに依拠して、背教者との協働は罪であると宣言し、イスラムのための戦いに自己と所有物を捧げる信仰者に褒美を約束して、ムスリムをジハードに駆り立てた。[51] ほとんど忘れられていた他の好戦的な神学的議論も持ち出されたが、**シャハーダ**はその一つで、ムハンマドがメディナで開発した殉教の概念だった。[52] 復活したカリフ国にムスリムを統一するという夢が、それまでイスラムの土地だったところに居住するフランク人を追い出したいという欲求と絡み合った。ガザーリの死後、「ヘレニズム」と教条主義の間の闘争が続き、その結果教条主義が強まったが、そのもっとも影響ある人物となったのがイブン・タイミーヤである。

イブン・タイミーヤの教義

現代のイスラム主義者を鼓舞する思想家・神学者・イデオローグ・指導者の中で、彼らにもっとも深い影響を与えた者とされるのがイブン・タイミーヤ（一二六三―一三二八年）である。イブン・タイミーヤの諸命題や多様なファトワは、今もイスラム主義文献の主要源泉の一つとなっている。そのような地位を得たのは、イブン・タイミーヤの多彩な人生、とりわけ政治活動への積極的関与によるものだ。それらの要素すべてによって、彼はスンニー派イスラム主義の一種の偶像となった。

イブン・タイミーヤは、深甚な変化の歴史的一時期に生きた。パレスチナの最後のフランク人王国は崩壊しつつあり、最初のモンゴル襲来がシリアのムスリム権力を転覆したばかりだった。モンゴル人統治者たちはやがてイスラムに改宗したが、イブン・タイミーヤの時代にはなお、シャリーアではなく彼ら自身の法典、**ヤサ**を適用していた。イブン・タイミーヤはシャリーアの完全復権を求め、様々な作品でシャリーアの精神が政治・行政・司法の決定に対していかに浸透すべきかを説いた。一二九四年、一キリスト教徒アッサフ・アン＝ナスラニが預言者ムハンマドを公然と侮辱したと告発された（預言者ムハンマドに関する現代のデンマークの風刺漫画とシャルリー・エブドのように）際、彼はより多くの公衆に知られるようになった。イブン・タイミーヤは冒瀆に対する模範的シャリーア刑罰（死刑）を要求したが、アッサフ・アン＝ナスラニが赦免されたので、イブン・タイミーヤはこの決定に激しく反応したのである。[53]

いくつかの事件で、イブン・タイミーヤは自己の思想のために戦う用意があることを証明し、防衛的及び攻撃的ジハードに従事した。モンゴル人がシリアに侵入したとき、彼は武装抵抗のもっとも積極的指導者の一人だった。[54]一二九七年に、スルタン・ラーギーンの小アルメニア遠征に正式に関与したし、最後に三年後、レバノン山脈中のケスルワンのシーア派反抗者に対する遠征に参加した。[55]

イブン・タイミーヤは、強い厳格さと堅い純粋さで知られるハンバル神学派に属する。ハンバルの教えにひたむきに忠実で、イブン・タイミーヤはシャリーアに絶対的妥当性を付与する。論文「**マディナの仕方**」において、彼は「メディナの人々は……シャリーアを踏み外す者とは誰であれ戦う必要を認めている」と述べている。[56]彼にとっては、「イスラムの宗教〔ディーン〕とは、剣が正典に従うことである。正典とスンナ〔預言者の言伝え〕の知識が優位に立ち、そして剣が従うなら、イスラムの仕事は成就されるのだ。[57]」さらに、民衆が神の命令に対して示した不服従と怠慢さこそ、モンゴル襲来によって神が処罰したものとされた。

事件を説明するのに、彼は歴史的事例を挙げる――ラーシドゥーンのカリフ政に続き、ゆっくりと、しかし確実にムスリム国民の心に入り込んだ退廃を。[58]イブン・タイミーヤは、自分を取り巻く社会でまさに**フィトナ**（内戦）や、神のシャリーアの遵守欠如を目にする。それゆえ彼は、「**マディナの仕方**」でメディナ・モデルがなぜ他のいかなるものよりも優れているかを明らかにするなどして、「啓示の時代」への復帰を求めた。メディナ・モデルの精神的・社会的完成に到達するために、信徒はまず自己の内的自我を改めなければならず、ついで他者に正しきことをなせ、悪しきことをなすなと勧めるという義務を果たさなければならない。それゆえ信徒は、礼拝や他の義務的あるいは推奨される崇拝の形式を通じて自己を完成させつつ、**ビドア**や**シルク**と積極的に戦わなければならないのだ。ギリシャの哲学は、ファラビ（八二七―九五〇年）のようなムスリムの哲学者の作品を通じてイブン・タイミーヤの時代に知られていた限りでは、[59]異質で非難されるべきものとして考えられていた。実際のところ、合理的で非宗教的な思索という理念はそれ自体、啓示された「法」のみが唯一正しい倫理的標準であると見なすイブン・タイミーヤにとっては、正当ならざるものだった。イブン・タイミーヤは、内面的改革に続いて政治的改革が行われる必要性を強調したので、当時の権力者たちからしばしば潜在的脅威と考えられた。彼は、次のように公然と、コーランとスンナの教えを守らない統治者には従うなと訴えることまでする――「イスラムにおいて、アミールあるいは他の者たちに従うよう求められている者は誰でも、アッラーに従うことになることのすべてにおいて彼らに従い、アッラーに背くことになる場合は彼らに背くことが求められる」と。[60]

この一文に見られるように、彼は政治行動への特定の勧告を行なっている。さらに、著作『**キターブ・アル＝シヤーサ・アル＝シャルイーヤ**（イスラムの政策、ないし政府〔の書〕）』において、疑問の余地なく包括的な政治体制とはいかなるものかを明らかにしている。行政（**ウィラーヤ**）、財政（**アムワール**）、刑法（**フドゥード**及び**タアジラート**）、そして戦争（**ジハード**）の諸分野のそれぞれについて、一章を割いているのである。[61]

すでに述べたように、イブン・タイミーヤは自らジハードに参加しており、それゆえこの主題について神学的知識のみならず経験的知識をもっていた。右の著書のジハードに関する章において、ジハードはムスリムが神に捧げうる最高の奉仕であり、他の宗教的義務――祈禱であれ、巡礼であれ、はたまた断食であれ――に優るものだと主張している。[62] ジハードは各信徒に、イブン・タイミーヤが至高の選択肢と呼ぶものを提供する。すなわち勝利の功績、もしくは天国をもって報いられる殉教である。彼は、精神的完成のために行なわれる他の非暴力的形態の宗教的行為を非難し、ジハードにおける殉教者の死は、他のいかなる形態の宗教的厳格さと較べても、容易であるだけでなく優れていると主張する。[63] 読者に対してジハードを行なうよう鼓舞するために、彼は論文「**正しきことをなし、悪しきことを禁ずる**（アル＝アムル・ビル・マアルーフ・ワル＝ナヒー・ミン・アル＝ムンカル）」の一章を「臆病さ批判」に当て、そこで神の名における勇敢な武装行動に身体・資産を投じることを称賛している。[64] イスラム世界におけるフランク人の存在が消えていったとき、別の外部の、はるかに危険な脅威がカリフ政を脅かし、正統性の新たな復活を促した。モンゴルの遊牧民が、一三世紀初めに中央アジアのステップに登場し、一二二〇年頃中央アジアに押し寄せたのである。[65] 一二五八年のアッバース朝帝国崩壊は、イブン・タイミーヤに責任者としての外国人及び異国の文化を激しく憎ませ、彼の将来の行動を促す巨大な衝撃を与えた。

バグダード市とその周囲は、一二五〇年代に一連の自然災害――長引く豪雨や圧倒的で統制不能な洪水など――に襲われた。[66] 現代の文献や宗教文書においては、黙示録的光景が当時の精神的雰囲気を映している。[67] バグダードの征服後、モンゴル人統治者たちはバザールを再開し、行政を再編し、農民人口の復帰を促して、都市を再建しようとした。しかし、バグダードの課税名簿の研究が示すように、同市の所得水準はモンゴル以前の時代の標準を下回ったままで、真に復活することはついになかった。[68] バグダードは光輝を失い、ムスリム世界の指導的地位をダマスカスやカイロのような他都市に奪われた。にもかかわらず、こうした純粋に経済的数字が示しがちな印象よりも、実際の姿はもっと多様で複雑である。一部の文献は、住民がカリフ政におけるよりもモンゴル人の下で、よりよい暮らしを送ったことを示唆した。[69] 実際のところ、バグダード征服以後のモンゴル統治の審判は、観点に左右される。宗教的事項におけるモンゴル人の寛容さは、スンニー派カリフの統治時代に抑圧されていた人たちには、新たな希望を与えた。バグダードの落城後約半世紀間、シーア派ムスリム、ユダヤ教徒、キリスト教徒、仏教徒は、同市で各々の宗教を自由に実践したのである。

多宗派的なモンゴル時代は約半世紀続き、一二九五年から一三〇四年まで統治したイルハーン・ガーザーンはイスラムに改宗したし、この仕草はムスリム住民の忠誠と、大モンゴル・ハン国からの彼の王国の独立を確実にした。しかしこの半世紀は、のちのイスラムの正統性の発展にとって重要だった。なぜなら、それはスンニー正統派の反対を掻き立て、サラフィー主義（**サラフィーヤ**）を鼓舞したからである。スンニー派ムスリムの見地からは、モンゴルの多宗派政策は背信そのものだった。ウラマーは、シャリーアの司法的枠組みがヤサ（モンゴルの法典）に取ってかわられ、彼らの権力を保障した制度が崩壊するのを、恐れをなして見守った。ヤサは、シャリーアにおいて非常に重要な役割を果たす区別である純粋と不純、合法と不法（ハラルとハラーム）の区別を廃した。さらに、家族問題に関する伝統的なムスリムの規制を、たとえば不義の子どもに相続権を与えることで、台無しにした。最後に、と言っても最小事項ではないが、ヤサは宗教的自由を保障し、そのことはこれまでの支配的集団、すなわちスンニー派ムスリムとその宗教的権威者が、特権を失うことを意味した。(70) イスラム思想を伝え、確立するための本質的道具であるアラビア語さえも周辺化された。イランではそれは事実上消滅し、ペルシャ語が支配的になった。(71)

ここでも、過去は現在の鏡である。一六世紀の外国人、つまりモンゴル人は、ムスリム世界に改革と革新を導入したが、それらはある面で一九世紀と二〇世紀の外国人、すなわちヨーロッパの諸植民大国が導入し、一部のムスリム社会を世俗化させた改革と並ぶものだ。今日のイスラム主義者は、ムハンマドと最初のムスリム世代の輝かしい模範に戻ることで、イブン・タイミーヤ同様に反応している。ムハンマド自身、預言の最初期においては、信徒を組織し、権力を得、ムスリムによる支配を課すのに成功するまで、異教徒の統治下に暮らした。一二五八年にカリフ政が倒れた際、ムスリムはイスラムのまさに初期に戻ったかのように、非ムスリムの統治下におかれることになった。一九二四年にも、同様のパターンでムスタファ・ケマルがカリフ政を廃すると、ムスリム世界は諸民族国家に分かれ、その多くはシャリーアを完全には適用しなかった。二〇世紀と二一世紀のイスラム主義者は、自己の使命を、一二五八年のカリフ政崩壊とその後の復活に結び付けて考えている。彼らは、カリフ政を復活し、イスラムの正統性を、それが消滅した地域に打ち立てることができると、固く信じている。さらにそれを拡大し、最後には、祖先がそのために戦った世界大のカリフ政を実現するという夢を見ている。二〇一四年六月に、アブー・バクル・アル＝バグダーディが新たなカリフ政を創設したのも、かつてのカリフ政を復活させようとする試みである。

エマニュエル・シヴァンが述べるように、ハンバル神学派は次の六世紀にネオ・ハンバル主義に転化した。この学派は、「ピューリタン的厳格さ、字義通りの解釈の重視、そして『付加、革新、不純物』への敵意により——ときおりイスラムの原理主義運動（著例はアラビアのワッハーブ主義者だ）の駆動精神として、実際に役割を果たした。[72]」

ワッハーブ派の厳格主義

他のいくつかのイスラム主義分派のように、ワッハーブ主義はイデオロギーと政治が組み合わさったものである。しかし、ワッハーブ主義を他と区別させるものは、この運動がサウジアラビアの誕生を導いた政治同盟を通じて、そのイデオロギーを現実世界において実行することに成功した点だ。ワッハーブ派の教義は、ムハンマド・アブド・アル＝ワッハーブ（一七〇三—一七九二年）がその著書『**キターブ・アル＝タウヒード**（単一性の書）』において形成した。アブド・アル＝ワッハーブの教義の重要な一特徴は、イスラムを唯一の絶対的一神教と見なすこと、つまりユダヤ教もキリスト教も真の一神教ではないと考えることである。彼はさらに極端に走って、ユダヤ教徒もキリスト教徒も多神教徒だと見なす。[73] ハンバル主義とイブン・タイミーヤの両方が、この教義の着想の重要な源泉であった。ムハンマド・アブド・アル＝ワッハーブはイブン・タイミーヤの例に倣い、ハンバル主義の教条的解釈に従わない人々や運動は、それらイデオロギー上の敵がムウタジル派のような学派であろうとシーア派のような宗派であろうと、すべてに対して戦った。偉大なイスラム学者のアンリ・ラウストは、ワッハーブ主義を次のように説明している——

何であれ外部から来た、この運動が自らをその中に閉じ込めている保守的原理主義を掘り崩しかねないものには、強い疑念が表明された。神によって啓示され、その預言者の教えによって確立された神聖な「法」を排除するか深く傷付けそうな、異国の着想になる諸法に対して、敵意が宣告された。(74)

ハンバル派の教義は、**カラーム**（教条的神学）を含む既成教理に対して、当初はきわめて批判的だった。しかしワッハーブ主義は、こうした既成の教義に対して、さらに厳格でよりピューリタン的な独断主義を確立することによって対抗した。この点は、ワッハーブ派が聖者の崇拝と廟の建造を禁じたことに示される。さらにワッハーブ派の教義は、イスラムの規範と規則の遵守の、厳格な保護者を自任している。

サラフィー主義と宗教的ピューリタニズムの重要人物アブド・アル＝ワッハーブは、一七四四年にアミールのムハンマド・イブン・サウドと同盟した。この盟約（バイア）は、ダルイーヤ（あるいはディリヤ）でこの二人の人物間に結ばれたが、きわめて特殊な政治的・宗教的体制を生み出し、その最良の事例は今日のサウジアラビアに見られる。こうしてサウジアラビアは、同時にワッハーブ派のアラビアとなり、今日ハンバル派イスラム主義のもっとも目に見える擁護者となった。この点で、ワッハーブ派運動内に生じた内輪の紛争に注目することが重要である。それは、サウジアラビア「市民」でありワッハーブ派の信徒だった故オサマ・ビン・ラーデンの指導下に、アル＝カイダが登場したためである。ワッハーブ派のサウジアラビア政権は、既成のワッハーブ派聖職者の重要部分とともに、ワッハーブ主義の伝統的な道を引き続き辿っているが、他のワッハーブ派はジハード主義者やグローバル・テロリストになっている。にもかかわらず、どちらの傾向もハンバル神学派に、そしてイブン・タイミーヤの教義に依存しているのである。

今日イスラム主義と名付けられているものの、次のイデオロギー的局面が、一七九八年にナポレオンのエジプト侵略への反応として現われた。一九世紀後半における、イスラーフ運動のことである。

イスラーフ運動

イスラーフ運動の特異性は、それがスンニー派及びシーア派のムスリム一般にとって、そしてとりわけ両宗派のイスラム主義者にとって、主要なイデオロギー的典拠の一つという地位を占めている事実に存する。しかしワッハーブ派は、一般にイスラーフ運動に言及しない。イスラーフは、あるいはしばしばそう呼ばれているようにナフダ（運動ないし復活）は、ムスリム世界の退廃や全般的後進性への反応として説明するのが最善だ。この意味ではイスラーフ運動は、ムスリム・エリートの覚醒の、そして数世紀にわたる失敗と悲惨の結果であるムスリムの無力さに治療を施そうという、彼らの反射神経の顕れだった。実際には、ムスリムの覚醒に巨大な貢献をなしたのは、ボナパルトによるエジプト侵略だった。フランスによるエジプト占領は、わずか三年（一七九八―一八〇一年）しか続かなかったという事実にもかかわらず、それはムスリムに巨大な衝撃を与え、彼らがそれまで存在することさえ知らなかった新世界への目を開かせた。ロバート・L・ティグナーが述べているように、ボナパルトのエジプト遠征は、二文明間の出会いの分水嶺をなした――コロンブスの新世界到着やコルテスのメキシコ征服ほど劇的ではなかったけれど。にもかかわらず、フランス人にエジプトを侵略させるに至った革命的事件に気付いていなかった、エジプトの知識人や統治エリートにとって、

ボナパルトとの出会いは驚くべき新発見をもたらしたが、その小さからぬ一点は、ヨーロッパがマムルークの誇った軍事組織を打ち破るのに十分な、優れた軍事力を有し、フランスが拡張主義的・帝国的・文化的熱狂によりナイル渓谷を所有するに至ったことだった。(75)

イスラーフは、この運動を概念化し、公式化し、ある程度は実際的指導権を担った三人の人物によって導かれた。その三指導者とは、サイイド・ジャマール・アル＝ディーン・アル＝アフガーニー（一八三八―一八九七年）、ムハンマド・アブドゥ（一八四九―一九〇五年）、そしてラシード・リダー（一八六五―一九三五年）であった。[76]イスラーフの中身を見る前に、イスラーフの真の意味にしばし注目しよう。イスラムの文脈では、改革はキリスト教の教会内部の改革主義とは区別されるべきであり、その理由は次の通りである――

イスラムの改革主義者は、イスラムがそれ自体何らかの改革を必要とするとは主張しなかったし、今もしていない。ただ、多様な誤解や誤った解釈が元のテキストの一部を歪めるに至り、ある種の有害な実践を導いたのだ。イスラムの改革主義はこのように、イスラムを元のメッセージに戻すことを目指す、統一を神学的に強調する運動なのである。[77]

ここでの私の目的は、イスラーフ運動の詳しい研究を始めることではない。現代のムスリムがとくに言及している、イスラーフの使命の中核的メッセージの本質を抽出しようとしているのである。最初の要点は、強力なカリフ政のもとでムスリム世界を政治的に統一することだ。この要請を受けた者は、最初に、かつ誰よりもオスマン帝国であって、それは「ヨーロッパの病人」としてではあったがなお存在したのだ。このメッセージはまた、エジプト・ペルシャ・インドのムスリムにも平等に向けられた。カリフ政の制度の更新は、それ自体新しいことではなかった。それは単に、初期のカリフ政のダイナミズムを再現するという、幻想的でロマンチックな希望でしかなかった。新しかったのは、近代科学と技術を受け入れたことだ。この第二の点は、数世紀にわたりうち続いたムスリムの軍事的敗北と、とりわけナポレオンによるエジプト侵略とペルシャの対ロシア戦争における敗走、それらに続き一九世紀にヨーロッパ人がエジプトと北アフリカを征服したことから引き出された。ここで重要なのは、イスラーフの指導者は近代化を求めていただけで、近代性を求めてはいなかったことだ。言い換えれば、彼らはムスリムを動員して受動的な態度を捨てさせ、自己を教育し新たな科学と技術を採用することで自分の運命の支配者にならせる、ただしフランス革命（一七八九―一七九九年）の遺産である世俗主義・自由・平等のような西洋の理念は採用させないよう努めたのだ。ある学者は、ナフダ運動を「民主主義なき**イスラーフ**、そして『公正な［ママ］専制主義』に近いものとしての**イスラーフ**」[78]と描写した。現代のイスラム主義者をイスラーフにとりわけ惹き付けるのは、イスラーフ運動の第三の次元である。この次元は、強い反西洋的訴えに存する。この精神からニッキ・R・ケディーは、イスラーフの指導者たちの真の目的は、実は西洋世界に対する闘争であると結論している。彼女は、「イスラム世界の政治的統一と強化、そしてそこへの西洋の侵入の排除が［アル＝アフガーニーの］主要目的であり、イスラムの改革は二の次だった」と書いている。[79]

シーア派のイデオロギー的源泉

スンニー派とシーア派の紛争は、預言者ムハンマドの後継を巡る政治的闘争として一般に研究されている。シーア派の異論において、政治的側面が重要な役割を果たしたことには疑問の余地がない。きわめて豊かなイスラムの歴史的文献において、一方では四代目カリフ（六五五―六六一年）になったアリー・イブン・アビー・ターリブの支持者と、他方ではムハンマドからアブー・バクル（六三二―六三四年）、ついでウマル・イブン・アル＝ハッタブ（六三四―六四四年）、さらにはウスマン・イブン・アッファーン（六四四―六五六年）へと規則的に権力が受け継がれたと信じる人たちとの間に、論争が存在したことの目撃証言がなされている。しかし、この問題の政治的側面の他に、歴史の見方と預言原則の解釈の継続に関して、重要な相違点が存在する。スンニー派は、歴史が二つの明確に異なる時期、すなわちアダムに始まって、コーランによって「最後の預言者（ハータム・ウル＝アンビヤー）」と宣言されたムハンマドの預言で終わる時期と、その後の時期に区別されると信じる一方で、シーア派[80]は歴史の断裂を信じない。シーア派によれば、預言から解釈すると、歴史はムハンマドの死後でさえも継続している。唯一の違いは、イマーム政が預言に取ってかわったことである。このことは、無謬の指導者としてのイマームが、啓示（ワフイ）を除いて、預言に基づくあらゆる特権を備えていることを意味する。イマームは、預言者の場合のように啓示を受け取りはしない。シーア主義の精神的次元によって積み重ねられた政治的不和は、シーア派のイスラム主義のイデオロギー的根源に大きな影響を与えた。しかし、一つの特別かつ決定的なイデオロギー的問題について、シーア派・スンニー派・ワッハーブ派は合意している。その共通点とは、メディナ・モデルである。シーア派とスンニー派は、ともにイスラーフ運動を彼らのイデオロギー的根源の一つと見なしているが、ワッハーブ派はこの結び付きを認めない。

それで、メディナ・モデルとイスラーフ運動を別にすれば、シーア派イスラム主義の具体的なイデオロギー的根源は、以下の源泉に発している――（一）イマーム・アリー、（二）イマーム・フセイン、（三）イマーム・マフディーである。これら三人のイマームは（「一二人のイマーム」中）、シーア派の心象において彼らが表わしているもののおかげで卓越している。他のイマームは、教義分野か政治的面で（あるいはその両方で）いくらか大きな役割を果たした者と、象徴的役割を果たしただけの者という、二つの異なる集団に分類されうる。第一の集団にはイマーム・ハッサン（第二代イマーム）がいて、彼は父親（アリー）のライバル、ムアーウィヤと和睦し、それによってカリフ政が王朝的カリフ政、すなわちウマイヤ朝（六六一―七五〇年）になった。第六代イマーム

（アル＝ジャアファル）は、シーア派をイデオロギー的・司法的学派として確立するのに貢献し、彼の受動的な政治的役割を通じて、七五〇年にアッバース朝が勃興するのを間接的に助けた。第八代イマーム（アル＝リダー、ないしレザー）は、政治闘争に巻き込まれ、カリフ・アル＝マアムーンと同盟した。他のイマームは、第二の集団に属する。次に、シーア派イスラム主義の主要なイデオロギー的源泉を通観しよう。

第二の基盤的源泉としてのイマーム・アリー

シーア派にとって、イマーム・アリーは完全な人物で至高の偶像であるとともに、究極の模範として、その道をすべてのシーア派が辿るべきと思われている。この意味でイマーム・アリーは、第一の基盤的源泉として最高のモデルを表わしており、その完成度は預言者自身とメディナ・モデルのそれに次ぐのみとされる。イマーム・アリーは崇拝の的であり、一部の人は彼を神性の発露（**アリアッラヒ**）とさえ見なしている。我々はここできわめて選択的になる必要があり、シーア派、とりわけその中でももっとも政治的に極端な人たちが、この偶像的名士に認める主要な特徴のみに話しを限らざるをえない。シーア派イスラム主義者を鼓舞し続けているアリーの諸特徴の中で、もっとも肝要なもののうち次の諸点を述べるべきだろう――

第一に、アリーは、言葉のもっとも広い意味で英雄と見られている。この点では、彼のイスラム信仰への堅く揺るぎない固着、とりわけアッラーの道における尋常ならざる軍事的勇敢さと騎士道を示す多くの事例は、シーア派の戦闘者にとって参照事項として用いられている。アリーの両刃の剣（**ズルフィカル**）は、敵に対するイスラムの怒りの象徴を表わす。イマーム・アリーはまた、真の公正と正義の象徴ともなっている。正義の諸原則の適用におけるアリーの厳格な行動に関しては、シーア派文献の膨大な蓄積がある。アリーは、「正しく導かれたカリフたち」の第四代として、政治権力に到達した唯一のイマームとなっている。シーア派の心象において、アリーのほぼ五年に及ぶ統治は政府の最高のモデルとなっている。この点、アリーのものとされる講話や手紙は、現代のシーア派イスラム主義者によってもっとも言及される指針の一群をなしている。それらの講話や手紙は、『雄弁の道（ナフジュ・ウル＝バラーガ）』という題の分厚い本に集成されている。本書の編纂は、アリーの時代から数世紀後になされた。[81] アリーのものとされる多くの材料のうちから、エジプトの総督マーリク・アル＝アシャタルへの手紙と、有名な講話「フトバ・アル＝シャクシャキーヤ」が、多くの機会に引合いに出される。前者は公正な政府の指針であり、後者はイスラムの諸原則を現実へと実行する際に直面した障害・問題・困難をたくさん挙げている。[82]

イマーム・フセインと殉教の礼賛

シーア派の間で非常に広がっている、革命的傾向と自己犠牲の着想の現実的源泉を理解するためには、他でもないイマーム・フセイン自身をよく知るべきである。彼はシーア派に「殉教者の王子（サイイド・アル＝シュハダー）」として、そして勇気、犠牲、かつイラン・レバノン・パキスタンその他で有名なアーシュラーを記念してシーア派が称える、「剣に対する血の勝利」の至高の範例として知られている。[83] 今日この行事は、ムスリムの諸政府と西洋列強の両者に対してシーア派を動員する強力な政治的道具として、ごく頻繁に利用されている。アヤトッラー・ホメイニのシャー政権に対する最初の反乱（一九六三年六月五日）は、アーシュラーの時期に起きたことを想起すべきだ。同様に、イランのイスラム主義革命もまた、アーシュラー期間中に絶頂に達した。[84] この機をとらえて、ホメイニは燃えるような演説を行なったが、その最初の段落は次のようだった――

ムハッラム［月］が近づくとともに、我々は勇壮な英雄主義と犠牲の月を始めようとしている――血が剣に

勝った月、真実が永遠に虚偽を非難し、あらゆる抑圧者や悪魔的政府の額に不名誉の刻印を押した月だ。(85)

イマーム・フセインは、屈辱や抑圧的秩序に従うより意図的に死を選ぶ英雄としてきわめて多く描かれているが、理想的犠牲者をも象徴している。これこそ、シーア派が犠牲者化に基づく宗派になった理由であり、今日、犠牲者化はシーア派のみならず広くムスリム世界においても支配的言説となっている。要するに、フセインの遺産の中には、抗議・騒動・自殺的行動の炎を燃やし続けるために、圧倒的量の材料があるのだ。

イマーム・マフディーと最終的勝利の哲学

第一二代のシーア派イマームは、復讐と最終的勝利に基づく楽観的教義を表わしている。この二つの課題を達成すべく神に指名された男が、第一二代で最後のイマームとして九四〇年に姿を隠した（大お隠れ）イマーム・マフディーで、神がその時が来たと定めた時に復帰することになっている。その時まで、シーア派は待機の時期（**インティザール**）を生きているのだが、もし待機中のイマーム（**イマーム・アル＝ムンタザル**）の再登場（**ズフル**）によって慰めの時（**ファラジュ**）が告げられたなら、お隠れのイマームを救いに駆けつける用意を常にしていなければならない。彼の再登場は流血を伴おう――多くの人は（主として**アーシュラー**のドラマに責任のあった者たちで、最終的に処刑される前に生き返るであろう）マフディーの命により殺され、世界に正義が取り戻されるだろう。マフディーの復帰の前には、太陽が西から昇り、世界中であらゆる種類の極端な腐敗が広がるなど、一連の黙示録的事件が起きるだろう。イマーム・マフディーはメッカに現われ、エルサレムに行き、そこで礼拝を率いる時、イエスがマフディーのすぐ後ろで参加するだろう。

お隠れ（**ガイバート**）の観念とマフディーの復帰の保証は、理念や想像の水準にとどまらなかった。(86)現実の政治的含意をもったのである。お隠れ理論がシーア派の行動にイデオロギー的衝撃を与えたことを示す例を、三つだけ挙げよう。第一に、イラン・イスラム共和国の憲法（第五条）によると、お隠れのイマームの留守中は、政府は**ファキーフ**（シーア派神学者）によって運営されるのであって、それは統治の真の正統性はイマーム・マフディーに存するということを意味する。(87) 第二に、イマーム・マフディーはイランの前大統領マフムード・アフマディネジャド（在任二〇〇五―二〇一三年）の政治的行為によく表われていた。たとえば、彼は自分の政府の綱領は、「お隠れのイマームの再登場への準備」以外の何物でもないと表明していた。イマーム・マフディーへの公衆の関心を高めるために、アフマディネジャドは聖都コム付近のジャムカラン・モスクの改修に取り組んだが、そこはお隠れのイマームがよく、とくに夜間に訪れると信じられている。第三に、イラクのもっとも過激なシーア派集団は若いイマーム、ムクタダ・アル＝サドルに率いられており、彼は何千人もの男からなるマフディー軍（**ジャイシュ・アル＝マフディー**）を指揮下においている。マフディーの名を（不法な）軍隊用に選んだことそれ自体、このテロリスト集団が、まさに復讐と将来の勝利への希望の両理念によって元気付けられていることを示している。

結論

本章における私の主要目的は、現代のイスラム主義の内生的なイデオロギー的起源を、イスラムの歴史の中に発見することだった。この章は、イスラム主義が退行的イデオロギーとして歴史に深く根差しており、その起源が九世紀に遡ることを示している。イスラム世界における、高度に純化された「メディナ・モデル」への復帰を目指す退行的理念の勃興は、異国文化の導入――それは当時へレニズム的文化だったが、それへの知的反動を通じて表現された。現代のイスラム主義者が近代性、民主主義、ジェンダーの平等、そして言論の自由に対して見せる強固な抵抗は、ある意味で中世のムスリム・エリートの一派（たとえばガザーリやイブン・タイミーヤ）がとった、古い反ヘレニズム的態度の現代版である。今日、多様なイスラム主義者が不安そうに用いている「文化的NATO」「文化侵略」「西洋中毒《ウエストクシフィケーション》」といった表現は、イスラム信仰の規範や自足性の保持を目的としているが、実際にはイスラム法の「再活性化」を主張した同様の声の残響なのである。

本章はまた、退行的傾向の勃興は、たまたま長期の（ロング・デュレ）停滞の開始と一致し、その停滞は歴史過程において全般化し累積化したことを示している。

政治面では、栄光あるイスラム帝国が二つの敵対的ブロック（アッバース朝とファーティマ朝）に分裂し、アッバース帝国が事実上ブワイフ朝とセルジュク朝に再分割されたことは、世界的大国としてのイスラムの将来に巨大な衝撃を及ぼした。イスラムの拡張主義の終焉と政治的危機は、全般的な社会・経済的危機によって非常に深まった。この観点から見ると、ヨーロッパの植民地主義と、のちのアメリカ帝国主義は、それらに従属させられたことにムスリム世界は当然にも不平を述べているが、ムスリムの停滞が根付いた原因というよりは、むしろその結果であるというのが公平だろう。我々は、ムスリムの停滞が、アメリカの発見よりずっと前に始まったことを知っている。それゆえ、サラフィー主義とイスラム主義は同じ問題の二つの顔、すなわち退行の表現と停滞への想像上の治療法を、同時に顕わしていると言って差し支えないと思われる。

第三章　ヨーロッパの全体主義との比較で見たイスラム主義の勃興と進化

あらゆる人生の哲学は……その諸原則が戦う運動の旗となり、その運動が政党となって、その活動がその理念の勝利で終わり、政党の教理が国民の共同体［国家］の新たな国家原則となるのでない限り……意味がないであろう。

アドルフ・ヒトラー『わが闘争（マイン・カンプ）』(88)

本章は、ヨーロッパの全体主義的運動の勃興の文脈からイスラム主義の進化を説明するものである。最初の部分は、イスラム主義がヨーロッパの全体主義的運動、すなわちボルシェビズム、ファシズム、そしてナチズムと同じ時間域、そしてほとんど同じ地理的空間で勃興したことを示す。第一次世界大戦への一般的反応の比較分析は、一部のヨーロッパ人とムスリムが経験したアノミーが驚くほど似ていて、それが既存の近代性に対する代替的政治・文化秩序を創出しようという試みを促したことを明らかにする。この研究の第二部は、イスラム主義が周辺的傾向からイスラムと世界政治において一つの主要な政治勢力へと進化した点を検討する。イスラム主義の進化の独特の特徴を把握するために、それをムスリム世界一般と、とりわけ中東の諸社会における他の政治的傾向——自由主義、民主主義、社会主義、権威主義——と、簡潔に比較する。

以上を前置きとして、次の二つの命題を探求しよう——

（1）第一次世界大戦の一結果として四つの主要な政権あるいは「帝国」が崩壊し、ムスリムの間に幻滅と歴史的危機という一般的感覚が生まれ、それがイスラムの黄金時代を復活させようという願いを生んだ。

（2）ヨーロッパの全体主義的運動と対照的に、イスラム主義は、最初に生まれてから権力に到達するまでに長時間を要した。この「遅れ」ゆえに、イスラム主義の潜在的危険性は一般に無視されてきた。

諸帝国の崩壊、幻滅、そしてリソルジメント

帝国は勃興し、繁栄し、やがて崩壊する。それが歴史上の法則であった。[89]いくつかの帝国が同時に倒れるのは、異例の現象である。にもかかわらず、第一次世界大戦のあとにそれが起こり、ほとんど同一の大陸（ヨーロッパ）に位置する四つの帝国——ドイツ、オーストリア＝ハンガリー、ロシア、オスマンの諸帝国——が同時に崩壊した。それは他の二つの帝国（フランスとイギリス）を相当弱め、最近統一したイタリアに深刻な危機を引き起こした。

帝国は、全政治・文化体制の中核・中心をなす。それゆえ、帝国の衰退は常にきわめて劇的な事件である。それは、権力と文化的ヘゲモニーをしばしば長期間維持した、マクロ政治組織の特定形態、すなわち国家に引導を

渡す。帝国の政権がどのような仕方であれ敗れると、それは膨大な数の人々の運命、また相当数の地域・属州・領土の帰趨に直接的影響を与え、しばしば劇的に変化させる。一般に、帝国の崩壊は暴力的事件であり、旧帝国において全般的混沌を引き起こすとともに、諸隣国にも不確実性と不安定をもたらす。帝国の重要な機能の一つは、臣民にアイデンティティーを与えることである。したがって、帝国の衰退はアイデンティティーの危機を生み出し、それによってエミール・デュルケームがアノミーと呼んだ状態の一般化をもたらす。帝国が強力であればあるほど、その崩壊の経験はいっそう劇的で、それがかつて存在を支えていた種属的・宗教的集団の間に生みだすアイデンティティーの危機を、いっそう深いものにする。

第一次世界大戦以前のヨーロッパの危機が、早くも一九世紀後半に始まったというのは本当である。ニーチェが「ヨーロッパは病んでいる」、そして「神は死んだ」と語ったとき、多くのヨーロッパ人は「現代の神秘主義の観点からしか理解できなかった、地球上における彼らの中心性が失われたという徴候(90)」を、明らかに認識し始めたのだ。第一次世界大戦は、その危機を挽回不能にし、衰退はもはや将来の運命ではなく、ヨーロッパの目下の現実にほかならなかった(91)。

歴史的事実を注意深く調べると、戦後、ヨーロッパの知識人の精神を、とりわけ敗れた諸帝国において、二つの相異なるけれど互いに密接に関わる感情が支配したことは、疑問の余地がないと分かる。一方で「幻滅」の感情があり、他方で帝国を「復活」させるか、旧体制と結び付いた社会政治的その他の規範を再現しようとする、強い意志があった。政治用語に翻訳すれば、それは超保守的（復古主義者）か全体主義的（革命的）政治・文化運動の波をもたらした。ロジャー・グリフィンは述べている――「その幻滅は未曾有の深さに達し、聖なる天蓋を再興し、戦争によって荒廃した一九世紀的世界の残骸の上に『家を再建』して再出発しようと願う、戦後的個人の膨大な潜在的支持者層を生みだした(92)」

戦後の過激主義は、二つの真っ向から対立する方向に走った。保守的右翼は「郷愁的」道を辿り、新たな帝国的秩序の中に過去の安定と規範を、近代化された形態の下でだが復活させることを、究極の目標とし続けた。対照的に革命的な右翼と左翼は、新たな革命的事業の実現のためにいかなる犠牲を払っても闘うことで、冒険主義の「悲劇的」道を選んだが、それはファシズムとボルシェビズムの場合は最終的に内部から崩壊し、ナチズムの場合は自分が解き放った地殻変動的戦争の結果、自滅した。

幻滅は広範で、長々と表現されたが、とりわけドイツ知識人の間ではそうだった。オズワルト・シュペングラーが、一九一八年初版の有名な著書**『西洋の没落』**を書いたのは、この時代だった。戦争の不満足な結果に対する失望が、マックス・ウェーバーのような社会学者に決定的影響を与えた。**『西洋の没落』**が出版されたと同じ年に、ウェーバーは、二つの名高い対の講義「職業としての政治」と「職業としての学問」において、未来を「花咲く夏」からは遠い、「氷のように暗く固い極地の夜」のようなものとして語っている[93]。第二の講義では、「我々の時代の運命は、合理化と知識化、そして**何よりも**『世界の幻滅』を特徴としている」[94]と述べた（引用者による強調）。それは表向き、伝統的社会に対する合理化の影響への言及だが、言外に一九一八年後の現代社会のアノミー的状況を表現している。

この「幻滅」は、フランスやロシアの知識人にも感じられた。一九一九年に、フランス人著述家ポール・ヴァレリーは、新たな「不安の時代」の開始を宣言し、「心の危機」という論文を書いたが、それは最初イギリスの評論雑誌に掲載された。ヴァレリーによれば、その危機はヨーロッパ文明それ自身に深い根をもっていた。しかし、第一次世界大戦はヨーロッパにとって啓示の時だったと、彼は考えた[95]。パリで作家と芸術家の一団が、あらゆるものへの抗議を開始した（ダダイズム）。文学、芸術、道徳、文明の、すべては無意味である。行動は無駄であり、芸術は無駄であり、すべてが馬鹿げている。一九二三年に、ロシアの作家ニコライ・ベルジャーエフは名著『新しい中世』を刊行した。シュペングラー同様、ベルジャーエフは現代社会のあらゆる悲惨さ――個人化、文化の細分化、際限のない欲望、人口と需要の成長、信仰の衰退、精神生活の不毛さ増大等――を組み合わせて、没落のイメージを創り出した。[96]同時に、ドイツ人歴史家のシュペングラーが西洋の没落を論じたのに対して、イギリス人同業者のアーノルド・トインビーは記念碑的作品『歴史の研究』（一九三四―一九六一年）において、西洋は絶望の誘惑に抵抗するすべを十分もっていると主張したことが注目される。[97]イフワーン・アル＝ムスリムーン（ムスリム同胞団）の創設者ハッサン・アル＝バンナが、シュペングラー、スペンサー、トインビーを研究したことを想起しよう。彼は、西洋の没落には明らかに関心がなかった。勝利したヨーロッパ諸国と敗北したヨーロッパ諸国との区別もしなかった。彼にとって西洋は、いかなる区別も不可能な小さな塊をなしていた。彼の意見では、最重要の側面はもちろんイスラムの没落であり、西洋列強の支配下にムスリムが分散されたことだった。

幻滅の流行は、ヨーロッパで多様な型の過激主義を勃興させた。それが、ハンナ・アーレントの言う「汎運動」である。彼女の見るところ、「ナチズムとボルシェビズムは、他のいかなるイデオロギーや政治運動より、汎ゲルマン主義と汎スラブ主義に（それぞれ）多くを負っている。[98]」同じことが汎イスラム主義にも言え、それは一九世紀末以降およそあらゆるイスラム主義運動の不変の主張であり、不動の計画であると考えられた。汎イスラム主義運動の主要目標は、植民地支配に抗してムスリムを統一することで、それは実に新たな、強力なイスラム帝国を再建する過程で必要な局面なのだった。

ヨーロッパの過激派運動は、一九一七年にまずロシアで、ついで一九二二年にイタリアで、最後に一九三三年にドイツで、権力を握った（図3-1を参照）。しかし、過激主義の繁栄はこれら諸国に限られず、他の諸国も同様の現象を目にしていた――オーストリア（ハイムヴェール）、スペイン（フランタス、のちのファランヘ・エスパ

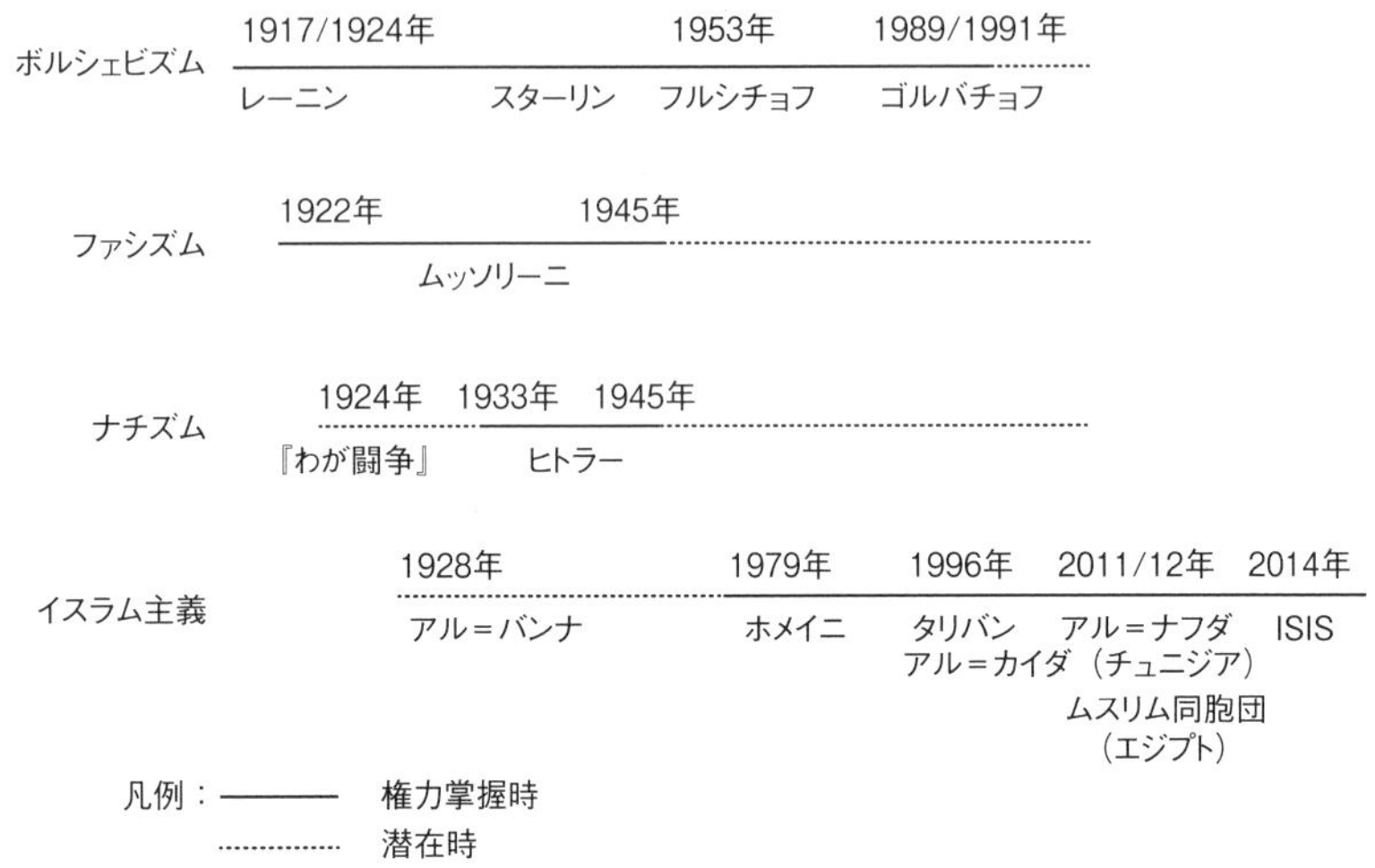

図 3-1　20 世紀と 21 世紀における全体主義の勃興と衰退

ニョーラ)、フランス（アクション・フランセーズその他)、ハンガリー、ルーマニア等々で。[99] この文脈で、我々は過激主義の勃興は、啓蒙の取組みから生まれた漸進的進歩、合理主義、節度の希求に支配される一時代に、戦争が終止符を打ったことを明らかに示していたと、主張してもよかろう。西洋の危機は、もはや知識人にとっての主観的事項ではなく、社会の全分野に顕在化した客観的で具体的な現実であった。全体主義のイデオローグはまもなく、歴史の破綻についての自分たちの説明を見出した。ヒトラーにとって、一九一八年に続く年月にドイツ国家が崩壊したことは苦々しく、また明白だった。彼は敗北をドイツの政治家、そしてとりわけマルクス主義者やユダヤ人のせいにした。

　イタリアのファシストによれば、あの戦争は「血を流すことで国民をついに団結させるため」の国家的必要事だった。[100] ファシズムのもっとも有名なイデオローグの一人であるジョヴァンニ・ジェンティレにとって、あの大戦争は国民を一つに、つまり現実の生き生きした、行動能力をもち、自分を世界で価値付けられ重要にさせる用意がある真の国民に変えるため、またイタリアがそれ自身の独自性をもって歴史に参加し、他者からの借り物の文化で生きることをけっして繰り返さないようにするために、不可欠だったのである。[101] 戦争の結果はイタリアにとってよかった、なぜならあの戦争がリソルジメントの新たなイタリアを生み出したから、と彼は評価した。しかし、「あの大戦争におけるイタリアの勝利は、敗北へと変えられた」ことを目撃して、彼は不満だった。そうなったのは軍事的敗北によるというより、イタリア人が民主主義のイデオロギーに、とりわけ一九一七年のアメリカの参戦が「最悪の、すなわちウッドロー・ウィルソンの、民主主義イデオロギーの受容を伴った[102]」ため、ますます惹き付けられたからだった。

レンゾ・デ・フェリーチェは、かつてファシズムを特殊ヨーロッパ的現象（ヨーロッパ的全体主義の他の形態へと容易に広がりうる）と考え、「ヨーロッパ以外の状況とは、同時期であれその後であれ、比較しえない。なぜならば、二つの世界大戦に取り囲まれた時期に生じた歴史的文脈が、根本的に異なるからだ」と主張した。[103] 彼はまた、ファシズムは一九一四年以前に「根源と前提条件」をもっていたが、それらは「周辺的」であり、「第一次世界大戦の直接・間接のトラウマなくして、それらが発展しただろうことを示すものは何もない」と強調した。[104]

しかし、一部のポスト一九四五年の学者はファシズムの独自性を主張したけれど、逆に、それは歴史上の他の革命的運動と深い共通性をもつと見たファシストの著述家もいた。それをボルシェビズムと較べる者もいたけれど、ムッソリーニの下で宣伝担当、副執政官を務めたジーノ・チェルベッラは、『ファシスモ・エ・イスラミスモ』（一九三八年、ファシズム暦一六年刊行）という著書において、非常に興味深いことに「ファシズムは、ある意味で二〇世紀のイスラムと呼ぶことができる」と論じた。[105] その第一章で、チェルベッラは、二〇世紀におけるムッソリーニの行動は、七世紀におけるムハンマドの使命に比較しうるという主張を支えるべく、一連の議論を展開している。宗教と政治が一つのイデオロギーに融合するというのが、その比較の焦点をなしている――

ムハンマド同様、ムッソリーニは一つの帝国、一つの宗教の創設者である。前者は、国民に優れた宗教的信仰の特典を与え、後者は優れた政治的信仰の恩典を与えた。そして両者とも、領土征服を目論見かつ実行しながら、なによりも世俗的かつ精神的支配を目指した。ムハンマドは神権国家の基礎をおき、ムッソリーニは国家の神権政治の基礎をおいた。こうして、前者は宗教的国家を生み出し、後者は国家の宗教を生み出したのである。[106]

さらにチェルベッラは、この宗教的・政治的イデオロギー以外の、他のすべての信念を排除する過程を主張する――

かのアラブ人預言者は宗教的物神崇拝を否定し、イタリア人［のファシズム］は自己を政治的偶像崇拝に委ねなかった。かのメッカ人［預言者］は、異教徒に唯一の宗教の信仰を説き、イタリア人［のファシズム］は唯一の信仰の宗教を説いた。ムハンマドは多くの神の崇拝者を唯一の神の信奉者に変え、ムッソリーニは様々な理念［多くの政党］の支持者を唯一の政党の支持者に変えたのである。[107]

チェルベッラは、二つの現存信仰を拡大する方法を、次の類推で説明する――「大衆は、……古い信仰を血をもって、かつ血の中に打倒し、破壊する」と。[108] 暴力は、新たなイデオロギーを拡大する正当な手段と見られているが、ある注目すべき例外が両指導者の経験を仕上げている。すなわち、「メッカへの進軍はローマへの進軍同様、解放の進軍だった。二人は戦さの主将で、兄弟の血管から血を流さずに自己の血統の母なる都市を征服した。」[109] チェルベッラが「母なる都市」と名付ける、それぞれローマとメッカへの帰還はまた、ある場所の象徴的変容を含意している――

あらゆる偶像を受け入れていたカアバは、一撃でイスラム主義のもっとも崇敬される神殿となった。あたかも、あらゆる信仰の勝利とあらゆる信奉者の称賛を目撃してきたモンテチトーリオ〔ローマ教皇により建築された宮殿、イタリア統一後下院議事堂となった〕が、再生した「ローマ世界」の聖域となったように。[110]

チェルベッラはまた、両イデオロギーの創始者の人生に類似性を見出している。まず幼児期について、「彼らはともに、悲惨な境遇に生まれ、生きた。母が彼らを生んだと言うより、悲惨さが彼らを生んだのだ。」そしてふたたび、彼らの使命の第一段階で「彼らが最初の使命に取り組んだとき、支持者より敵が多かった。多数派による悪口と反感、揶揄と侮辱が、多数派など人生においては小さな価値しかもたないけれど、二人にとって最高の奉献であった。[111]」しかし、創始者の精神的強さは、率いる少数派の最終的勝利を確実にした――「彼らは信仰者の最初の核に『真理』の火花を掻き立て、それが、彼らの情熱の強力な一吹きによって大衆を燃え上がらせた。[112]」チェルベッラは、ムハンマドとムッソリーニの双方の使命は普遍的な性格をもっていたと考える――「彼らの人生と彼らの仕事は、彼らの国の物語に属するだけでなく、実に人類の物語に属するのだ。[113]」

第一次世界大戦後に、ファシストがあれほど痛切に感じた形而上的な故郷、あるいは「ノモス」への郷愁は、失われた黄金時代を取り戻そうとするのではなく、ユートピア的な未来を実現しようとする企てにおいて表現されたのを、強調することは重要である。そしてその未来は、しばしば栄光の過去――アーリア人の、ローマ人の、エリザベス朝の、ダキア人の、トゥラン人〔中央アジアのチュルク系民族〕の、あるいはほかの誰のものであれ民族的再興の語りにふさわしい過去――の神秘化された記憶を当てにしている。ロジャー・グリフィンは、

『近代主義とファシズム』という著書において、ヨーロッパのファシズムは、文明が現在の形態では生き延びられないという、圧倒的な感覚から生まれたと論じている――

> 第一次世界大戦後のヨーロッパを形成し、また形成し損なったのは、絶望、あるいは「文化的悲観主義」ではなかった――「強い」、ニーチェ的・ディオニソス的意味での「行動的」ニヒリズムの場合を除いて。そうではなく、何百万人もの人間が……それぞれの仕方で「時代からはじき出され」、「圧倒的な孤独に追いやられ」る恐れがあり、緊急に必要としたためユートピア的計画、再活性化運動、イデオロギー的共同体が激増し、それらが合流したり、ときには暴力的に反応しあったことによるのである。(114)

グリフィンは、その推論をボルシェビキ革命にも及ぼし、それは現代社会の「新時代」への移行を完成させることで先取り的に「歴史を創る」ために、「未曾有の規模の社会的・経済的・文化的・政治的変容と再生の熱狂によって実行された、新たな社会を設計し建設する**近代主義**の実験」だったと考えた。(115)

グリフィンの議論は、一方でヨーロッパの懐旧的保守主義と全体主義的ユートピアニズム、他方でイスラム主義の郷愁とユートピアニズムとの間の相違にとって、重要な含意をもつ。ヨーロッパの全体主義的ユートピアは、実現されるべき未来を志向するのに対して、イスラム主義の「ユートピア」は、預言者ムハンマドの下でメディナ・モデルとしてすでに実現されているのだ。したがって未来は、本来のモデルをできるだけ忠実に再建すべき至高のモデルを、現代の条件下に再生産すること以外の何物でもない。この点で、カール・マンハイムによる「ユートピア」の二重の定義は、双方の立場を満足させる。一方で、「何がユートピア的かの具体的決定は、常に存在の一定段階から出発するので、今日のユートピアは明日の現実になることが可能である。」他方で、

「ある理念がユートピア的とレッテルを貼られる時は、通常すでに過ぎ去った時代の代表によってそうされるのだ。」[116]

この重要な区別を踏まえて、ムスリムの相当な部分が、一九一四―一九一八年の大変動事件とその余波に対して、ヨーロッパ人と同じ仕方で反応したと主張することが可能だ――すなわち郷愁と憂鬱（ノーベル文学賞を受賞したトルコの作家オルハン・パムクがイスタンブールの心境を描いた**ヒュズュン**にあたる）、そして現代社会にノモスを復活させたいという強い願いをもってである。ただし彼らの場合、それはイスラムのかつての力と栄光を再興することによって達成されるはずだった。[117]

オスマン帝国の崩壊は、ムスリム、とりわけその大部分を占めるスンニー派にとって衝撃となった。それまで、そして六三二年のムハンマドの死以降、ムスリムは相当な政治的力と宗教的権威をもつ帝国・中心をもっていた。イスラムは素晴らしい拡張を見せ、六三二年から六六一年の間に大きなものだけでもペルシャとビザンチンの両帝国、シリア、そして正統カリフたち（**フラファー・アル＝ラーシドゥーン**）の支配するエジプトを征服した。六六一年からのウマイヤ朝による統治は、カリフ政を帝国に変え、ダマスカスをその中心とした。イスラムは、アッバース朝（七五〇―一二五八年）の統治の下で絶頂に達した。この王朝の下でバグダードが、当時の世界の中心ではなかったとしても、ムスリム世界の中心となった。ファーティマ朝（九三七―一一七一年）の統治の下で、カイロはほとんど二〇〇年にわたってアッバース朝の首都の強敵手となった。バグダードは一二五八年に、モンゴルのフラグ・ハンから受けた大打撃による荒廃で、文化的中心としては消滅した。ついでオスマン帝国が登場し（一二九九年頃）、公式には一九二四年まで存続した。コンスタンチノープルは、イスラム化してイスラモポル＝イスタンブールとなった（一九二四年）[118]。オスマンのスルタンたちは、とりわけ一九世紀半ば以降は、イスタンブールのカリフだとは名ばかりで本当の宗教的権威、さらには道徳的権威さえもたなかったが、イスタンブールは結局のところイスラムの中心で、当時もっとも強力なムスリム国家の宮廷（バーブ＝イアーリー）をなしていた。アタチュルクがオスマンの統治を終わらせ、イスラム世界はその唯一の中心を失った。当時、ムスリム諸国の大部分は植民地化されていたか、保護国としてヨーロッパに結び付けられていた（ペルシャを除き）。それらの多くが、少なくとも形式的には、オスマン帝国に属していたのである。

オスマン朝の崩壊後、ムスリムは突然、自分たちが厳しい現実に直面していることに気付いた。イスラム帝国、あるいはムスリムの中心地がもはやないだけでなく、それに取ってかわった国家（トルコ）が世俗化し、イスラム法をヨーロッパの（非ムスリムの）法に置き換えたのだ。この新たな現実へのムスリム人口の一部の反応は、ドイツのナチスやイタリアのファシストのそれと同様だった。当時は、報復と偉大さの復活が、ナチスにとってもイスラム主義者にとってもキーワードだった。協商諸国（とりわけフランスとイギリス）への報復と、新たなライヒ（帝国）及びドイツ人のための大**ドイチュラント**の創設、そしてムスリムにとっての再建されたハラーファ（カリフ政）である。ピョートル大帝の夢見た帝国と同様の、ソビエト版帝国は言うまでもない。他方、イタリアは紛争で勝者の側に付いたが、ローマの偉大さ（**ロマニタ**）の模倣が、ファシストによる国家刷新計画の主要テーマとなった。

シリアのラシード・リダー（一八六五—一九三五年）は、カリフ政の制度復活という命題を推進した、おそらく最初のイスラム主義イデオローグである。彼の著書『**アル＝ハラーファ・アウ・アル＝イマーマ・アル＝ウズマ**［カリフ政、あるいは至高のイマーム政］』は、オスマン・カリフ政の廃止（およそ一九二二—一九二三年）の前夜に刊行された。リダーの見るところ、「イスラムの退廃」の治療法は、「**イマーム国**［ムスリムの指導権］の尊厳を取り戻し、アハル・アル＝ハッル・ワ＝ル＝アクド［ムスリムの政策決定者］の権威を再興し……そうして真のイスラム国家を再興することで、その国家はムスリムにとってのみならず、全人類にとって最高の国家である。」[119]リダーの理論は、ハミド・エナヤトによって次のように要約されている――

リダーは、カリフ政の諸問題を取り上げた後で、イスラム国家の主題を持ち出す。それを次の三段階で行なう。（一）最初に、イスラムの政治理論におけるカリフ政の基礎を調べる。（二）ついで、その理論とスンニー派ムスリムの政治的実践との間の溝を示す。（三）最後に、イスラム国家はいかなるものであるべきか、彼自身の理念を打ち出す。[120]

リダーの理想とする「新たな」カリフ政とは、「トルコ」版ではなく「アラブの」カリフ政への復帰なのだ。このように、政治的運動・組織としてのイスラム主義（ムスリム同胞団）が一九二八年にエジプトでハッサン・アル＝バンナによって創設されたのは、「汎運動」の時代においてであった。オスマンのカリフ政が、ムスタファ・パシャ（のちのアタチュルク）によって公式に解消されてから四年後、ヒトラーの『**わが闘争**』の第一巻が刊行されてから四年後、ムッソリーニの「ローマ進軍」から六年後、そしてレーニンが権力に到達してから一一年も経っていなかった。ハッサン・アル＝バンナは、当時のムスリム知識人でもっとも影響力あるイデオローグであったが、オスマンのカリフ政が敗れたのは、ヨーロッパ列強が仕組んだ陰謀の結果だったと確信していた。彼は書く――

ヨーロッパは、強力で広範にわたるイスラム国家［オスマン朝］を解体するために本気で働こうと、そしてその目的で多くの計画を提示しようとし始めた――それを時には「東方問題」、あるいはまた「ヨーロッパの病人の遺産分配」と言いながら。どの国も、機会があればそれをつかもうとし、もっとも取るに足りない口実を取り上げ、平和的でずぼらなイスラム国家を攻撃し、その周辺部を削減し統合された構造の一部を切り取った。この猛攻撃は長期にわたって続き、その間にオスマン帝国は多くのイスラム領土をはぎ取られ、それらはヨーロッパの支配下に入った。……これらの措置は地方的民族主義の概念を導き、各民族が独立体としての自由の権利を要求したが、そしてこうした復活のために働いた者の多くは統一の理念を故意に無視したが、にもかかわらずこうした措置の結果は、疑いもなく、統一国家としてイスラム世界の分散した人々を包含し、イスラムの旗を掲げそのメッセージを伝える、イスラム帝国の確立・再現となるであろう。[121]

この文章でとりわけ驚くのは、エジプト市民が、エジプトを併合し数世紀にわたって支配したカリフ政に他ならない、オスマンのカリフ政の崩壊を嘆いていることだ。最初のイスラム主義運動が、なぜトルコでなくエジプトで形成されたのかは、多様な要因によって説明される。まず、オスマンのカリフ政が新たなトルコへと変容したのは、実は一九世紀の間に打ち続いた近代化の波の結果であった。**タンジマート**（再調整、あるいは再構成）が「**ムルキイェ**（行政）における公務員として訓練を受け、よく教育された官僚制と、**ハルビイェ**（軍事アカデミー）という国防大学校の卒業生からなる、高度に専門的な将校団の出現を可能にした。[122]」トルコと比較すると、エジプトは当時のイギリス帝国に植民地化され、トルコのそれに匹敵する文官・軍事のエリートを生み出すための工夫をする余地が十分なかった。エジプトの近代化推進統治者のムハンマド・アリー（一八〇五？―一八四八年）は、エジプトに教育と社会組織の新たな形態を導入しようとしたが、彼の世俗的改革は、エジプト社会の近代化によって利益を脅かされるウラマーのカーストによって反対され、あまり成功しなかった。さらにエジプトは、アタチュルクのようなカリスマ的で決断力のある指導者をもたなかった。イスラムの刷新のために働こうと立ち上がった組織は、一八八〇年代の若く活動的な大佐であるウラービー・パシャに率いられた陸軍将校からなっていた。この集団は、「エジプト人のためのエジプト」をスローガンとして立ち上がり、民衆の名において語り、憲法と政府の変革、ただし世俗的改革ではなくイスラム国家の再興を求めた、イスラム主義の初期の形態だった。このように、ウラービーはアタチュルクと違って世俗の将校ではなく、改革への呼びかけをイスラムの刷新の言葉で表現した。ウラービーの軍隊（約一万人）は、アタチュルクのそれのような軍事的成功を得られず、一八八二年にイギリスの占領軍によって打ち破られた。エジプトのイスラム主義の重要な一要因は、カイロにアル＝アズハル大学があることである。この大学は世界でもっとも古く（西暦九七〇年創立）、もっとも重要なイスラム大学だ。エジプトの大地にアル＝アズハルが存することは、同国をムスリム世界の宗教的・精神的中心にし、それによってイスラムの信仰を守りイスラムの黄金時代に帰ろうという訴えが、エジプトではトルコでよりも民衆の耳に届きやすく、また積極的反応を引き出しやすくなったのである。

これらの要因以外にも、一九世紀末と二〇世紀初めにエジプトで非常に目立ったナフダ（覚醒）とサラフィー（起源への回帰）の両運動が樹立されたことは、もっとも強い説明力のある要素だ。それとの関連で二人の指導者が、エジプトのみならず他のムスリム世界で大きな役割を果たした――ジャマール・アル＝ディーン・アル＝アフガーニー（一八三八―九七年）とその弟子、ムハンマド・アブドゥ（一八四九―一九〇五年）である。今日彼らは、イスラムの改革運動にとってもっとも本物の参照者であり、様々な宗派のイスラム主義者が着想の源泉として認めている。それ以来これらの傾向は、ムスリム同胞団からホメイニ主義に至るあらゆるイスラム主義運動に、はっきりと見て取れる。現代のイスラム主義に刻印を残した彼らの思考の顕著な特徴は、次の諸点である――（一）ムスリムの領土が植民地主義と支配のくびきから解放されて初めて実現されうる、汎イスラム主義の理念、（二）イスラム最初期の、もっとも純粋な源泉への回帰、（三）西洋の科学技術と社会制度の選択的流用。

エジプトの中心性には、さらに一つの説明・正当化が可能だ。アル＝バンナがファルーク王に書いている――

――「エジプトは分かれ道に立っています。」「西洋の道」と「イスラムの道」の二方向のである。ムスリム同胞団は、彼らの信仰に忠実に、国をイスラムに戻すよう訴えた。エジプトの役割は独特で、ちょうどエジプトの改革がイスラムに始まるように、イスラムの復活はエジプトに始まり、「国際的イスラム」の再生を目指さなければならないのだった[123]。これらの要因すべてが、そもそもなぜイスラム主義がエジプトで興ったのかを説明する。しかしムスリム同胞団の創設は、ヨーロッパ人の注目をあまり集めなかった。それはおそらくムスリム同胞団が、ファシズム・ナチズム・ボルシェビズムと対照的に、他の過激派運動のように急速な権力掌握に成功しなかったからだ。ほとんど五〇年も急進的抗議運動としてとどまったのち、イスラム主義者は一九七九年に初めて権力に到達した。さらに、彼らがそうしたのはエジプトではなく、アヤトッラー・ホメイニの指導下でイランにおいてだったし、そして一七年後にタリバンの下でアフガニスタンにおいてであった。

しかし、イスラム主義が一九七九年まで権力をとらなかったという主張は、修正の必要がある。一九三二年にサウジアラビアが独立国として創立され、公式の宗教的イデオロギーとしてワッハーブ主義を採用したからだ。ワッハーブ主義が、根本原則においても理論的系譜（イブン・タイミーヤ（一二六三―一三二八年）とムハンマド・アブド・アル＝ワッハーブ（一七〇三―一七九二年））から言っても、現代のイスラム主義を代表する要素を多く含むことには疑問の余地がない[124]。しかし、当時の状況や一九三二年から一九七九年にかけてのサウジアラビアの対外行動を調べると、ワッハーブ主義は主としてサウジアラビアの国民的アイデンティティーの一表現であり、半島の種族的・部族的に多様な人々の間に結合を創り出す、あるいは確立するための道具だったことが見て取れる。対照的に、ムスリム同胞団は、軍事制度としてのカリフ政の権力復帰と世界のイスラム化を提案するイデオロギーである。のちになってホメイニが、アメリカに対しても、腐敗しているとみなした多数派のムスリム諸国に対しても、攻撃的政策を追求した一方で、サウジアラビアはもっともおとなしいと言える外交政策方針を選び、アメリカとの同盟を宣言した。サウジアラビアのワッハーブ主義宣伝に関わる伝統的政策に緩慢な変化が生じ、親ワッハーブ派の運動（アフガン人、パキスタン人、チェチェン人、ボスニアのムスリム人等）に対する莫大な財政的支援をもたらしたのは、一九七九年にソ連によるアフガニスタン侵攻が起きてからだった。ワッハーブ派でありサウジアラビア人であるオサマ・ビン・ラーデンが、アル＝カイダの指導者として登場したことが、ワッハーブ主義のイメージを劇的に変えたのである。

それゆえ、一九七九年のイランにおけるイスラム主義革命が、最初のイスラム主義政権の樹立を画したと論じることには合理性がある。この見解をさらに裏打ちするものとして、一九三二年のサウジアラビア独立は、一九七九年のホメイニ革命がもたらした国家的・国際的影響の複雑さと範囲に較べれば、むしろ小規模な事件であったことを想起すべきだ。この文脈で、イスタンブールのスンニー派カリフ政崩壊の重要な付随的結果を想起すべきである――その結果が、二一世紀にスンニー派・シーア派の関係を根底から変容させたからだ。スンニー派中心のカリフ政が存在する限り、スンニー派共同体は権力のイスラム的正統性を広く独占できた。シーア派のペルシャもまた、隣国のオスマン帝国と並んで、しばしば敵対しつつ、相対的に強力な国家として存在したことは事実である。しかしペルシャの正統性の基盤は、オスマンのそれとは相当異なっていた。後者はカリフ政の原則から正統性を引き出していたが、前者の土台は宗教ではなかった。シーア派の国としてペルシャはシーア派の王を有したが、政治体制の正統性はシーア派の政治理論（イマーム政）からというより、君主国の伝統的主権に発していた。一九二四年のスンニー派カリフ政終焉が、スンニー派の政治的正統性概念に根本的かつ質的な変化をもたらした。言い換えれば、スンニー派カリフ政が消滅するや、スンニー派の政治的正統性の独占、あるいは少なくとも優越もまた、消滅したのである。垂直で階層的なスンニー派・シーア派の間係が、動的かつ水平的な関係へと変容したことは、イスラム史において歴史的・政治的な断裂をなす。この瞬間から、「宗派の相対主義」

への道が開かれ、スンニー派・シーア派の政治的正統性は、史上初めて、潜在的に対等となったのだ。一九七九年のシーア派イスラム主義革命は、スンニー派の政治的教義の変更というレンズを通して理解されるべきである。同様に、二一世紀初頭の「シーア派の復興[125]」は、とりわけイラクの内戦とレバノンにおけるヒズボラの勃興との関係で、一〇〇〇年にわたるスンニー派支配のあとの「シーア派の報復」をなしている。

一九二八年から一九七九年にかけて五〇年以上にわたり、イスラム主義は潜在的かつ拡散した過激派運動で、常にそれぞれの国の政権に反対して活動している者の集まりでしかなかった。この時期、一九四八年はイスラム主義の拡大にとって決定的に重要となったが、それは一九四八年のイスラエル国家の樹立が、イスラム主義にとって新たな活力と、同時に新たな**レゾン・デートル**を与えたからである。この時以来、イスラエルは純粋に西洋の創造物で、一夜にしてイスラムの領土のど真ん中にイスラムの物理的・政治的・イデオロギー的・宗教的な敵を持ち込んだ者と見なされた。

イスラム主義の進化――潜在性から行動へ

イスラム主義の進化をよりよく把握するためには、それを歴史的・政治的文脈に位置付けなければならない。第一次世界大戦後の時代の一般的文脈は、イスラム主義がその重要性にもかかわらず、ムスリム諸国における唯一の主要発展形態ではなかったことを示している。二〇世紀初頭、ムスリム諸国は植民地化されたか、西洋の支配と保護下におかれていた。ムスリム諸国の政治的・経済的周辺化は、それらとヨーロッパの諸社会との間の相当な差異を生み出した。後者においては、とりわけ産業革命と一九世紀の社会的騒乱により、全般的社会構造が明白に、かつ目に見えて階級編成に基づき形成された。労働者階級・農民・産業家・商業階級は、社会主義、自由主義、共産主義、保守主義、そしてついにはファシズムといった、相応するイデオロギーや政治的教義によって代表された。ムスリムの諸社会は、この姿とは大きく異なり、同様の進化を経験する可能性をもたなかった。当時、労働者階級は存在しないか非常に微力で、同質的で社会を意識した集団としては捉えがたかった。農民は組織されず、中間階級はなお幼児期にあって、新たな要求を公式化し変化や改革を先導することができなかった。そのために、ムスリムの諸社会における発展に一連のイデオロギー的・政治的教義を適用しても、ヨーロッパの諸社会の文脈における場合と同じ様には意味をなさないのである。[126] にもかかわらず、一九世紀末やとりわけ第一次世界大戦後には、一方で、近代的社会・政治発展を描くために**ウスーリ**と**アクバリ**、**イスラーヒ**と**サラフィー**といった伝統的（しばしばイスラム的）術語が対応して用いられ、他方で社会主義的、自由主義的、共産主義的、社会民主主義的といったヨーロッパから借りた新たな概念が導入されるのが見られた。それを考慮して、私はムスリムの政治的舞台が、互酬的・敵対的関係において互いに並列する、四つの主要潮流によって占められていたと言いたい。それらの諸潮流とは、権威主義、自由民主主義、社会主義、イスラム主義である。政治面では、権威主義とイスラム主義の間に本物の闘争が起こり、その闘争は今も続いている。自由民主主義と社会主義の潮流は弱く、ムスリムの政治的舞台では周辺的な役割を果たしたに過ぎない。最初の三潮流は、一九一八年から一九七九年の間に勢力を得た（少なくとも一部の時期には）が、イスラム主義者は一九七九年まで権力を得られなかった。その年まで、イスラム主義は多様な反体制的組織や政党の形態をとったが、政府としてではなかった。自由民主主義的潮流が、政府の形態で存在したのはごく短期間で（四〜五年のみ）、かつ地理的にエジプトとイランにのみ限られていたことを銘記するのも重要である。

四潮流の主要な特徴は、以下の通りである。[127]

権威主義的潮流は、多様な形態を採るが、ムスリム諸国でもっとも強力で持続的な潮流となっている。権威主義的指導者は、力によって近代化政策を実行することが、自国を進歩と繁栄に導くもっとも適切な仕方だと信じていた。権威主義的近代化を続けて、彼らは民主的諸勢力と懸命に闘い、自由主義者のものであれイスラム主義者のものであれ、あらゆる抗議活動を容赦なく弾圧した。同時に彼らは、目標を達成するために、やむことなく西洋の支援を求めた。実際彼らは、しばしばその効果的支援を公然と、あるいは目立たない仕方で得ることができた。しかし権威主義的政権は、簡潔な政体ではない。それらは様々な範疇に分けられる。大きく区別すると、世俗的政権と宗教的政権、社会主義的政権と反社会主義的政権、親西洋的政権と反西洋的政権となる。権威主義的かつ世俗的な指導者の中で、ムスタファ・ケマル（アタチュルク）は、もちろん非常に特別な地位を占める。彼はムスリム諸国で、あえてカリフ政に終止符を打っただけでなく、トルコでそれをあえて世俗的政権に置き換えた、最初の指導者である。イランのレザー・シャー（在位一九二五―一九四一年）とその息子で後継者のムハンマド・レザー・シャー（在位一九四一―一九七九年）、そしてアフガニスタンのアマーヌッラー・ハーン（在位一九一九―一九二五年）は、それぞれのやり方でアタチュルクの弟子であった。インドネシアのアフマド・スカルノ、エジプトのアンワル・エル＝サダトとホスニ・ムバラク、そしてハビブ・ブルギバとその後継者ザイン・エル＝アビディン・ベン・アリーの下でのチュニジア政権は、同じ集団に属する。モロッコの政権は、世俗的政権と宗教的・権威主義的政権の合成である。一方で、王は信仰者の王子（アミール・アル＝ムウミニーン）と見なされ、他方で王国は一定の世俗的改革、とりわけ家族問題や婦人の地位に関する法律の改革に対して開かれている。ヨルダン王国は、モロッコに多くの点で似ており、両者を世俗的あるいは宗教的王国としてより伝統的王国（ウェーバー的意味で）と見るのが適切だ。宗教的・権威主義的政権としては、サウジアラビアと湾岸の多様なアラブ首長国が挙げられる。これらの政権は、本質的に部族的で性質は伝統主義的であるが、二つの完全に並行的だが矛盾する行動路線を採用してきた。戦略的見地からは、それらは西洋諸国、とりわけアメリカの側に付いている。他方では、西洋の哲学的・道徳的・政治的モデルを峻拒している。クウェートとバハレーンに議会制政権を導入しようとする努力は、極度に遅く、不鮮明である。サウジアラビアの諮問会議（シューラ）は、コーランを憲法とし、議会というよりは部族的制度であるが、パキスタンの政権は、権威主義の世俗的と宗教的の二つの型の中間的な政権である。

イランのシャー政権とアフガニスタンのアマーヌッラー政権を除き、ムスリム諸国は上述した諸政権の非常に多くが統治し続けている。前者は五〇年で一九七九年のイスラム主義革命により打倒され、後者は一九二五年初めに短期間の統治のあとで崩壊した。世俗的権威主義政権は、一般に民主的及び宗教的の両勢力を弾圧するが、宗教的権威主義政権は、民主的及び世俗的の両勢力を弾圧する。すべてこれらの政権に共通な傾向は、強い親西洋的かつ反民主的な性格に見出されるが、反民主的な性格は、政府が反対派に対して一般に強硬か柔軟かによって様々な程度を示しており、ヨルダンではシリアより柔軟だし、イランではインドネシアより強硬である。

自由主義的及び民主的潮流は、人口中もっともよく教育された部分――高位の公務員、大学教授、多くの知識人や作家――で、要約すれば真に自由主義的な勢力（俗人の、及び自由主義的なムスリム）と、社会民主主義者と呼んでよい人たちとの混合である。[128]この人たちは西洋（当時はヨーロッパ）を、無害と有害の二次元を有すると見なした。彼らの目にはもっとも重要であった無害な次元とは、西洋の政治的・社会的哲学の基盤のことである。自由、進歩、民主主義、権力の分有、国家と宗教の分離、社会福祉は、この潮流の推進者が支持すると考えられた規範や原則であった。さらに彼らは、自分たちの社会で同じモデルを実現しようと計画していた。西洋の有害な次元は、非ヨーロッパ諸国に対して適用された政策を見れば自明であった。自由主義的なムスリムは、彼ら自身が彼らの国とともにこの政策の直接的な、長期にわたる犠牲者だと考え、この政策路線と闘った。それゆえ辿るべき道は、西洋の基盤的諸原則に忠実であり続けることだった。それらの原則は、ヨーロッパに幸福をもたらすことで、その価値を証明したと思われたのである。他方で、西洋の政治に抵抗することが必要だった。自由主義的なムスリムは愛国者で（「民族主義者」というラベルを避けるなら）あり、民族解放闘争に献身していた。この潮流の二つの著例を想起しよう――ザグルール・パシャ指導下のエジプトのワフド党と、ムハンマド・モサッデクに率いられたイラン国民戦線である。これら二つの政治集団は、ともにイギリス帝国と闘い（ワフド党は第一次世界大戦の終結から一九一九年のベルサイユ会議以降）、ともにそれぞれの国で政治権力を獲得した（ワフド党は一九三〇年から一九五二年まで、そして国民戦線は一九五一年から一九五三年と、ついでふたたび、アヤトッラー・ホメイニが権力に就く前のほんの短期間）。エジプトの自由将校団が、一九五二年七月にファルーク王と彼のワフド政府をともに転覆した。モサッデクは、イランで石油産業をあえて国有化しようとしたため、ＣＩＡがシャーの協力を得て打倒した（一九五三年八月）。シャープール・バフティヤール指揮下のまさに最後の国民戦線政府は、今度はホメイニのイスラム主義革命によって転覆された。要約すれば、自由主義的かつ民主主義的なムスリムの課題は、西洋の帝国主義と闘いつつ、自国に西洋の民主的価値を適用することだったから、きわめて達成困難だった。西洋は、その近視眼的な経済的利益を無慈悲に追求して、自由主義的なムスリムの理想を完全に無視し、彼らを弱め、自由かつ民主的に選出された政府を打倒するために、できることは何でもしたのである。

社会主義的潮流は、ロシアでボルシェビキ革命が成功してから中東に現われた。イラン共産党は一九二〇年に最初の大会を開き、一九四六年に共産党の後継者として創設されたツデー党は、一九七九年のイスラム主義革命前後に、イランの政治生活において重要な役割を果たした。シリア・レバノン共産党は一九三六年に創設され、他にも共産党はサウジアラビアと首長国のような国々を除く全ムスリム諸国に存在した。それらの活動はしばしば地下で行なわれたが、スーダン・イラク・シリアのような一部の国では大目に見られた。[120] 知識人や労働者の諸集団内に存在し影響力をもったにもかかわらず、それらはついに一つのムスリム国においても共産主義政権樹立に成功しなかった。社会主義の名において統治した者は、たとえ社会民主主義者だと主張していてさえも、すべて権威主義的で親ソ連であった。エジプトのガマル・アブデル・ナセルは、アラブ社会主義の主唱者でアラブ民族主義の英雄だった。ナセルは、アメリカがアスワン・〔ハイ・〕ダム建設のための資金援助を拒否した後、ソ連に頼った。この行動方針は、後継者アンワル・エル＝サダトによってただちに変更された。バアス党は、シリアとサダム・フセイン下のイラクで権力を握っているが、これも社会主義的権威主義クラブの一員である。世俗的な起源と宿願をもっているバアス党は、ダマスカスでもバグダードでも、鉄の腕で軍事力を行使した。西洋に対する同党の態度は、曖昧さ（シリア）から公然たる敵意（イラク）まで様々だった。さらに、アルジェリアのファリ・ブーメディエンのような指導者や、一九六〇年代と一九七〇年代初めの南イエメン（アデン）の急進社会主義政権が、この集団に属する。

イスラム主義の潮流は、一九二八年にエジプトで誕生し、一九四〇年代に全ムスリム諸国に広がり、多様な形態や解釈をもった（たとえば、当時はインドのガマート・アル＝イスラーミー［イスラム組織］、そしてイランのファダイアネ・イスラーム［イスラムへの帰依者］）[130]。この潮流は常に、本質的に伝統主義的な、都市の下層及び中間層において人気を得るように思われた。これらの階層は、学校教師、下層公務員、技術者、若干の青年僧、一定の青年将校、そしてとりわけ店主、商人、職人といった様々な範疇の一大混成団を擁している。その多様性にもかかわらず、これらの集団はきわめて容易に動員されえた。モスクや無数の宗教センター・協会（**ダウラ**や**ハルカ**）が、彼らの好む集会所として役立っている。

この潮流のもっとも注目すべき側面は、西洋との関連におけるその理論的立場である。自由主義的なムスリムは常に、西洋の哲学的・政治的基盤と西洋の現実政治との間に微妙な区別を設けてきたし、今も設けていると前に述べた。多くの権威主義者が、技術的・工業的・社会的進歩によって示される西洋文明の物質的成果に焦点を当てていることにも注意した。イスラム主義者は、まったく異なる態度を採っている。彼らは、自由主義者の立場は欺瞞的であり、権威主義者の立場は西洋列強によって押し付けられたものと見なしている。彼らにとって、西洋はいかなる些細な相違も、いかなる変種も存しない一つの単体の塊をなしている。彼らの推論では、ムスリムや他の抑圧された人々に対する西洋の政策は、その哲学的・理論的基盤の直接的産物なのである。この見地からは、世俗化と近代性は、イスラム的価値や文化に対する西洋の計画、あるいはむしろ陰謀の一部をなす「文化的侵略（**フジュメ・ファルハンギ**）」であり、本質的には宗教としてのイスラムを根絶すべく工夫された道具と認識されている。その結果、こうした政治的行為に対して闘って勝つためには、イスラム主義者は西洋の理論的基盤を攻撃し、拒否しなければならないのだ。この種の言説が、イスラム主義の最重要な理論家と実践家の名を挙げるだけでも、ハッサン・アル＝バンナ、マウドゥーディ、サイイド・クトゥブ、ハッサン・アル＝トゥラビ、そしてアヤトッラー・ホメイニらの著作に見出されよう[131]。その点に関して、マウドゥーディの主張によると、イスラム主義の徴候は次の通りである――

［我々は、］コーランに基づいたイスラムの復興を希求する。我々にとって、コーランの精神とイスラムの教義は不易のものであるが、この精神を実際の生活の舞台に適用する仕方は、条件の変化や知識の増大に伴って常に多様でなければならない。……我々は、こうした理念や人生の法則を、真のイスラムの結節点に基づいて取扱い、それによってイスラムを今一度ダイナミックな力に、世界の随伴者ではなく指導者にしなければならないのだ[132]。

サイイド・クトゥブは、恩師（マウドゥーディィ）の道を辿って次のように述べている——

敵は、闘争の性質を変えることで、［信仰者］から真の勝利の武器を奪おうとしている……本当のところは、後の世の帝国主義は十字軍的精神の仮面でしかないということで、なぜなら中世にそうできたように本当の姿で現われるわけにいかないからだ。(133)

アヤトッラー・ホメイニが、彼の政府の最初の頃に早くも次のように宣言したのは、同じ精神からで、ただしもっと敵意に満ちた言葉によってであった——

イスラムの真理を信じる世界中のムスリムよ、タウヒード（神聖な統一）の旗とイスラムの教えのもとに立ち上がり、集まれ！　不誠実な諸超大国を、あなた方の国やあなた方の豊富な資源から追い払え。イスラムの栄光を回復し、あなた方の利己的な論争や対立を捨てよ——あなた方はすべてを所有しているのだ！　イスラム文化に頼り、西洋の模倣を振り払い、自分の足で立つのだ。(134)

ここで、イスラム主義がイデオロギーとして、また運動としてヘゲモニーを得たのは一九六〇年代になってからだということを、強調しなければならない。それまでは、前述のように権威主義・自由主義・民族主義・社会主義が、ムスリムの諸社会で主要な政治的潮流をなしていた。そうした潮流への最初の一撃は、アヤトッラー・ホメイニの指導下にイランで起きた騒動によって与えられた（一九六三年六月）。この騒動は、シャーの改革綱領、その諸項目の中でとりわけ土地改革と婦人への投票権付与に反対するものだった。アヤトッラー・ホメイニが、シャーに対抗する動員の争う余地なき政治指導者になったのは、この時期だった。その結果として、ムハンマド・モサッデクの道徳的指導権下の自由主義的かつ民主主義的運動は、シャーの権威主義的政権への代替案としての立場を失った。とりわけスンニー派ムスリムにとっての第二の、そしてはるかに強烈な打撃は、一九六七年に六日戦争によって生じ、それはエジプトのナセル大統領の汎アラブ主義に終止符を打った。その時以来、アラブ主義に関する非常に注目された言説は、政治的将来のない幻想に過ぎないものへと変わってしまった。アラブ主義は速やかにイスラム主義の、とりわけもっとも急進的なバージョン、すなわち一九六六年に処刑される前にサイイド・クトゥブによって宣伝されたバージョンによって置き換えられた。それゆえ、イランにおけるホメイニの反乱とエジプトにおけるナセルの失敗が、アラブ人の自信にあまりにも強い打撃を与え、一つの時代を終わらせてイスラム主義に支配される新たな時代を開始させた転機になったのだと言っても、何ら過言でない。

それでは、イスラム主義が潜在的でむしろ目立たない現象だったのに、恐るべき世界的アクターとなるまでに進化したことの分析に、取りかかることにしよう。この複雑な主題についての私の説明は、その過程を四つの時期に区別し、運動の主要なテロリスト分子に焦点を合わせるもので、多様なイスラム主義の諸個人や諸集団の詳しい研究に及ぶことはできない。

第一段階――ハッサン・アル＝バンナとマウドゥーディの時代（一九二八―一九七八年）

イスラム主義のテロリズムの第一段階は、半世紀をわずかに超えて続いた。イスラム主義に忠誠を誓う集団や協会が多数、この時期に盛んとなった。その大部分は潜在的で、舞台の裏にとどまった。あとで見るように、それらは第二段階で活動的となった。エジプトのイフワーン・アル＝ムスリミーン〔ムスリム同胞団〕（一九二八年）、一九四〇―四二年にイランで創設されたファダイアネ・イスラーム[135]、そして一九四一年にパキスタン（当時はインド）のラホールで創設されたガマート・アル＝イスラーミー［イスラム組織］は、そうした組織中もっとも行動的な三組織だった。

最初の二組織は、重要な共通の特徴をもっていた。それらは地域でもっとも人口の多い二国に根を生やしたのみならず、共通の目的をもっていた[136]――すなわち、一つの政府、唯一の旗の下でのイスラム世界の再統一である。それらはまた、この目的をどのように達成するかについても合意していた。イスラムの統一政府は、ムスリム諸国に不公正にも侵入した「腐敗した」諸政府を転覆することで達成されようと言い、暴力行使を正当化した。もちろん、それらの間に相違もあった。イフワーンはスンニー派で、ファダイアネはシーア派だった。しかし、この相違は二次的重要性しかもたず、それらの本質的目標を変えはしなかった。もう一つの相違は、組織構造にあった。イフワーンは、教育・宣伝・財政投資のような領域を担う、多様なネットワークを確立していた。イフワーンの立場を強化し、とりわけ深い社会的浸透を可能にしたものは、他所にあった。その社会的扶助のネットワークが、特別な種類の威信をもたらした。このネットワークは、医療・婚姻・融資・法的援助・教育等の重要部門を網羅していた。それによりイフワーンは新たな弟子を得て、イフワーン本部が統制する活動や事業に関わらせることができた。これと対照的に、ファダイアネの活動範囲は非常に限られていて、宣伝とテロリズムの二分野だけだった。そこで、イスラム主義のテロリズムのこの第一段階を分析することにしよう。

ガマート・アル＝イスラーミーの創設者サイイド・アブール・アラ・マウドゥーディ（一九〇三―一九七九年）は、二〇世紀のイスラム主義の著名で影響力ある指導者の一人である。[137]マウドゥーディの一般的立場は、イデオロギー面でも、カリフ政の再建とイスラムの世界大のヘゲモニーを達成するために使う戦術面でも、ムスリム同胞団の立場によく似ている。マウドゥーディは、ムスリムの南アジアがイギリスによる統治から独立するのに先だった論争と、その後のインド分割とパキスタン建国において重要な役割を果たした。彼はスンニー派の指導者として、権力の回復は預言者ムハンマドの下のメディナ・モデルの復活を通じてしか可能にならないと確信し、インドにおけるムガールの下でのイスラム栄光の日々の復帰を夢見ていた。一九二〇年代初め、オスマンのカリフ政が深刻な危機に陥ったとき、彼はその病める制度の救出を目的とするカリフ政運動に加わった。ついにカリフ政が廃止されるや、『**アル＝ジハード・フィル＝イスラーム**（イスラムにおけるジハード）』という示唆的な題の本を書いた。本書は一九二九年に刊行されたが、それはハッサン・アル＝バンナによってムスリム同胞団が創設されてからわずかに一年経った時だった。

ハッサン・アル＝バンナの見方によると、マウドゥーディの著作においては宗教と政治的情熱の融合が一貫的テーマとなっている。マウドゥーディが『**イスラム的生活様式**』で述べているように、「イスラムの主要な特徴は、精神的生活と世俗的生活を何ら区別しないことである。」[138] 社会革命に向けた第一歩として、個人の革命を主張するハッサン・アル＝バンナと較べて、マウドゥーディは『**インキラーベ・イマーマト**（指導における革命）』という著作で次のように述べるごとく、「トップダウンの管理プロセス」にいっそう焦点を合わせている——「社会を変えるのは人々の思想ではない……それは社会を動かす人たち、指導者たちである。」[139]

「聖なる共同体」の樹立を目指す政治的道を選んだマウドゥーディの運動を別とすれば、そして「過去と文化的に決別せよという彼の呼びかけ［は、］社会革命を扇動するものというより、政治制度に参加せよという呼びかけだった」[140]が、イスラム主義運動は政治的暴力とテロ行為の使用を避けようとしなかった。テロ行為は、当初ムスリムにのみ向けられていた。言い換えれば、この特定の時期には、イスラム主義のテロリズムは「内部のテロリズム」だった。私が調査したところ、西洋諸国でイスラム主義者による暗殺は、それら諸国に住むムスリムによるものでさえ、一件も実行されていない。加えて、イスラム主義のテロリズムの目的は恐怖心を広げることではなく、むしろ政敵を滅ぼすことにあった。政治的暗殺は、イスラム主義者によって腐敗していると判断され、傀儡政権と告発されている現職政権を揺さぶるために用いられた。ある場合には、「異端的」ムスリムがイスラム主義者によって排除された。一九四六年に、著名なイラン人作家アフマド・カスラヴィが暗殺されたのは、その一例である。しかし政治家の方が、彼らの犠牲者としてははるかに好まれた。エジプトでは、一九四八年にヌクラシ・パシャ首相がムスリム同胞団によって暗殺され、一九五四年にはナセル大統領のテロリストによる暗殺が計画されたが、そのテロリストらは成功しなかった。一九六四年にまたエジプト警察は、ナセル大統領に対する新たな陰謀を暴露した。失敗した暗殺計画の扇動者はイフワーンのサイイド・クトゥブだとされ、彼は一九六六年に逮捕された。エジプトのアンワル・エル＝サダト大統領はジハード集団によって暗殺されたが、そのメンバーはイフワーンの不満分子だった。[141] イランでは、二人の首相が暗殺された（一九五一年のハッジ・アリー・ラズマラ将軍と一九六五年のハッサン・マンスール）。一九四九年には、シャーの宮廷長でありバハイ派の信徒と見られていたアブドゥル・フセイン・ハジルが暗殺された。一九五二年には、ファダイアネの一員でわずか一五歳の少年が、外務大臣フセイン・ファテミを撃って負傷させた。一九五二年にはまた、首相のフセイン・アラがバグダードに行ってバグダード条約に調印すべく出発しようとし、青年労働者の銃撃を受けたが、かろうじて死を免れた。これらすべてのテロ行為は、ファダイアネの仕業であった。

イスラム主義者による一連の政治的暗殺に直面して、権威主義的政権の反応も、同様に暴力的となった。ムスリム同胞団の創設者ハッサン・アル＝バンナは、一九四八年にエジプトの秘密警察によって暗殺された。[142] イランのファダイアネのナワブ・サファヴィと三人の弟子は、一九五六年に死刑宣告を受け処刑されたし、エジプトではサイイド・クトゥブが一九六六年に同じ目にあった。

さらに、この時期のテロ行為は自殺行為ではなかった。そのような行為を、イスラム主義者が行なうことはなかった。自殺的テロリズムは、以下に見る第二期に発する。第一段階の今一つの特徴は、民間人に対するテロ行為はけっしてなされなかったことである。事実、それらは「差別的」行為であって、高位の政治家を狙い澄ましたテロリズムだった。この型のテロリズムは、奇妙なことに中世の「アサシン派」、一二世紀のハッサン・アル＝サッバの弟子たちを思い出させるが、ただし彼らが暗殺したのは非ムスリムであるエルサレムのラテン王、モンフェッラートのコンラートだった（一一九八年）[143] これはすなわち、イスラム主義者が一九七〇年代末まで非ムスリムの暗殺を避けていたということである。

自由主義的民族主義の後退と汎アラブ主義の終焉

上述の潮流への最初の打撃は、アヤトッラー・ホメイニの指導下にイランで起こった騒動（ホルダード月一五日運動として知られる）によってなされた（一九六三年六月）。この騒動は、シャーの改革計画に対するものだった。アヤトッラー・ホメイニが、議論の余地なくシャーに対抗する政治家となったのはこの時だった。第二の、（とりわけスンニー派ムスリムにとって）はるかに強力な打撃は、一九六七年の六日戦争によるもので、それはエジプトのナセル大統領の汎アラブ主義に終止符を打ったのだった。この時点から、アラブ主義に関する注目された言説は、政治的将来をもたない幻想に過ぎないものへと変わってしまった。アラブ主義は急速にイスラム主義の言説、とりわけそのもっとも急進的なバージョン、すなわちサイイド・クトゥブ（一九六六年処刑）が宣伝したバージョンに取ってかわられた。したがって、イランにおけるホメイニの反乱とエジプトにおけるナセルの失敗が、アラブ人の自信に非常な打撃を加え、一つの時代を終わらせてイスラム主義が支配する新たな時代を始めさせる転機となったと言って過言ではない。

一九六三年のイラン蜂起（ホルダード月一五日）

一九六三年のイラン蜂起と一九〇五年のロシア革命には、驚くべき類似点がある。一九〇五年の革命が一九一七年の成功したボルシェビキ革命の準備運動だったのと同様に、一九六三年六月のイランの鎮圧された蜂起は、一九七九年のイスラム主義革命の準備運動だった。一九〇五年には、蜂起はツァーリの専政を民主的共和国で置き換えることはおろか、立憲議会を招集することさえできなかった。しかしそれは、皇帝政権に広範な改革を実行させたし、中でも重要だったのは憲法の機能を果たす基本法（一九〇六年）を制定させたことと、ドゥーマ〔議会〕を設立させ、それが合法的政治活動や政党の発展を促したことだ[144]。まさにこの点に関して、イランの状況は異なった。イランの蜂起勃発は、社会的・制度的改革が欠如していたからではなく、反対に、騒動はシャーの改革に対する反乱だったのである。

それゆえ、一九〇五年のロシア革命とイランの騒動の決定的重要性は、何かほかの点、すなわち、新たな急進的集団が指導的勢力として登場した点にある。一九〇五年のロシア革命は、穏健な反ツァーリ勢力を徐々に周辺化し、政治舞台をいっそう急進的なアクターに譲らせ、それらがのちに、一九一七年のボルシェビキ革命で決定的役割を果たしたのだった。モスクワとサンクト・ペテルブルクで諸ソビエトが設置されたことは、自由主義勢力がロシアの政治舞台でもはや単独の役者でないばかりか、主な役者ですらないことを、すでに明瞭に示していた。それらのソビエトが権力の領域から自由主義派・穏健派・社会民主主義派の諸勢力を一掃して、レーニンの指導下に権力を握るまでに一二年しかかからなかった。

イランで同じことが起こり、一九六三年の蜂起の一結果として、それまでシャー政権への反対派の指導部をなしていた自由主義的かつ穏健な勢力が、主役としての地位を失った。主導権は急進的過激派の手に移り、それらはアヤトッラー・ホメイニの指導下にすべての反シャー勢力と連合を組むことに成功した。

一九〇五年のロシア革命と類似して、一九六三年六月の騒動は、イランの政治史における転機となった。イランの政治文献において**ホルダード月一五日**[145]と呼ばれるこの事件は、シャーの改革に対する反動として起こった。改革計画は包括的で、多次元的だった。そのもっとも重要な要素は土地改革、すなわち私的土地所有権を農民に移すことと、選挙法改革だった。後者の改革は、二つの重要な変化、すなわち婦人に投票権を付与することと、国会議員が宣誓をどの聖典に手をおいて行なうかを彼らの選択に任せることを含んでいた。その日までは、コーランだけがこの目的に用いられていた。これらの二要素は、土地所有者とシーア派の宗教的権威者にとって非常に敏感な問題だった。土地改革は、土地所有者が伝統的に僧に提供していた資金源を大幅削減しかねなかった。僧職の位階制の最高位はまた、私的形態で、もしくは死手（**ワクフ**）とされた土地所有に結び付いていた。しかしもっとも敏感な点は、コーランの優先的地位の廃止だった。それはシーア派の僧の深い反感と猛烈な抗議を引き起こし、彼らはシャー政権がイランの公的宗教としてのイスラムを廃することを、故意に狙っていると非難した。婦人に投票権を与えることは、状況をいっそう悪化させた。当時のシーア派の僧は、婦人の投票権はイスラムのシャリーアに反すると見なしていた。彼らは、シャーの改革は全体としてイスラムを撲滅し、イランのアイデンティティーを完全に西洋化することを究極の目標とした、計算づくの陰謀であると見た。シーア派の僧の抗議活動で主導権を担った男は、当時は大勢のアヤトッラー中の単なる一人でしかなかったが、一五年後には国の指導者で、かつもっとも影響力ある国際的アクターの一人となった、アヤトッラー・ルホッラー・ホメイニその人だった。

しかし、抗議活動は僧に限られなかった。非宗教的反対派も、親ソ連の共産党（ツデー）から国民戦線（ジェブハ・メッリ）、さらには都市の社会層、とりわけバザールまでが、シャー政権に対して力を合わせた。抗議活動のこの部分は、純粋に政治的な動機によっていた。シャーの改革綱領が、精神的にも実質的にもイラン共産党が実施を望んだものとあまり違わなかったし、また（親モサッデクの）イランの自由主義者の宿願ともそう違わな

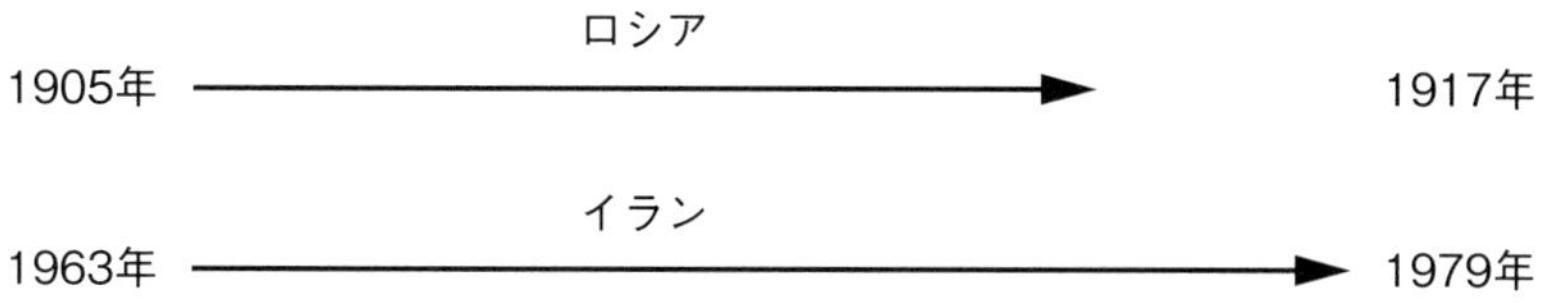

図 3-2　ロシアとイランの革命

かったことは、歴史の皮肉である。しかしシャーの綱領は、本質的な一要素、すなわち政治的自由を欠いていた。シャーが欲したのは、自由な言論、自由な政党、自由な選挙を欠いたまま、自力で包括的な社会改革を実施することだった。それこそ、（自由主義の）国民戦線が彼の綱領に対して、何百万人ものイラン人の現実的感情を表現した単純なスローガン「改革に賛成！　独裁に反対！」をもって反応した理由である。しかし、イランの自由主義勢力のメッセージは、明晰かつ意義あるものだったにもかかわらず、過激派の僧たちが新たに発見した力強い指導者（ホメイニ）とともに、シャーの改革の全面的拒否を声高に要求するメッセージと較べられ、訴求力を失った。

　ホルダード月一五日の騒動後ホメイニは逮捕され、ついで外国へ追放された（一九六四年一一月四日）。イラクでの亡命中、一九七一年夏に彼はイスラムの政府に関する本『**ホクマテ・イスラーミー**』を刊行したが、それは一九七九年のイスラム主義革命の『**わが闘争**』になり、のちにはイスラム主義国家、すなわちイラン・イスラム共和国の指導書となった。

　一九七九年に、宗教的過激派は権力ゲームに勝利し、競争相手を残虐に除去した。それは多くの点で、一九一七年のマルクス主義過激派の勝利を繰り返すものだった。一九一七年四月一六日、レーニンと同志たちは、彼の封印列車に乗って亡命先のスイスからサンクト・ペテルブルクに戻った。ホメイニは、自分の仕方で同じことをした。一九七九年二月一日、エール・フランスのチャーター便がホメイニと仲間たちを、トルコ、イラクとフランスでの一五年間の亡命後、パリからテヘランに運んだ。

レーニンとホメイニがそれぞれの国の地面に足をおいたとき、彼らは人々から壮大で活力に満ち、熱狂的な歓迎を受けた。その瞬間、ロシア人もイラン人も、最悪の時期は過ぎ去ったわけではなく、過去のあらゆる凶事にもかかわらず今から始まるのだということを、知らなかった（図3-2を参照）。

汎アラブ主義の勃興と衰退

数世紀にわたる屈辱と惨事を経て、アラブ人は一九五二年のエジプトの革命的クーデタの指導者で、ついで国の大統領となったガマル・アブデル・ナセルに救世主を見出したが、彼はヨーロッパの帝国主義に対峙し、アラブ人を行動に突き動かし、彼らの心に新たなエネルギーと活力を注入し、再興されたアラブの偉大さのために基盤を据える、新たな出発への希望を与えたのだ。ナセルはエジプトの強力な大統領だっただけでなく、アラブ世界の議論の余地なきライース（指導者）だった。抵抗しがたいカリスマと、口頭コミュニケーションの駆使と、イギリス人ライバルのアンソニー・イーデン〔一九五六年のスエズ戦争時の首相〕風の優雅な服装により、彼は長期にわたる受動性・諦念・葛藤を経たアラブ民衆の、再起を象徴したのだった。

ナセル主義は、二〇世紀のアラブ主義の絶頂だった。ナセルはアラブ人の信任を得、お返しに彼らに尊厳と自信を与えた。彼はマラケシュからバグダードに至るアラブ人の、さらにはアラブ世界をも越えて、巨大なエネルギーを動員することに成功した。自分を強く信じ、民衆の支持も確信して、彼はエジプトの歴史的夢の一つ、すなわちアスワンでナイル川に巨大なダムを設ける事業の実現に取り組んだ。最初、彼はアメリカ政府に支援を求めたが、アメリカ人は中東での共産主義の影響を恐れ、またナセルの真意を確信できなかったので、アスワン計画への投資を拒否した。これはおそらく、アメリカ人のなした誤った決定の中でも、一九五三年にイランで民主的なモサッデク政府を倒したクーデタに次ぐ大失策だった。するとナセルはソ連を頼み、ソ連は大喜びで巨大事業の支援に合意した。それがエジプトにとっての転機となった――社会主義陣営に支援とイデオロギーを求めるようになったのである。ナセルがスエズ運河を国有化する決定を下したのは、公式的にはハイ・ダム建設のための資本の必要が動機とされた。

一九五六年のスエズ運河国有化という勇敢な決定により、ナセルはアラブ人の英雄となり、また非同盟運動の四人の歴史的指導者の一人に、ユーゴスラビアのチトー元帥、インドのジャワハルラル・ネール、そしてインドネシアのアフマド・スカルノとともに数えられるに至った。スエズ運河の国有化と、それに続く英仏イスラエルによるエジプト侵攻の失敗において、ナセルはアメリカとソ連の外交的対立によって大いに助けられた。アメリカ政府もソ連政府も侵略者に最大限の圧力をかけ、彼らはエジプトの領土から撤退するしか出口がなかった。それはナセル大統領にとって大勝利となり、彼の人気が第三世界で劇的に高まった。

アラブ人の統一実現の道を歩み続けようとして、ナセルはシリアとエジプトを単一国家へと統一することで、そのパイオニア的作業に取り組んだ。アラブ連合（一九五八―一九六一年）がそれであり、北イエメンを同盟国とした。その統一は、実現可能な計画というよりおそらくは甘い夢であることが明らかになるのに、さして時間はかからなかった。しかしアラブ連合の終焉は、ナセリズムの終焉ではなかった。ナセルは、彼の小帝国の解消を生き延びられるほど強かったのだ。

我々のここでの目的にとってとりわけ興味深いのは、ナセルが過酷で独裁的な統治を押し付けることによって、反対派を除去するのに成功したことだ。反対派の間で、ムスリム同胞団（ＭＢ）がもっとも恐るべき集団だった。ＭＢはエジプトで、都市でも農村地域でも深く根付いていた。エジプト国民の大部分に届く、よく推敲された言説をすでに発展させていた。ＭＢの伝説的創始者であり、殉教者のイマーム（イマーム・アル＝シャヒード）であったハッサン・アル＝バンナの教えは、アラブ世界で全般的尊敬を得た。しかし、それらすべての有利な要因にもかかわらず、政治的・社会的・経済的モデルとしてのイスラムの卓越性に基づく、宗教的ヘゲモニーの言説にとって、時は未だ熟していなかった。一九五〇年代と一九六〇年代に、ムスリム世界は過酷な反植民地闘争に従事していた。この闘争は宗教的なものではなく、民族的なものであり、アラブ人の文脈においてそれは汎アラブ主義に転化した。汎アラブ主義は、ムスリム同胞団のアジェンダにおいては実際のところ究極的目標ではなかった。MBはイスラム的であり、種族的ではなかった。その目標はカリフ政の創設であったし、今もそうだ。それゆえMBはナセルを、七月革命（一九五二年）を横領した簒奪者だと見なした。早くも一九五四年一〇月に、マフムード・アブデル・ラティーフというMB会員がナセルを撃とうとしたが、的を外した。ナセルは無傷で逃れたが、このエピソードは政府にMBの弾圧強化の口実を与えた。二ヶ月と経たないうちに、ナセルの命を狙って失敗した試みの主犯と五人の同胞団指導者が絞首刑に処された。ナセルとMBの間の緊張は続き、一九六六年にMBのもっとも著名でカリスマ的なイデオローグのサイイド・クトゥブを処刑したことで、絶頂に達した。実際には、ナセルとMBの間の闘争は二つの敵対的イデオロギー、すなわち汎アラブ主義とイスラム主義の間の衝突だった。この闘争は、一九六七年までエジプトおよびアラブ世界全般で継続した。一九六七年のイスラエルに対するアラブ人の屈辱的敗北は、汎アラブ主義の諸政府が民衆の宿願を満足させられないことを示した。汎アラブ主義は相当程度、有用なイデオロギーとしての信頼性を失った。六日戦争は、汎アラブ主義の終焉とイスラム主義の勝ち誇った勃興の、双方の起点であった。

ナセルが、一九六七年六月一〇日にラジオ・テレビで放送した演説でエジプト国民に辞任を申し出たとき、それは一大統領の辞任をはるかに超える出来事だった［その後辞任を撤回］。それは同時に一時代の終焉と新たな時代、すなわちイスラム主義の時代の幕開けとなった。一九六七年から現在まで、イスラム主義がヘゲモニーを握る立場を占めてきたのである。

第二段階――アヤトッラー・ホメイニの時代（一九七八―一九九〇年）

イスラム主義の暴力の第二局面は、イランの目を見張らせる革命とともに始まる。それはイスラム主義者が、権力を掌握した最初の機会だった。一九七九年以前のとくにシーア派の暴力は、次章で調べよう。この革命は、地域における他の深刻な出来事に巨大な衝撃を与えたが、ほんの一部を挙げるなら一九八〇―一九八八年のイランとイラク間の被害甚大な戦争、一九七九年のソ連のアフガニスタン侵攻、そして一九九〇年のイラクによるクウェート侵攻などである。それらの事件に加えてイスラム主義革命は、世界中でイスラム主義運動の出現と急進化に直接的、かつ即時の影響を及ぼした。それらの運動はシャー政権が、西洋によってしっかり武装され支援されていたにもかかわらず、シーア派共同体の頭であるアヤトッラー・ホメイニによって、いかにして転覆されたかを目にした。実際は、イランで事実上権力を握った者たちは、上述のファダイアネ・イスラームから来たイスラム的諸集団と、一九四五年以来直接的・間接的にテロ活動に参加していた他の集団であった。ホメイニは彼の革命を、非イラン人のシーア派人口のみならず、スンニー派人口にも広げようと試みた。これこそ、彼が革命のシーア派的側面を公然化することを避け、イスラム的世界教会主義《エキュメニカリズム》を主張した理由である。それでは、この局面の主要な側面を検討しよう。

第一に、イスラム主義のテロリズムが変化した。この時期まで、イスラム主義者のテロ行動は注意深く選択され、特定個人を狙い、市民への余波をいっさい避けていた。この種の行動は、一九七八年のイスラム主義革命の過程にあって中断された。イランに混沌をもたらしシャー政権を不安定化させようと、イスラム主義者はアバダン（石油生産都市）でレックス・シネマ〔映画館〕を炎上させた（一九七八年八月一八日）。約四〇〇人が死に[146]、この悲劇的事件は、軍事目標だけでなく市民も攻撃するという新たな戦術の起点となった。それ以来、イスラム主義のテロリズムは盲目的で一般的かつ無差別のテロリズムとなり、その結果は地域でも世界的規模でも――レバノンだけでなくニューヨーク、ワシントンDC、バージニアで――数えきれず、また悲劇的なものだった。

さらに新たな革新は、外国人人質の捕獲だった。それもまた、イランでホメイニの支持を得て始まった。イマームの系統（ハッテ・イマーム）のいわゆる学生集団が、テヘランのアメリカ大使館を占拠し人々を四四四日にわたって人質とした（一九七九年一一月四日に始まって）。この事件はまた、レバノンにおける人質捕獲のモデルとなった。第二局面における第三の、疑問の余地なく最重要な革新は、「自殺テロリズム」である。一九八三年までは、イスラム主義者は自分の命を保つことを気にかけていた。最初のイスラム主義者の自殺テロ行為は、一九八三年一〇月二三日にベイルートで、レバノンのヒズボラによって実行された。爆薬を満載したトラックが、アメリカとフランスの兵士を収容していた兵舎に突っ込み、自殺テロリストとともに西洋の将兵を死なせた（二四一名のアメリカ海兵隊員と五八名のフランス落下傘部隊員）[147]。イスラム主義による驚くべきイラン征服によって鼓舞され勇気付けられて、多くのイスラム主義結社が、スンニー派もシーア派も、中東で急速に形成された。にもかかわらず一九八〇年代には、シーア派に鼓舞されたイスラム主義テロリズムが支配的だったと確言できる。それは二つの主要事件、すなわちイラク・イラン戦争と一九八一年のイスラエルによるレバノン侵攻、それに続き二〇〇〇年までに及んだイスラエルの南部レバノン占領に基づいている。

一九八〇年九月に始まって八年続いたイラク・イラン戦争は、第二次世界大戦後もっとも血まみれの戦争の一つとなり、その一結果はテロ活動への跳ね返りだった。イランへの攻撃において、イラクは西洋列強から直接・間接の支持を得た。サダム・フセインはドイツから化学兵器の武器庫を、フランスからミラージュ戦闘機や他の高性能兵器を提供された。アメリカ人はバグダードに間接的支持を与え、それによって革命的イランを不安定化させようと願った。テヘランのアヤトッラーたちは、この支援に大いに立腹し、パリで多くのテロ行動を起こさせ、数十名の市民を殺害し傷付けた。それらの行動は、フランスの住民に恐怖と恐慌の機運を広げるに至った。一連の暗殺に終止符を打つべく、シラク大統領（当時は首相、在任一九八六―一九八八年）はアヤトッラーたちと折合いを付けるために、内相のシャルル・パスカを通じてテヘランと交渉した。彼は、イランとの合意を得ることに成功した。合意の一部は、フランス領土内でのテロ行為をやめることだった。他の部分は、イラクへの兵器移送をやめ、パリのイラン大使館にいて活動の首謀者と目されたゴルジに対する非難をもみ消すことだった。テロ行為の計画に関わっていた証拠があるにもかかわらず、ゴルジは無事にイランに帰ることができた。

さらにフランス政府は、イランの一九七九年革命前の最後の首相、シャープール・バフティヤール殺害の最初の試みを行なったイスラム主義のテロリスト、アニス・ナッカシュを刑務所から釈放すると約束した。ナッカシュは一九九〇年に釈放され、イランに送り返された。一年後の一九九一年八月、バフティヤールはイラン人工作員によって暗殺された。

レバノンでの人質捕獲は、アヤトッラーたちがアメリカに圧力をかけるために用いたもう一つの手段だった。彼らは、この冒険的事業のためにヒズボラから相当支援を受けたが、ヒズボラもまた、イスラエルによるレバノン〔南部〕占領を苦にしていたのだ。イスラエルによるレバノン領土の占領は、イスラム主義テロリズムの成長のためにさらなる基盤を提供した。レバノンのヒズボラは、西洋の兵士やベイルートのアメリカ大使館を攻撃（一九八四年九月）したり、人質を捕獲しイスラエルの村々にロケット砲を発射するなど活動を増大させた。ここで微妙な問題が生じる――テロ行為と抵抗行為の区別だ。レバノン南部のシーア派は、自己の行為を、占領者に対して戦うのは正当な権利だと正当化した（ヒズボラが、レバノン南部でとりわけ盛んに活動していたことを念頭において）。二〇〇〇年六月に占領が再開された際は、ヒズボラのイスラエル領土への攻撃は明らかに減少したが、二〇〇六年夏には、ヒズボラは北イスラエルにロケット砲を発射し、イスラエル領内で二人のイスラエル兵士を捕えた。それらの攻撃が、ヒズボラに対するイスラエルの戦争を誘発した。

スンニー派に忠実なイスラム主義者のテロリズムを検討すると、エジプトにおいても多数の殺傷活動が行なわれてきたことに気付く。二つのテロ組織が、舞台の中央を占めた。一つはガマート・アル＝イスラーミー（イスラム組織）、もう一つはアル＝ジハード・アル＝イスラーミー（イスラム聖戦）であった。両運動ともにイフワーンから派生し、一九七〇年代末に活発化したが、それはエジプトとイスラエルの講和及びホメイニのイスラム主義革命の影響の一結果であった。一九七九年に、イスラエルとの和平は新たな感覚の原理主義的怒りを生み出した。サダト大統領は、和平政策の勢いを保てるかを懸念して、アメリカの政策に密接に同調した。そのためイスラム主義者の目には、彼は国内の失敗と海外での裏切りを体現していた。アラブの諸隣国をないがしろにし、西洋、とりわけイスラエル及びアメリカとのより密接な絆を求めていると見られた。一九八一年一〇月に、ジハード集団の面々によってサダト大統領が暗殺されたことは、イスラムの戦闘員がエジプトの権力構造の、まさに中心部を攻撃しえたことを意味した。講和条約の調印と同時に、イランでホメイニが成功し、それは「不可能は可能」であり、シャー政権のような強力政権でも転覆しうるということを示した。おそらくそれが、エジプトでテロ活動が再燃した理由だった。一九九三年の世界貿易センター爆破事件の扇動者であったシェイフ・ウマル・アブド・アル＝ラフマーンは、ジハード集団及びガマート・アル＝イスラーミーの最高指導者として知られている。

第三段階——オサマ・ビン・ラーデンの時代（一九九〇—二〇一四年）

イスラム主義のテロリズムのこの局面は、他と較べてもっとも重要かつ劇的である。ニューヨークとワシントンDCにおける九・一一のテロ攻撃の未曾有の規模は、イスラム主義において生じた相当な変化を破廉恥な形で示している。この急進化昂進の理由をよりよく理解するためには、特殊なパレスチナ問題に加えて、次の五要因を考慮すべきである――①一九八九年の、アフガニスタンにおけるムジャヒディーンの勝利、②一九九〇年の、サウジアラビアにおけるアメリカ軍部隊の進駐、③一九九三年のオスロ合意、④アフガニスタン及びイラクにおける戦争、⑤二〇一四年の、新たなカリフ政（ISIS）の出現である。

アフガニスタンにおけるムジャヒディーンの勝利

イランにおけるイスラム主義革命の成功は、アフガニスタンがソ連によって侵攻された（一九七九年一二月二九日）のと同年に起こった。この侵略に対して猛烈な抵抗が広がった。その抵抗は、「アフガン人」「アラブ人」「アメリカ人」の三集団の連合によるものだった。前二者は、我々がムジャヒディーン（ムスリム戦闘員）と呼ぶものを構成していた。一〇年にわたる戦争の間にソ連は甚大な被害を受け、ムジャヒディーンの側では百万以上の生命が失われたとの推定が出されている。[148] イスラム主義のテロリズムに対する戦争の真の影響は、ソ連部隊がアフガニスタンからの撤退を強要されたとき（一九八九年二月一五日）に始まった。アラブ・ムジャヒディーンは多様な国から来ているが、とりわけサウジアラビア・パキスタン・エジプト・アルジェリアからが多い。ひとたび戦争が終わるや、今やゲリラ戦の経験を得て完璧に鍛えられたこれらの集団は、各々の国に戻った。

彼らが戻るや、エジプト及びアルジェリアではテロ活動が再開され、未曾有の激化を見せた。そしてこれら集団によるテロ活動は、もはや各々の国の地理的限度内に限られなかった。アルジェリアのいわゆる「アフガン人」は、テロ活動をヨーロッパ、とりわけフランスに広げた。にもかかわらず、ガマート・アル＝イスラーミーとアル＝ジハードのようなエジプトのテロリスト集団は「乱暴な」テロリズムに走り、それらの行動範囲はますます地理的境界を越えた。一九九三年二月から一九九七年一一月まで、すなわちアル＝カイダ運動の創設以前に、ガマートは一三回の様々なイスラム主義者の爆弾攻撃に関わったが、そのほとんどはエジプトで起こり、他ではパキスタン（イスラマバードで一九九五年一一月九日）、クロアチア（レイカで一九九五年一〇月二〇日）、そしてエチオピア（アディス・アベバで一九九五年六月二六日）であった。それらに加えて、名乗り出ないエジプト人集団による爆弾攻撃殺傷事件もあった。最初のものは、ニューヨークの世界貿易センターに対する攻撃（一九九三年二月）である。それに続く司法手続きの中で、裁判所はジハード集団及びガマートの精神的指導者シェイフ・ウマル・アブド・アル＝ラフマーンと、それら二団体の幾人かのメンバーが直接関与したという結論に達した。この、今やニューヨークで投獄されている指導的な精神的名士〔二〇一七年死亡〕に加えて、もう一人の人物がオサマ・ビン・ラーデンと並ぶきわめて重要な役割を担うようになった——アル＝ジハードの首領アイマン・アル＝ザワーヒリ（エジプト出身）である。一九九〇年代に、エジプトのジハード集団はエジプトの高官に対して攻撃を実行した。同集団に狙われた人の中には、国会議長（一九九〇年）や内務大臣（一九九三年）がいた。一九九五年には、ジハード集団はエジプトの外で、スイスではエジプト人外交官、パキスタンでもエジプト大使館への攻撃を組織し、一五名の人たちに死をもたらした。

一九九九年四月一八日、最近の歴史では最大の反テロリズム裁判の一つが、エジプトでようやく結審を迎えた。同裁判は一〇七名のイスラム主義者を裁いたが、うち六三名は欠席裁判だった。アル＝ザワーヒリも、死刑を宣告された者の一人だった。地下生活をしていたアル＝ザワーヒリは、アフガニスタンでオサマ・ビン・ラーデンに合流した。あらゆるものがアフガニスタンで始まり、そのまさに同じ場所に戻ってくることを銘記すべきだ。それゆえアフガニスタンが、とりわけ一九九六年にタリバンが勃興してからは、イスラム主義のテロリズムに対して決定的影響を与えたと主張できる。(149) この影響は、一方でイスラム主義のテロリズムの急進化を、他方ではその真のグローバル化を導いている。

サウジアラビアへの米軍部隊の進駐

イスラム主義のテロリズムの進化に連続して、イラクによるクウェート侵攻（一九九〇年八月二日）が、サウジアラビア領内への米軍部隊の進駐をもたらした。

サウジアラビアにおける米軍部隊の存在を、アル＝カイダは、行動のさらなる急進化を正当化するのに利用した。幅広い解釈においては、ムスリムはサウジアラビアを彼らの聖地と見なしている。イスラムはメッカで生まれ、そこにはカアバ〔神殿〕があり、預言者ムハンマドはメディナに政府を設け、そこに埋葬されている。この地に非ムスリムの部隊が軍事展開し、とりわけその駐留を無期限に延長したことは、ある種のムスリム、とりわけサウジアラビア人に、聖地に対する背教者の破廉恥な攻撃であると判断された。彼らにとってその存在は、西洋がサウジアラビア政府と協働して仕組んだ陰謀のように見えた。彼らの見るところ、西洋は常にムスリムの領土を再占領しようとしてきたし、今回は単に完全支配を目的とするだけでなく、イスラムの撲滅を意図しているのだった。それゆえ、非ムスリムの外国人による占領に反対する反乱を率いた者が、ほかの誰でもなく、サウジアラビアの臣民で「アフガン帰り」であるオサマ・ビン・ラーデンだったのは、もっともなことである。この占領に対する報復は、ただちに行なわれた。湾岸戦争は一九九一年四月に終わり、世界貿易センターの爆弾は一九九三年二月に爆発した。同年、ビン・ラーデンはソマリアに対する作戦に関与した。同様の行動と反動の組合わせにより、テロによる暗殺が一九九五年にリヤードで起こり、サウジアラビアの軍事基地の一つホバルでも爆弾が爆発し、米軍人数名の犠牲者を生んだ。しかし一九九八年には、ビン・ラーデンの目印付きのイスラム主義のテロリズムは、多くのイスラム主義運動が単一組織に統一されたことで、新たで劇的な変容を見せた。

この時点で、年表が重要かつ多くを物語るものとなる。四つのイスラム主義集団がビン・ラーデンの下に統一され、新組織となった。「世界イスラム戦線」という名を名乗り、それはのちにアル＝カイダとして知られた。数ヶ月後の一九九八年八月七日、ケニヤとタンザニアの両方の米大使館がアル＝カイダの標的となり、アメリカ人一二名を含む二二四名の死者と四〇〇〇人以上の負傷者を出した。二年後、アデンでの米巡洋艦USSコールへの自爆テロ攻撃が起き、一七名の米水兵の死を招いた（二〇〇〇年一〇月一二日）[150]。

その四組織とは、ほかでもないアイマン・アル＝ザワーヒリがアミール（軍事司令官）を務めるエジプトのアル＝ジハード、アフマド・ターハーのイスラム集団（エジプト）、シェイフ・ミル・ハムザが書記を務めるパキスタンのガマート・アル＝ウラマー、そしてファズル・ラフマーンが率いるバングラデシュのジハード運動であった。一九九八年二月二三日に発表された宣言には、曖昧さが全くない。「正当な理由」と「行動様式」を伴っている。宣言は、いくつかのコーランの章句を援用し、ムスリムがアメリカとイスラエルから攻撃を受けていると論じる。

アメリカの「試み」に対抗するには、いかなる行動様式が必要か？　答えは明瞭ではっきりしている――

神の命に従って、我々はすべてのムスリムに次のファトワを発する――アメリカ人とその同盟者を、文民であれ軍人であれ殺せという裁定は、アル＝アクサー・モスク［エルサレムの］と聖なるモスク［メッカ］を彼らの支配から解放し、彼らの軍隊があらゆるイスラムの土地から敗走し、いかなるムスリムも脅かすことができなくなるように、そうすることが可能ないかなる国においても、それができるすべてのムスリムにとって、個人的な義務である[151]。

一四世紀以上にわたるムスリムの歴史において初めて、ムスリムの一集団が世界中で文民（キリスト教徒とユダヤ教徒）の暗殺を、広範に許したのだ。暗殺は合法的と見なされただけでなく、個人的かつ絶対的義務でもあると命じられたのである。

九・一一事件後の時代、とりわけアフガニスタンとイラクでの戦争後に起こったテロ活動の拡散は、この新たなグローバル・テロリズムの今後の展開について基本的な疑問を提起する。我々は、イスラム主義テロリズムの「第四局面」の出現を予期すべきなのか？　あるいは、オードレイ・カース・クローニンが「アル＝カイダはどのように終わるのか？」[152]で述べたように、その終焉を予期すべきなのか？　カースは、「テロリズムは、戦争同様、けっして終わらない。しかし個々のテロ・キャンペーンと、それを行なう集団は常に終わる」と論じている。[153]もちろん、イスラム主義テロリズムはいつか終わるだろう。けれども、それが消滅する前に、世界はこの種のテロリズムの新たな波を目撃するのだろうか？　そしてもしそうならば、新たな波を前述の三つと区別するものは何だろうか？　この疑問に対する短い解答は、生物学兵器と、あるいはもしくは、原子兵器の使用であろう。二〇〇六年に、イギリスのＭＩ５の報告によれば、連合王国には約一〇〇〇人の若いムスリム過激派がいて、うち少なくとも何人かは「汚い爆弾」と化学兵器を製造しようとしていると疑われていた。[154]

オスロ合意

前述の二要因と較べて、最初に一九九三年にワシントンで調印されたオスロ合意は、それほど影響がなかったし、それにはいくつかの理由がある。第二次世界大戦の終結以後、パレスチナ問題は一貫した問題として続いてきた。さらにパレスチナ人は、ハマスやジハードのようなもっとも過激な集団でさえ、エジプトの**ガマート**やジハードのようなイスラム主義集団とは、けっしていかなる組織的関係も、もっとも疎遠な類縁関係すらもたなかった。ファタハやＰＦＬＰのようなパレスチナ当局及び組織は、世俗的、またマルクス主義的信念を有し、イスラム主義には真っ向から対立している。ビン・ラーデンの親パレスチナの宣言に対するヤーセル・アラファトの冷たい態度が、両陣営を分かつ溝をさらに広げた。二〇〇二年一二月一六日に『ニューヨーク・タイムズ』が報じたところでは、アラファトは「私は［ビン・ラーデンに］直接、パレスチナの大義の陰に隠れるなと言っている……ビン・ラーデンはなぜ今になって、パレスチナのことを話すのか？　彼はこれまで、我々を助けなかった。ほかの、まったく違う分野で、我々の利益に反する活動をしてきた」と語った。それゆえパレスチナ問題が、サウジアラビアの占領やイラクに対する封鎖より重視されなかったのは少しも驚きではない。一方でアル＝カイダやISISのようなイスラム主義者と、他方でパレスチナ人イスラム主義者との間には、根本的な相違のあることにも注意すべきである。前者の集団は普遍的な使命感を抱き、昔のカリフ政を再建しようと望んでいるが、パレスチナ人イスラム主義者の主張はむしろ控えめである――彼らの唯一の目的は、イスラエルによる占領の終結を見届けることだ。しかしそのことは、アル＝カイダがイスラエルによる占領を、ムスリムに対する西洋の大戦略における固有の一部であると見なすことを妨げないのだ。

アフガニスタンとイラクにおける戦争

二〇〇一年末、アル＝カイダによって何年にもわたり実行された反復的・殺人的テロ活動は、二つの大規模な従来型戦争を導いた。一つはアフガニスタンにおけるタリバンの統治に対するもので、他方はイラクにおけるサダム・フセイン政権に対するものである（こちらは二〇〇三年より）。アメリカ率る様々な国の連合によるアフガニスタン侵攻は、タリバンが九・一一のテロ活動を企画・実行したと疑われた者たち（オサマ・ビン・ラーデンと彼の集団）をアメリカの司法権に引き渡すのを拒否したため、避けられなかった。アフガン戦争の分析は、ここでの私の目的ではない。それよりも私は、アル＝カイダの時代の悲劇的で重大な結果を指摘したい。タリバンに対する戦争は、事実上パキスタン、とりわけワジリスタン地域に拡大されていた。NATO側からの全努力は、タリバンとアル＝カイダの連合を破壊することに向けられた。アフガニスタンにおける戦争とは異なり、イラクにおける戦争は、九・一一事件とは結び付いていなかったので、避けられるもの（選択による戦争）だった〔ブッシュ政権は、アル＝カイダとフセイン政権につながりがあったと主張したが、確かな証拠はなかった〕。しかしこの戦争は、イラクにおけるアル＝カイダの台頭との関連で巨大な結果を生んだ。戦後の混乱により、イラクは数年間「アル＝カイダのメッカ」となって、そこでの残虐行為は想像を超える水準に達した――テレビカメラの前で人々を斬首したり、民間人の住民やバス・学校・病院を攻撃する等々。あまりのおぞましさに、ビン・ラーデンに次ぐ指揮者のアル＝ザワーヒリでさえ、アル＝カイダのアミールとなって野蛮で残虐な行為を引き起こしたヨルダン人、アル＝ザルカーウィを批判した。長期化した戦争と数千人の死を経て、アル＝カイダはイラクで影響力の大部分を失った。

この二戦争は、ヨーロッパ・アメリカ・アジア・アフリカの若いムスリムの過激化に現実の、かつ即時の影響を与えた。世界中におけるイスラム主義のテロ活動の相当数は、ムスリムに対するそうした戦争に激怒して過激化した青年によって、引き起こされた。様々な国の、また国際的な研究者チームによってなされた多様な調査は、この二戦争がそれらの若いムスリムの行動と、テロリズムに訴えるという選択に大きな影響を与えたことを証明している。[155]

二〇一一年五月二日のオサマ・ビン・ラーデンの処刑は、アル＝カイダの立場にいかなる劇的な変化ももたらさなかった。同組織は、「至高の案内人」の役割を担ったアイマン・アル＝ザワーヒリの指導下に継続し、アル＝カイダの活動をエジプト・サウジアラビア・イラクのような伝統的中核諸国、そしてアフガニスタンよりさえも、むしろイエメンやソマリアに集中している。アル＝カイダのこの新たな再志向は、著名な指導者たち、アル＝ザルカーウィのような戦争の「英雄」と、ヨーロッパ・アジア・アフリカでの補給支援の相当部分を失ったためである。しかしアル＝カイダへの最重要で、おそらく決定的な打撃は、他のイスラム主義者から来ている。エジプト・チュニジア・モロッコ・リビアその他でのムスリム同胞団とサラフィーの諸政党の台頭は、短期間テロ活動の魅力を減らし、かわりに政治闘争の魅力を増した。しかしシリアのドラマが、テロ活動の相対的減少に突然終止符を打った。シリア政府が自国民に大量の残虐行為をなし、内戦が起きてそれに多様なテロリスト集団（主にはジャブハト・アル＝ヌスラとヒズボラ）が参加したことで、新たなカリフ政の宣言によって未曾有の局面が開かれたのである。

第四局面――ボコ・ハラムと新たなカリフ政（ISIS）の登場

二〇一四年六月二九日、カリフ政の創設が伝えられ、七月五日にはビデオが流されて、アッバース朝の色やスタイルによく似たアラブ礼服を着た四三歳の男が、ゆっくりとミンバル（演壇）に上るのを映した[156]。イラクのモスルの大モスクで、彼は流ちょうなアラビア語でフトバ（イスラムの説教）を垂れたが、それは地域的・世界的なアジェンダの多くを変化させた。自らを、全ムスリムの新たなカリフであると宣言したのである。いくらかの電気器具と彼の腕時計だけが、この儀式はイスラムの古代に起きたことではないと示唆していた。

モスクのバルコニーから演説して、アブー・バクル・アル＝バグダーディは世界のムスリムに、シリアとイラクにまたがる新興のイスラム・カリフ制国家に集結せよと促した。

自称「カリフ・イブラヒム」は、自らの指導により、イスラム世界は「威信、力、権利、そして指導権」を取り戻すだろうと宣言した――

黒いターバンと礼服を身にまとい、彼は「私は諸君の最高の人物ではないが、ワーリー（指導者、後見人）として諸君を統括する。もし私が正しいと見るならば、私を助けよ」と述べた。「もし私が誤っていると見るならば、助言を与え正しい道に戻されよ。そして私が諸君の中の神に従っている限り、私に従うように。」

アル＝バグダーディはジハードの「勝利」を称え、それによって数世紀ぶりにカリフ政が復活されたと述べた。

「神は、諸君のムジャヒディーンの兄弟たちに、長年のジハードと忍耐の後、勝利を与えた……それで彼らはカリフ政を宣言し、カリフに責任を負わせた……これはムスリムに課せられた義務であり、それが数世紀にわたって失われていたのだ。[157]」

ＩＳＩＳは、速やかに強力な政治的・軍事的アクターとなった。ＢＢＣの金融・安全保障アナリストのトム・キーティンジュは、アメリカの元国防長官チャック・ヘーゲルが「ＩＳは、我々の見てきたどの集団にも負けないほど洗練され、資金潤沢と思う。彼らは、単なるテロ集団を超えている……恐ろしく資金潤沢だ」と述べたのを引用している（表3－1を参照）[158]。ＩＳＩＳが、これまでもっとも凶暴で恐るべきジハード主義集団をなすことに、疑問の余地はない。二〇一四年七月の創設以来、それは多くの残虐なテロ行為に直接責任があると宣言したか、下手人たちがＩＳＩＳへの忠誠を誓ってきた（表3－2を参照）。

過激な暴力の行使は、暴力的イスラム主義者にとって新しいことではない。歴史を遠くまで遡らずとも、過去

表 3-1　ジハード主義の資金源（2014 年 12 月現在）

ジハード主義の資金調達	年間の所得・資金源	
ISIS	石油販売、通行料、「税金」	20 億ドル
アフガニスタンのタリバン	寄付、麻薬販売	4 億ドル
アル＝シャバブ	木炭販売、「税金」	1 億ドル未満
ボコ・ハラム	人質への身代金、資金集め	1000 万ドル
アル＝ヌスラ戦線	寄付、人質への身代金	不詳

表 3-2　ISIS 関連とされる最近のテロ攻撃（2016 年 8 月現在）

2015 年 7 月 20 日	トルコのスルチ	33 名死亡	104 名負傷
2015 年 10 月 31 日	エジプトのシナイ（ロシアの民間航空機）	224 名死亡	
2015 年 11 月 13 日	フランスのパリ（バタクラン音楽ホール等）	130 名死亡	433 名負傷
2016 年 1 月 12 日	トルコのイスタンブール	10 名死亡	15 名負傷
2016 年 3 月 22 日	ベルギーのブリュッセル	32 名死亡	340 名負傷
2016 年 6 月 12 日	アメリカのオーランド	49 名死亡	53 名負傷
2016 年 6 月 13 日	フランスのマニャンヴィル	2 名死亡（警官）	
2016 年 7 月 14 日	フランスのニース	85 名死亡	307 名負傷
2016 年 7 月 26 日	フランスのサン・テティエンヌ・デュ・ルヴレー	1 名死亡（司祭）	1 名負傷

三〜四〇年間にイスラム主義者によってムスリムや非ムスリムに対してなされた、新型の残虐行為を世界は目撃してきた。一九七八年夏にイランのアバダンのシネマ・レックスにおいて、アヤトッラー・ホメイニの支持者によって四〇〇名以上の人が焼死させられた事件、二〇〇一年九月一一日にニューヨークのツイン・タワーで三〇〇〇名近い人が殺された事件、二〇〇六年にイラクでアブー・ムサブ・アル＝ザルカーウィ集団によって、ジャーナリストが次々にカメラの前で殺害された事件、そしてロンドン・パリ・マドリード・バリその他多くの場所で、無数の民間人が虐殺された諸事件等を。これらの恐るべき事件は、暴力的イスラム主義者によって犯された甚だしい残虐行為のうちの、わずかな例でしかない。他の集団と較べて、ＩＳＩＳの特異性は三点に見られる。第一に、アル＝カイダとは違って、ＩＳＩＳもボコ・ハラムも、領土のかなりの部分を征服するのに成功している（ＩＳＩＳの場合はイラクとシリアで、ボコ・ハラムの場合はナイジェリア北部で）。それらの領土獲得により、彼らはまた一定の資金源（銀行預金）や天然資源（石油）を支配しえた。さらに、住民に過酷な統制を、シャリーアの独自の解釈に基づく「イスラムの秩序」を押し付けることができている。第二に、ＩＳＩＳとボコ・ハラムは、未曾有の過酷な行為の、新たで目を見張るような演出を導入した。ヨルダン人パイロットのモアズ・アル＝カサスベ少尉を焼き殺したり（二〇一五年二月）、二〇一四年九月のジェイムズ・フォーリーとスティーブン・ソトロフ、二〇一五年二月の後藤健二のように捕えたジャーナリストを斬首したり、イザディ（誤ってヤジディと呼ばれる）やナイジェリア人の少女を組織的にレイプしたり、男女を奴隷化したり――こうした型の行動は、形態や演出《ミザンセーヌ》においてある面で新しかった。第三に、もっとも顕著な特徴で、おそらくもっとも重要なのは、象徴的なものである。一九二四年にカリフ政の制度が廃止されて以来、ムスリム（スンニー派）の大多数は、中心的な政治的権威（象徴的なものでさえ）をもたずに生きてきた。アブー・バクル・アル＝バグダーディが新たなカリフ政を宣言したことは、ほとんどの急進的なスンニー派ムスリムにとって長く待たれた出来事であり、世

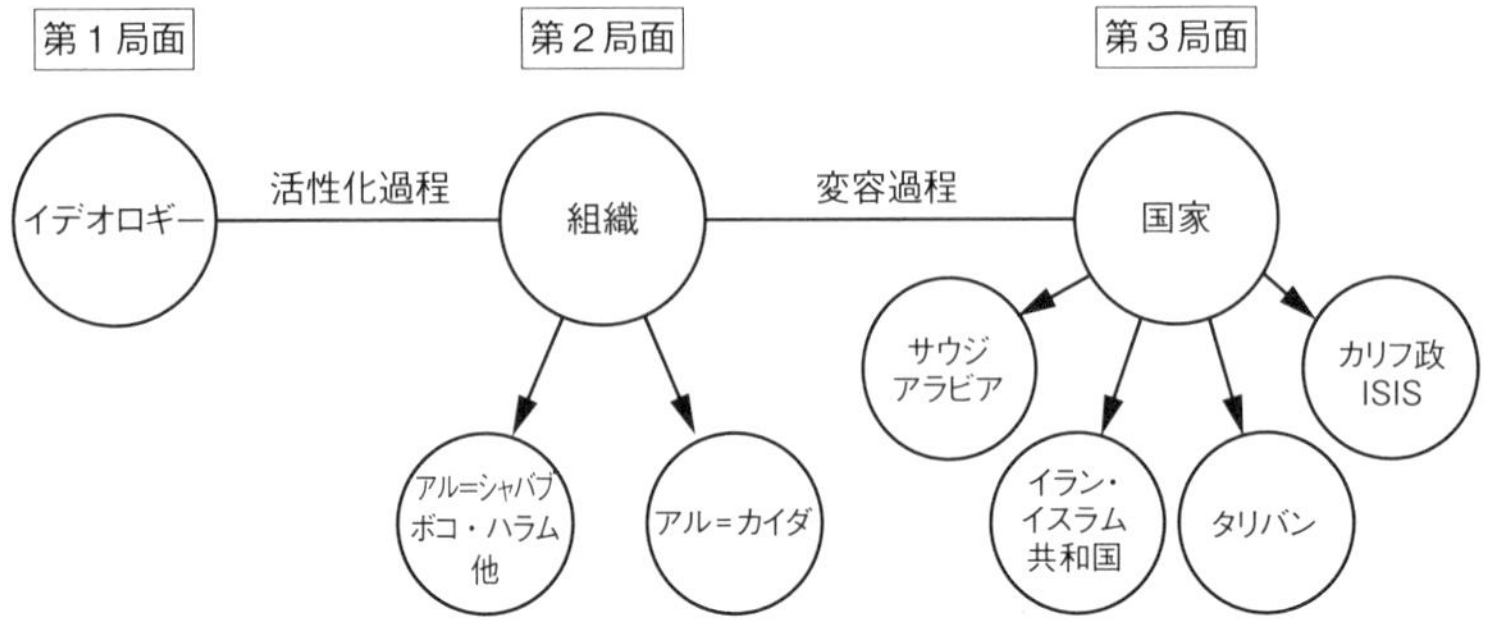

図 3-3　イスラム主義の進化過程［①イデオロギー、②組織、③国家］

界中のムスリム青年にかなり魅力的なことだった。ヨーロッパ諸国で国民として生まれ育った若いムスリムが、何千人も新たなカリフの「軍隊」に加わった。イスラム世界、とりわけ中東、北アフリカ、パキスタン、そしてアフガニスタンで、様々な**ウィラーヤ**（地区）が樹立され、ISISに忠誠を誓う領土、あるいは領地とされた。

ボコ・ハラムは、残虐行為においてISISと明らかに競争している、他のイスラム主義テロリスト集団である。二〇〇二年にアブーバカル・シェカウによってガマートゥ・アフリ・スンナ・リ・ダアワティ・ワル・ジハード（召命とジハードのためのスンナ遵守者集団）として設立され、ナイジェリア北部に依拠するがチャド、ニジェール、カメルーン北部でも活動している。ボコ・ハラムが実行したもっとも目を見張る作戦の一つは、二〇一四年四月に実行され、ナイジェリアのチボックで二七六名の女子生徒を誘拐したものだった。ボコ・ハラムのテロ行為が創り出した地域の騒乱で、何百万人もの人々が紛争地域から逃亡することになった。

結論

本章は、現下の時代を通じてのイスラム主義の勃興と発展という問題を扱っている。章の最初の部分における分析は、現代イスラム主義の出現は、ボルシェビズム・ファシズム・ナチズムの発生と重なるところがある――第一次世界大戦とそれが促進した奥深い構造的危機、イスラム主義の文脈からはとりわけオスマン帝国の崩壊に淵源を求めうるという点で――という結論を導く。幻滅、アノミー、そして根本的復興あるいは根本的再建への欲求が、非常に多様な風に表現されてはいるが、あらゆる過激で全体主義的な運動に共通の傾向である。現代イスラム主義が一九二八年に形成されてから、一九七九年に政権に就くまでに多くの時間が経過したことは、イスラム主義とヨーロッパの全体主義の起源が密接に関係していることが一般に見逃されてきた理由を、説明するのに役立つ。それに関わるもう二つの主要な要因は、イスラム主義が（多様な形態の）運動としても政治体制としても、ヨーロッパ大陸の外で樹立されたことと、全体主義が政治の世俗的形態と広く結び付けられていることである。

ファシズム・ナチズム・ボルシェビズムが西洋文明の苦い果実であるのに対して、イスラム主義はイスラム文明の有毒な産物であることは明白と思われる。両者のこの特別な差異は、イスラム主義の固有かつ不変の反西洋的特徴に関して、ある混乱をもたらした。現代イスラム主義が、根底から反西洋的であることには疑問の余地がない。しかし、もし「西洋」が資本主義・自由主義・民主主義によって特徴付けられるなら、ファシズム・ナチズム・ボルシェビズムもまた根底から「反西洋的」である。これら四種の全体主義イデオロギーは、それぞれ独特の特色をもち、それによって互いに異なっている。たとえばファシズムは、強い「国家」を強調し、ナチスはある「人種」が他に優越すると信じている。ボルシェビキは特定の「階級」に焦点を当て、他方でイスラム主義の理想は、世界大のカリフ政の下に**ウンマ**を実現することだ。にもかかわらず、それらの公分母は――歴史的危機の感覚、ユートピア的宿願、指導権の形態、暴力行為の称賛において――、少なくとも差異と同じくらい重みがある。

章の第二部では、第一次世界大戦後、イスラム主義がムスリム社会で唯一の政治的・イデオロギー的言説ではなかったことを見た。イスラム主義はあまり強力でなく、三つの主要な競争相手、すなわち自由主義・権威主義・社会主義に対して闘争しなければならなかった。イスラム主義が一九六〇年代にヘゲモニーを握ったのは、シャーの社会的・政治的改革への反動による騒擾と、六日戦争におけるエジプトの信じがたい敗北のお陰だった。我々はまた、いかなる自由主義的傾向の失敗も、イスラム主義的及び西洋的な権威主義勢力からなる連合への敵意によることを述べた。この連合は、時には偶然の一致により、時には組織化された反対派により生み出された。様々な信条（民族主義的、伝統主義的、世俗的）の権威主義的諸潮流は、中東でいつも支配的潮流であり続けたし、今もそうだと言っておくべきだろう。言い換えれば、統治は一般的に、権威主義を通じて行われたのだった。中東の権威主義者は、西洋に対して様々な態度を選んだ。ある者は、根本的に親西洋的だった（イランのシャーやペルシャ湾の首長たち）。他の者は、西洋列強に反対した（いつも自発的にではなかったが）。これがエジプトのガマル・アブデル・ナセル、及びダマスカスとバグダードのバアス党政権、そしてリビアのカダフィ政権の場合だった。それゆえ、彼らが親西洋的か反西洋的かに関係なく、こうした権威主義政権はすべて、イスラム主義者からの激しい敵意に直面しなければならなかった。イスラム主義の潮流は、現在の悪名の水準に達してはいなかったけれど、いつも暴力的だった。

私はこの分析の最後の部分を、イスラム主義とその直接的産物であるイスラム主義テロリズムの研究に捧げた。この型のテロリズムの根本的特徴を、指摘することができた。我々がまず気付くのは、イスラム主義の言説が、スンニー派からもシーア派からも同様に、時空を超えて驚くほど一貫していることだ。一九二〇年代のスンニー派エジプトであれ、一九四〇年代のシーア派イランであれ、一九五〇年代のパキスタン、また一九九〇年なり二〇〇〇年なりのアフガニスタンであれ、その言説は変わっていない。同言説の中核は常に同じで、つまるところはカリフ政の復活を通じてイスラムの偉大さが回復される、ということである。カリフ政は、ムハンマドの下でのメディナと、四人の正統カリフの下でのカリフ政のモデルに、細部まで従うべきとされる。想像されたか現実の、栄光ある過去からやや郷愁的に着想を得た、厳格な言説への復帰が見られる——「**失われた時を求める**《ルシェルシュ・デュ・タン・ペルデュ》」一つの形態だ。完全に過去を向いているので、現在と未来は、過去が再生産されるべき時空をなしている。現在と未来はその自立的意味をまったく奪われ、過去に屈服しなければならないのだ。この過去を再定義し、生き直そうという希求こそ、イスラム主義の神髄である。これこそ犠牲を説明し、正当化するものだ。自己犠牲は、他者の犠牲とまさに同じだけ意義深いのだ。

この夢を実現するために踏むべき様々な段階は、見出されるべき第二の共通特徴をなすが、その諸段階とは次の通りである——

—第一段階で組織となる

—ムスリム諸国の、腐敗し「反イスラム的」と見なされた既存政権を打倒するのが第二段階

—第二段階と並行的かつ同時に、ムスリムの領土は非ムスリム列強のくびきから解放されるべきである

—「腐敗した」ムスリム政権が打倒され、ムスリムの領土が解放されたなら、統一ムスリム政府が回復されるべきである

—統一政府は、預言者とその後継者たちがなしたこと、すなわちイスラムによる世界制覇を目標にして、非ムスリムとの戦いを実行するだろう

テロ活動の形態においては、かなりの進化があった。この進化は、次のように展開した——

――当初は、テロ活動は政治的暗殺に限られていた。選択的で個別的なテロリズムだった。爆弾や手榴弾よりも、拳銃が使われた。標的は、上級の政府高官から選ばれた。この局面のテロリズムのもう一つの特徴は、国内的性格である。外国人は標的となることを免れた。

――イランのホメイニによるイスラム革命とともに、イスラム主義テロリズムは新たな手段を導入した。その時以来、テロ活動はもはやかならずしも選択的でなくなった。民間人も標的となった。この変化の最初の転機は、イランでの映画館の放火（一九七八年）に見ることができるかもしれない。もう一つの変化は、テロリズムが向かう方向に見られ、非ムスリムの外国人もまた、かつ頻繁に、標的となった。第三の、おそらくもっとも重要な新機軸は、このテロリズムが自殺作戦に向かったことだ。時系列的には、この種の最初のテロ活動は、一九八三年にレバノンで起きた。

――イスラム主義テロリズムの第三局面では、テロ活動は無差別で非選択的な自殺作戦にとどまっている。ビン・ラーデンのテロリズムは、第二局面で用いられたものと異なるように見えるかもしれないが、そう変わらない。それを区別するものは、非常に目を見張らせる性格と、また活動分野をアメリカの地に移したことである。これらの行為は、それが明らかにした執念深い組織能力と調整、及び彼らのネットワークの広がりにおいて目を見張らせるものだった。人的犠牲と物的損害の面でも、目を見張らせた。最後に、その標的の選択、すなわち世界一強力な国としてのアメリカ、世界貿易センター、ペンタゴン、そして攻撃し損なった標的ホワイトハウスの選択を通じての、象徴的側面においてとりわけ目を見張らせた。二〇一四年のイラクとシリアにおける新たなカリフ政の樹立宣言は、現代のイスラム主義時代における新地平の始まりと見なせるかもしれない。この意味では、ＩＳＩＳはカリフ政の制度を復活させようとする試みであるばかりでなく、一九七九年以降のイランにおけるシーア派イマーム政の樹立が地理的国境を越えて影響圏を広げてきたことへの、スンニー派の反応でもある。シーア派の政治圏は、テヘランを中心としイラク・シリア・イエメン・ヒズボラからなる、不完全な五角形に似ている。

イスラム主義者が使う手段の利用は、右のように発展してきたが、これをどう説明できようか？　この発展は二つの面から、すなわち政治面と科学技術面から説明される。政治的説明は、第一局面におけるイスラム主義者の世界戦略に組み込まれている。この半世紀続いた長期間におけるイスラム主義者の優先事項は、既存の諸政権を不安定化させることで、彼らは政治的暗殺という手段によってこの目的に身を捧げた。この政治的傾向は、ホメイニ革命まで変わらずにいた。イスラム主義者は、政治的暗殺では不十分と判断し、広範なテロリズムに訴えた。民間人も外国人も、好ましい標的とされた。科学技術による説明は、科学技術の進歩に基づいている。高位の政治家・軍人への接近は、保護手段がますます洗練されたため、はるかに問題含みとなった。さらに、西洋の部隊が最初はレバノン、のちには湾岸において、よく保護された建物や兵営に収用されたため、テロ作戦はまったく不可能ではないとしても、はるかに難しくなった。この難題への解答が、自殺テロリズムだった。こう言っても、それまで（非イスラム主義者による）自殺テロリズムは存在しなかったとか、イスラム主義者がもっぱらこの型のテロリズムを用いたということを意味しない。これは、イスラム主義者に、特定の時期に未曾有の仕方でその手段を用いるよう促したのは何かを、例示する説明でしかない。

ビン・ラーデンのテロリズムの、もっとも直接的で決定的な原因を検討したいのであれば、次の諸事件にそれを求めようとすることで要約できよう――

――イランにおけるイスラム主義革命の成功は、イスラム主義者の主要目的が達成可能であることを示した。既存の諸政権は、とりわけ強力なものでさえも、無敵ではないのだった。

―アフガニスタンにおけるムジャヒディーンの勝利。ムジャヒディーンは財政的・軍事的にアメリカによって支援されていたが、ソ連軍が撤退を余儀なくされたことを、イスラム主義者は自分たちの勝利だと認識・解釈した。加えて、部隊撤退後わずか数ヶ月でソ連が解体したので、その事件もまたムジャヒディーンの努力の一結果だと解釈された――あたかも、ムジャヒディーンがソ連崩壊をもたらしたように。ムジャヒディーンの一部は、とりわけ中でももっとも国際主義的な部分（ビン・ラーデンやアル＝ザワーヒリのような）は、一超大国の破壊が可能であったのだから、同じ運命を他の超大国（アメリカ）に見舞うことも可能であろうと推論した。

―サウジアラビアの地にアメリカの部隊が駐留したことは、ソ連のアフガニスタン侵攻とまったく同じ風に解釈された。それゆえイスラム主義者は、新たな侵略者を撤退させることにもう一度成功するだろうという結論に達したのだ――まずサウジアラビアからアメリカの部隊を、ついでイラクの空域から撤退させ、そして第三局面ではイスラエルの侵略者をパレスチナから追放すると。続いて、ロシアのくびきからチェチェンを、インドからカシミールを、中国から新疆を解放する時期が来るはずだった。イスラムの土地が解放され、「傀儡」政権が転覆されれば、カリフ政の樹立に必要な前提条件がすべて、ついに手に入るはずだった。

―シリア内戦は、それ自身偽の「アラブの春」の一結果だったが、これに対するバラク・オバマ大統領の曖昧な立場は、ＩＳＩＳの登場に直接的影響を与えた。この問題は、第八章「イスラム主義者と世界秩序」で論じよう。

第四章　シーア派の急進化

アサシン〔暗殺者〕という言葉は、シーア派の歴史から直接生まれている。それは、アラムートの聖者ハッサン・アル＝サッバ（一一二四年死去）の弟子たちに与えられた名前だった。アラムートとは、イランのカスピ海沿岸のギラン州、マザンダラン州にあるアルブルズ山脈の中心部の地方である。一九世紀のフランスの偉大な東洋学者、シルヴェストル・ド・サシーはアサシンの熱心な研究者だったが、その名の語源はアラビア語の言葉**ハシーシュ**（草、麻、大麻）と他の変異形態、たとえば**ハシシイーン**あるいは**ハシュシャーシーン**（口語の複数形）まで遡りうるという結論に達した。バーナード・ルイス教授は、『**暗殺教団**』というきわめて興味深い本で、シルヴェストル・ド・サシーの命題を論じ、**ハシーシュ**はより現代的な言葉で、大麻吸引者を表わす一般的用語だと反論している。ド・サシーは、アサシンは大麻中毒者だったからその名を得たという、のちの多くの著者が抱いた意見を採用しなかったが、にもかかわらず「その名を、同派の指導者がハシーシュをこっそり用い、使者たちに、使命を見事に完遂したら彼らが味わえる天国の喜びを、前もって味わわせようとしたことによるものと、説明している。[159]」この説明は正しいかもしれないが、**ハシーシュ**の様々な形態と**アサシン**の音声学的関係は、たとえ存在するとしてもきわめて弱いように思われる。他方、アサシンという名前は、セニョール・ド・モンタナ

（山のお方）のハッサン・アル＝サッバが、たぶん弟子たちによってアル＝ハッサン（＝アサシン？）と呼ばれて、その名に由来するという方がよりもっともらしい。それでこの名が、のちに彼の信者の集合的名前になったのだ。アサシンの真の語源的背景が何であれ、シーア派が「人殺し」に密接な政治的含意をもたせ、新たな言葉を創り出したという事実は残る。アサシンはもっともよく組織されたテロ集団の一つで、その時代の宗教的言説において表明された明確、かつ明示的に謳われた政治的目的を果たすため、体系的にテロリズムを用いた。

アサシンのほとんどはシーア派でイラン人だったが、一六世紀以来イランの公式宗教だった十二イマーム派（イスナ・アーシャリ）ではなかった。彼らはイスマーイーリ・シーア派で、十二イマーム中最初の六人だけを信じる。今日では、イスラムの文化・芸術・建築を推進し、再建しようと努めているアガ・ハーンの指導の下、彼らはもっとも静穏なイスラムの宗教集団である。皮肉にも、昔のアサシンの現代の弟子たちでさえ非暴力の唱道者となる一方で、彼らの半同信者、十二イマーム派（以後イマーミーと呼ぶ）の相当数が新たなアサシンとなっている。

もう一つのシーア派下位集団であるザイディー（ザイディーイエ）とイマーミーを比較すると、伝統的なザイディー（ほとんどはイエメンにいる）が反乱や蜂起を呼びかけるのに対して、伝統的なイマーミーは暴力行使と直接的対決を拒否する。過去一〇年のイエメンにおける内戦のために、シーア派のフーシー（アル＝フーシーユーン）は、ザイディーなのだが闘争において極端な暴力を用い、それをイランのシーア派イマーミーの政府が支持している。歴史的にはイマーミーは、その歴史を通じて静穏かつ一貫して非暴力的だった。暴力の外部化は、シーア派イマーミーにあっては比較的新しい現象である。生残りの手段としての非暴力の選択は、第三代のシーア派イマームのフセインがカルバラで、親族や信奉者何名かとともに暗殺された悲劇的事件（六八〇年一〇月）

に遡る。この出来事は、フセインが公的政府（カリフ・ヤジード）に反抗し、蜂起した結果であったから、イマーミーはこの虐殺を苦にして暴力的手段を放棄し、いっそう平和的な手段を採用した。彼らは、その歴史の少なくとも大部分において少数派だったので、暴力に対する代案としてツートラック戦略を選んだ。すなわち、外的・公的には体系的に同調的態度を示しつつ、私的には自分たちの信仰に対する深い帰依を維持したのである。したがってイマーミーは、**タキーヤ**のような便利な戦術をいくつか発明したが、それは文字通りには「不要な危険を避けよ」ということで、それによって彼らはスンニー派の王、あるいはカリフの閣僚や相談相手として、政府での高い地位を引き受けさえしながら、秘密裏に彼に反対しても生き残ることができたのである。**キトマーン**（まやかし、カムフラージュ）も、もう一つのイマーニーの戦術だ。**タキーヤ**と**キトマーン**を、受動的行動や不満足と見なす状況を完全に受け入れることを含意する諦念や服従と、混同してはいけない。イマーミーはカリフ政やモンゴルのハン、その他誰であれ、その正統性をけっして認めなかった。彼らは単に、不要なリスクをとらず、準備なしに重大な危険に身をさらそうとしないだけである。よりよい時期を待ったのだ。実際、待つこと（**インティザール**）こそ、イマーミーのもう一つの顕著な特徴である。彼らは、お隠れの、あるいは待たれたイマーム（**イマーム・アル＝ムンタザル**）の再出現によってのみ、正義が果たされるだろうと信じるので、行動するかわりに待つことに、ますます慣れてしまった。物理的に現存するが隠れて生きている救世主への信仰は、イマーミーの復讐や反乱への意志を、ある程度弱めてしまった。イマーミーが静穏で平和的だからといって、彼らがスンニーの諸宗派との何らかの対決の源泉や主導者に、けっしてならなかったというわけではない。こうした事件は、限定的ではあるが、宗派間である意味正常、かつ不可避なことである。大事な点は、イマーミーが実際に、権力を有する者に対する暴力行為や反乱を断念したことだ。殉教の賞賛（**マクタベ・シャハーダト**）は、シーア派の伝統と日常生活においてよく見られる。それゆえ、我々が今日（イランとレバノンの両方で）知っているようなテロ活動と不服従が、シーア派イマーミーの教義に導入されたことはそれ自身新現象であり、そういうものとして説明を要する。

以下において、一定のシーア派イマーミーの集団や潮流が起こした主要な変化を要約しよう。今後、「シーア派」の呼称はイランのシーア派イマーミーのみを指すことにする。レバノンのヒズボラも、イマーミーの戦闘的集団であるのは、本当である。ヒズボラは元来、一九八二年のイスラエルのレバノン侵攻後にイランによって創設され、そのようなものとしてイランにおけるシーア派イマーミーの急進化の、付随的結果の一つとなったのである。

歴史的に、集団としてのシーア派は、他のムスリムの間で常に少数派であったか、少なくともそう自己認識してきた。スンニー派によって正統性を奪われてきたという感情は、シーア派の心からけっして去らなかった。それは新たな感情ではなく、イスラム史の最初の時期の始まりに根差している。シーア派が、その欲求不満を攻撃によって表明するのに、ほとんど一四世紀も待たなければならなかったのはなぜかと、不思議に思ってもよかろう。

シーア派の欲求不満はうまく内面化されたので、シーア派イマーミーは真の感情をカムフラージュする芸の名人となった。一般的に、シーア派イマーミーは彼らの苦衷や欲求不満、怒りを、公然と表明してこなかった。そうした感情を、何世代にもわたって心に秘めてきて、ほとんど統合失調症になった。一九世紀からイスラム革命まで、さらにその後も続く抗議運動は、シーア派イマーミーに積もり積もった欲求不満を、公然と表明する機会を与えた。一九八〇年代と一九九〇年代のイランとレバノンの両方で起こった、暴力的なシーア派の示威運動の起源は、少なくとも部分的には、そうした表現が突然外部化されたことに見出される。

シーア派は、待たれたイマーム（アル＝マフディー）が出現することで信者を救い、不公正を正してくれると期待していた。彼は、彼らを待たせすぎた。それゆえ、シーア派の一集団が行動に出たのである。ホメイニの登場は、多くのシーア派によってアル＝マフディーの出現と認識された。一部のシーア派は、ホメイニが彼らの待ちわびたイマームだと本当に信じた。スンニー派の伝統においては、宗教的指導者は誰でも「イマーム」と呼ばれうる。シーア派イマーミーにおいては、イマームの数は厳格に一二名に限られる。アヤトッラー・ホメイニに「イマーム」の称号を与えることは、イマーミーの伝統からの明らかな断絶であり、ホメイニの卓越した性格を黙示的に示唆している。

シーア派イマーミーは、優れて「パル・エクセランス」殉教の宗派である。シーア派の暦の全体が、直接的に（正しくも、あるいは誤って）殉教に関わる事件を巡って展開している。儀式や作法、象徴が、殉教者のために形作られている。一部のシーア派僧侶が黒いターバンをかぶるのは、預言者ムハンマドの子孫だというサインであるだけではなく、フセイン（第三代イマーム）の暗殺（六八〇年）への服喪の象徴でもある。殉教者への賞賛は、シーア派イマーミーの信者の間でなお強い。新たな点は、それが最近では、報復の暴力行為によって表現されてきたことだ。報復するのに待たれたイマームを待つかわりに、我々の時代のシーア派イマーミーは、テロリズムや誘拐という仕方で自ら行動し始めたのだ。

タキーヤが、一九六三年にホメイニのファトワによって廃止され[160]、公然たる闘争に変わった。シーア派イマーミーは、もはや本当の意見を隠すことを許されず、「不公正」や「反イスラム的行為」に対して公然と抗議しなければならない。

真正なシーア派イマーミーの行動は、苦痛が価値と見なされ、来世で報いられるという意味でマゾヒズム的である。自己のむち打ちやナイフで身体を切ることは、シーア派イマーミーの儀式の一部となっている。この分野でも変化があった。ホメイニと他のシーア派イマーミーの指導者は、弟子に、正しいやり方は自分を傷付けるかわりに敵を傷付けることだと教えた。戦争、テロ活動、そしてとりわけ自殺攻撃が、シーア派イマーミーの変化した行動の結果である。

シーア派の暴力の諸段階

シーア派イマーミー（今後はシーア派と呼ぶ）の暴力は、多くの外観をまとって現われた。扇動から反乱へ、反乱から革命へ、革命から弾圧へ、そして同時に侵略（戦争と国際テロリズム）へと歩んだ。以下に、第二次世界大戦後現在の革命後の時期までの、シーア派による暴力の過程を概観する。

扇動の段階（一九四一―一九五六年）

これは、イランの現代史においてもっとも激動的な時代の一つであり、レザー・シャーの退位（一九四一年九月一七日）に始まって、テロ集団ファダイアネ・イスラーム（イスラムへの帰依者）の最重要指導者たちが処刑された日である、一九五六年一月一七日に終わった。この時期は、現代のシーア派暴力の新たな源泉を探すためには、非常に重要である。実際、新様式のイスラム主義の言説が登場し、ファダイアネが生まれ、統治者の閥に対して体系的テロを広げ始めたのは、この時期のことであった。

言説

当時、シーア派イスラム主義者の言説は、のちに、とりわけイスラム革命が近づいた数年間に獲得する明確さを、まだもっていなかった。いまだ漠然かつ曖昧で、ぼんやりした不確かな用語に頼っていた。その言説の設計者は一人のムッラー（シーア派の聖職者）で、年齢は四〇歳くらい、なお低位のランクにあった。それがルホッラー・ホメイニで、『**カシュフ・ウル＝アスラール**［秘密の発見］』という著書を一九四三年に刊行していた。[161]同書は、多様なテーマをばらばらに寄せ集めたもので、イマームの墓への巡礼とか、[162]代禱の問題、[163]またパフラヴィー（レザー・シャー）の国民に対する行動[164]や公務員の状況[165]など、同時代の課題に関わるテーマも若干論じていた。しかし概して言えば、作品の全体的構造から、外側は多様性を見せているけれども、著者は特定の方向を追求していて、本質的には三つの主要テーマに興味を抱いているという印象を与える。第一は、当時アフマド・カスラヴィやハカミザデーのような世俗的で民族主義的な論者が提出していた、反聖職者的主張に対する反論である。カスラヴィは、数年後にファダイアネによって暗殺される。第二の主要テーマは、パフラヴィー王朝に対する根深い敵愾心だった。ホメイニは、レザー・シャーを攻撃するときは非常に侮辱的な言葉を使った。この独特な著者の心に、パフラヴィー一家への憎しみが、すでに固く根付いていたことは明らかである。第三の、最後のテーマは、主として宗教的なものが多いが多様な議論からなり、社会の政治問題において高位のシーア派聖職者（ウラマー）が支配的役割を果たすことを、正当化しようとする。当時のホメイニの理論的立場は、まったく独自性を欠くわけではないことを認めなければならない。ある意味で、それは伝統的なシーア派の言説との断絶を示した。

それまでは、ウラマーが過去に求めた最大のものは、監督（**ハッゲ・ネザラト**）、とりわけ立法に対する監督権を与えられることだった。[166]この要求は、一九〇六年憲法への追加条項第二条の条文によってかなえられた。しかしこの条文は、一九七九年のイスラム革命までは死文にとどまった。

この時期は、ホメイニにとって徹底的に苦々しい日々で、彼はウラマーの位階制最上位の公的立場と断絶する決意をした。しかしこの新たな要求は、明確に表現されなかった。潜在的なものにとどまったが、それでも曖昧な定式化の中に読み取ることができた。『**フクーマテ・イスラーミー**』において、彼は「神はイスラム政府の樹立を命じた」と具体的に述べている。[167] ついで、イマーム政の原則を非常に広範に分析した中で**カシュフ**の著者は、権力の正統な行使者（**ウルル・アムル**）は、預言者のあと、また偉大なお隠れ時代（**ガイバート・アル＝クブラ**）には、王でも首長でもカリフでもなかったという結論に達する。[168] では、誰が究極的な権力の行使者だったのか？ もちろん、**ファギーフ**（シーア派の法学者）である。ホメイニはこの（彼の目には正しい）選択肢を何度も示すが、それでも直接的に**ファギーフ**権力を要求することは躊躇している。そのような計画が実現可能かどうか、疑っているという印象さえ与える。

「いかなるファギーフも、王になろうとすべきだとか、『**サルタナト**（王国）』は我々の権利と見なすべきだと、言ったり書いたことはない」と、彼は言う。[169] さらに、歴史の中で王たちを支持したウラマーがいたし、今、我々の時代において、国家がウラマーに対して疑念を抱くようにさせようとする者もいると、付け加えている。[170]

ホメイニは、**ファギーフ**政府樹立の道に立ちはだかる障害物に明らかに気付いていて、中間的解決を提案しており、そこにはいささかの実用主義がなくもない。権力（**フクーマ**と**ウィラーヤ**）は、正統的には我々の時代において**ファギーフ**に属すると念を押しつつ、彼は、だからといって「ファギーフが、一時・同時に王であり大臣（将軍）であり雑役夫でもあらねばならない」ということは意味しないと述べて、[171] この根本原理に対していささかの相対主義を導入している。それゆえ暫定的解決は、王が真の**ムジュタヒド**（シーア派神学の博士）のみで構成される立憲議会によって選出されることだろうし、その**ムジュタヒド**たちは「神の法の完全な知識をもち、公正であり、自我の誘惑から自由で……したがって唯一の関心事は、民衆の利益に奉仕し神の法を執行することである。[172]」そして、「選ばれた人物（王）は公正（アーディル）で、神の法に従順で、不正や抑圧を避けなければならない。[173]」

このようにホメイニは、一九四三年以来流布していた公式的・伝統的なシーア派の言説から、断絶しようと努めていたことが分かる。それでもこの断絶は、定式化された形では、明らかでも深くもなかった。**カシュフ**は、疑いもなく急進的断絶の種を宿していたが、新たな言説が決定的にそれ自身の明確かつ急進的な輪郭をとるまでには、著者が一九六三年にイランから追放され、その後〔イラクの〕ナジャフで行なった講義の集成が刊行される（『**フクーマテ・イスラーミー**』、一九七一年）のを待たねばならなかった。ホメイニがイスラム革命後権力を握ったのは、この新たな言説の名においてであるのは、言うまでもないだろう。

それでは、**カシュフ**に示されたホメイニの初期言説に戻り、次の質問をするとしよう――当時は、イスラムの大義のために暴力を行使することへの、ホメイニの態度はどうであったか？　ある人たちによると、ホメイニはファダイアネのテロリストに近く、「イスラムを防衛するために、暴力に頼ることは許される」と確信していたという。[174]しかし、彼が暴力行為に関わったことや、著作なり声明なりで暴力を扇動したということさえ、その反駁不可能な証拠は今日に至るまで一つもない。それで、**カシュフ**という本だけが残る。しかし誰もこの作品に、暴力へのいかなる直接的扇動も見出さないだろう。たしかに口調は活発で辛辣であり、ときに安っぽい侮辱の汚水溜へと迷い込む（たとえば「梅毒もちの頭脳」、「うすのろ」、「とんま」等）。同書の末尾で、著者はジャーナリストたちに、彼の本を読んで「まどろんでいる人々を目覚まさせる」努力をせよと、呼びかけている。[175]

しかし我々は、そうした見たところ巧妙な用心によって、誤解に導かれてはならない。**カシュフ**の著者は、けっして平和主義者ではない。その点について納得するためには、同書の最後の頁を読みさえすればよく、そこで彼はコーランの三詩篇に言及している（二サー章の詩篇一三七、マーイダ章の詩篇五〇、アンファール章の詩篇五九）。これら三つの詩篇はとりわけ厳しく、信奉者にユダヤ教徒やキリスト教徒から距離をおくよう呼びかけ、さらには「神の敵」と闘うように促している。

それゆえ、当時ホメイニは、人々に公然と暴力を煽らないよう注意していたと結論しても、誤りではないだろう。そのかわり、扇動は柔らかな口調で表現され、この扇動者は注意深く、コーランの詩篇の背後に身を隠していたのである。しかし二〇年後、ホメイニは**タキーヤ**の実践は許しがたいと宣言し、反乱を呼びかけることで、自分の立場を明らかにした。

テロ活動

扇動の全期間を通じて、シーア派暴力の実行は、ファダイアネ・イスラーミーの独占領域だった（表4－1と4－2参照）。ファダイアネ団は、ナワブ・サファヴィ――セイイェド・ジャヴァド・ミル＝ロウヒとも呼ばれた――によって創設された、一九四四―一九四五年に遡る。ナワブ自身、興味深い人物である。彼は聖職者層の出身で、父親は最初聖職者だったが、のちにテヘラン弁護士会の弁護士となった。疑いもなく、レザー・シャーの世俗化政策の影響を受けてであろう。父親は、パフラヴィー一世の時に一時投獄された。ナワブ自身はドイツの学校で工学の教育を修了し、その後アバダンで、アングロ＝イラン石油会社のために働くようになった。[176]ある人たちによると、彼は反英活動をして同社を首になった。[177]その時点でイラクのシーア派都市ナジャフに移り、神学を学んだ。前述の著名な民族主義著述家アフマド・カスラヴィの、反聖職者的かつ反シーア派的と判断された活動を終わらせるためだけに、彼はイランに戻った。カスラヴィに活動をやめるよう説得するのに失敗し、ナワブは今や、ファトワで身を固め、彼を永遠に始末することに決めた。[178]最初、一九四五年四月二八日に試みた際

表 4-1　ファダイアネ・イスラーミーのテロ活動――日付と犠牲者の氏名

日付	犠牲者	職業	政治傾向
1945 年 4 月 28 日	アフマド・カスラヴィ（負傷）	著述家	反聖職者の民族主義者
1946 年 3 月 11 日	アフマド・カスラヴィ（暗殺）	著述家	反聖職者の民族主義者
1949 年 11 月 4 日	アブドゥル・フセイン・ハジル（暗殺）	宮廷大臣	バハイ宗派に同情的と告発された
1951 年 3 月 7 日	ハッジ・アリー・ラズマラ（暗殺）	首相	専制的（将軍）
1952 年 2 月 5 日	フセイン・ファテミ（負傷）	モサッデク政府の外務大臣	民族主義者
1955 年 11 月 16 日	フセイン・アラ（負傷）	首相	王党主義者

表 4-2　ファダイアネ・イスラーミーのテロ活動――日付と犯人の氏名

日付	犯人	職業	年齢(1)
1945 年 4 月 28 日	ナワブ・サファヴィ	聖職者	21
1946 年 3 月 11 日	フセイン・イマーミー(2)	バザール商人	21
1949 年 11 月 4 日	フセイン・イマーミー	バザール商人	24½
1951 年 3 月 7 日	ハリル・タフマスビ	大工	24
1952 年 2 月 5 日	メフディ・アブデ・ホダイ	無職	15
1955 年 11 月 16 日	モザッファル・アリー・ズル＝カドル	労働者	25（？）

(1) 暗殺当時。
(2) ナワブ・サファヴィの他の弟子が幇助。

は失敗し、カスラヴィは軽傷を負っただけだった。ナワブと共犯者は逮捕されたが、聖職者の介入で速やかに保釈された。保釈金はバザールの商人たちが支払った。するとナワブは、ただちに著述家の命を狙う第二の試みを準備し、今回はナワブの仲間二人が、カスラヴィと秘書の暗殺に成功した（一九四六年三月一一日）。反聖職者の著述家の暗殺は、シーア派聖職者の間で公然たる歓喜と満足を引き起こし、シャーの無能な政府は、ふたたび聖職者層からの圧力にさらされて、主犯（セイイェド・フセイン・イマーミー）に禁固二年以上の判決を、あえて下そうとしなかった。

パレスチナにおける戦争は、数十万人のパレスチナ人を生まれた土地から退避させ、それに続いて一九四八年にイスラエル国家が創設されたことが、シーア派イスラム主義者の活動激化との関連で、非常に影響を与えた。ファダイアネが組織し、一九四八年一月一一日と五月二一日にテヘラン中心部にあるシャーのモスクで行なわれた二つの会合で、五〇〇〇人以上の志願者が、パレスチナに行ってパレスチナ人ムスリムと並んで戦う用意があることを宣言した。[179]一年半後、ファダイアネはテロ活動を再開し、宮廷大臣でバハイ宗派の一員と見なされたアブドゥル・フセイン・ハジルが、一九四九年一一月四日に暗殺された。

しかし、シーア派イスラム主義運動の真の政治化は、石油産業を国有化しようとする運動の成長によってもたらされた。それ以前は、ファダイアネは厳密な意味での政治問題に直接参加しておらず、反聖職者運動の抑圧あるいはムスリム・パレスチナのための闘争といった、周辺的問題にいっそう関心をもっていた。石油を国有化しようとする運動は、その広がりやそれが引き起こした普遍的熱狂を別にしても、あらゆる実際的目的にとって、イランにおける断然最重要の政治運動となり、社会全体がそれに関与していると感じる運動になった。

シーア派イスラム主義者はこの運動に対して、少なくとも最初の局面では積極的態度をとった。さらに彼らは、国有化計画に断固反対した首相ラズマラ将軍を暗殺して、運動に貢献した。暗殺は、一九五一年三月七日にテヘランのモスクで起きた。暗殺者（ハリル・タフマスビ）は、一九五二年一一月一五日に、国会決議によって赦免された。

ファダイアネは、この運動に当初は積極的態度をとったが、一九五一年四月三〇日に首相となったモサッデクに対しては、容赦ない敵意を抱くように変化した。ただちにイスラム法（シャリーア）を適用するよう彼に要求したのだが、いかなる責任ある政治指導者もそうした要求に応じる権威をもたなかったし、ましてや国がもっとも決定的な歴史的瞬間の一つを経験しつつあり、世界最強の石油会社の一つであるアングロ＝イラン石油会社と、そしてそれを通じて大英帝国と闘っている際には無理だった。さらにモサッデクは、真の民主主義者であり、信仰者ではあるが国家と宗教の分離を断固支持していたから、ファダイアネの命令に従うことは、同時に自己の根本的政治信条を放棄せずには行ないえなかった。ファダイアネの敵意は、おそらく純粋に宗教的なもの以外の理由に基づいていた。モサッデクは、異常な人気のためだけでなく、むしろ保護政策――民族ブルジョワジーの歴史的要求だ――を訴えてバザール商人層を惹き付けるのに成功したことで、自分のメッセージをイスラム主義者の社会的砦のまさに中核へと届けていたのである。バザールは、伝統的に深く宗教的（マズハビ）だったが、モサッデクの影響下に民族主義的（メッリ）バザールになっていた。ファダイアネはこの態度変化を絶対認めがたいと考えたが、それはバザール商人層から支持者を得るのが難しくなったためだけでなく、バザールから提供される貴重な財政・補給源から、彼らが切り離される恐れがあったためである。

不可避的になりつつあった孤立過程から脱することを主目的として、ファダイアネはモサッデクへの口頭の攻撃から物理的暴力に移行した。彼らのメンバーの一人で、一五歳でしかなかったメフディ・アブデ・ホダイが、モサッデク政府の外務大臣フセイン・ファテミを撃って負傷させた（一九五二年二月五日）。ホダイはイスラム革命後、国会議員となる。

一九五三年八月一九日のクーデタによるモサッデク打倒は、一部はイスラム主義者とシャーの宮廷との事実上の同盟、一部は宮廷とアメリカ・イギリスとの同盟によってもたらされた。クーデタ後、イランの西洋体系への統合が加速し、西洋への依存の絆は強化された。国際コンソーシアムが石油の富の支配を取り戻し、石油産業を国有化した法律は一九五四年一〇月に事実上廃止された。つづいて、アメリカの国務長官ジョン・フォスター・ダレスの決断により、イランは西洋の軍事体系にも統合された。イラン・イラク・パキスタン・トルコとイギリスからなるバグダード条約（のちＣＥＮＴＯ）が、公式に既成事実となった。アメリカは、この条約のオブザーバーにとどまることを選んだ。

この時点で、事態の成行きに幻滅し、「新」政権に失望したファダイアネは、劇的な復活を果たして彼らの通常手段、つまりテロリズムを使用した。一九五五年一一月一六日、条約調印のためバグダードへ出発しようと準備していたフセイン・アラ首相は、若い労働者の発射した弾丸で危うく死ぬところだった。それは政府に、行為の直接の下手人であるモザッファル・アリー・ズル＝カドルだけでなく、ファダイアネの主な創設者であるナワブ・サファヴィと側近たちを逮捕する口実を与えた。ナワブと他の三人が死刑を宣告され、一九五六年一月一七日に執行された。その処刑により、シーア派イスラム主義者の活動の第一段階は終結を画した。

蜂起の段階（一九六二―一九六五年）

この段階の主な特徴は、イスラム主義のシーア派運動が初めて政権に対する蜂起を引き起こしただけでなく、それを率いたという事実である。実際、この時期からシーア派イスラム主義は、これ以降ホメイニの後援を得て、明確かつ強大な勢力として政治舞台に足を踏み入れるほど強力になった。それ以前は、ファダイアネは目を見張らせるテロ行為を続けたにもかかわらず、自己の運動を政治化することには見事に失敗していた。彼らは孤立し、秘密裏に自己の大義のため生きていたのだ。この面でのホメイニの貢献は決定的に重要だったが、それは彼が体現した運動がますます急進化したからではなく、それに政治的方向性と志向を与えるのに成功したからである。

ファダイアネの指導者たちの処刑後、一九六二年までは、イスラム主義者の扇動活動は事実上ないに等しくされていた。その後退の理由説明は、いくつかなされている。ファダイアネの大量処刑はそれ自体大打撃だったが、それに加えてシャーの政権は、あらゆる反対派の運動をも異常な厳しさで弾圧した。バグダード条約は、イランを西洋安全保障体系の必須の一部となし、同国の内的安定、すなわちシャー政権の確立は、西洋の見地から最重要のこととなった。一九五七年に創設された秘密警察SAVAKは、この安全保障を抑圧的活動により確保した。それゆえ、この時期を通してイスラム主義者が一時的に沈黙したのは、弾圧とファダイアネの大量処刑との組合わせに帰することができよう。

イスラム主義者及びイランの反対派全体の活動再開は、ひとえに、ケネディー大統領下のアメリカ新政府が、弾圧をしばし緩和することを決めたという事実のおかげだった。一定の政治的自由（たとえば婦人は投票権を与えられ、各地方で選挙された公人はこれ以降、自分で選んだ「聖典」に手をおいて宣誓することを許された）を許したのに加えて、新たなアメリカ大統領は、土地改革計画を今こそ実施するよう主張した。

シーア派聖職者は、ただちにこぞってこの計画を拒絶したが、その衝撃が強かったので、シーア派の最高権威者（**マルジャエ・コッレ・タグリード**）でとりわけ静寂派の象徴だったアヤトッラー・ブルジェルディ自身が、素早く土地改革全体を公然と批判した。この全員一致した否定的態度の理由は、きわめて単純だった。聖職者が恐れたのは、改革が、結局は彼らの死手の土地《モートメイン・ランズ》（**アウカーフ**）支配を奪い、一部の土地所有者からの寄付になる価値ある財源――宗教税（**フムス**と**ザカート**）の形態によるものであれ、多様な贈与や寄付（**サダカ**）を通じてのものであれ――を、彼らから取り上げるだろうということで、それは理由のないことではなかった。同様に彼らは、土地の再分配は、私有権を尊重し保護するという「神聖な」原則を破棄することになるだろうと恐れた。それらの要因が組み合わさった結果として、この改革は、彼らが過去に懸命に守ってきた財政的自律性に、とどめを差すだろうというのだ[180]。

シャーが改革計画を発表したちょうどその時に、運命的な出来事が起きた――アヤトッラー・ブルジェルディが、一九六一年三月三〇日に亡くなったのである。シーア派の最高権威者として、そして前任者たちの伝統に従って、ブルジェルディは節度や平和的解決の探求のために、影響力を行使する立場にあった。彼の行動は、自律的宗派としてのシーア派共同体の結束と存続を維持しようとする、強い関心によって動機付けられていた。アヤトッラー・ブルジェルディは、シーア派の諸原則を押し付けるために暴力的手段を用いることが正しいとは、けっして信じなかった。彼の死去とともに、シーア派の最高権威者に体現された静寂派の伝統も消滅した。[181]シーア派の統一された権威者団に空隙が生まれたが、それは始めシャーの権力を強めただけだった。聖職者層はもはや、すべてに受け入れられ尊敬される唯一の指導者をもたないので、少なくともシャーの目には、もはや代表団を名乗ることができなかったし、まして価値ある代弁者ではありえなかった。実際、ウラマー層におけるこの状況をできるだけ長引かせるため、新たなシーア派の最高権威者の就任を妨げようと、シャーはあらゆる種類の技を労した。さらに、障害があってもこの権威者が登場しうるとするならば、シャーはその人物がイラン以外の地に座をおき、非イラン人のアヤトッラーがそれに就くことを欲した。[182]たとえ、至高の指導者の不在が当初はシャーを安心させたとしても、その不在自体が遠からず、いくつかの重大な問題を彼にもたらすことになった。具体的には、これ以降あらゆる種類の主張に扉が開かれ、アヤトッラーは誰でも、いかなる政治的問題についても、自由に立場をとってよくなった。それゆえ、過激派の指導者ホメイニの浮上はこの文脈で見なければならないし、ブルジェルディの死の不可避的な一結果と理解されなければならない。

改革という決定的問題に戻ると、それを巡る政権と聖職者層の対決は、この新状況においても直接的かつ即時的だった。シャーと彼の首相（アラム）に宛てた、抗議の電報が流れ込んだ。バザールや大学は、興奮状態にあった。民衆の心を宥め、とりわけ聖職者層内の分裂を深めるために、シャーは次の二点で譲歩した――婦人の投票権[183]と誓約手段の問題である。そのかわりに、主権者は土地改革では断固としていた。それでも、ウラマーを分裂させようとする彼の努力は、部分的にしか成功しなかった。穏健なウラマーがこれら二措置の撤回で満足したとしても、他のウラマーはさらに急進化し、新たなイスラム主義の政治的選択肢として自分を売り込んだ。

土地改革へのシャーの執着は、アメリカの圧力のせいだけではなく、この改革によって彼が政治的支持を期待できそうな「自由農民」からなる、新たな社会階級を創り出せるだろうという確信からも来ていた――それでこれに対して頑固に固執し、異例の決意を示したのである。この決意に直面し、シーア派のイスラム主義分派は、これ以降アヤトッラー・ホメイニがその指導者となったが、闘争を続けるか諦めるかの選択肢しかもたなかった。あらゆる可能なアクター中よりによってシャーが、戦術的誤謬からイスラム主義分派の課題を容易なものにしたので、まさに運命の皮肉であった。

一九六三年一月二五日は、土地改革と他の五提案[184]についての国民投票の二日前だったが、聖都クムで、シャーはウラマーと彼らのバザールの同盟者に対して、異例に辛辣な演説を行なった。その後攻撃を強めて、急進的聖職者層いじめの悪口を続けた。ついに一九六三年三月二三日、運命の日が訪れた。政府の部隊が、クムのファイジーヤ神学校を攻撃したのだが、そこには数百名の学生（**トゥッラーブ**）が、シャーの反宗教的措置に抗議すべく集まっていた。負傷者が出、一部の情報によると**トゥッラーブ**の間にいくらかの死者が出た。[185]疑いもなく、このファイジーヤ事件はイスラム主義者に、シャーを不信心な人物でイスラムの敵だと非難する口実を提供した。しかしそうした告発は、それ自身新しくはなかった。ウラマーは、パフラヴィー王朝はその成立時から、彼らが奉じる宗教的諸原則に対してまったく敵対的だと感じていた。この事件における大きな新奇性は、それまでシーア派運動全体を統制していた穏健派が、議論の余地なく周辺化されてしまったことだ。ホメイニは、ついでアーシュラーの祭事を利用し[186]、仲間中で群を抜くために、シャーに反撃することを決めた。彼は一九六三年六月四日に逮捕されたが、次の日、シャーはホメイニの逮捕が引き起こした反乱の広がりにひどく驚かされた。この六月五日の蜂起（ホルダード月一五日の騒乱として知られる）は残酷に鎮圧され、ホメイニは数ヶ月後の一九六四年四月二日まで釈放されなかった。

こうした事件が続いていた当時、イラン社会へのアメリカの浸透は、ますます具体的形態をとった。この頃から、あらゆる種類の顧問が多数、イランの地に通うようになったのである。彼らが同国の司法制度を侮れるように、ワシントンはシャー政府にキャピチュレーション[187]体制を確立するよう要求した。イラン国会は、一九六四年九月四日と一三日にこの要求に応えた。この投票は、国民間に抗議の波を引き起こし、ホメイニはこの新たな、ほとんど完全に不意打ちの機会を捉えて、政治舞台に復帰した。同新法はまた、彼が初めて真正面から、かつ非常に辛辣な反米演説を行なう標的となった。偶然にも、それは彼とシャーの誕生日になされた（一九六四年一〇月二六日[188]）。数日後、彼はまた逮捕されたが、今回は国外へ追放された（一一月四日）。しかしそれは、シーア派イスラム主義者の活動に終止符を打たなかった。イスラム革命後に出版された、親ホメイニ勢力からの情報[189]によると、多様なイスラム主義集団が、一九六三年のホメイニの最初の逮捕の頃から組織され、活動を連携させるようになった。新たな組織が、ホメイニ自身の後援により結成された――統一イスラム主義集団機構（ＵＩＧ、ハヤト＝ハイェ・モタラファイェ・イスラーミー）である。それは、一二名からなる中央委員会[190]と宗教評議会[191]を有した。ホメイニがトルコに追放されたあと、ＵＩＧは、数年間休んでいたテロ手段にふたたび踏み切ることを決めた。最初の犠牲者はハッサン・アリー・マンスール首相で、一九六五年一月二一日、国会議事堂の正面で若いバザールの見習いムハンマド・ボハライによって暗殺された[192]。その暗殺後、ＵＩＧのメンバー数人が逮捕されたが、その一部はファダイアネの生残りだった。うち四人（ボハライを含め）が、一九六五年六月一六日に処刑された[193]。ここで興味深いのは、また同じ情報源によると、のち一九八九―一九九七年にイスラム共和国の大統領を務めるハシェミ・ラフサンジャニが、当時「ボハライ・グループ」の非常に密接な協働者だったということである。

当時、テロ活動や武装闘争に慣れていた他のイスラム主義集団の中で、イスラム主義人民党（ヘズベ・メッラレ・イスラーミー）の秘密組織に触れるべきだろう。その指導者はムハンマド・ジャヴァド・フジャッティ・ケルマニとムハンマド・カゼム・ブルジェルディだった。同組織は、いかなるテロ活動も実行する前にＳＡＶＡＫによって発見され、解散させられた。六九人が逮捕された。

彼らの逮捕は、シーア派イスラム主義運動の反乱局面の終結を画し、その後イスラム主義者は関心を教化と宣伝に向けた。

革命的段階（一九七七―一九七九年）

この時期と革命後の時期は、どちらもたいへん事件が多く、詳しく分析することは本書の範囲を超える。それゆえ以下は、ほんの概説のつもりである。

一九六五年から一九七七年は、イスラム主義活動一般、そしてとりわけ暴力的活動が相当減退した。実際、この長い期間を通じて、イスラム主義集団による暗殺や暗殺未遂は一件もなかった。扇動活動も最小限になった。せいぜい若干のホメイニ主義の聖職者――亡命中のアヤトッラーにもっとも近い人物であるモンタゼリとラフサンジャニら――が、ＳＡＶＡＫによって逮捕されたくらいだ。同様の信念をもつ他の二人の聖職者（ムハンマド・

レザー・サイディとフセイン・ガッファリ）が、シャーの監獄でそれぞれ一九七〇年と一九七五年に拷問死した。[194]

しかし、イスラム主義者が守ったこの中断は、当時のイラン社会を忠実に反映したものではけっしてなかった。もちろん平和で平穏な社会ではなく、この長期にわたる反対派集団の厳しい弾圧も、テロ行為や社会的騒乱の蔓延を防げなかった。ある推計によると、一九七〇年冬から一九七七年の冬までの時期だけでも、様々な都市中心部や経済の多様な部門で一二二四回のストライキ行動が見られた。[195] 同時に、多くの人々（アメリカ人顧問、会社社長、将軍）がテロリストの手に掛かって死んだ。したがって、驚くべきはシャーの体制がそのような抵抗を引き起こしたことではなく、イスラム主義集団がすべてのこうした事件において完全に不在だったという事実である。この時期のテロリズムと扇動は、主としてモジャヘディーネ・ハルグ[196]とシェリハイエ・ファダイ（独立的マルクス主義者）の仕事だった。

イスラム主義者は、革命の時期が近づくまで以前のような活動を再開しなかった。一九七八年八月一八日にアバダンのシネマ・レックスが放火されたのが、ある種のイスラム主義分子によって犯されたと知られている、もっとも死者の多い（火傷と窒息で約四〇〇人が死亡）事件だったことは疑問の余地がない。[197] イスラム革命の勝利後に、一九七九年二月に開始された「革命的テロル」は、シーア派の特色と見なすことができないことは明らかだ。事実、この形のテロルは、それに伴うあらゆる乱用や悲劇的な乱行とともに、あらゆる偉大な革命に共通している。他方、革命後のシーア派の暴力を他の革命の暴力と区別するものは、その恒常的・体系的で制度化された性格と、とりわけ、その暴力に聖なる意味合いが付与されて、非常に栄光あるものとされたことである。それこそイスラム革命が、未だにテルミドール[198]に至っていない理由であることはたしかだ。

革命後の段階（一九七九―二〇一五年）

あらゆる革命は、ある程度残酷である。一七八九年のフランス革命もロベスピエールの恐怖政治があったし、一九一七年のボルシェビキ革命も同様だ。しかし、これらの二革命と一九七九年のイスラム革命との間には、重要な違いがある。フランス革命もロシア革命も世俗的であっただけでなく、その正統性は現世のものであって「神聖さ」ではなかったし、そのメッセージは残酷さはあっても、「人間的」で未来志向だった。フランス革命は「自由、平等、博愛［リベルテ、エガリテ、フラテルニテ］」のモットーや、普遍的な人間と市民の権利宣言を生み出したし、共産主義は、レーニンとスターリンのもとでの非常な残酷性にもかかわらず、平等の原則に基づいていた。さらにロシア社会は、労働規律や社会組織、そしてとりわけ、相当な工業化を経験した。クレイン・ブリントンは、古典的な著書『革命の解剖』において、一方でイギリス・フランス・アメリカ・ロシアの諸革命と、他方でイタリアのファシスト革命、ドイツのナチス革命、そして全体主義革命一般とを区別している。その相違は、第一の諸革命は啓蒙によって鼓舞され促されたのに対して、ファシストの諸革命は、啓蒙とそれが支持するものを拒絶したことによって説明されうると信じている。ブリントンは、全体主義を生み出したロシア革命には問題があると認めている。しかしこの革命は、啓蒙の理想に反対ではなく、それゆえイギリス・フランス・アメリカの諸革命のように、「民衆的」革命と分類してよかろうと信じている。[199]

フランス革命、またロシア革命とも違って、イスラム主義革命は、いかなる普遍的価値を強調することも、イランという国やイラン社会を、経済的・文化的・政治的進歩に向けて道を歩ませることもしなかった。それどころか、全体制があらゆる種類の不平等（ジェンダー、ムスリムと非ムスリム、シーア派と非シーア派等々）に基づいていた。未来を見るよりも過去（預言者ムハンマドの下のメディナ）に目を向け、普遍的であるよりも特殊的であり、包括的であるよりも排他的である。

このことは、イスラム主義革命が他の諸革命のよい面は何ももたず、あらゆる否定的特徴をもつことを意味する。革命後の時期に、イラン人と一部の非イラン人が経験した残虐行為は、それ自体長く苦痛に満ちた物語をなし、描写するには何冊もの本を必要とするだろう。さらに公衆は、現在のイラン政権が自国民に対して示す多様な形の残酷さについて、メディアを通じてほぼ毎日情報を得ている。知識人・作家・ジャーナリストの暗殺、男女の絞首刑（その一部はとても若く、一六歳未満）、政権批判者の投獄――著名な政治家、元首相、国会議長、大臣、多数の学生の――についてだ。それゆえ、政権の過酷な行為の数々を描写するより、その行動のいくつかを概説するにとどめよう。

ホメイニが権力を奪取した最初の日々、何千もの人々がイラン中の都市で、裁判もなしにか、聖職者が主宰する即決のイスラム主義革命法廷で、被告の法的代理人も付けずに裁かれ、処刑された。テヘランのアメリカ大使館でアメリカ人五五人を人質にしたのは、四四四日続いた。何千もの政治犯（その一部は、すでに何年か投獄されていた）の虐殺が、一九八八年に、ホメイニ署名の命令によって行なわれた。[200] イラクに対する八年戦争によって、何十万人もが亡くなった。同戦争は、サダム・フセイン下のイラクによって起こされたが、一九八二年の彼の停戦提案は、ホメイニによって峻拒された。戦争の間にホメイニは見解を変え、もはや防衛行為とは見なさず、むしろイラクを通じてのエルサレム征服を目的とする侵略戦争と見なしたのである。ついで、いわゆる連続殺人（**ガトル・ハイエ・ザンジレヒ**）が一九九八年に起こり、イランの情報部員が多くのイラン人作家や政治家を殺した。イラン側からの暴力やテロ行動は、イランのみに限られていなかった。イランのスパイが、アラブ諸国、とりわけレバノンとチュニジアの共犯者とともに、海外のイラン人政治家を殺害した。ヨーロッパとアメリカの諸都市で犠牲になった者の中には、革命前の最後の首相シャープール・バフティヤールやクルド人の指導者（ガセムローやシャラフカンディ）、オベイッシ将軍その他がいる。

事実は、イラン革命がイスラム主義革命に転化し、テロリズムが世界中に――サウジアラビアとクウェートからヨーロッパへ、そしてアルゼンチンにさえも――広がったということだ。この文脈から、地域的、さらには国際的水準でも重要な結果をもたらしたものは、一つのシーア派テロ組織を創設したことで、それは今日レバノンのヒズボラ（アラーの政党）という名前で、世界的に有名になっている。ヒズボラの形成は、一九八二年のイスラエルによるレバノン侵略の、直接的結果だった。侵略直後から、イラン人はレバノンで、シーア派だけからなる軍隊を形成し始めた。シリアを通じて、彼らは資金と兵器、そしてパスダラン（革命防衛隊）からの指導員を得た。[201]それらの兵器により、一九八三年四月にジハード・イスラーミー集団によってレバノンの西洋人兵舎が襲われ、六三名のイギリス人兵士が殺されたし、一九八三年一〇月には二四一人のアメリカ兵と五八名のフランス兵が殺された。それらの事件後、ヒズボラは、イランの絶え間ない助力と援助によって中東での重要な勢力へと成長し、イスラエルの安全保障にとって新たな脅威となった。イラン人はヒズボラを、元大統領のアフマディネジャドが繰り返し表明したように「イスラエルを地図から消し去る」ための、重要な軍事的手段と見なしている。今日、イラン指導部の後援を受けるシーア派テロリズムは、五角形、あるいはタコ――イラン・イラク・シリア・レバノン・イエメンからなる――に似ている。シーア派の戦線に直面し、スンニー派の戦線が、サウジアラビアの指導とエジプト、湾岸の首長国、スーダン、モロッコの支援を受けて活動している。その連合は、もう一つの強力なスンニー派の国であるトルコから精神的支持を得ている。シーア派とスンニー派の軍事的対決は、もはや単なるフィクションではない。現実である。それとの関連で、スンニー派とシーア派の権力観念を論じることが、きわめて重要である。

シーア派とスンニー派の権力観念

イランのイスラム主義革命と、「アラブの春」という名で呼ばれるアラブ世界の諸革命との間には、いくらか類似点がある。イラン・チュニジア・エジプトの政権は、いずれも権威主義的・世俗的・親西洋的だった。それらは何十年も西洋、とりわけアメリカに支持されていて、また西洋の祝福を受けて転覆された。

それらには、一定の相違もある。イランは主要な石油産出国だが、エジプトとチュニジアの場合はそうでない。イラン革命は、経済的要因（失業、貧困、インフレ）を動機としたものではなかった。それどころか、シャーの下での最後の一〇年は、イラン国民にとって比較的繁栄した時期だった。チュニジアとエジプトでは、状況は違っていた。失業と貧困が、革命の始動において決定的役割を果たした。問題は、こうした相違が政治状況、とりわけ両国に今存在する政権に対して、ほとんど影響しなかったことだ。

私は、もっとも顕著な違いは、イラン革命が宗教的革命であったのに対して、チュニジアとエジプトの革命はともに世俗的で、社会的不公正によって動機付けられていたことだと考える。さらにイラン革命は、カリスマ的指導者のアヤトッラー・ホメイニによって率いられ、彼は国民の大多数、諸政党、様々な政治的・イデオロギー的傾向（自由主義、社会主義、共産主義等々）の諸組織を、周囲に集めることができた。イランでは革命の当初、とりわけ共和国の第一期において、バザールや聖職者層、多くのモサッデク支持者、カリム・サンジャビのような人物、及びメフディ・バザルガンの宗教的・自由主義的政党に至る、伝統的な政治勢力や組織がホメイニを指導者と認めただけでなく、ツデー党（親ソ連の共産党）や多くの独立的マルクス主義者――ファダイアネ・ハルグやムジャヘディーネ・ハルグ（左翼的イスラム主義）等――も、公然と熱狂的にそうしたのである。ベテラン政治家の小集団、たとえば社会民主主義者でムハンマド・モサッデク（国民戦線［ジェブヘ・メッリ］の指導者で、一九五一―一九五三年の首相としてイランの石油産業を国有化し、CIAのクーデタで打倒された）の支持者であるシャープール・バフティヤール、そしてムスタファ・ラヒミのような若干の左翼知識人だけがホメイニと関係をもたなかった。同様に、イスラム主義の権力中心からいくらか距離をおこうとしたのは、聖職者中のごく少数派だった（たとえばアヤトッラー・セイイェド・カゼム・シャリアトマダリ）。

同じことは、チュニジアやエジプトでは起きなかった。エジプトのムスリム同胞団は統一戦線として立たなかったし、それどころではなかった。エジプトが「革命の稲妻」に撃たれたとき、イスラム主義者一般、とりわけムスリム同胞団は、多くの競合する派閥に分かれており、それは一方ではムスリム同胞団内の多様な潮流と、他方ではサラフィー主義者からなっていた。いくらかの有力な人物はいたが（たとえばアブデル・フトゥーフ、モハメド・モルシ、モハメド・エルバラダイ、アムル・ムーサ、オマル・スレイマン）、革命の指導者と自分を正当に呼びうる者は一人もいなかった。同様にチュニジアでは、アル＝ナフダの指導者ラーシド・アル＝ガンヌーシは、ベン・アリー大統領の転落後もっとも影響力ある人物だったが、革命の指導者ではなかった。それにガンヌーシ自身、ホメイニのような指導者になりたいと思わなかった。またチュニジアには、世俗的な他の政治的人物や組織が存在し、ガンヌーシや他の人を革命の指導者として受け入れることなしに、自らの世俗的アイデンティティーを維持した。その一人は、世俗的政治家のモンセフ・マルズーキで、彼は大統領に選ばれた。さらにチュニジアの政治制度は、真に多元的なままである。政党は、政治的スペクトラムの極右から極左まで広がっている。

イラン革命とアラブの諸革命のこの相違は、アラブ世界における多元的民主主義の将来にとって、非常に重要である。ホメイニはイランで全権力を強奪し、全体主義的・宗教的政権を樹立することに成功したが、アラブ世界では既存の政党や集団が、一九七九年のイランの場合のように唯一個人のカリスマに屈服したりせず、自己のアイデンティティーを維持したので、同様のことが起きるリスクはほんのわずかである。

シーア派とスンニー派の相違は、もう一つの決定的要素である。シーア派の一特徴は、聖職者がシーア派共同体を統制することだが、スンニー派は聖職者に導かれていないのだ。スンニー派にも僧侶やイマームがいるが、シーア派で規則となっているように彼らに従う義務はない。それはスンニー派ムスリムの間では、シーア派よりも柔軟性や多元性があるということを意味する。その結果は、唯一のスンニー派の宗教指導者が、ホメイニのような指導者として出現する可能性はアラブ世界ではほとんどない、ということだ。新たにカリフ、あるいはアミールだと自ら宣言したアブー・バクル・アル＝バグダーディや、以前アフガニスタンのタリバンの長だったムッラー・オマルは、スンニー派の聖職者層を代表しない。むしろ彼らは、宗教的権威によって是認されてはいないのに、イスラムの名において権力を求める個人的冒険家なのである。

こうした特定の相違の他に、真の相違の原因が他所にある。それは、シーア派とスンニー派それぞれの創成物語に見出される。シーア派という分派の起源を、単に預言者ムハンマドの後継者問題に還元する傾向がしばしば見られる。シーア派は、預言者は死ぬ前に義理の息子の一人アリー・イブン・アリー・ターリブを、直接の後継者に公然と任命したと主張する。ムスリムの大多数をなすスンニー派は、この命題を拒否する。しかし、それは真の問題ではない。なぜなら真実が何であれ、歴史的事実は、アリーが預言者の後継者三人（アブー・バクル、ウマル、ウスマン）に対して誓約し、現状を受け入れて自ら第四代カリフになったことを証言しているからだ。その結果、この問題はそれ自体、前述の三革命の結果に影響を与ええないのである。重要な政治的・法的含意を有する相違は、歴史の観念とムハンマド後の時期の対ムスリム行政という観念の、二つの観念に関わっている。スンニー派ムスリムの見解によれば、歴史は二つに分けられる。第一部はアダムの創造に始まり、預言者ムハンマドの死で終わる。第二部はムハンマドの死で始まり、復活の日まで続く。このようにスンニー派の命題は、コーランの言葉を忠実に受け継いでいる。それは、ムハンマドを預言者の封印（ハタム・ウル＝アンビーヤ）と認め、その後に他の預言者はいないとしているからだ。預言の循環が最終的に終わったので、ムハンマドの後継者たちは実際にはアラーによって任じられていないし、無謬でもなく、啓示の受取りもできない。彼らは、預言者によってさえも任命されていないのだ。それは彼らが、預言者後の時期にムスリムの運命を管理するという課題を与えられた普通の人であることを意味し、そこでカリフ職が制度化されたのである。

シーア派の命題は、たいへん異なる。歴史に断裂はない。AからZまで続き、アダムで始まって復活の日で終わる。ムハンマドはたしかに最後の預言者だが、預言の時代は新たな形態、すなわちイマーム政として継続する。預言者とイマームたちの唯一の相違は、イマームたちが啓示を受け取らないことである。その点を除き、彼らは神によって特別に任命される。こうして、イマームはカリフの場合のように、普通の人ではないのだ。彼らは神の恩寵（**ルトフ・イラーヒ**）に恵まれ、それゆえ無謬（**マアスーム**）である。

こうして預言者の時代後、信奉者の生活管理を世話するのは、無謬で神によって任命されたイマームとされる。ここで生物学的問題が生じる。イマームの数は一二と決まっているので、それならイマーム政が自由に継続するのは、生物学的になぜ可能なのか？　ここに、隠れたイマームというシーア派の絶妙な工夫、お隠れ（**ガイバ**）の理論が登場する。この理論は信仰となっているが、それによれば、第一二代で最後のイマームが、神の意志によりお隠れになったという。彼の復帰時期は、アラーがお決めになるだろう。

お隠れのイマームという発明によって、我々はイラン革命の特殊性の起源に迫りつつある。ホメイニが権力を握ったのは、第一二代イマームを呼び起こし、同イマームの代表者（**ナーイブ・ウル＝イマーム**）という資格によってであった。ここで決定的な点は、シーア派の聖職者の特別な性質や地位は、宗教的カーストとしてのシーア派聖職者層の床柱というべき「お隠れのイマームの代表」に基づいているということだ。スンニー派にもたしかにシェイフ、ムフティ、イマーム（スンニー派の意味での）がいるが、彼らはシーア派の場合のように宗教的カーストをなしていない。スンニー派のシェイフやイマームは、政府によって直接的あるいは間接的に任命される。こうして、イマーム崇拝とスンニー派の宗教的カーストの両方が欠けていることが、チュニジアとエジプトの革命は「神の名」による革命にならなかったという事実に貢献した。ムスリム同胞団のムルシド［導師］も、アル＝ナフダのライース［首領］も、ホメイニのように宗教的権威を喚起して、イマーム政の継続を体現し、預言や神意にさえも直接つながっていると主張することはできなかった。

この相違は、イランとエジプトの憲法に表わされている。イラン憲法では、主権はアラーに属し（第二条）、正統性はお隠れのイマームに属する（第五条）と述べられている。他方、エジプト憲法では、「国民がすべての権威の源泉である」（第一条）と述べられており、同じ原則が二〇一四年憲法の第四条で再確認されている――「主権は国民にのみ属し、国民がそれを行使し擁護する。国民が権力の源泉であり、憲法で述べられているようにすべての市民が平等、正義、公平な機会を享受するという原則に基づく、国家的統一を擁護する」と。

以上の議論に基づいて、一方のイラン革命と他方のチュニジアとエジプトの革命との間の主要な相違は、宗教的アイデンティティーからなると結論してよかろう。それではこれに基づいて一般化し、「通常の」スンニー派（ワッハーブ派以外の）の政府モデルは、原則的にシーア派モデルより宗教的でない、と言うことは可能だろうか？　すべての一般化は、誇張のリスクをある程度含むことは明らかだ。しかし一般化なしには、個々の要素間の関係を把握することは困難だろう。その点を留保しつつ、神聖化の欠如と独立的な宗教的カーストの不在のおかげで、スンニー派モデルはシーア派モデルより実質的により柔軟で、政治的多元主義により慣れていると、私は言いたい。

結論

本章では、シーア派の暴力の進化過程を跡付けた。シーア派の暴力が、印象的な規則性をもって、扇動の段階から蜂起の段階へ、さらには革命の段階、最後には制度化され拡張主義的な暴力（弾圧、戦争、国際的テロリズム）にまで達する軌跡を辿った。それゆえシーア派の暴力は、「完全な」暴力と見なしてもよかろうが、その「完全さ」は一二年ほど（一九六五―一九七七年）続いた静穏さ――当時、イラン社会が経験していた社会・政治的変化による――により、欠けるところがあった。しかしそうした変化の分析は、ここでの本書の目的を超えるであろう。

蜂起段階については、以下の結論を引き出せよう――

（1）シーア派のイスラム主義は、元々はレザー・シャーの世俗化と反聖職者政策への反動であった。チャールズ・ティリーが「反応的集合行動」と呼ぶものである。[202] それは、イスラム主義者の言説やファダイアネ・イスラーミーの言説・活動に明らかだった。

（2）シーア派のテロ行為の犯人は、みな同様の社会層から来ていた。ほとんどはバザールの中間的で質素な階層か、聖職者の中間的位の者だった。みな若く、年齢は二〇歳前後だった。革命前は、シーア派のテロ活動に一人の女性も関わっていなかった。

（3）シーア派のテロリズムは、もっぱら都市の現象である。農村人口階層からは、誰一人、直接的にも間接的にも参加してこなかった。

（4）シーア派の扇動は、一部のバザールと一部の聖職者層から道徳的・財政的・政治的に支持されてきた。対照的に、シーア派の位階制の高位聖職者は、シーア派イスラム主義者の思想や、ましてや《ア・フォルティオリ》暴力行為には、一般に非常に注意して関わらないようにしてきた。

（5）シーア派の積極的活動は、社会的・政治的紛争を背景にして始まった。代々の政府の弱さと、イスラム主義テロリズムと闘う意志の明らかな欠如が、扇動の激化に貢献したことは否定できない。

蜂起段階に関する私の発言は、以下のように要約されよう――

（1）この段階で、シーア派の暴力の進化に質的変化が生じた。シーア派のイスラム主義者は、シャー政権に対する大規模な反乱を引き起こし、その指導権を握るべく、初めて力を合わせた。

（2）この型の暴力は、チャールズ・ティリーの先取り的集合行動に対応する。それは、「一部の集団が既存の規則の下で、その集団［イランの文脈ではウラマーとバザールだ］に、以前は与えられなかった資源に対する要求をなす行動を実行するが、他の少なくとも一つの集団はその行動に介入し、主張に抵抗する」場合に生じる。[203] 一九六三年六月五日の蜂起後、過激派の潮流は拡散し周辺化されていた。それが徐々に団結し、同質化し、そして覇権を握ったのだ。

（3）イスラム主義の潮流は、聖職者層に自己を位置付けることができただけでなく、政権の言説や他のすべての反対派集団の言説にも、自己の言説を代案として押し付けた。それが革命であった。

最後に**革命後の時期**には、暴力が、もっとも多様で極端な形態で（弾圧、国際的テロリズム、戦争）、シーア派のイスラム主義のほとんど本質となったのである。

第五章　イスラム文明のグローバル化と復活

イスラム主義者は、イスラム文明の復活のために闘っている。その復活が必要なのは、それがイスラムの栄光を新たに創り出し、人類を無知と腐敗（ジャーヒリーヤ）から救う道だからである。今日では、イスラム主義者は世界のビジョンを備えてはいるが、ムスリムが力の絶頂に立っていた頃存在したものに匹敵する、帝国やカリフ政といった形での「歴史的構成物」をもっていない。それゆえ、イスラム主義者の極端に多様な全事業は、アル＝カイダからムスリム同胞団、さらにはイラン・イスラム共和国、及び新たなカリフ政（ＩＳＩＳ）の宣言に至るまで、それらの究極的目的、すなわちイスラムの栄光時代の復活に焦点を当てている。それは議論の余地なく巨大で、野心的な計画だ。二つの鍵となる概念、「復活」と「生残り」の区別をすることから始めよう。

すべての文明は、最強のものであっても、ある時点で生残りの能力があるかという問題に直面する。現実に、サミュエル・ハンティントンの命題の本質は、諸文明間の衝突よりも、西洋文明の衰退をいかにして避けるかに関わっていた。[204]イスラム文明は、もはや生存していないので、状況が異なる。それゆえムスリムにとっては、問題は生残りよりも復活についてである。

生残りと復活の未解決問題を探求するには、「文明」の定義を心中にもつ必要がある。「文明」の概念についての明示的理念をもたないと、議論はたいへん拡散する。曖昧さを避けるため、最初に概念としての「文明」を論じ、「文明」の定義を提案しよう。ついで、衰退と復活という未解決問題を片付ける。ギリシャ・ローマの諸文明のような文明を出発点として、衰退と復活に関する様々な理論を論じ、その後にイスラム文明の衰退を取り扱おう。イスラム文明をより広い視野に位置付けることで、イスラム文明の顕著な特徴について、よりよい考えがもてるだろう。

「文明」とは何か？

文明はしばしば、漠然として曖昧な術語で定義される——「一文化の不可避的運命」（ハンティントン[205]）、「都市に見出される種類の文化」（バグビー[206]）、「文明は憲法同様、目に見えない」（トインビー[207]）等々。現実にはこの種の定義は、文明について何ら確実で作業可能なことを言っていない。フェルナン・ブローデルは、「文明は、事実、少なくとも二重の意味がある。道徳的価値と物質的価値の両方を示している[208]」と言って、文明のより正確な定義を提供している。イマニュエル・ウォラーステイン（ブローデルの「弟子」）は、やはり文明の多様な定義に懐疑的であるが、一方の「歴史的体制」と他方の「文明」を区別する。彼の見解では、文明とは「遺産、分離性、権利を正当化するために、過去を現在において利用するという観点からの、過去に対する現代的主張[209]」を言う。

私の見るところ、「文明」から「歴史的体制」を分けるのは不必要で、誤解を招きさえする。文明とはその両方の組合わせであり、それらの分離の結果ではない。それゆえ「歴史的体制」や「物質的次元」を、文化的素地と記憶に包摂することが不可欠だと思われる。この包摂の精神をもって、「文明」の新たな定義を詳説しよう。

この見地からは、文明は二つの分かちがたい部分からなる。一組の文化的・哲学的体制なりイデオロギーなり宗教なりの明示的世界観と、通常は歴史的構成物として具体化される、一貫した政治的・軍事的・経済的体制である。このように文明は、世界観と歴史的構成物の連接として定義されるべきである。この定義は、ロバート・W・コックスが文明を「存在の物質的条件と間主観的意味に対応するもの[210]」と描写した際の定義に、たいへん近い。それは、特定の世界観が歴史的構成物を通じて実現されるとき、その融合物を文明と呼んでよかろうということを意味する。世界観は、それだけでは没歴史的で拡散し、弾力的な概念である。歴史的構成物、あるいはウォラーステインの言う歴史的体制が、包括的世界観に基づくことなしに実現されれば、その構成物は部族や帝国や国家その他の形態の政体を生むけれども、文明は生まない。オスマン帝国は、世界観なき帝国の好例である。それは歴史上もっとも持続した帝国の一つで、中断なしに七世紀以上続いた。その長寿にもかかわらず、オスマン**文明**は創り出さなかった。今日のイスラム主義者とは反対に、オスマン帝国はイスラムを単なる宗教と見て、実現すべき世界観とは見なかった。トルコ人は、世界をムスリムにするために戦争をしたのではなく、彼らの領土とスルタンの栄光を広げるためにそうしたのである。

どの文明も、その標準をもつ。中国文明の標準がイスラム文明の標準と違うのは、ヨーロッパ文明の標準がインド文明の標準と違うのと同様である。言い換えれば、各文明の標準は、その文明のアイデンティティー・カードでありDNAである。さらに一文明の標準は、誰が「野蛮人」であり、誰が「文明化されている」かを決める尺度である。一文明にとっての「野蛮人」は、他の文明では「文明化されている」と見なされるかも知れないし、逆も真なりである。

一文明の現実的力と、その標準の広がりとの間には、直接的対応関係がある。一文明が他の一文明より強くなると、その標準が支配的標準として普及するだろう。支配的標準はしばしば他に押し付けられ（たとえば「キャピチュレーション」や「不平等条約」)、「内面化」されて自発的に受け入れられることもありうる(一宗教への改宗、民主主義の信奉等々)。支配的標準を拒否したり、それに反対すると罰せられかねない。処罰は、様々な形態を採りうる――非ムスリムに対するジハード、サダム・フセイン下のイラクやウラジミール・プーチン下のロシアに対する経済的・政治的制裁、中国の人権状況に対する恒常的批判など。

弱い文明は、弱い標準しか生み出せない――標準の適用可能性や、受容の程度や範囲から見て弱いのである。衰退した文明の標準は、その文明の消滅後は生き残れない。以上の想定から、登場しつつある文明の性質を問うてみよう。我々は、「歴史的な資本主義体制」が、我々の時代の文句なしに支配的な歴史的構成物として存在するという印象には、説得力をもつ証拠があることを知っている。共産主義のソ連が崩壊して以来、自己を非資本主義的な新たな歴史的構成物として提示することができた、他の有力な経済体制が一つもないのは事実である。資本主義が支配的構成物となっていると言ったからとて、資本主義のモデルは一つしかないということをかならずしも意味しない。資本主義には様々な色彩、様々な意図、様々な形態がある。資本主義は「強硬」で「極端」でありうるし、サッチャー主義やレーガン主義がその例をなす。それは、資本主義の社会民主主義的概念を通じて表現される「柔軟」で「社会的」なものでもありうる。一連の他形態の資本主義、たとえばロシア資本主義、アジア資本主義、中国資本主義、石油資本主義等々も、一定の一般法則――需要と供給の法則、利益と投資の法則、私的所有権の尊重、そして資本の自由移動――に従って機能していれば、資本主義である。相違は、実質よりも程度や志向(社会的か超自由主義的か)に存する。それゆえ歴史上初めて、事実として、特定の歴史的構成物が一つのグローバルな歴史的構成物になった。資本主義以外のいかなる歴史的構成物も見当たらない以上、今日、非資本主義的な文明が存在するとは言えない。

一つの文明を樹立するには歴史的構成物の存在が必要だが、それだけでは十分でない。第二の柱、世界観が必要である。我々の現代文明の世界観は、何だろう？　私は、そのますます支配的な世界観は、ヨーロッパで生まれアメリカ大陸に広がって「西洋的」となり、徐々に「グローバル」になりつつあると言おう。現実には、ヨーロッパ文明は諸文明中もっとも若いものである。存在し始めてから数世紀――おそらくわずか五世紀だ――でしかない。この文明は、ギリシャとローマの文明の廃墟の上に立ち上がった。複数の源泉、とりわけ地中海と中東の文化によって深部から鼓舞され、広範に豊饒化された。この点では、多くの要素がヨーロッパ文明のグローバル化を可能にし、したがって独自なものにした。いくつかの要素を挙げてみよう。基本的に、多くの他文明は、前もって打ち出された計画を実現するために登場した。しばしばそうした計画は、ある種の宗教的実質、たとえば儒教、ユダヤ教、イスラムその他をもっていた。ヨーロッパ文明は、前もって構成された計画、あるいはエドガー・モランの表現によれば「プランシプ・フォンダトゥール・オリジナル（元来の創立原則）[211]」をもたずに生まれた、若干の文明の一つに数えられる。ヨーロッパは、自己を「約束の土地」と宣言しなかったし、ヨーロッパ人は自分たちを「選民」と考えなかった。ヨーロッパの誕生以前、同大陸は動乱に悩まされていた。それは、たまたま文明になったのであり、「ビッグ・バン」の結果として予定された計画に従ったわけではなかった。驚くべきことに、ヨーロッパは、偉大な諸宗教に類似した新たな宗教を生み出さなかった。非ヨーロッパ文化からキリスト教を借り、自己の目的に合わせて洗練させ調節した。今日、ヨーロッパとキリスト教はほとんど同一視されているが、元来ヨーロッパは非宗教的文明であった。まさにヨーロッパの非宗教的性格こそが、それを包括的にし、非排他的にしえたのである。そうした特徴なしには、ヨーロッパは人間と市民の権利宣言（一七八九年）を生み出せなかっただろう。非宗教的文明にとって、いくつもの宗教と多様な種々の思想やイデオロギーを受け入れる機会が、唯一の宗教や唯一のイデオロギーに取り込まれている文明の場合よりも大きいことは、自明のことと思われる。宗教にかえて、ヨーロッパは**ディアロジック**（対話の文化）を発明したが、それはギリシャの**ディアレクティック**〔弁証法〕とは別物である。後者は決定論的だが〔命題・反命題・総合判断〕、前者は対話・妥協・不確実性に基づいている。ディアレクティックとディアロジックの相違は、マルクス主義がイデオロギーとして失敗したことの説明を提供する。マルクス主義はディアレクティックに基づいており、ヨーロッパのというよりギリシャの理論的構成物である。世俗的精神と組み合わさったディアロジックが、ヨーロッパ人を人間主義に導いたし、それに自由や権利といった他のヨーロッパ的概念を付け加えてもよかろう。ヨーロッパのアイデンティティーを問題にして、フェルナン・ブローデルは次のように解答している――

> 我々のヨーロッパ史の知識の総体を集めることができて……電子的記憶に……記録できると想像してみよう。次にそのコンピューターが、長い歴史を通じて時間的にも空間的にももっとも頻繁に起きた問題を挙げるよう、求められたと想像してみよう。疑問の余地なく、その問題は自由、いやむしろ諸自由である。自由という言葉がキーワードである。[212]

ブローデル以前に、フランソワ・ギゾー（一七八七―一八七四年）が同一の結論に達していた。ギゾーは論じる――

> 他文明においては、唯一の形態や唯一の思想による支配が圧政の原因であったが、近代ヨーロッパにおいては、社会秩序をなす諸要素の多様性、それらが互いを排除できないように位置付けられていることが自由を生み出し、それが現在のヨーロッパで支配的となっているのだ。[213]

ヨーロッパの世界観は、本質的に、上記の諸要素から構成されている。それらの要素に共通の名称を与えるためには適切な概念を必要とするが、それには認識論的難しさがなくもない。一目見たところでは、自由主義が有資格候補と思えよう。しかし、**自由主義**はあまたのイデオロギー的偏見を負わされている。自由主義はときには、とりわけ世界システム論者によって、資本主義と同一視される。他の一部にとっては、自由主義はもっぱら社会に対する個人の優先に基づいたイデオロギーと見なされる。ここで私が自由主義というのは、基本的な原則・特質が人間の自由、人間の尊厳、人間の権利に満ちた哲学的教養を意味している。おそらくこの政治哲学は、社会自由主義という新語によって呼ぶのが最善だろう。このような基本原則に基づいた世界観はまた、民主主義を推進し、少数派を保護し、資本主義の行過ぎを規制することもできる。上述の世界観は、その文明から生み出された標準を通じて、顕著に見られる。すでに述べたように、各文明はその文明標準を確立し、宣言する。ヨーロッパにとってこの標準は、ヨーロッパ内部の関係やヨーロッパ人と非ヨーロッパ人の間の関係を規制する役目を負った。いかなる標準も、静止的・永続的ではない。それが属する文明がダイナミックである限り、進化するものである。

世界は、文明のグローバルな標準へと動いており、その中核は主にもっとも新しくもっとも若いヨーロッパ的・西洋的文明の諸部分からなっている、と私は言おう。

イスラム文明の勃興と衰退

歴史を通じて、神学・歴史・哲学・社会学等様々な分野の理論家が、「衰退」現象を研究してきた。ある論者にとっては、衰退の研究は進歩を支配する法則の研究より興味深いものだ(214)。早くも創世記やメソポタミアの創成物語において、人類の転落は世界の成立とほとんど同時に起こっている。[215] 古典的時代にはイブン・ハルドゥーン（一三三二―一四〇六年）、フラヴィオ・ビオンド（一三九二―一四三六年）、ニコロ・マキャヴェリ（一四六九―一五二七年）、ジアムバティスタ・ヴィーコ（一六六八―一七四四年）、そしてシャルル＝ルイ・ド・モンテスキュー（一六八九―一七五五年）らが、この現象を研究した。減衰の研究を扱っている現代の著者には、オズワルト・シュペングラー、キャロル・キグレー、アーノルド・トインビー、フェルナン・ブローデル、そしてもっと最近ではサミュエル・ハンティントンらがいる。しかし、この分野のあらゆる優れた作品をもってしても、一貫しており一般的な衰退の理論は本当に存在してはいない。推定や、特定の文明の特定の分析はある。たとえばローマ帝国の衰退についてのモンテスキューの分析や、イスラム＝アラブ諸帝国の衰退についてのイブン・ハルドゥーンの分析、あるいは西洋の潜在的衰退についてのシュペングラーやハンティントンの発表さえおそらく挙げてよかろうが、衰退一般についての理論は一つもない。もし、衰退という未解決問題へのこれらの論者のアプローチを概念化しようと試みるなら、三つの異なるアプローチが認められうると思う――生物学的＝循環的、状況的、そして構造的なアプローチである。最初のものは、文明を人間の生物学的生、つまり誕生、青年時代、成人、老齢、最後に死、と同様に見なす。たとえばキャロル・キグレーが、文明が次の七段階を通ると見るのは、ほとんど同じレンズによっている――①混合、②懐胎、③拡張、④紛争の時代、⑤普遍的帝国、⑥減衰、⑦侵攻。[216] 循環的アプローチから見れば、文明の再生は自然のリズムと「生物学的」進化に反している。それゆえ文明の黄金時代が去れば、減衰と、さらには消滅が不可避である。アーノルド・トインビーもキグレーの見方を共有したが、一つの重要な相違があった。トインビーは、減衰に直面する「試練にさらされた文明」は、その多様な潜在能力によってはなお生き残る（あるいは再生する）ことができるだろう、と信じる。状況的アプローチは、帝国や文明の解体に対する外的戦争の衝撃を強調し、構造主義者は文明の構成（身体と精神）に関わる諸要素に目を向ける。経済危機、国内紛争、疲弊、及び社会的崩壊や貿易・産業基盤に関わる重要な出来事が、構造的変化と見なされる。たとえばトインビーは、ギリシャ文明の崩壊を、国内的・対外的要因の組合わせによって説明している。[217] 他方ローマ帝国の崩壊については、経済的要因が果たした役割に焦点を当てている。[218]
モンテスキューにとっては、最初にローマ帝国の崩壊を引き起こしたのは、ローマの大都市圏内での国内的分裂だった。ローマのうぬぼれが、崩壊のもう一つの決定的要因だった。[219]
イブン・ハルドゥーンは、イスラムの帝国や王朝の勃興と衰退を扱って、それらの衰退は二つの主要な要因に起因すると観察している。それは**アサビーヤ**[220]の弱体化と消失で、なぜなら文明（**ウムラン**）は、新たな王朝の樹立同様、

集団感情を必要とし、それによって力と支配が具体化するのであり、砂漠の態度は集団感情を特徴とする。今もし、統治の初期にある王朝がベドウィンの王朝なら、その統治者は厳格さと砂漠の態度を有する……ついで、権力がしっかり確立されたなら、彼はあらゆる栄光を自分に求めるようになる。[221]

崩壊の第二の原因は不公正であり、それは「文明の没落をもたらす。[222]」

我々の時代の西洋文明に関して、ハンティントンは、多文化主義や多種族主義の拡大の結果、それが消滅するリスクがあると予見する。第三の危険は西洋と無関係で、外部の諸大国[223]、おそらく「新たな野蛮人」、すなわち中国とムスリム世界が一緒になって西洋に対抗することから生じる。

「衰退」現象に対する主なアプローチを検討して、論者たちがその原因について様々な見解を有することを見た。にもかかわらず彼らはみな、衰退の性格は否定的状態であり、文明の構造にかなりの打撃を与え、その神経

や防衛体制を攻撃して破壊し、最後には崩壊と消滅を引き起こすということに合意していた。したがって文明の衰退は、原因が何であれ、世界観と歴史的構成物間の決裂と定義できる。

「復活」の主題に関しては、論者の間にほとんど一致した見解が存する。文明の復活の可能性について、明示的に否定した著名な論者は、過去にも現在にもいないように思われる。循環理論の支持者でさえも（たとえばトインビー）、回復の可能性を拒否していない。論者間の主な相違は、歴史には意味があるかという点にのみ関わっている。

人間の歴史に何らかの固有の意味があるとは信じない人は、衰退した文明が時折は矯正され、潜在的に復活しうると信じている。このアプローチを、矯正＝再生可能と名付けよう。歴史はたしかに固有の意味をもつと信じる人たちのアプローチは、進歩的＝累積的と名付けよう。

第一の範疇に属するトインビーは、永続的な運動、挑戦、反応があると信じている[224]。

> 最適な挑戦は、挑戦された側に一つの反応を成し遂げるよう促すだけでなく、さらに前進すべく勢いを付けるよう、促すものであるに違いない……その運動を反復的な、運動のリズムに転換するには、**エラン**〔気迫〕がなければならない[225]。

イブン・ハルドゥーンにとっては、衰退した文明の回復は次のものに依存する――①衰退期における啓蒙された個人の潜在力、②ロバート・W・コックスのイブン・ハルドゥーン解釈によれば、新たな世界秩序の庇護のもとでの、**アサビーヤ**の復活[226]。ブルックス・アダムズが、消耗した文明の復活は、「野蛮人の血を混ぜることで新鮮なエネルギーの材料を得ること」によってのみ実現可能だと言うのは[227]、ほとんど同じ気持ちからである。他方でメルコのような論者は、絶頂後の時代に「文明は、それ以下の体制同様に三つの選択肢に直面する――解体するか、化石化するか、あるいは自己を再構成してさらに発展するかだ」と考える[228]。衰退した文明と、新鮮かつ強力な文明の遭遇が実現すると、異質な文明がしばしば侵入して、はたして回復が起きたのか、それとも解体する文明が単に別の文明によって置き換えられたのかを、見極めるのが難しくなる[229]。

サミュエル・P・ハンティントンは、西洋文明の運命に対して警告を発しているにもかかわらず、あるいはたぶんまさにそれゆえに、再生の可能性を拒否してはいない。彼の見るところ、西洋の緩慢かつ不規則な衰退は、たぶん今後一世紀続きかねない。あるいは、「西洋は復活の時期を経験し、世界情勢における影響力の衰退を逆転させ、他の諸文明が従い模倣する、指導者としての地位を再確認しうるかもしれない。[230]」

循環的アプローチにかわるアプローチは進歩的＝累積的アプローチで、それは循環理論を拒否し、人間の経験の累積的性格を信じることに基づいている。循環理論について、それは次のように論じる――

真に循環的な歴史は、所与の文明は後に続く者にいかなる刻印も残さずに、完全に消え去るという可能性を仮定した場合にのみ、想定することができる。事実それは、現代の自然科学が発明されるのに先立って起こった。しかし現代の自然科学は、よくも悪しくも非常に強力なので、人類を物理的に絶滅させる以外の条件の下で、仮にも忘却されたり「不発明」されたりできるものか、大いに疑問である。そしてもし、進歩的な現代の自然科学による支配が押し戻せないものであるなら、指向性の歴史や、それが生み出す他の多様性に富んだ経済的・社会的・政治的諸結果は、いかなる根源的意味でも、やはり押し戻すことができないのである[231]。

進歩的＝累積的理論の創始者の一人であるカントにとっては、歴史は「諸文明の連続的破壊の歴史であるが、どの転覆も以前の時期から何かを保持し、それによって生のより高度な水準に道を開いた。[232]」こうしてローマ国家はギリシャ人を呑み込み、ついでローマ人は野蛮人に影響を与え、彼らが今度はローマを滅ぼし、等々で我々の時代に至る。ヘーゲル（もう一人の創始者）はより明示的に、次のように言って歴史の目的を説明する――「世界の歴史は、自由の意識の進歩以外の何物でもない」と。この見解からは、進歩は次の意味でなされた――「東洋の諸国民は、**ある人**が自由だとのみ知っていた。ギリシャ・ローマ世界は、**幾人か**が自由だとのみ。他方**我々**は、すべての人が絶対的に（**人類**としての人が）自由だと知っている。[233]」進歩と歴史の累積的性格という思想により、一部の現代の論者は、明確かつ断固として次のように宣言した――

今日、地上には唯一の文明、単一のグローバル文明が存在する……その単一のグローバル文明は、紀元前一五〇〇年ほど前に中東で、エジプトとメソポタミアの両文明が衝突し、融合したときに生まれた一つの文明の直系の子孫、あるいはむしろ現在の姿だと言おうか。この新たな融合体は、その後全地球に拡大し、他のすべての、それまで独立していた諸文明を吸収した。[234]

要約すれば、上記は、衰退とは文明にとって自然な状態であり、衰退した文明の回復は一定の条件下に可能であり、歴史の散発的あるいは累積的性格の問題については、論者の間で相当な相違があるということを示している。

イスラムはその起源において、トインビーの分類によれば、第二の範疇の後継文明の一つだった。[235]イスラムの預言者ムハンマドは、アブラハム的・一神教的伝統の真の後継者であると明示的に主張したが、それによればイスラムは、宗教としてはユダヤ教やキリスト教の改訂版に過ぎないということが注目される。それはすなわち、イスラムの宗教は、そのまさに核心において、古代の東方と地中海の諸文明から借りることで自己を再生させたと言うことだ。[236] しかしムハンマドは、メッカの北の没個性的な町ヤスリブに移ると、政府を樹立し、憲法を起草し、ヤスリブという名前をメディナに変えた。それは彼がおそらく、単に諸共同体の間に新たなものを創り出すよりも偉大な何かを求めていたことを、示唆するのかもしれない。メディナとは都市を意味し、そこから「文明」という言葉（**マダニーヤ**と**タマッドゥン**）が派生しているのだが（**ハダラ**と**ウムラン**の他に）、それを選んだことは、新使徒職へのいっそう野心的な意図を示すものかもしれない。もう一つの重要な指標は、彼の弟子たちの多種族的性格だ。様々な階層のアラブ人が明らかに多数派だったが、多数のペルシャ人（サルマン・パルシ）とエチオピア人（バラル・ハバシ）がいて、ムハンマドのそばで重要な役割を果たした。それゆえムハンマドは始めから、形成期――それはアラブ人が支配したが、彼らは帝国を創ろうとする意志によって元気を得ていた――のあとは、普遍的なメッセージによって普遍的な宗教を生み出そうとしていたと、考えられそうだ。「ムスリム文明は、ウンマ、すなわち信仰者の共同体中に、大西洋からパミールまで、イスラム学校が広がったときに初めて成立した――ふたたび、古いワインが新しい壜に注がれたのである。」[237] それが軸期の始まりだった。

軸期には、イスラムは統合的かつダイナミックになった。統合的という意味は、それが自己の内に様々な人種・種族・領土を容易に統合しただけでなく、とりわけ新参者が持参したあらゆる文化的・哲学的・科学的な手荷物をも統合したからである。それがダイナミックでもあったという意味は、それらの異質な思想や概念を、イスラムの語彙に翻訳しイスラムの術語で表現する能力を十分にもっていたお陰で、吸収することができたからである。イスラム文明は、紀元九世紀の初め、とりわけバイト・アル＝ヒクマ（智恵の家）の設置者マアムーンのカリフ政の下で、絶頂に達した。その時期から一三世紀まで、イスラム文明はますますコスモポリタンに、世俗的にさえなった。そして「創造的少数派、とりわけ哲学者や科学者が、宗教を社会的規範と共同体的行動の因習的鋳型と見なした[238]」ことを意味するような仕方で、機能した。クレーマーは、偉大な哲学者で政治学者のアル＝ファラビ（八二七—九五〇年）の時代を描写する——

哲学者は、政治的・社会的義務に敬意を払って宗教の旗に敬礼した。アル＝ファラビに着想を得た支配的政治哲学は、宗教を真実の象徴的表現と見なした。正しく善なるものは、宗教的根拠によらず自律的に決定され、そうした基準が宗教の尺度・標準となった。哲学は、信仰と神学から独立しており、その付属物ではないと考えられた[239]。

この時期、ムスリムは他者と宗教的問題を、公平な土台で懲罰の脅しなしに論じる用意があった[240]。事実、「ほとんどのアラビア語で書く**ファイラスティフ**（哲学者）は、キリスト教徒、ユダヤ教徒かムスリムであり、彼らはみな多神教徒のギリシャの賢人たち、とりわけプラトンやアリストテレスを認めていた。[241]」クレーマーは、軸期のイスラム文明の心広い性格を、豊かで影響力ある中間階級が登場したためとするが、彼らは知識と社会的地位を獲得する欲求と手段をもち合わせ、古代文化の洗練と普及に貢献したのだった[242]。

イスラム文明の進化と繁栄において、はなはだ重要なあることも、今日のイスラム思想を西洋思想と隔てる溝を説明する。その主題[243]について卓越した仕事をなしたクレーマーを今一度参照し、アリストテレス的思考が、ムスリムの「論理的追究、自然哲学における仕事、倫理学についての考察を」支配したと言ってよかろう。「しかしこの傾向は、特定の哲学的体系への堅固な執着を表わすものではない。彼らの政治思想は根本的にプラトン的で、アリストテレス主義とネオ・プラトン主義の混合が、彼らの形而上学的思索に浸透していた。[244]」

表5-1　様々な時代のイスラム文明の「産物」

上昇期のイスラムの生産	下降期のイスラムの生産
提督	アッラーフ・アクバル
幾何学	アヤトッラー
アルゴリズム	ブルカ
アルコール	ブルキニ〔ブルカとビキニの組合わせ〕
アラベスク	チャドル
キャラバン	クスクス
チェス	ファラフェル〔豆のコロッケ〕
暗号	ファトワ
国政会議（ディワン）	ヒジャブ
奇術	イマーム
マニ教	インシャッラー
パジャマ	インティファーダ
サファリ	ジハード
	シャリーア
	シャワルマ〔一種のサンドイッチ〕
	シシケバブ

ある文明の活力を評価する一つの基準は、普遍的知識への貢献、〔すなわち〕物質的・非物質的発明や革新の範囲である。イスラム文明が、絶頂期に創造した発明や革新（厳密な科学や芸術・文芸、日常生活等々での）のいくつかを表5－1のリストに見て、今日自動的に「イスラム」あるいは「ムスリム」を想起させる概念のいくつかのリストと比較すると、同じ文明ながら異なる時代に創造した「産物」の、二つのリスト間に存在する驚くべきギャップに気付く。

そこでこの優れた、コスモポリタンな、寛容で統合的で、ダイナミックな文明が、どのように、かついかなる事情で衰退したのか、という疑問が生じる。そして、イスラム文明の減衰はいつ始まったのか？〔という疑問も。〕すべての論者は、イスラムが文明を創造したと認めている。彼らはまた、イスラム文明は九世紀から一〇世紀後半までの間に最盛期を迎え、約三世紀にわたって継続したと認めている。フェルナン・ブローデルは、二つの特定の日付さえ与えている――一つはイスラム文明の開始の、他の一つは終焉のである。彼によれば黄金時代は、マアムーンのカリフ政が樹立された八一三年に始まり、コルドバの医師でアリストテレスの作品の批評家アヴェロエスが、マラケシュで一一九八年に死んだときに終わったのだった[245]。このようにブローデルは、正当にもイスラムの黄金時代にアンダルシア時代を、少なくとも部分的に、含めたのだ[246]。イスラムの黄金時代の正確な時期がどうであれ、その減衰の原因を理解しなければならない。この疑問は多様な回答をもたらした。明確にするために、それらを次のように分類しよう――①哲学的＝理知的、②戦略地政学的、③技術的＝科学的、④「世界の統一」理論と。

哲学的＝理知的説明

この命題を支持する人は、イスラムの減衰に二つの主な理由を提示する。第一のものは、イスラム哲学の質と知的宿願の問題に存する。ムスリムは、プラトンとアリストテレスの両方に精通していた。アリストテレスの思想が、彼らの論理的探求や倫理に関する考察を支配していたが、政治思想は根本的にプラトン的だった[247]。さらに哲学への彼らのアプローチは、批判的というより字義通り、かつ逐語的だった。知識は、特定の哲学的体系への執着によるよりも、洗練と都市性（アダブ、アーダーブ）を得る目的で利用された。ブローデルはこの事実を、宗教が哲学者に対して行使した力のためだとする。彼は言う――「アリストテレスの賛美者として、アラブ人哲学者は預言的啓示、つまりコーランのそれと、人間の哲学的説明との間の、終わりなき討論へと追いやられた。」[248]第二に、イスラム文明の停滞は、一二世紀におけるイスラムの強力な教条主義の出現によるもので、それは哲学がイスラムの宗教と両立しえないために学問として根絶することを目指したのである。その運動は、ガザーリ（一〇五八―一一一一年）やタイミーヤ（一二六三―一三二八年）のような神学者によって率いられた。教条主義の勃興は、黄金時代における寛容で統合的で、コスモポリタンかつダイナミックな性格にとどめを差した。

戦略地政学的説明

この説明によれば、減衰はほとんどすべてのムスリム領地で、兵士奴隷（セルジュク）が権力を握ったときに始まった。それと並行して一二世紀以降、イスラムが「海の支配権を失った」という劇的な事態が生じ、そのことは長期的かつ重大な結果をもたらした。[250] イスラムが七世紀末頃に地中海を征服したとき、それはビザンチン帝国にとって致命的打撃となり、アンリ・ピレンヌの表現で今に至る**バラージュ・リキッド**〔液状の堰〕を設けることで、ヨーロッパの**マレ・ノストルム**〔我らが海〕の統一を破壊した。[251] イスラムが地中海の支配権を失ったとき、地中海はムスリム列強に対して閉ざされ、それらは恒常的にハンディキャップを負わされ、拡張できず、普通の日常生活を送りにくくなった。[252] 海の喪失は地中海にとどまらず、アクセスの制限はまもなく世界大になった。トインビーによれば、決裂期は、フランクの船団がインドに到着した一四九八年に始まった。それら「水上のジプシー」は、インド皇帝バブールの注意を惹きさえしなかったが、にもかかわらず、西ヨーロッパの水夫がなした海洋発見旅行は、画期的・歴史的な事件だった。[253] このときからイスラムは、政治的・経済的・文化的権力を獲得するのに必要かつ効果的な道具である、コミュニケーションの近代的手段を奪われた、単なる領土国家になったのである。

技術的・科学的説明

ガリレオと、続いてコペルニクスの革命が、世界と人間性それ自体についての人々の見方を根本的に変えた。それらの革命が人類の知性を変容させ、ルネッサンスとヨーロッパ文明の誕生を導いた。問題は、イスラム文明がそれらに影響されず、知らずにいたということだ。それは伝統的あり方に居座り続けたが、当時そのことは停滞とさらなる解体を意味した。出現した技術的合理性は、次の三要素によって特徴付けられていた――①数学による知識の全領域征服の進展、②科学知識の関連技術による適用、③非個人的な官僚制の登場である。[254] これらの要素は、一つもイスラム世界に存しなかった。さらに技術革命は、世俗的・科学的合理主義を必要とする。イスラムは、三～四世紀にわたって（九～一三世紀に）合理性、[255] 世俗主義、そしてコスモポリタンな文化を一服味わったが、なんと教条主義と神学的学問の再活性化（フィクフとカラーム）へと戻ってしまった。[256] 要するに、当時のイスラム文明の技術的後進性は、緩慢な知的・精神的後進性によって強化されたのであり、これが衰退の原因だった。

「世界の統一」理論

この説明は、イスラム文明の衰退をもたらした多様な要素の組合わせ、と描写してよいかもしれない。言い換えれば、海洋権力の喪失、教条主義への復帰、技術的後進性は、イスラム文明がダイナミックで統合的である能力を失ったことを意味した。これに、それらの遭遇によってもたらされた志向の変化を付け加えても良さそうだ。西洋の革命的な発明は、世界のコミュニケーションの主要媒体として、海洋をステップに代替させたことだった。[257] 世界は、統一されると同時に分断された――新たな西洋のコミュニケーションのウェブで統一され、また非西洋的諸文明との出会いの終焉によって分断されたのである。

「世界の統一」は、コミュニケーションや輸送施設の近代的方法の導入のみによって起こったのではない。もっとも実質的な変化は、経済学分野で起こった。「人類史で初めて、世界経済の一事例が『脆弱さ』を生きのび、資本主義として自己を確立している。[258]」資本主義の勃興に関する議論に深入りはしないが、それは世界史における質的変化であり、イスラム文明を含む全文明に巨大な衝撃を与えたと言うべきである。

イスラム文明は衰退を続け、黄金時代にそれを特徴付けた衝動や意志を完全に失った。衰退はあまりにはっきりしていたので、一部の論者はムスリム文明がまだ存在するのかと問うた[259]。のちに見るように、そのような文明が存在するか疑問をもったのは、西洋の論者だけのことではなかった。ムスリム自身（根本主義者でさえ）、同じ質問を発していた。イスラム的で数世紀存在したが、ごく最近の一九二四年に消滅したオスマン帝国はどうか？オスマン帝国がイスラム的だったのは事実だが、それは本質においてというより名前だけだった。現実には、オスマン帝国は文化的にほとんど惰性的な構成物で、イスラム文明の発展にほとんど貢献しなかった。オスマン帝国は、「世界観」なき単なる「歴史的体制」だったのだ。

これまで、非ムスリムの論者が提供した説明ばかりを取り上げてきた。それは、イブン・ハルドゥーンを除けば、イスラムの衰退開始時期にあたる中世のムスリム思想家で、イスラム文明の減衰の研究に関心を寄せた者がほとんどいなかったからである。事実、ムスリムは一七九八年にナポレオンがエジプトに侵攻したあと、初めて自分たちの停滞と衰退に気付いたのである。ムスリムが社会的・政治的・技術的・知的な面で自分たちの後進性に気付いたのは、フランスがエジプトを占領していた時期であった。異常な精密さと正確さをもって、アル＝ジャバルティはこの遭遇の物語を描写した[260]。フランスのエジプト侵攻は、一九世紀に始まって今日に至るまで、ムスリムの認識に巨大な反響をもたらし続けている。ヨーロッパの進歩に気付いて、アル＝アフガーニー（一八九七年死去）やアブドゥ（一九〇五年死去）、タフターウィー（一八七三年死去）のような思想家や指導者、その他大勢は、イスラムとムスリムの生活様式を「改革」しようとした。重要なことは、この時期以来、すべてのムスリムがイスラムの衰退と計画の必要を認めたことだ。二〇世紀の指導的ムスリム思想家、シャリアティが述べたように、前世紀において我々は、我々ムスリムが宗教的アプローチにおいて、深く正しい改革を必要とすることに気付いた。我々は、一四世紀の間に見失った明快な源泉に戻ることで、イスラムを再生させる必要がある。(261)

この引用は、あらゆる多様な言説（様々なラベルをもつ改革派や根本主義派の）の本質を要約する、本物のムスリムの言説を示している。その本物の言説は、西洋の進歩とムスリムの後進性を、あたかもそれらが議論の余地なき事実であるかのように証言しているが、提案される解決法は、論理的結果や観察された事実の帰結ではない。前を向いて、理念と進歩の道を結び付けようと試みるかわりに、それは退歩を提案し、「一四世紀の間に見失った明快な源泉に戻ることで」などといった修辞的言明を用いて、後ろを見るのだ。

要するに、すべてのムスリムはイスラム文明の衰退を認め、この事実を内面化したのだが、同時にこのすでに観察され認められた事実に従って、必要な結論を引き出すのを避けている。バッサム・ティビが言うように、「イスラム主義者の世界観は、アヴィセンナやアヴェロエスの仕事に依拠した、イスラム合理主義の伝統に沿っていない。この伝統は、イスラム世界を結局は近代性へと突き動かさなかったとしてさえも、真の啓蒙と見なされるべきである。(262)」我々は、アヴィセンナとアヴェロエスが二人とも、イスラム神学というよりはギリシャの合理主義に着想を得たことを知っているし、彼らがムスリムを近代性に導くことに成功しなかったとしても、それはまさしくイスラムの教条主義のためである。それゆえ、すべてのムスリムを近代性に引き会わせる道が、不可避的にメディナではなくアテネを通るべきことは自明だと思われる。

結論

グローバル文明の概念を説明するために、私は文明の新たな定義を提案した。フェルナン・ブローデルの時間の概念に着想を得て、それを我々の目的に合うよういくらか訂正した。文明の進化を理解するには、大文字の文明〔固有名詞〕と小文字の文明〔普通名詞〕を区別することが重要であり、文明の活力を試すためにもその区別は大事だ。次に私は、グローバル化する世界において、また提案した定義にふさわしいかもしれない他の文明が一つもないので、**様々な**文明について語ることはグローバル化以前の時代に属する言説である、という結論に達した。自由、平等、宗教と国家の分離、そして近代性（あらゆるものが批判にさらされうるという意味での）といったヨーロッパ・西洋文明の多数の基礎柱や価値が、ますますグローバルになってきているのは事実である。その結果、この文明の標準は、かつてないほどいっそう包括的・統合的になった。ジェンダーの平等、性の平等、そして人種の平等といった争点が、今日ほどアジェンダの上位におかれたことはなかった。それはこうした価値が、すべて実現されしっかり護られているということを意味しない。世界は、西洋文明でさえも、そうした目標からなおはるかに遠いが、この問題で一番重要なのは運動の感覚である。差別（男女間、信者と非信者間の）、神秘に基づく立法（至高の立法者としての神）、そして人間の身体と心を統制することに依拠するイスラム的価値やその他すべての価値は、普遍的たりえない価値である。それらは、曖昧さの時代に属している。その時代は、今や過ぎ去った。それゆえ文明の再生は、この場合は古きイスラム文明のであるが、新時代に明確に対立し、矛盾するように思われる。それゆえ、グローバル文明への代替物としての新たなイスラム文明というのは、想定しがたい。カリフ政の時代は終わっており、シャリーアは文明の新たな標準の要求を満たしえない、なぜなら文明は、多くの障害にもかかわらず、普遍的人権の方向に向かっているからだ。

第六章　イスラム主義と表現の自由

私は、誰であれそれほど賢く、判断がそれほど普遍的に包括的で、他の者に次のように告げる力を託すことができるような人がいるとは確信できないのだ——お前は自分の考えを述べてはいけない、お前は自分の経験を語ってはいけない、あるいはお前の心が創り出した空想を述べたり、他の者たちが尊敬すべしと掲げたものを笑ったり、古い信仰を疑問視したり、教会の教えや我々の社会、我々の経済体制、そして我々の政治的通説に楯突いてはいけないと。

ジェイク・ザイトリン『図書館ジャーナル』一九六五年六月

誰もが、シャリーアの諸原則に反しないような仕方で、自由に意見を述べる権利を有する〔強調は著者による〕。

イスラムにおける人権のカイロ宣言（第二二条a項）

あらゆる全体主義のイデオロギーと政権は、自己を神聖で不可侵と見なす。宗教に着想を得たイデオロギーであるイスラム主義は、自己を完全に神聖であると考える。神聖性・自由・権力はすべて、相互に関連している。神聖性が高まれば不可避的に自由は減るし、逆も真である。

神聖性と平等も、直接的に相互に関連している。政治体制が信仰に基づくとき、市民間の差別は不可避であろう。権力に就いている者たちと同じ信仰をもつ個人は、政権の基礎をなす宗教的あるいはイデオロギー的信念を共有しない者より、はるかに多くの権利や特典を与えられるだろう。

抑圧と差別は、神聖性と権力間の関係の配置に、正統性と正当化の両方を見出す。あらゆる神聖性は、世俗的なものであれ宗教的なものであれ、保護者をもっており、彼らの**レゾン・デートル**〔存在理由〕と正統性は神聖性の存在に根差している。聖職者、イデオローグ、政治的統制委員からなる擁護者は、言説・儀式・象徴・名士・偶像等の多様な表現によって神聖性を定義し、解釈する。同時に彼らは、神聖性の空間と境界を打ち立てる。

神聖性の空間と対照的なものとして、擁護者は「悪魔の空間」を創り出す。神聖性の性質によって、悪魔の空間は不信心者・反革命家・ブルジョワジー・世俗的人物から構成される。その計略によれば、擁護者はそれらすべてを、いかなる「立派な」人物も避けるべき、不名誉で忌むべき何者かに変容させようとする。指定された神聖なテキストや象徴・名士を認め、尊敬することを拒否する者は、不浄であり不可蝕であると見なされる。彼らを除去することが、社会の感染予防や浄化に必要だと考えられている。浄化は、すべての人にとっての課題として押し付けられる。様々な形態での暴力行使〔検閲、心理的圧力、監獄、拷問、殺人〕は、擁護者の手にある感染予防道具である。

過去数十年、世界はイスラム主義者が、ムスリム社会だけでなくヨーロッパその他の土地で、表現の自由を残虐に抑圧するのを目撃した。不可侵のイスラム的信条の擁護者が犯したあらゆる暴力行為を見直すことは、本書の範囲を超える。にもかかわず、この種の暴力の一部を例示するために、グローバルな舞台で無数の討議を引き起こした二つの事例を、私は選んだ。第一のものはラシュディ事件で、第二のものはムハンマドの風刺画の例である。次に、パリのシャルリー・エブドに対する攻撃（二〇一五年一月）と、コペンハーゲンでのテロ行為（二〇一五年二月）を簡単に論じよう。これらの四事件は、言論の自由に直接関わっている。言論の自由に対するイスラムの伝統的立場を論じるにあたり、ラシュディ事件とムハンマドの風刺画の事例は、これらの争点に対するムスリムの立場と、それらへのムスリムの反応をよりよく理解するのに役立つだろう。それでは、言論の自由に対するイスラムの伝統的立場を論じることから始めよう。

イスラムと言論の自由

一九八九年にラシュディ事件が始まって以来、公衆の関心はだいたいにおいて言論の自由に焦点を当てた。言論の自由に対するこの特別な関心は、自由のその形態は他のものより分かり易いという事実によって説明可能である。ある面で言論の自由は、環境の気温を示す温度計なのである。その環境の性質が、民衆一般が言論の自由をもたないようなものであれば、温度計は自動的に、他のすべての形態の自由の欠如を示すのだ。にもかかわらず言論の自由は、多種類の自由のうちほんの一つでしかない。自由は、複数の次元・形態・側面をもつが、一般に表現の自由として言及される。表現の自由は、とりわけ、様々な形態の具象的芸術の自由、映像・映画芸術の自由、音楽（楽器及び声による）の自由、絵画の自由、被服の自由、等々を包含する。

表現の自由を一つの価値として承認することは、それを実際に尊重するための前提であることは明白だ。イスラムは、表現の自由を一つの価値として承認しているだろうか？　事実は、イスラムにおいて、表現の自由は原則として排他的に神に属している。彼は**ロゴス**〔理性〕の唯一の創造者であり、所有者なのだ。人間の表現の自由は、偶然的要素以外の何物でもない。一ムスリムは、神への感謝を服従と従属によって表現することが許される。それゆえ、表現の自由の法的枠組みを論じることは、イスラムでは無意味になる。さらに、宗教の目的は救済であり、自由や民主主義ではない。宗教的見地からは、人は奴隷となって救済を得ることが可能なのだ。この観点から見れば、それゆえ、救済と奴隷制は完全に両立可能である。さらに宗教は、もっぱら信仰と神聖性に基づいている。信仰は、定義により批判しえないものであり、さもなければ信仰ではない。同様に、神聖な人物や象徴も批判できない。いかなる批判の試みも、侮辱と解釈されるだろう。批判の自由のない表現の自由は幻想であるから、宗教的環境は表現の自由にとってさい先のよいものではありえない。我々が、表現の自由と非宗教的環境の間に直接的関係があると合意するなら、表現の自由は、世俗的環境においてのみ栄えうることを認めざるをえない。

世俗的文脈があらかじめ存在すべきことを論じるからと言って、すべての世俗的政権が、自動的に表現の自由を確保するわけではない――それは、他の条件をも必要とする。第一の条件は、世俗主義そのものが、新たな宗教あるいは教条にならないことだ。世俗的で神聖な象徴・名士・思想・儀式を、他のものすべて（世俗的・非世俗的を問わず）の明け渡しに導くような仕方で創造することは、それ自体宗教と異ならない。第二の、同様に重要な条件は、世俗的社会で民主主義が効果的に存在することだ。非民主的な世俗的体制の最良の例は、共産主義政権である。共産主義者は、あらゆる批判に扉を閉ざしただけでなく、世俗主義を奇妙に誤解してもいる。宗教的表現に余地を残すかわりに、彼らは宗教自身と闘ったのだ。

イスラムに戻れば、私はまず中立的にイスラムを定義しなければならない。イスラムはコーランだけだろうか？　あるいは、イスラムはコーランとスンナ（預言者の行動の描写）からなっているのだろうか？　コーランとスンナの、無数の解釈はどうなのか？　イスラム史の無数の解釈は？　ここでの私の目的は、実際、正しいイスラムと誤ったイスラムについての議論を始めることではない。イスラムを特徴付ける、いくつかの原則と重要な傾向を描写する仕方を見つけたいだけである。この見地からは、イスラムは聖典すなわちコーランと、一四世紀にわたる歴史からなっている。表現の自由との関連で、コーランの表現の自由に対する立場と、イスラム史を通じてのこの自由の状態を検討しよう。

私は、表現の自由はコーランによって認められていないと論じる。コーランは、それが最後の言葉をなし、ムハンマドが最後の預言者だと明示的に述べている。このような言明は、いかなる討議の余地も残していない。もし何かが最後の言葉であるならば、他のすべての意見はすでに失格しており、おそらく抑圧を必要とする。

この異議にもかかわらず、イスラムを擁護して、ムハンマドが彼の奇跡として聖典（アル＝クルアーン）を届けたことは重要だと、言えるかもしれない。モーゼでは、奇跡は杖が蛇へと変容することからなっていたし、イエスの奇跡は病人を癒やすことからなっていた。イスラムは聖典を有し、他の宗教よりたしかにいっそう知的に見える。コーラン中の二章は「筆」（第六八章）、「詩人」（第二六章）と題されており、コーランが知的仕事に積極的態度を示しているのも事実である。問題は、それらの二章の内容がそれぞれの題とほとんど何も関係をもたず、非信仰者の詩人たちを直接批判していることだ。「筆」の章は次の詩で始まる――

筆にかけて、彼らの記録するものにかけて、
汝の主のみ恵みのおかげで、汝はものに憑かれた者ではない。

言い換えれば、アラーは筆にかけて、ムハンマドが狂人ではないと誓っている。それが、この章に存する唯一の、筆に関することである。同様に「詩人」も、実際は詩を扱っていない。同章の最後の詩のなかで、コーランが詩人一般を、イスラムを信奉する者を除き、攻撃しているだけだ——

サタンがだれに降りたかを、おまえたちにつげようか。
サタンは、すべての罪ぶかい嘘つきのもとへ降りる。
彼らは聞きいっているが、その多くは嘘つきである。
迷う者は詩人に従う。

明らかにこれらの文章は、表現の自由と何の関係もない。しかしコーランが、明示的に筆と詩人を認めていることは積極的な点だ。

またコーランが、対話を勧めていると論じることもできるだろう。さらに進んで、コーランの口調が、全体として論議のスタイルに従っていると主張することさえできよう。それは太陽と月、空と大地は、すべて神の創造物だと論じている。それはまた、知識は無知よりましである等々と論じている。現実には、コーランは対話を求めていないし、その目的は非信仰者を、時には言葉で、時には力で説得することであり、なぜならコーランによれば真実は一つだけ、コーランの真実しかないからである。人は、自分が真実そのものであると確信する何かと、どうしたら議論できようか?

世俗主義について

本章の冒頭で、表現の自由は、世俗主義と民主主義の二条件なしには存在しえないと述べた。ここで、世俗主義を扱おう。問題は、イスラムが世俗主義と両立可能か否かである。私は「世俗主義」と「世俗化」を、交換可能な言葉として用いている。ダニエル・ベルによれば、世俗化が意味するものは「宗教が政治から撤退し、宗教が美学から切り離されることで、それによって芸術は、もはや道徳的規範に屈服する必要なしに自身の衝動に従いうる」(263)、その結果は何であれ、ということだ。

要するにそれは、公的生活の領域に対する制度の権威が縮小し、宗教がその信奉者にのみ権威をもち、政体や社会の他のいかなる部分に対しても権威をもたない、私的世界へと撤収することである(264)。

同じ考えがポール・ヴァラディエルによって定式化されているが、ただしより精確かつ正確にである。彼にとって、世俗主義(フランス語では**ライシテ**)は「中立的かつ公開で、市民社会と国民の様々な知的・精神的構成員間の平和的共存を、できるだけ確保する目的により正統的政府が保障した、公的空間」の存在のことである(265)。これら二つの世俗主義の定義からもっとも重要な要素を引き出すなら、次の二つの互いに密接に連携する要素を見て取れる。第一は、宗教の私化(プライバティゼーション)であり、第二は、合意による中立的空間の存在という理念である。これらの二要素は、イスラムと両立可能だろうか? それとの関連で私が言いたいのは、イスラムは内部的には世俗化されえない、なぜなら宗教は誰も世俗化できないから、ということだ。それは言葉の矛盾である。世俗化は、本質的に個々の人間に基づくが、イスラムの宇宙は完全にアラーに基づいており、人間はアラーの奴隷（アブド・アッラーフ）でしかない。さらに、イスラムは宗教であるから、世俗化は不敬な過程である。イスラムは神の産物であり、自己充足的である。世俗化は人類の産物であり、他のすべての人間の創造物同様、常に未完成であり続けるだろう。イスラムは、全体論的な概念であり構成物であるのに対して、世俗化は、分離と個別化による解体過程である。世俗化は宗教の本質を問題にせず、ただ宗教の全体論的・全体主義的次元に反対するだけである。イスラムにおいては、統一が価値であり、至高の価値でさえある（神の統一、信仰者の統一、宗教と国家の統一等々）。しかし世俗的思考内では、分離（宗教と国家、私的と公的、芸術と信仰等々）が基本的価値をなす。それは、哲学的かつ実践的の両水準で巨大な相違をもたらす。イスラムにおいては、**ウンマ**、すなわち共同体が、個人の前に来る。世俗的な西洋のモデルでは、**プリンキピウム・インディヴィドゥアティオーニス**〔個体化原理〕（ジョン・ロック）が優先される。さらにイスラムの遺産においては、共同体と相対する個人が保有する個人的諸権利と、それらの制度的施行という意味での西洋の自然権思想に、比較しうる伝統は一切ない[266]。イスラムが認める唯一の法は、「神の権利」である。イスラムには、その「私化」と、社会の世俗化に対する中立的態度の、両方を妨げる固有の要素があって、それは少なくとも三つ区別される。最初の障害は、イスラムの主な性格、すなわちそれが政治的な宗教である点に見出される。イスラムは、メッカの人々の一集団に対する政治的企画として生まれた。国家を創らなかった原始キリスト教と反対に、イスラムは国家、すなわちメディナ国を創った[267]。ムハンマド自身、預言者であっただけでなく、同時に、かつ同様に、政治家、国家元首、軍の最高司令官、そして至高の裁判官であった。彼の直接の追随者もまた、精神的かつ政治的指導者であった。

この点におけるキリスト教とイスラムの相当な相違は、アレクシス・ド・トクヴィルの注意を惹き、彼は次のように適切な公式化を行なった――

ムハンマドは天から、宗教的教義だけでなく政治的金言や、刑法・民法、そして科学理論をもたらし、コーランに盛り込んだ。他方で福音は、人と神、及び人と人の間の一般的関係をしか扱わない。それを超えては何も教えないし、人々に何を信じることも義務付けない。一〇〇〇の理由のうちそれだけで、イスラムは諸時代を経て啓蒙と民主主義に至るまで長く力を持ち続けられないだろうが、キリスト教はそうした時代に、他のすべての時代同様、君臨する運命にあることを示すのに十分である。(268)

第二の障害は、ムスリムにとってコーランは、それ自体が神聖なテキストだということだ。聖書と旧約聖書も神聖だが、重要な相違は、それら二冊の神聖な書物は意味論的には神の言葉ではないが、コーランはムスリムにとってまったく文字通りに神の言葉だということである。そのように変更不可で神聖なテキストに直面して、神の言葉に異議を唱えることは困難だろう。

第三の障害は、イスラムが、カトリック教の場合のように、組織され認められた教会や僧職という形態での中央の宗教的権威を、何らもたないということである。ヨーロッパのルネッサンスが始まったとき、カルヴァンやルターのような人は、教皇を頭にいただく物理的に見える制度としての教会に、異議を唱えることができた。カトリック教とは反対に、イスラムは中央の権威が存在しない、拡散した宗教である。アラーと信奉者の関係は、直接的でいかなる仲介者もいない。イスラムは拡散的なので、宗教と国家の分離はきわめて困難になる――なぜなら、両者の間に線を引くことが難しいからだ。

イスラムの伝統と文化において、自由の概念そのものが存在しないことも、きわめて注目すべき点だ。バッサ

ム・ティビが言ったように、「自由は、世俗的な事業である。」(269)

そのかわり、公正（アドル、アダーラ）の概念が、イスラムにおけるキーワードである。たとえばシーア派は、五つの根本原則（神の唯一性、ムハンマドの真の預言、審判の日、イマーム政、公正）を信じるが、スンニー派は最初の三原則を信じるのみである。しかし自由については何もなく、それは結局ムスリムにとって新しい観念なのだ。

二〇世紀の初めのイランにおける憲法革命は、公正のための革命で、自由のためではなかった。革命家たちは公正の家（アダーラト・ハーネ）を建てようと欲し、それがのちにイラン議会（マジュリス、マジュレス）に転化した。古いマジュリスの扉の象徴的銘刻は、ある意味で立憲運動の本質的メッセージを表わしていた。同銘刻は二語からなっていた――アドレ・モザッファル（モザッファル［アル＝ディーン・シャー］の公正）で、彼は公正の家の建設を許可した統治者だった。ここで私は、ムスリムの公正概念と民主主義的・多元主義的なそれとは、互いに相当異なることを付言しなければならない。哲学者のジョン・ロールズは、民主主義的・多元主義的社会を「秩序だった」ものと述べている。ムスリムの社会では、公正はほぼ「過大な不正の回避」を意味する。それは積極的正義というより、消極的正義の問題である。さらに公正は、自由に有機的に結び付いてはいない。イスラムの政治的構想や認識において、公正と自由は二つの異なる概念をなし、公正は常に前述の意味で優先されねばならない。神は公正であり、したがって王子もまた神の法を尊重し、それを誰にでも差別なく適用する上で公正でなければならない。あとで論じるが、問題は、コーランやシャリーアに集成された神の法が、それ自体差別的だということだ。しかしムスリムの間では、王子は平等と公平の規則を守らなければならない。イスラムにおいては公正の観念は、とりわけその政治的バージョンにおいては、一方で王子、他方でムスリムの信仰者の間の、公平な関係を表わしていると言うこともできる。イスラムにおける公正の起源は、神の法に由来する。神は、きっぱりと公正の規則を定められたのであり、人間の課題は、神の意志の適用である。秩序だった社会では、物事は実際異なっている。そうした社会では、公正は絶対に分けられない二つの原則に基づいている。両原則が同時に存在することが、公正の存在と実現の証拠となる、必須条件である。その二原則とは——

（ア）各人が、平等で基本的な諸自由の、真に十分な配列への平等な権利を有すること。

（イ）社会的・経済的不平等は、二つの条件を満たさなければならない。第一に、それはすべての者に平等な機会という条件の下で開放されている職や地位に附属しなければならない。そして第二に、それは社会のもっとも恵まれない成員に、最大の便益を与えるものでなければならない。[270]

ロールズの正義の定義の解釈に、深入りはしないでおこう。ロールズ自身、**『正義論』**（一九七一年）とその新版である**『政治的自由主義』**（一九九三年）において、それを雄弁に果たしている。しかし、ロールズの正義の定義について二つ語ると、彼の定義とイスラムの〔公正の〕定義との間の相違が、いっそうはっきりするだろう。第一に、正義の概念は、社会的解釈において「平等な基本的自由」の観念に密接に結び付いており、それは「すべての人のための諸自由」を伴わない正義は考えられないことを、明らかに意味する。第二に、正義の実質や形を決めるのは神でなく、市民自身である。ジャン＝ジャック・ルソーの社会契約《コントラ・ソシャル》と一般的利益《アンテレ・ジェネラル》を再解釈して、ロールズは「元の立場」を発明した。この構造物の建設過程は、「無知のベール」の背後で起きている、つまり当事者たちは彼らが代表する人たちの社会的立場も、善の考え方も、実現された能力や心理的傾向も、その他のことも知らないということを意味する。[271] 当事者たちは、「道徳的・政治的哲学の伝統によって与えられた選択肢の選抜候補名簿に載った正義の、一定の諸原則に合意しなければならない。[272]」先に述べたように、イスラムにおける公正は神の業であり、それゆえ権威を備え、変更不可かつ永遠のものである。民主主義的・多元主義的モデルでは、正義は人の手になる。その権威は、自由な男女の決定にのみ基づく。それは、その根源が論議の対象にならない限りにおいて、変更不可である。それは、この種の正義が、概念としても指針としても、永遠ではないということを意味する。これら二点の相違は、一方でイスラム（あるいはそのメディナ・モデル）、他方で「秩序だった社会の」立場との間で、正義と自由に関わる事柄において大きな区別をもたらしている。

世俗化は表現の自由の必要条件をなすが、民主主義はその十分条件にあたる。私の言う民主主義は、多元主義的かつ参加主義的な政権で、市民の一集団から他集団へと権力の平和的伝達を許すものを意味する。ロールズは、「現代の民主主義的社会は、単に包括的な宗教的・哲学的・道徳的教義の多元主義によるだけでなく、両立不可能だが合理的で包括的な諸教義の多元主義によっても、特徴付けられている」[273]と書いて、民主主義の意味を深める方向へ、少なくともさらに一歩を進めている。この意味の民主主義は単なる体制、それ自身は特定の心的状態そして知的立場の産物であり結果であるような、道具でしかない。それとの関連で、民主主義に対するムスリムの態度は、穏健派と急進派あるいは原理主義者の、二つの主な潮流に分かれている。穏健派の支持者は、イスラムが民主主義と両立すると主張する。彼らは、イスラムは初めから、民主主義的性格のある種の制度や手続きを有してきたと論じる。この点では、**シューラ**と**バイア**が例としてしばしば挙げられる。シューラは、コーランで推奨され預言者自身によって用いられたが、指導者の決定を助ける「諮問機関」であった。そのメンバーは選挙されず、その意見は執行されなかった。同様の制度は中国、インド、ペルシャ、そしてモンゴルにさえ存在し、モンゴルではモンゴル人とタタール人の貴族や族長の会議である**クリルタイ**が、新たなハンを選出するために集まった。しかし、この種の制度は本質的にも形式的にも、民主主義とは無関係である。**バイア**は、「一定数の人が他の人の権威を承認する行為」を意味する。これもまた民主主義とは無縁であり、民主主義においては権威の承認は自由な選挙によって決められるのであって、イスラムの歴史においてあれほど頻繁に起きたように推挙や任命、あるいは力ずくの権力掌握によるのではない。このように、イスラムと民主主義の間の緊張は、単に制度的なものではなく、圧倒的に哲学的なものである。民主主義は市民の権利に基づき、市民の権利はイスラムにおいて知られていない。存在する唯一の権利は、神の権利である。これら二つの権利を折合わせることは、ましてそれらが互いに矛盾するのに、どうしたら可能だろうか？

　イスラム主義者は、彼らの宗派的所属先が何であれ――シーア派、スンニー派、ワッハーブ派、サラフィー、ジハーディー等々――、価値としても事実としてもイスラムの本質に、いっそう近いように思われる。それらのいずれも、イスラムが民主主義と両立すると主張したことはない。反対に彼らは、イスラムは政府の独特な制度であり、民主主義を含め他のあらゆる制度より優れていると考えている。ホメイニは著書『**イスラムの政府**』において、「イスラムの政府はイスラムの法に従い、その法は人々やその代表から来るのではなく、神とその神聖な意志から直接来る[274]」と書いて、いかなる民主主義的思想をもはっきりと拒否している。シーア派の文脈において、ホメイニは**ヴェラヤテ・ファギーフ**（シーア派のユリス・コンスルトゥス〔法律家〕による統治）の概念を信奉している。この概念は、のちにホメイニ自身によって展開・改訂され、**ヴェラヤテ・ムトラカへ・ファギーフ**（シーア派のユリス・コンスルトゥスによる絶対的統治）の形態を採った。サウジアラビアでは、コーランが王国の憲法を成している。タリバン、ＩＳＩＳ、ボコ・ハラム、アル＝シャバブ、そしてヒズブ・ウト＝タハリール〔解放党。一九五三年にエルサレムで結成され、世界各地に広がっている〕はすべて、政府の形態としての民主主義を完全に拒否している。一九九〇年代に、〔アルジェリアの〕救済イスラム戦線〔フロン・イスラミック・デュ・サリュ、ＦＩＳ〕の著名な指導者の一人だったアリー・ベン・ハッジは、「民主主義は**クフル**（背信）だ」と、繰り返し宣言した[275]。スーダンでは、イスラム主義の指導的理論家ハッサン・アル＝トゥラビは、**シューラ**と民主主義の明示的意味は似ているが、含意は似ていないと信じている。「それらは、政治問題の解決に公衆が参加することを意味するが、しかし民主主義は、人々の究極的主権を含意し、シューラは神の究極的主権を含意する」と。[276] 以上の例はほんの一部でしかないが、少なくとも指導的なイスラム主義者は、一つの包括的な心象風景を、それは預言者の時代のメディナ・モデルに実際きわめてよく当てはまるものだが、提示する点でまったく一貫している。

世俗化を論じる際に、私はイスラムの、あるいは他の一神教の、世俗化の可能性を退けた。同時に、宗教改革の可能性は認めた。おおざっぱに言うと、改革とは宗教的な聖典や行動の、新たな解釈へと進むことである。言い換えれば、宗教は、ひとたび完全に新しく未曾有の状況に立ち至ると、適応が可能になるような仕方で自己を更新することにより、課題に応えるのだ。その意味では改革は、革命同様、日常的出来事ではない。まったくまれに、そして常に例外的な事情の下で、またそれゆえに、起こるのだ。改革は、断裂状態に対する宗教の回答である。断裂状態は、社会及び人々の心に起こるが、それは宗教団体の外で継起する過程だ。宗教団体、及び他のすべての社会的成員は、断裂状態に対して一つの立場を取ることを求められる。歴史上もっとも成功し、おそらく類のない宗教改革は、キリスト教改革で、本質的にはルター（一四八三―一五四六年）とカルヴァン（一五〇九―一五六四年）によってなしとげられた。キリスト教改革は、特定の時期にヨーロッパ中で吹き荒れた、巨大で未曾有の経済的・政治的・精神的嵐に対する、宗教的反応だった。ヨーロッパは、ルターやカルヴァンがいてもいなくても、中世の暗黒から抜け出しただろう。カルヴァン主義とルター主義は、現代ヨーロッパ文化の統合された一部として、キリスト教が存続することを可能にした。資本主義の出現、市民社会の形成、国民国家の創設は、不可避的に教会と国家の分離を導き、聖なるものと政治的なものとの分離を生み出した。ルネッサンスと啓蒙は、社会における宗教の役割を、根本的に変容させた。それらは神を公的生活から取り除いて、神をなんとか

「私化」したが、その私化は実際には「神の死」を意味しなかった。ルネッサンスと啓蒙は、成功したプロメテウスの仕掛けであり、自己の運命を思い通りにしたかった人々によって用いられたものだ。おそらく誰も、イマニュエル・カントほどこの運動の本質をよりうまく捉え、定義してはいない――

啓蒙は、人間が自分で招いた後見から脱することである。後見は、人間が自分の理解を、他者の指示なしに用いる能力がないということだ。この後見は、その原因が理性の欠如ではなく、決意と、他者の指示なしに理性を用いる勇気の欠如にあるときに、自ら招くものである。**サペレ・アウデ！**「自分自身の理性を用いる勇気をもて！」――それが啓蒙のモットーである。[277]

カルヴァン主義とプロテスタンティズムも、それらなりにこの変革に大きく貢献したが、意識的にではなかった可能性がある。改革前、キリスト教は権威ある、救済主義的で拡張主義的な宗教だった。ルターとカルヴァンはローマ教会同様に教条的で不寛容だったが、それでもキリスト教の分割に貢献した。それは「不可避的に、同一社会内に競合的な権威ある救済主義的宗教が出現したことを意味し、その宗教は分かれて出た元の宗教とはいくらか異なるが、一定期間にわたり多くの同じ特徴をもっているのだ。」[278]

新たな状況に直面し、カトリック教は時の要求に応じる以外の選択肢をもたなかった。しかしムスリム社会では、神からの抽出《アブストラクション》という考えはまだ生まれてもいない。ムスリムは、人類の運命に神を「付加」しよう、社会主義、マルクス主義、自由主義、アラブ主義、その他何にでも神を結び付けようと試み続けている。神をあらゆるものに、いかなる抽出もなしに結び付けることで、彼らは分離や選抜のかわりに蓄積をする。それゆえムスリムは分離・分類・選抜という、必要な精神的・知的過程を始めてもいない――選択がなければ心の平和もない。選択なし、明晰さなし、そして進歩なし。キリスト教に戻ると、キリスト教近代化の成功は、明らかに複数の要因によっている。私見では、そのうちの三つが圧倒的重要性をもつ。キリスト教に内在する二つの好適要因は、二重性と三位一体の概念である。第三のものは断裂状態だ。キリスト教は「二つの世界の」宗教として、温和な一神教なのだ。一方の神と、他方のカエサルとの間の境界は、最初から固定されてきた。この鮮明な区別をすることで、イエスが本当に世俗的な政治制度を考えていたのかは、確言できない。彼の時代の歴史的文脈を考慮すれば、彼は単に「カエサルは神でない！」と言いそうだ。何世紀ものちになって、ルネッサンスと啓蒙とにより、神とカエサルとの分離が、教会と国家の分離の基礎となった。

　二重性の概念は、政治的分離の受容を容易にしたが、聖なる三位一体の概念は、モンテスキューに着想を得た俗人の三位一体へのこの包摂を強調しており、それは政治権力を三つの異なるが対等の団体、すなわち立法・行政・司法の諸部門に分割するものだ。

　しかし、改革運動を駆動させたもっとも決定的な要因は、ヨーロッパ社会で起こり最後に「新生」、すなわちルネッサンスを導いた、深い断裂状態に変わりない。その断裂状態が、キリスト教を自己の刷新へと押しやったのだ。

　それでは、イスラムをその時空において、適応の潜在能力を評価しようとしてみよう。キリスト教とは対照的に、強硬な一神教としてのイスラムは、いかなる二重性の思想も、ましてや《ア・フォルティオリ》三位一体の概念も強く拒絶した。コーランは、それらを拒絶するだけでなく、激しく反対している。すでに述べたように、イスラムのキーワードは「分離」でも「連携」でもなく、神学的にも社会的にもすべての水準で統一が存するのだ。それでこの戦線では、イスラムの神聖な聖典からは積極的なものを何も期待できない。イスラムにおけるいっそう柔軟な概念の欠如は、イスラムを改革し現代に適応させようと意図するムスリムにとって、それを非常に困難にさせている。次の争点は、ムスリムの諸社会に断裂状態が存在するか否かである。イスラムに対処を呼びかける、何らかの断裂状態があるだろうか？　断裂状態という言葉で、私は世界・人類・思想・芸術・自然等々の新たな構想を再生させる、深甚な大規模変化を意味している。今日、ムスリムの諸社会で、多くの物事が進行中なのは事実である。国際ニュースの相当部分が、実際イスラムやムスリム、そしてムスリムの諸社会に関わる事件を扱っている。それらの社会は、脱植民地化、革命、クーデタ、暴力、テロリズム、そして戦争を目撃してきた。暴力の規模や強度だけでも、それらの社会で深く質的な変容を生み出していないか調べるのに十分ではないかと、尋ねうるほどだ。それとも、それらの事件はおそらく、悲劇的な性格や激しさにもかかわらず、人が実際そう考えそうなほどより、歴史的に見ればたいしたことではないのだろうか？

言い換えれば、それらの事件の圧力により、いかなる種類の精神的・知的・社会的・政治的変容が生じたのか？　たしかに、いくつかの政権は革命やクーデタの結果、君主国から共和国へと変わった（エジプト、イラク、イエメン、イラン）。カイロ・ドバイ・テヘラン・ジェッダの道路には、今や三〇年前と較べて、もちろん多くの車が見られる。多様なムスリムの諸都市で、新しい印象的な建物が建てられてきた。ほとんど誰もがテレビを観、ラジオとたぶん携帯電話をもっている。しかし、それら現代の利器は、未だ一般のムスリムの思考方法を変えていない。事実ムスリムの諸社会は、大きな騒音と乏しい光のナイトクラブに似ている。内部をのぞくと、世界の支配的な見方は――人権、表現の自由、婦人の運命、芸術、文学、音楽その他の、断裂状態を示しうる重要な要素だ――本質的に以前と同じだ。ムスリム人口の大きな部分は若く、インターネット、フェイスブック、ツイッター等々に親しんでいる。この青年の目を見張らせる勢力は、ムスリムの諸社会が蒙昧主義から踏み出して啓蒙に出会うための、最高の機会となりうる。問題は、ムスリムの青年が、二つの敵対的陣営へと激しく分裂していることだ。一方は、彼らの社会を蒙昧主義から何とか救おうと、勇気ある努力で生命を犠牲にしかねなくとも、大きな熱情をもって試み、他方は、彼らの社会を預言者ムハンマドの指導下のメディナの時代に戻す目的により、イスラムの名において、しばしばもっとも野蛮な仕方で自己の生命を差し出し、他人の生命も奪う用意がある。ムスリムの世界の多数派が今立っているのは、そのような場所なのだ。

市民社会の欠如、あるいは少なくともその弱さは明白だし、民主主義はなお不在であり、一貫した合理的経済体制としての資本主義は、本質的には生産部門の弱さ故に欠如している。それはムスリムの諸社会が、いくつか反対の方向を示す指標はあるけれど、西洋の諸社会で起きたような断裂状態に直面していない、ということを意味する。精神的には、彼らは常にそうしてきたように生き続けている。不可欠の断裂状態は、どこから来るのか？　答えは、宗教改革がキリスト教徒自身から来たのであってキリスト教からではないように、ムスリム自身から来るだろう。いかなる宗教も、文字通りに言えば、変革や改革はできないと言っておくことも価値がある。ヨーロッパにおける宗教改革の巨大な影響にもかかわらず、聖書の一語といえども変えられなかった。聖書は改革前と同じままである。宗教改革の本質は、聖書の解釈の変容であった。言い換えれば、それは一部のキリスト教徒の改革を含んでいたが、宗教としてのキリスト教の改革ではなかった。同様に、イスラムの場合、それは一部のムスリムの思考様式の改革を含むだろうが、宗教としてのイスラムの改革、あるいはコーランの詩篇の修正は含まないだろう。それゆえイスラムの改革を求め、待つことは、まったく非現実的である。未来の理念と世界観が一般に不変のままなので、イスラム主義者はメディナ・モデルを振り返り、それが幾度となく未来の鏡になるのだ。振り返ることは、何も原理主義者に特有ではない。現代的イスラムを欲する者も、同じことをしている。それゆえ、改革（イスラーフ）は――

イスラムの文脈においては、キリスト教の教会内部の改革と区別されるべきである。イスラムの改革派は、イスラム自体はいかなる改革も必要としないと主張したし、今もそうだが、多様な誤解と誤った解釈が元のテキストの一部を歪めるに至り、ある種の有害な慣習をもたらしたのである。こうしてイスラムの改革主義は、イスラムを元来のメッセージに戻すことを目指す運動であり、神学上統一を強調している。[279]

一般にムスリムは、世界がイスラムに当てはまるような仕方で、世界を変えたい（あるいは支配したい）のである。キリスト教の改革派は、キリスト教を新世界に適応させた。それは巨大な相違をなす。

この議論を続けるにあたり、ヨーロッパのルネッサンスの本質は、社会的・政治的生活のモデルとしての宗教との断裂状態、あるいはそれとの切断であることに注意すべきだ。同時に、ルネッサンスはキリスト教以前の、古代ギリシャに戻ることを目指すアピール［**リコルソ**］でもあった。モデルは、アテネの都市国家だった。しかしアテネの民主主義モデルは、ヨーロッパでは崇高あるいは理想的と見なされず、単に出発点とされた。対照的にイスラムの「ルネッサンス（**ナフダ**）」は、「改革派」版と「原理主義派」版の両方とも古代への復帰を宣言し要求するが、ここで重要な相違点は、ムスリムの古代復帰は宗教との断裂状態の結果ではないということである。反対に、イスラムは宗教を強靱にし、強化することを目指している。それは宗教への復帰であり、断裂では絶対にない。宗教的見地からは、メディナ・モデルはたしかに出発点とは見なされず、目的地とされるが、なぜならこのモデルは、ムスリムの想像の中でそれ自体完璧で崇高なモデルであって、人類がかつて到達しえた達成の、もっとも至高な局面を表わしているからである。この意味では、我々は歴史、人類の運命、生命の究極性についての、二つの真っ向から対立するビジョンを前にしている。一方にはいわゆる西洋モデルがあり、それは完全性についてのいかなる既成理念からも自由であり、また完全なモデルのいかなる記憶からも自由である。他方にはイスラムのビジョンがあり、それはイスラムがすでに完全なモデルを生み出しており、人類の究極的目的はまさにそのモデルを再生することにある、という確信によって鼓舞されている。言い換えれば、一つのビジョンは、ゆっくりと着実によりよいモデルを創り出そうとし（西洋モデル）、他のビジョンは、古い完全なモデルを模倣しようとする（イスラムのモデル）。それゆえムスリムは、そもそも真の改革計画をもっていると言うこと自体が困難である。

近代性について

上述の議論において、イスラムに向けられた課題は内生的なものでなく、精神的・社会的断裂状態はきわめて弱いか欠如していると述べた。以下では、イスラムは課題に直面しており、外生的な断裂状態に対して態度を明確にしなければならないと論じよう。要約すると、キリスト教の改革はまったく自律的で、同時代のヨーロッパ諸社会の内的力学によって決定されたものだった。ルネッサンスと宗教改革の時代には、それら社会はいかなる外生的なモデルによっても挑戦を受けていなかった。そのようなことが起きたのは、史上初めてだった。イスラムの場合はそうではないし、それを言うなら現代のいかなる非西洋社会にとってもそうではない。他のすべてのモデルは、すでに存在する西洋のモデルに対して、態度を明らかにしてきた。そのモデルは普遍的であることを望み、かつそう主張しており、誰もそれを無視できない。西洋の政治的・経済的・軍事的支配は非常に強力で、誰にでも、また他のすべてのモデルにも、影響を与える。モデルがそこにあり、非常に成功している。他のモデル（たとえばマルクス主義の、あるいはイスラム主義の）も存在するが、成功にほど遠い。この見地からすれば状況は、サミュエル・ハンティントンのイスラムが西洋に挑戦している、あるいは将来挑戦するだろうという推論とは、正反対である。現実には西洋が、知的にイスラムに挑戦しているのだ。

イスラムへの西洋の挑戦は、一九世紀後半に始まって明らかになった。その挑戦は、ムスリムの目に偉大な思想家であり、偉大な改革者であると思われている人たちの作品を概観すれば、姿が明確になる。西洋は、すべてこれらの論者の作品に一貫して、かつ明示的に存在している。若干の、もっとも影響ある代表者を挙げてみよう。サイイド・ジャマール・アル＝アフガーニー（一八三八―一八九七年）は、次のように結論する――

ヨーロッパ人は、今や世界のあらゆる場所に手を掛けている……現実には、その略奪・侵略・征服は、フランス人やイギリス人から来たのではない。むしろ科学こそが、あらゆる場所でその偉大さと力を顕らかにしているのだ。(280)

エジプトの指導的ムフティのムハンマド・アブドゥ（一八四九―一九〇五年）は、西洋の成功をイスラムのお陰だとする、興味深い立場を取る。彼は書いている――「ヨーロッパの諸国民こそ、彼らの束縛を取り払い、状況を改善し、イスラムのメッセージに近い仕方で、生活の諸事情を再編し始めたのだった。」(281) ムスリム同胞団の創始者ハッサン・アル＝バンナ（一九〇六―一九四九年）は、「ヨーロッパ文明は無神論、不道徳さ、個人や階級の利己主義、そして高利貸しからなっていた……ヨーロッパ文化の有害な影響に輪を掛けたのは、ほとんどのムスリムが自身の宗教を誤解したことだった」と信じている。(282) アヤトッラー・ホメイニの見るところ、西洋は大悪魔であり、西洋は反＝イスラムであり、西洋は腐敗している。

ホメイニの革命は、西洋に対抗するものだった。彼の、イランやレバノンにおける人質捕獲や他のすべての暴力行為は、西洋に対抗するものだった。アル＝カイダ、アル＝シャバブ、ボコ・ハラム、ＩＳＩＳは西洋に対抗している。イスラム主義者の反西洋的態度は、政治的と知的の二つの主要側面からなることは、言っておく価値がある。政治的にはムスリムの言説は、西洋の植民地主義や支配に服したことのあるラテン・アメリカ、アフリカ、アジア諸国における他の言説とそう異ならない。しかしイスラム主義者の言説は、西洋文化より知的に優れていると主張する点で、特別である。

現実には、イスラム主義者がもっとも恐れているのは近代性であり、近代化ではない。近代化は過程であり、また一組の道具である。技術的であるが、知的ではない。それと対照的に、近代性は知的概念であり、批判、そして批判の批判に基づく知的なアプローチと立場である。事実、世俗主義も民主主義も、近代性から生まれた。近代性はまた、ルネッサンス当時のヨーロッパにおける断裂状態の起源でもあった。航空機、鉄道、免疫、インターネット、フェイスブック、ツイッター、そしてシャネルの五番は、まさにその事実《イプソ・ファクト》によって近代性を創り出すのではないし、創り出しえないのだ。

近代性はまた、本質的な二条件に直接関わっている――第一は自由、第二は分化である。第一の条件は、チャールズ・テイラーが次のように定式化しているものに関わる――「近代的主体は自己を定義するが、以前の見方では、主体は宇宙の秩序との関係で定義される。[283]」第二の条件は、「社会的・文化的分化と多元化の過程――それは分化する諸領域それぞれの内部に見出されるかもしれない、一連の発展の論理あるいは力学によって推進され、あるいはその周囲に展開するものだ――」と結び付いている。[284]

冒瀆について

サルマンよ、お前の冒瀆は許されえない。

サルマン・ラシュディ『悪魔の詩』[285]

偉大な魂の冒瀆は、凡人の利己的な祈りよりも神にとって心地よい。

エルネスト・ルナン

ラシュディに対する死の宣告は、冒瀆を理由に正当化された。冒瀆［ブラスフェミー］という言葉は、ギリシャ語の**ブラスフェミア**から来ているが、ヘブライ語やキリスト教の語彙では、神性への不敬と翻訳される、悪意ある立言を意味する。冒瀆はまた、様々な時代に様々な、しばしばあまり正確でない意味で用いられてきた言葉である。道徳的な神学者は、冒瀆を罪と見なす。聖トマス・アクィナスは、それを「信仰に対する罪」と描写した。元来、冒瀆はヘブライ語の単語**ヘレフ**、**ギッデフ**、**ニエツ**を翻訳するのに使われた言葉であった（たとえばイザヤ書第三七章六――そこではアッシリア王の従者たちが、神のイスラエルを救う力を否定した）。一般に神学者は冒瀆を、神の力や権利を自己のものと主張する行為と定義しているが、より狭く正確な意味では、当該語は神に対するいかなる軽蔑的、あるいは下品な行為・発言・文章をも表現する。

今や二大一神教の、冒瀆という主題に対するそれぞれの立場、及びスンニーとシーアの諸学派の見解を調べたので、『**悪魔の詩**』がいかに、かつどの程度、ムスリムが神聖と見なす基盤や象徴、人物に触れたのかを検討しよう。

ユダヤ・キリスト教の立場

ユダヤ教では、神だけが冒瀆されうる。タルムード法によれば、冒瀆への処罰は石打による処刑である。[286] しかしそれは、冒瀆者が神の名前**テトラグラマトン**（ＹＨＶＨ）を侵した際にのみ適用される。他の法的制約の中に、二人の証人が冒瀆者に、その侵害がなされる前に警告を発したと述べることが必要というものがある。それゆえ、そもそも何らかの処罰がなされたとしても、破門がもっとも一般的であった。

キリスト教は、冒瀆をはるかに広い文脈で定義し、神に対する不敬や、イエスの奇跡の神的性格を疑うことを冒瀆的と見なす。それらの侵害は、からかいや嘲りの精神を伴っていなければならない。さもなければ、その侵害は単なる異端である。神に対する冒瀆［**インユリオーサ・イン・デウム・ロクーティオー**］は、神が直接関わるときは即時的かもしれないし、その侵害がまず神と特に結ばれた聖なる者や人、たとえば聖処女あるいは天なる聖者に触れ、最終的には神自身に及ぶ場合は、伝えられることになる。冒瀆は、神を立腹させようと意図する場合は直接的と見なされ、いらだちや怒りによる攻撃の産物なら間接的と見なされる。しばしば、冒瀆と異端（**ハイレシス**）は、同一視された。にもかかわらず、違いはある。「異端は、正統な信仰に反する信仰を抱くことによるが、冒瀆は、不遜と不敬の思想を持ち込む。それゆえ、神の存在を否定することや、キリスト教信仰の確立された教義を否定することは、軽蔑的あるいは下品な心でそうするのでないかぎり、冒瀆ではない。」[287]

キリスト教は、「人の息子」に対する冒瀆と、精霊に対する冒瀆とを区別する。前者では、冒瀆は人としてのイエスに対して不快な発言をすること、たとえば彼が宿主の食卓で飲食したときに彼を大食漢で大酒飲み、そしてパブの主人や罪人の友人として扱うことからなる。(288) 精霊、したがってイエスの神性に対する冒瀆は、取り返しがつかず許されえなかった。イエス自身の言葉では、「人々に対してあらゆる仕方の罪や冒瀆は許すが、精霊への冒瀆は人々に対して許さない。(289)」

より古い教会関係の立法によれば、冒瀆者には厳罰が科された。冒瀆的な俗人は、最初は罰金を科され、再犯すれば追放された。普通の人々は罰金を払えないので、まず教会の門前で一日公開懺悔をさせられ、ついでむち打ち、最後に舌を貫かれ奴隷船に乗せられた。聖職者の場合は、まず教会禄からの収入を奪われ、ついで教会禄自体と位階を奪われ、最後に追放された。教会禄をもたない聖職者は、初犯時は罰金を科されるか体罰に処され、次には投獄、さらに降格され、最後は追放された。ユスティニアヌス一世は、神への冒瀆の罪に対し死刑を命じた。(290)

異端と冒瀆の問題は、キリスト教の神学者や哲学者によって広範に論じられてきた。聖アウグスティヌス（三五四―四三〇年）は、異端者は自分自身のために罰せられるべきだと論じた。聖トマス・アクィナス（一二二五―一二七四年）は、異端者の罪は偽造者の罪より悪いと論じた――「実際、魂の生命を護る信仰を誤らせることは、我々の一時的必要を満たすだけの偽金を造ることより、はるかに深刻だ」と。(291) キリスト教ヒューマニズムの先駆者の一人であるエラスムス（一四六九―一五三六年）は、「もっとも必要な場合」にのみ、王子が死刑を用いることを許している。(292)

ムスリムの立場

キリスト教では、冒瀆は厳密に神に対する愚弄と不敬罪の行為からなるのに対して、イスラムには冒瀆を翻訳する正確な言葉がない。存在するものの内では、コーランの「不信心あるいは背信のことば（カリマ・アル＝クフル）」[293]が一番近いものだ。イエス同様、ムハンマドもまた、彼を中傷する者から魔術師、詩人、偽造者、あるいは単にとりつかれた男と非難され、しばしば愚弄と侮辱の対象になった。ムスリムの歴史的文献は、預言者の仲間たちが二人の詩人を、風刺的作品でムハンマドを馬鹿にしたために殺害した、と報告している。それらの事件を除くと、冒瀆に対するコーランの態度は、現在の文脈では不思議に思えるかもしれないが、全体として比較的穏健である。たとえばコーランは、その中傷者たちに、もしできるならもっと美しい詩を創ってみよと挑み、第五二章と、続けて第六九章で次のように述べている——

第五二章

（三〇）それとも彼らは、「ただの詩人に過ぎない。運命の災厄が彼に
つかみかかるのを待つとしよう」とでも言うのか。
（三一）よって、言ってやれ、「待つがよい。だが私も、
おまえたちといっしょに待つとしよう。」
（三二）それとも、彼らの知能がそのように言わせているのか、
あるいは、彼らは傲慢な民であるのか。
（三三）それとも彼らは、「あの男が偽作したものだ」とでも言うのか。
いや、彼らは信じていないのだ。

(三四) 彼らが真実を語っているのなら、これと同じものを
もってこさせよ。

第六九章

(三八) ここで誓う。おまえたちの見えるものにかけて、
(三九) おまえたちの見えないものにかけて、
(四〇) まことに、これこそ気高い使徒のみことばである。
(四一) けっして詩人のことばなどではない。ああ、おまえたちの
信ずるところのなんと少ないことよ。
(四二) これは、巫者のことばなどではない。ああ、おまえたちの
学ぶところのなんと少ないことよ。
(四三) 万有の主から授けられた啓示である。
よって、偉大なる汝の主の御名を讃えたてまつれ。

さらに、いくつかの所でコーランは、非信仰者への寛容を示している。たとえば、次のように言っている——
「彼らが神をさしおいて呼ぶ邪神を罵ってはならない、さもないと、彼らも無知のゆえに無法にも神を罵るであろう。(294)」

このようにコーランは、この形態の冒瀆に対して厳格な立場をとっておらず、それは冒瀆と見なされてさえいない。コーランによれば、真の冒瀆は背教（**リッダ**）と背信（**クフル**）にある。この二つの内、背教が冒瀆にもっ

とも近い、なぜなら背教者とは、イスラムを受け入れたあとでそれを捨てる者だからである。イスラムへの侮辱と背信もまた、圧倒的に多くの場合、冒瀆と見なされる。これら二つの罪を隔てる線は、架橋できなくはない。しかし、背教に対する厳しさにもかかわらず、コーランは背教者に対して、いかなる具体的処罰もまったく命じていない。コーランは、背教者への折檻をいつも神の手に委ねている。次のように――「いったん信仰にはいって、この使徒の真実であることを証言し、明らかなみしるしを授かっておきながら、背信の態度をとる者どもを、神はどうして導きたもうであろうか。（中略）このような者たちには、報いとして、神と天使たちと、あらゆる人間の呪いがその身にふりかかり、永遠にその呪いの中にとどまるであろう。懲罰は軽減されることなく、猶予されることもない。ただし、そののちに悔い改めて行いを正す者は別である。神は寛容にして慈悲深いお方である。」[295]ときにはコーランでさえ、背教者の行為を最小化し、たとえば次のように述べる――「背信し、神の道を塞ぎ、お導きが明示されたあとで使徒に反抗するような手合いは、神をそこなうことなどかなわぬ。神のほうが、このような輩のしわざを無となしたもうのだ。」[296]より明確には、「背信のことば」を発した者、ムスリムであったのちに「背信者」となった者に、コーランは調停するような口調で誤りから戻るよう、なぜならそれが「自身のために最善である」からと、勧めている。[297]

コーランは、いかなる具体的処罰も命じていない。この沈黙は、決定的に重要である。イスラムは通常、処罰に二つの範疇、**フドゥード**と**タジラ**を与える。前者は固定的で、コーランでは窃盗や姦淫のような行為に対して明示的に命じられている。後者は任意のもので、規模や形態はイマームの決定に任されている。原則として、背教は第二の範疇に属する。しかしムスリムの法律専門家は、それを第一の範疇に属する行為の内に加えてきた。

スンニー派の態度

ムハンマドの死後、直後の後継者アブー・バクルは、ただちに背教運動（当時広がりつつあった）と「偽の預言者たち」（内一人は女性だった）に対する懲罰的軍事遠征に乗り出した。しかし、ムスリム法の任意的性格がいくつかの行動経路を開き、四つのスンニー派の法学派（ハナフィー、マーリク、シャーフィイー、ハンバル）とついでジャアファル学派（シーア派）が形成されると、冒瀆の問題は、とりわけ異端と背教に関して、多様に解釈された。

ハナフィー学派の創始者であるアブー・ハニーファ（八世紀）にとって、神と預言者に対する冒瀆行為は背信（**クフル**）行為であるが、マーリク・イブン・アナス（八世紀）からはまさに背教（**リッダ**）と同一視された。シャーフィイー学派（八二〇年に死去した創始者アル＝シャーフィイーの名を受けた）は、とりわけ著名なイラン人神学者アル＝ガザーリ（一二世紀）の下で、もしある人がメッカを向いて祈り、ムスリムの信仰告白（**シャハーダ**）を述べるなら、不信心と非難することはできないと論じる。対照的に、ハンバル学派（八五五年に死去したイブン・ハンバルの名を受けた）は、イブン・タイミーヤ（一三二八年死去）の解釈により、次の行為のいずれかでも犯した者は、誰にでも死を宣告した——アラー以外の神と関わること、アラーの属性の一つでも疑うこと、預言者に対して敵対行為をなすこと、あるいは預言者の仲間の誠実さ（**シャハーダ**）、あるいは仲間の仲間のそれ（**タービイーン**）、あるいはそのまた仲間のそれ（**アトバ**）を疑問視すること[298]。

冒瀆に対する最高刑を科す前に、他の多くの処罰的措置を適用することもできる。法的権利の剥奪、婚姻の解消、所有物の没収、全相続権の無効化等である。

ムスリムの法律専門家が十分に討議してきた問題である悔悟（**タウバ**）は、スンニー派の間で常に受け入れられてはいない。少数派は悔悟を受け入れ、悔悟者に猶予を与えるが、多数派は猶予に反対で、それは、処刑された悔悟者はもう一つの世界で悔悟から恩恵を受けると信じられているからである。(299) 冒瀆に対する明確な立場を定義することが不可能なだけでなく、スンニー派イスラム内部には、決定を、あるいはそうした決定に基づく行動を、実施する中心的機関が存在しないのである。

シーア派の態度

伝統的にシーア派指導部は、背教者に死を科してきた。(300) すなわちこの点では、シーア派とスンニー派の諸学派の間に違いはない。それでもシーア派の学派は、背教の場合に生得のムスリム（フィトリ）と、改宗したムスリム（メッリ）を区別する。イスラムに生まれた人が背教行為を犯すと、たとえ悔悟しても処刑されなければならない。審判は、イマームとその派遣者にのみ委ねられる。他の人は、自らの主導で背教者を殺す権利を与えられるだろうか？　シーア派の法律専門家は、その点で合意していない。シャヒード一世のような一部の人は、誰であれ可能な人が背教者を殺すことを支持する。しかしこの意見は、シーア派の法律専門家の大多数によって共有されていない。彼らは、能力ある権威者のみが背教者の処刑を許されると信じている。誰か他の人が、イマームからの事前の許可なしに彼を殺したら、その人自身、イマームによって罰せられるべきである。しかしそうした人の処罰は、だいたいにおいて名目的である。(301)

改宗したムスリムが背教を犯したら、やはり死の宣告を受けるが、一定の反省期間を与えなければならないという留保がある。一部の人は三日間とするが、イマームが期間を定めるべきだと論じる人もいる。この期間が終わるとき、背教者は悔悟すなわち命を救うことと、背教の確認すなわち死の、どちらかを選ぶことができる。

サルマン・ラシュディの場合、シーア派の法の有資格専門家であるアヤトッラー・ホメイニは、すべてのムスリムにラシュディ処刑を明示的に許し、理論的にはこの特別の場合において、全ムスリムにイマームの権力を与えた。「諸問題の解題〔タウジー・アル＝マサーイル〕」と題したリサーラ〔論文〕において、ホメイニは、神の存在を否定し、彼の使節の預言を疑うか、祈り、メッカへの巡礼、義援金の支払い等の宗教的義務の拘束力を認めない、いかなるムスリムも背教者であると宣言している[302]。さらにここで、特にシーア派的性格が登場してくる――彼は、一二人のイマームの誰であれ侮辱するか、彼らに対する敵対行為を犯す者は不純であり、異教徒であると審判しているのだ[303]。

背教の民事的諸結果（婚姻、相続、財産等々）に関するシーア派の規定は、だいたいにおいてスンニー派のそれと同様である。しかしシーア派の法は、女性の背教者にはより寛大な傾向がある。その背教者は、生得のムスリムでさえ処刑されない。投獄され、一日五回通常の祈禱の間にむち打たれるのだ！　その回数は、イマームが決める[304]。

スンニー主義とシーア主義の間には、法の諸事項、すなわち冒瀆、背教、異端について相当な意見の一致があるが、それらの異なる歴史的経験を想起しなければならない。スンニー主義は、恵まれた歴史的条件を活用して、カリフ政の形で国家組織を建設することができ、その組織を数世紀にわたって統治した。シーア主義、すなわちイマーム主義は、同等の組織をけっしてもたなかった。ほとんど重要性のない若干の地方的王朝（ブイ朝、ハムダン朝、そしてサルブダーラーンとサーダートのイルハン朝）が、イマーム主義を主張した[305]。しかしそれらは短命で、その行動分野は非常に限られていた。偉大なサファヴィー朝（一六世紀）の統治は、シーア派の教会法体系を国家の法体系に融合させようとする、真剣な試みがなされた唯一の期間だった。そうした試みは、シーア派の宗教法機構がだいたいにおいて国家機構と独立して、かつ並行的に機能し続けたため、ついに成功しなかった。サファヴィー家の王のほとんどはシーア派だったが、シーア派イスラムの代表者（聖職者）は権力をもたなかった。それがシーア派の聖職者層中枢（ホメイニら）の見解であり、またアリー・シャリアティ（一九七七年死去）のようなシーア派知識人の見解でもあった。カジャール朝（一七七九―一九二五年）の下では、国家の管轄と宗教法の管轄は、曖昧さと混乱でもっと悩ましい状態だった。[306] 一例は、一九世紀初頭のたいへん影響力あるシーア派の聖職者であったモハンマド・バキール・シャフティの場合で、彼は自分の発議で七〇人を処刑させた（いく人かの場合は、自分の手で処刑）。[307] 本物の裁判の欠如は、シーア派の聖職者が実務経験に乏しいことと、国家による弾圧を恐れたことに照らして見なければならない。前述の作家アフマド・カスラヴィの場合は、そのより最近の例である。対照的に、裁判による審判は、スンニー主義においては継続的経験をなしており、アル＝ハッラージュとアイン・アル＝クザート（一一三一年死去）の両裁判は、その代表的例である。イランにおけるイスラム共和国の樹立は、実はイマームにとって初めての、政治権力と国家組織の経験なのだ。にもかかわらずシーア派の聖職者が、彼ら自身の発言によれば、今やイスラムの全歴史において初の「本当の」イスラム権力と、初のシーア派国家を樹立したのに、同じやり方――つまり、いかなる形の裁判もなしに――でやり続けているのは、驚くべきことである。

世俗法における冒瀆

数世紀にわたり、冒瀆は多様な国で民事法における犯罪に含まれていた。一五一〇年三月九日の布告で、ルイ一二世は単なる罰金から舌の切除に至る処罰を定め、ルイ一四世は一六五一年九月九日にそれらの処罰を再確認した。スコットランドでは、冒瀆は一八世紀まで死刑に値した。イングランドでは、エリザベスの治世で、一五三三年に教会法のプロテスタントによる法典化において、冒瀆に特別な項目を充てた。犯罪的冒瀆による最後の処刑は一六一二年に行なわれ、三位一体に反対する二人が処刑された。一六四八年には、イギリス議会が冒瀆禁止法を採択した。ウィリアム・ペンは、三位一体反対論者としても非難され、一六六二年の王政復古後、それによる最後の投獄者となった。

もっとも重要な出来事は、一六七六年のテイラー事件であった。農民のジョン・テイラーは、「宗教は詐欺だ。キリストは私生児だ」と言って、宗教とキリストを公然と冒瀆した。テイラー事件が判例となったのは、この件を扱ったマシュー・ヘイル判事の判決のお陰である。ヘイル判事は、冒瀆問題について民事裁判所が権限をもつと宣言した。彼の議論は、キリスト教が憲法体制の不可欠の一部であるという事実に基づいており、それゆえ国家には宗教と国家の分離を防ぐ義務があるというのだった。宗教改革が衰えて、冒瀆裁判は全般的になくなったが、イングランドでは、その主題はこの法的先例のお陰で国家問題と見なされ続けた。その結果一九七七年に、イギリスの法廷として最後の冒瀆の審判と、有罪宣告がなされた。キリスト教を冒瀆から護るイギリスの法律は、二〇〇八年に完全に廃止された（他の信仰には関わらないが）。

同様の状況がアメリカにも存在し、そこでは一八一一年のニューヨーク事件以来、連邦国家が冒瀆を処罰しえてきた。しかし一九三八年に、マサチューセッツの一州法廷は冒瀆事件を扱って、良心の自由の原則と、キリスト教がアメリカ法の一部ではないという事実に基づいて、犯罪的冒瀆という告発を退けた。この無罪判決は、主として、一八二五年に冒瀆はアメリカ憲法で保障された表現の自由と矛盾することを、真っ向から強調したジョン・アダムズとトマス・ジェファーソンのような人の努力に負っていた。古い反冒瀆法の適用拒否は、アメリカにおける冒瀆の最新の裁判（一九七七年）でも支持され、ペンシルベニア州の一法廷が被告人を無罪とした。

フランスでは、一七九一年九月二五日に刑法が施行されて以来、冒瀆に対する処罰は行なわれていない。パリの裁判所が、サルマン・ラシュディの小説『悪魔の詩』を禁止せよというムスリムの要求を退けた（一九八九年七月二二日）とき、そうした処罰の欠如が動機となった。しかし、一九九五年四月一一日にパリの裁判所は、聖書についてのいくつかの解説で「反ユダヤ的」と疑われたもの（ベルナールとルイ・ユローの両神父がスペイン語から翻訳）を、禁止する裁定を行なった。さらにフランスの内務大臣シャルル・パスカは、エジプト人神学者ユースフ・アル＝カラダーウィの著書『**イスラムにおける合法と不法**』の出版を、フランスの「共和国の諸法」に反すると見なされたために禁止した。数日後同大臣は、世論の圧力により自身の決定を撤回し、有罪とされた本は自由となった（一九九五年五月二日）。

デンマークでは、刑法の第一四〇条は、「法的に承認された信仰に公然と害を与えたり、神の崇拝を公然とからかう者は誰であれ、投獄されるか、情状酌量の余地があれば罰金によって処罰される。（王国の）検察庁長官だけが、刑事手続きを開始する権限をもつ」と確言している。一九三八年に、デンマークの裁判所は反セム主義的宣伝に有罪宣告を交付し、一九七一年には裁判所が、『**眼**』という題の歌を放送した二人のテレビ番組ディレクターを起訴したが、彼らは結局冒瀆の罪を免れた。もっとも有名な裁判は、デンマークの芸術家で作家のイェンス・ヨルゲン・トルセンの場合で、彼は自分で書いた原稿に基づきイエスの生涯についての映画を撮るために、国の資金援助を獲得していた。同映画製作の発表は、デンマークその他のキリスト教団体を刺激した。ヴァチカンに支持された激しい抗議運動に直面して、社会民主党の政府は資金関与を取り消し、製作は一九七三年に中断した。一九八九年に至って、デンマークの裁判所は政府決定を誤りと判決したが、同映画に当初出資を約束した金額を復活するよう、国家の側に義務付けはしなかった。

スペインでは一九九七年に、マドリードのコンプルテンセ大学の教授が心理学に関する本を出版し、その中でムスリムは「暴力的」であり、東洋人は「のろまで不器用」、黒人は「原始的精神をもち、白人より劣等」、女性は「弱く、不安定で、憎悪においては実に洗練された仕方で賢い」と宣言した。多くの、とくに婦人団体からの抗議に直面し、彼は裁判を恐れて市場から本を回収した。(308) 映画監督マーチン・スコセッシにも、ほとんど同じことが起こった。『〔キリストの〕**最後の誘惑**』という映画の宣伝ポスターでイエス・キリストの人格を傷つけたとして、パリの裁判所において告発されたのだ。スコセッシは、その訴訟対象ポスターを回収した[309]。事実、裁判や訴訟は、冒瀆や宗教的に敏感な問題に関わる事柄に限られてはいない――名誉、正直さ、遺産、個人の評判に関わる裁判は、西洋のみならずあらゆる国で、毎日のように法廷で行なわれている。世俗的な侵害と不満の一例は、フランス大統領フランソワ・ミッテランの侍医だったクロード・ギュブレルが書いた、『**大いなる秘密**』という本を巡る争議である。同書でギュブレル博士は、ミッテランの癌は、公衆が告げられたように一九九二年に発病したのではなく、大統領としての最初の任期が始まった一九八一年だったことを暴露した。ミッテランの家族は、ギュブレル博士の本を差し止めようと裁判に訴えた。一九九六年一月一八日、パリの裁判所は、同書が「フランソワ・ミッテラン大統領の家族のプライバシーを侵害する」として、市場からの回収を命じた。

要約すると、アメリカ・イギリス・デンマーク・オランダのような西洋の国々は、冒瀆に関する訴訟を扱う権限を与えられているが、その権限はほぼ行使されずにいる。対照的にヴァチカンは、スコセッシの映画『〔キリストの〕**最後の誘惑**』に対して何もしなかった例のようにより穏健な態度と、ルフェーブル大司教の第二ヴァチカン公会議反対や過激な発言・扇動に対して、彼を破門に処した場合のようにより強硬な態度との間で揺れている。イスラムは、カトリック教会の制度的あるいは集権化された宗教的権威に匹敵するものを、けっしてもったことがない（ムハンマドの時代と、ある程度は彼に続く四人の後継者の時代を除いて）。それゆえ冒瀆・異端・背教に関する質問は、多様かつ無数の宗教的・政治的団体による解釈の問題である。好例は、一九六〇年代初期のハビブ・ブルギバ大統領の劇的ジェスチャーだ。ラマダン月に、彼はチュニジアのテレビに出て一杯の果物ジュースを飲み、「人が経済再建に全力を注いでいるときは、戦争状態にあるのと同じだから、したがって断食を免ぜられてもよい」という主旨のことを述べたのだ。宗教的義務、それもコーランによって命じられた義務についての、国家当局の側におけるこうした解釈は、ムスリム世界中に抗議の波を引き起こした。ムスリム神学の多様な忠誠対象をもつ諸学派によれば、そのような行為は背教に対して与えられる処罰に値する。にもかかわらず、まさにいかなる至高のムスリム権威も存在しないがために、チュニジア大統領に対していかなる裁判も起こされず、誰も彼が破門されるかもと夢見さえしなかった。ムスリム世界において、何らかの形でイスラムのまさに根本に触れる深刻な問題に直面したときはいつも、こうした混乱が行き渡るのである。イスラムにおいて至高の宗教的権威が存在しないので、ホメイニの行動は大きな比重と意義を得た。実際、彼は存命中、ムスリムの宗教指導者であると同時に国家の政治指導者として、唯一の人物であった。その独自の立場を利用して、彼は全ムスリム共同体に関わるあらゆる問題について、立場を明らかにした。ラシュディに対する死の宣告は、ホメイニがなした審判の最後の、そしておそらくもっとも有名な行為だった。

ラシュディの「非礼」

表現の自由関連での礼儀あるいは非礼の問題は、究極的には言論の自由の限度に関わる、いっそう広い問題に結び付いている。言論の自由は完全、かつ絶対に自由なのか、あるいは公式の、または自発的な制限によって縛られるものなのか？　この問題には、いかなる総意によって受け入れられた解答もなく、個人のアプローチ次第で異なる解答がある。次の四つのアプローチが、もっとも代表的である。

最初のものは宗教的アプローチで、高度に制限的であり、言論の自由に自分自身の規則や制限を課す。現実には、「言葉」や「話し」は神に属し、言葉は神の聖書の規則を尊重し、神の意志に奉仕する時にのみ自由なのだ。

本章の始めで述べたように、「聖典」を貶めようとするいかなる試みも原則として冒瀆と見なされ、したがって処罰対象となる。中世の恐ろしい宗教裁判制度は、本や人間を焼いたものだが、事実はある宗教が冒瀆と見なすものへの宗教的反応である。

啓蒙の開始と哲学者、とりわけヴォルテールやディドロのような反聖職者的論者の出現によって、宗教的アプローチは、少なくともヨーロッパでは弱まった。一七八九年のフランス革命とともに、表現の自由についての討論が始まり、実質的に法律家的アプローチの誕生を導いたが、それはフランスの革命家の間で支配的な傾向だった。この傾向の指導者はアベ・シエイエスで、新聞の制限的自由を唱道し、それは「他者の権利（**ドロワ・ドートリュイ**）」が侵された瞬間に終わるものとされた。[310] ロベスピエールやカッラのような他の革命家は、完全な自由を唱道した。皮肉にも、かつては言論の絶対的自由の熱心な唱道者だったロベスピエールは、権力を握るや恐怖政権［**レジーム・ドゥ・テルール**］を樹立し、いかなる好ましからざる出版や著者に対しても武器になる、一七九三年三月二九日の法律を国民公会に採択させた。ブルボン王朝の古き日々同様に、いかなるジャーナリストも投獄され革命法廷［**トリビュナル・レボリュショネール**］の前に引き出され、記事を燃やされかねなかった。[311] 今では法律家的アプローチが支配的で、どの国もその種の自由の規則と限度を定める法律を有する。いくつかの国は、明らかに非自由主義の国の場合だが、すべての自由、とりわけあらゆる自由の中でもっとも目立つ、言論の自由を抑圧する意図による厳しい、かつ制止的な法律や規制の武器庫をもつ。対照的に、自由主義的・民主主義的・多元主義的な社会は、その問題についてより柔軟で温和な法律をもっている。

第三のアプローチは、倫理的アプローチである。言論の自由には、倫理と上品さによって命じられるものを除けば、いかなる制限もない。けれども道徳性と上品さは絶対的ではなく、審美眼や解釈に従うものだ。しかし、道徳的侮辱を非常に厳しく罰しかねない（ある場合には侮辱者を自殺（**ハラキリ**）に追いやる）世論に加えて、自由主義社会は、様々な職業を代表する多数の協会や組織をもっている。そうした協会や組織が、ある件が法廷に行く前に調査と「処罰」を引き受ける。たとえば新聞は、自身の倫理委員会をもち、医療団体は医療倫理委員会をもち、自動車販売業者もそれをもつ、等々。

第四のアプローチは、パパラッチ・アプローチと呼びうるものである。いかなる規則も、プライバシーも、制限も、誰かあるいは何かへの、いかなる尊敬もない。あらゆるものは、書き手が表現したいように言うことができる（言わなければならない）。この見地から、書き手は自分たちを独自かつ排他的な集団で、いかなる法的制限や自発的な道徳上の規則からも免れると見なしている。それゆえ「侮辱」は、本当は上品さと矛盾せず、実は必要なものと判断される。それが、サルマン・ラシュディが次のように言うときの、ほぼ究極的立場である――

表現の自由とは何か？　侮辱する自由がなければ、それは存在をやめる。宗教的正説を含むあらゆる正説に挑み、風刺しさえする自由がなければ、それは存在をやめる。(312)

この観点は三つの異なる要素を含み、それらはかならずしも相関していない。最初のものは侮辱する自由、第二は挑む自由、そして第三は風刺する自由である。「侮辱」が信仰、象徴、そして人々の特定集団の深い感情を侮り、傷付けることを意味するなら、その種の行動はそもそも自由と何かしら関係するのか、理解しがたい。むしろ、自由自体の侵害である。たとえば、ラシュディが『悪魔の詩』で書いたように、ムハンマドの妻たちは売春婦だったとか、アブラハムは私生児だったとか言うことは、侮辱の例である。ムスリム一般にとって、そしてとりわけイスラム主義者にとって、ラシュディの言明は不必要な挑発でしかなく、挑発の明白な目的も、著者の側の目的さえないと、明らかに認識された。ノーベル賞受賞者ナギーブ・マフフーズは、彼自身イスラム原理主義と狂信主義の犠牲者だが、「挑む自由」と「侮辱する自由」を暗黙裏に区別している。さらにマフフーズは、アヤトッラー・ホメイニの「知的テロリズム」を非難している。彼は、『悪魔の詩』は「反応に値しない」と感じた。なぜなら同書は、

知的作品ではない。ラシュディ氏は知識人ではない。このような本を書く人は、考えることをしないで、単に意識的に侮辱し傷付けようとしているのだ。したがって、思想には思想で応えるものだが、ここで我々の前にあるものは思想ではなく、彼は反応するに値しない。(313)

すなわち、『悪魔の詩』は知的作品でない。同書は、言葉の適切な意味でイスラム信仰に挑むものではない。いかなる議論も推論も含まず、単に風刺しているだけだ。直接的な風刺ではなく、侮辱であり立腹させる風刺で、それに応えるのをマフフーズが拒否するのは、まったく単純にそれを知的作品と見なさず、ラシュディを対話相手にできる著者と見なさないからだ。

ラシュディは弁明として次のように論じる――

フィクションの作品が、偽装した基本的には事実の作品で、事実を歪めようとする「目的のもの」と言うのは誤りだ。フィクションの真の目的は、事実を歪めることではなく、人間の性質を探求し、人類がよって立つ理念を探求することである。(314)

結論として、反宗教的と見なされたあらゆる芸術を非難し処罰する宗教的アプローチは、表現の自由と両立

しないし、表現の自由はそれ自体、まさに検閲と恣意的制限に対して、何世紀も闘争した結果得られたものである。宗教的アプローチはたしかに、我々の時代に作家を扱う仕方ではない。宗教裁判の暗い時代に戻ろうとするいかなる試みも、精神をふたたび奴隷化しようとする試みである。ラシュディの場合には、ホメイニが裁判なしにラシュディに宣告したが、法律家的アプローチがより適切に思える。他方、ヨーロッパでムスリムの集団がこの件を裁いてもらおうとしたとき、ヨーロッパの法廷は自己の無資格を宣言した。同時にラシュディは、自分がかつての同宗信徒の感情を深く傷付けたことに気付いた。『悪魔の詩』は、「非礼」な本と見なされるべきである。この種の非礼あるいは侮辱に対する処罰は、たしかに死でも投獄でもあるべきでない。非礼は、可能であれば礼儀によって応えられるべきであり、そうでなければ無視されるべきで、ラシュディの次の謝罪は受け入れられるべきである――

『悪魔の詩』の著者として私は、世界の多くの地域に住むムスリムが、私の本の出版によって本当に苦しんだことを認めます。その出版が、イスラムのまじめな信奉者に与えた苦しみを深く悔いています。私たちは多くの信仰が存在する世界に住んでいるので、この経験は私たちに、他者の細やかな神経を意識しなければならないことを想起させるのに役立ちました[315]。

ムハンマドの風刺画について

ムハンマドの風刺画に関わる出来事は、一般によく知られている。同事件の多様な局面を要約するよりも、二点に焦点を当てよう。第一点は、この出来事の主たる性格に関わるものだ。事件全体が本当は何の問題だったのか、討論の中身のどの部分が、あれほど急速に暴力的紛争へと変容したのか？　第二点は、出来事のもっと個人的な説明で、**『マニフェスト：新たな全体主義にともに立ち向かおう』**の形成に特に言及するものだが、その文書の署名者の一人はサルマン・ラシュディだった。同じ問題に関わって、**『シャルリー・エブド』**の弁護のためにパリの法廷で行なった、私の証言がある。

ムハンマドの風刺画のもっとも重要な側面は、一方で信者の集団が絶対的に神聖だと見なす象徴と、他方でその神聖さを認めず、表現の自由をいかなる神聖さ一般よりも価値があると考える人たちからの反応の、両者の関係に見出されるはずだ。ここに、大きな問題が生じる——我々は、時と空間が融合し、人々の間の素早く流動的で広範なコミュニケーションの機会が、人類史上未曾有の規模で存在するこのグローバル化の時代において、これらの真っ向から対立する二つの立場をどのように扱い、神聖さの不可侵性と表現の自由との間に一つの均衡を維持するのか？　作家や芸術家その他は、彼らの描写や表現形態が文学、絵画、風刺画、音楽、そして舞踊の何であれ、そこで単により気を遣い、より注意深く、より「丁寧」であるべきなのか？　それとも我々は、グローバル化とその無数の道具を利用し、表現の自由をそのあらゆる側面で普及させるべきなのか？

今やムハンマドの風刺画として知られる出来事は、そのように要約できる。それとの関連でムスリムの一部は、一部の非ムスリムもだが、日刊紙**『ユランズ・ポステン』**（以下ではＪＰ）にムハンマドの風刺画を掲載したのは、とりわけＪＰの文化欄編集者フレミング・ローズによる、預言者ムハンマドと、それだけでなくムスリム一般を傷付けようとする、故意の行為だったと主張した。そうして風刺画の掲載は、意図的な悪意ある挑発であり、全ムスリムの尊厳を損なおうとする試みだったと見なされた。

これに反して対抗論は、そうした断言に反駁し、ＪＰは表現の自由を強固にするという目的のみならず、ムスリムが普通の市民、つまり他のすべての人同様に、民主的社会の法的限度内でからかいを受けうるという地位を得られるよう応援するという、よき意図をもっていたと主張した。これは、挑発の問題に我々を導く。

とはいえ、実のところ挑発を定義するものは、何だろうか？　長々とした議論に踏み込まないで、温和な挑発と悪意ある挑発とを区別しよう。よき性質の挑発は、合理的に正当化できる。新たな着想、芸術の独創的作品、あるいは科学的発見を提示する表現でありうる。その種の挑発は、いかなる面でも人々を暴力行為へと扇動することなしに、人の心を新たな地平線へと開きうる。したがってそれは、悪意ある挑発と見なしえない。ガリレオ・ガリレイの物語は、この温和で意図せざる挑発を、たいへんよく表わしている。ガリレオは、天動説と地球の回転についての自分の理論を、挑発的意図をもって練り上げたわけではないが、にもかかわらず彼の発見は、特大の挑発となった。ダーウィンの本『**種の起源**』は、進化と人類の運命に関するあらゆる理解に完全な革命をもたらしたが、温和な挑発のもう一つの例である。

さて、ムハンマドの風刺画の場合に戻ると、我々はＪＰが、それらの風刺画を掲載することでムスリムの感情を害したかったのか、それとも目的は何か別のものだったのか、自問すべきである。出来事の連鎖の始まりを振り返れば、何が風刺画の掲載をもたらしたのかについて、いっそう正確な図柄を得るのに役立とう。起点は、一デンマーク人作家（コレ・ベルートゲン）の児童書の編集であった。同書の主題は、ムハンマドの生涯であった。著者は、何人かの風刺画家に預言者を描くよう頼んでいた。それに応じた風刺画家の中で、一部は自分の貢献を匿名にしておくという条件でそうした。その時点で、ＪＰのフレミング・ローズは、デンマークにおける検閲の範囲を探ることを決めた。そして約四〇人のデンマークの風刺画家に、預言者ムハンマドを描くよう求めたが、一二人のみが積極的に反応した。一二の風刺画を掲載して、ローズは次のように書いた――

現代の世俗的社会は、一部のムスリムに拒否されている。彼らは特別な立場を要求し、自分たちの宗教的感情を特別に考慮するよう主張している。それは、現代民主主義や言論の自由と両立しない、なぜならそこでは、人は侮辱・からかい・あざけりを我慢する用意をしていなければならないからである。それはたしかに、いつも魅力的ではなく、見て気持ちよくもないし、いかなる犠牲を払っても宗教的感情を笑いものにすべきだということを意味しないが、それは現在の文脈においては重要でない[316]。

ここでの問題は、「軽蔑・からかい・あざけり」と感じられる評価は、主観的なものだということだ。我々の評価は個人的な嗜好や選好に依存し、国により文化によって異なりうる。それは軽蔑やからかいから身を守るための、一般的・普遍的規則を設けるのは不可能だということを意味する。

ローズは、自分の言葉に悪意はない、ムスリムを「挑まれた」集団として援助を必要とする少数派と見なすより、むしろムスリムと非ムスリムの間に市民としての平等を求めるものと見なされるべきだと論じる。この文脈において、カロリーヌ・フレスト（著名なフランスの作家・ジャーナリスト）と私は宣言を起草し、他の一〇人の作家や思想家――その一部は国際的有名人――の署名を得た。この宣言の目的は、平和的批判と対話を通じて表現の自由を擁護し、推進しようと呼びかけることだった。「一二人の宣言」の全文は、以下の通りである――

マニフェスト：新たな全体主義にともに立ち向かおう

ファシズム・ナチズム・スターリニズムを打倒した後、世界は今や新たにグローバルな全体主義の脅威、すなわちイスラム主義に直面しています。作家・ジャーナリスト・知識人である私たちは、宗教的全体主義

への抵抗とすべての人にとっての自由、平等な機会、世俗的価値の推進を呼びかけます。

ヨーロッパの諸新聞に、ムハンマドの絵が掲載されたことで促された最近の出来事は、こうした普遍的価値のための闘争の必要性を明らかにしました。

この闘争は武器によってではなく、イデオロギーの分野で勝ち取られるでしょう。私たちが目撃しているのは、文明の衝突でもなければ西洋と東洋の間の敵愾心でもなく、民主主義者と神政主義者が対決する、グローバルな闘争なのです。

あらゆる全体主義イデオロギーと同じく、イスラム主義は恐怖と葛藤によって育まれます。憎悪の伝道者はそうした感情を利用し、自由が押しつぶされ、不平等が支配する世界を押し付けるための勢力を養成します。

しかし私たちは声高く、はっきりとこう言います――何ものも、絶望でさえも、暗黒と全体主義と憎悪とを選ぶことを正当化しないと。

イスラム主義は反動的イデオロギーであり、それが存在するどこにおいても平等・自由・世俗主義を滅ぼします。

その勝利は不公正と支配――男性の女性に対する、原理主義者の他者に対する――の世界をしかもたらしえません。

反対に私たちは、抑圧された人や差別された人に、普遍的権利の享受を保障しなければなりません。

私たちは、「文化的相対主義」を拒否します。なぜならそれは、ムスリム文化の男女がある種の文化や伝統の尊重という名目で、平等・自由・世俗主義への権利を奪われるのを容認することを含意するからです。

私たちは、「イスラモフォビア〔イスラム嫌い〕」と非難されることを恐れて批判精神を放棄することを拒否します。それは不快な概念で、宗教としてのイスラムの批判と、それを信奉する人への非難とを混同しています。

私たちは、あらゆる不当な扱いや教条に対する批判精神がすべての大陸に存しうるように、表現の自由の普遍性を擁護します。

私たちは、この世紀が暗黒ではなく光の世紀になるように、すべての国の民主主義者と自由な精神に訴えます。

アヤーン・ヒルシ・アリー　シャフラ・シャフィーグ
カロリーヌ・フレスト　ベルナール＝アンリ・レヴィ
イルシャド・マンジ　メフディ・モザッファリ
マリヤム・ナマジー　タスリマ・ナスリーン
サルマン・ラシュディ　アントワーヌ・スフェイル
フィリップ・ヴァル　イブン・ワッラク

パリでの裁判

パリの『フランス・スワール』が、ムハンマドの風刺画を転載した最初の外国新聞であった。風刺週刊紙『シャルリー・エブド』が、まもなく続いた（二〇〇六年二月八日）。ジャック・シラク大統領を始めとする人たちがその出版を非難し、パリの大モスク［グランド・モスケ］やフランス・イスラム組織連合のような一部のムスリム組織が、その風刺画は人種主義の表現だとして、同新聞を告訴した。

こうした中、私は裁判の前日、イスラムの専門家として証言するよう、パリの法廷に呼ばれた（弁護側から）。大急ぎでパリに飛んだ。幾人かの他の証人とともに、その中には当時社会党の総書記だったフランソワ・オランド［のちの大統領］もいたが、法廷のすぐ隣の小部屋に入れられた。来襲した記者があまりに大勢だったので、当局は部屋のカーテンを引き、照明を暗くすることにした。それで我々は、半ば暗闇で待機させられた。一人ひとり、我々は法廷に呼び入れられたが、次が誰かは知らなかった。約一時間後、私は公式制服を着た執行吏（ウイシエ）に呼ばれた。扉が開くと、私は巨大な闘牛場に引き出される雄牛のように感じた。それまで、法廷に入ったことがなかった。その法廷は、数千人の観客で爆発しそうなほど込んでいて、一つも空席がなかった。法廷のホールは、セーヌ川沿いの裁判所［パレ・ド・ジュスティス］の廷室中でおそらく最大、かつもっとも荘厳なものだった。フランスの裁判所は、たいへん格式張っている。裁判官たちは、メダルや多様な勲章で飾られた最上質の衣装をまとっていた。下段には、裁判官たちの右手に被告人が弁護士たちと座っており、左手には原告がその弁護士たちと座っていた。両側の間に仕切りがあり、証人はそこで裁判官の正面に立たなければならなかった。両側に幾人かの弁護士がいたが、それぞれを率いる二人がとりわけ著名だった。ジョルジュ・キージュマン（フランソワ・ミッテラン大統領のもとで閣僚だった）とフランシス・スピネル（ジャック・シラク大統領の弁護士の一人）である。一二の掲載された風刺画中、告発された問題の二つの絵の一つは、ムハンマドがターバンに爆弾を入れている有名な絵で、もう一つは天国に処女が不足しているというものだった。

私は質問の爆撃を、とりわけ原告側から受けた。あとで私の証言が、一番長かったと教えられた（約四五分）。重要な質問のいくつかは、次のようだった——「ムハンマドのターバンの爆弾は侮辱ではないですか？」「いや、反対です！　預言者ムハンマドは、預言者であるとともに政治家でしたが、しかも優れた軍事司令官でした。一〇年（六二二―六三二年）にわたって、預言者は大小無数の戦争を率いました。ムハンマドに較べれば、ナポレオンは単なる伍長だったと言えるかも知れません。それに加えて、その絵は二一世紀の預言者ムハンマドを描いており、刀でなく爆弾のような現代兵器を用いています。もしウェステルゴルド（画家）が、刀を手にもったムハンマドを描いていたなら、侮辱であり時代錯誤だと解釈されえたでしょう。」アラーの大義に命を捧げる者に約束された、天国の処女の不足を描いた絵に関しては、私は、その約束はコーランに存しないと論じた。それは、預言者のものとされるハディース〔伝承〕なのだ。ムハンマドは多くの妻をもった（一二名に加えて、幾人かの奴隷）が、内一人だけが処女だった（有名なアイーシャ）。ムハンマドがこの少女と結婚したとき、すでに老人で、結婚が実際に成就された証拠は何もない。それゆえ我々は、ムハンマドからのその約束を真剣な公約ととるべきでなく、おそらくは「私は、たった一人の処女にも苦労した。だから、天国で七二人の処女を得る君に幸運を！」と言って弟子をからかった、ユーモラスな発言ととるべきだろう。

二〇〇七年三月二二日、フランスの裁判所は、『シャルリー・エブド』が風刺画の転載を決めたことは宗教的憎悪を扇動しなかったとして、この件を棄却した。

『シャルリー・エブド』とコペンハーゲンのクリュドトゥンデンへの襲撃

この二つの、グローバルにきわめて大きな影響を与えた劇的な出来事には、二つのアプローチの仕方がある。最初のものは調査的アプローチで、それらの犯罪行為のそれぞれを詳細に跡付け、暗殺者各人の辿った道を、伝記や影響、テロ組織とのつながり等を検討して、調査することに基づくものだ。[317]第二のアプローチはむしろ認識的な、すなわち歴史的文脈からそれらの出来事の意味を考察し、本章の中心テーマである表現の自由の問題と結び付けるものである。

私は、第二のアプローチを選んだ。パリとコペンハーゲンの殺人者たちは、「普通の」犯罪者でなかったことは事実である。彼らの恐るべき行為は、熱情の犯罪、復讐に動機付けられた犯罪と見なすことができよう。しかしその熱情、その復讐は、個人的なものではなかった。その行為は特定の信仰を擁護し、イスラムの神聖さを傷付けた者を罰するために、意図的に犯された。パリのテロリストとコペンハーゲンのテロリストの間に有機的関係があった、あるいは接触さえもあったという証拠は、何もない。彼らは、別々に行動したように思われる。しかし彼らは、一組の共通かつ酷似したイデオロギー的信仰によって、互いに結び付いていた。パリのサイードとシェリフのクアシ兄弟（二〇一五年一月七―九日）、及び彼らの共犯者アメディ・クリバリと、コペンハーゲンのオマル・アブデル・ハミド・エル＝フセイン（二〇一五年二月一四―一五日）はみな、同一の目標を追求し、同じ行動コースを辿った。アラーに次いでもっとも神聖な人物である預言者ムハンマドを、あえて傷付けようとした者を物理的に除去しようとすることで、テロリストは自分の心の中に築き上げた預言者のイメージを、ある意味で「浄化」しようとした。浄化の義務感はたいへん強かったので、彼らは自分の命さえ犠牲にする用意があり、それを誇りにしさえした。

彼らにとって、預言者の汚され損なわれたイメージと、ともに生きることは耐えがたかった。そのような人生の対価は、侮辱者の共犯者であるという感情が続くことだった。それゆえムハンマドのイメージの浄化は、宗教的義務以上のもので、生か死か、トゥ・ビー・オア・ノット・トゥ・ビーの問題となった。この特定の感情は、英雄的使命を果たすとか報復のための報復を行なう必要よりも、いっそう強くなった。侮辱者とその共犯者の暗殺は、ムハンマドのイメージの浄化という「高貴な」課題に対する、唯一の解決法だった。汚れたイメージをきれいにするには、血が必要だった。誰の血でもよくはなく、『シャルリー・エブド』のジャーナリストと、ムハンマドを犬（ムスリムによって不浄の象徴と見なされる動物）として描いたスウェーデンの画家ラルス・ヴィルクス（クリュドトゥンデンの）の血が求められた。侮辱者以外の人も殺されたことは、付随的損害と見なされた。同じ伝で、言論の自由への攻撃は、預言者のイメージの浄化ほど重要でないとされたと考えられる。もちろん、ムハンマドを描くことは表現の自由の結果であったが、言論の自由の原則への意図的攻撃がそれ自体、それら三人の若いテロリストの主目的だったかどうかは明白でない。

預言者のために復讐し、そのイメージを浄化したいという強い意志に加えて、テロリストは第二の目的、すなわちできるだけ多くのユダヤ人を殺すことを追求した。無名で罪のない民間のユダヤ人が、なぜ標的の一部になったのか？　これは複雑で、多次元的な争点である。反ユダヤ的態度は（しばしば反セム主義と呼ばれる）、イスラム主義者の間で常に支配的傾向だった。この傾向は、一九四八年のイスラエル国家創設によって強化された。イスラム主義者は、イスラエル国家とユダヤ人一般の区別をすることは希で、イスラエルに住み、政府のパレスチナ人に対する行動に批判的でさえあるかも知れない人だけでなく、海外に住む他のすべてのユダヤ人に対しても反対している。イスラム主義者の見地からは、すべてのユダヤ人が、イスラエルによるパレスチナの領土の占領継続や、その領土におけるいかなるイスラエルの不品行に対しても責任がある。加えて、それに関係することだが、一部のムスリム青年、とりわけヨーロッパに住んでいてヨーロッパ市民権をもつアラブ青年の間に、すべてのユダヤ人は、男も女も、子どもでさえも、潜在的にイスラエルの兵士であり、したがってテロ行動の正当な標的をなすという、深い感情がある。ある意味で、ヨーロッパや世界の他地域で、イスラム主義者のテロリストがユダヤ人に対して犯した行為[318]は、彼らからは海外でのインティファーダにあたるものと見なされている。今や、表現の自由の未解決問題と同様に、イスラム主義者の反ユダヤ主義の真の動機は何かという問題が生じている。イスラム主義者の反ユダヤ的暴力は、人種主義の表現なのか、それともむしろ、イスラエル・パレスチナ紛争への反応なのか？　ここで、人種主義と敵意を区別する必要がある。敵意とは、強い、あるいは弱い、嫌悪感である。人種主義は違う――それはナチズムの場合のように、特定の人種が他に対して絶対的に優れているという確信である。イスラム主義者は、ナチの意味では人種主義者ではない。ユダヤ人に対する彼らの犯罪行為は、人種主義より怒りに動機付けられており、ナチズム風の反セム主義というより、報復行為なのである。

結論

要約すれば、私は、言論の自由が宗教の一目標ではないことを示そうとしてきた。宗教の原初的な目標は救済であり、民主化ではなく、いかなる宗教に対してもその計画、あるいは使命の一部ではない何かを、提供するよう求めることは不適切と思われる。もし宗教というものが、他のすべてを排除することでその秩序を取り戻そうという覇権的な野心を放棄すれば、あらゆる人、あらゆる宗派に言論の自由を分かち与えてきた社会の内部で、諸宗教は共存できる。我々はまた、キリスト教がルネッサンスや啓蒙の諸運動を生きのびたのは、一部は宗教改革のおかげで、一部は必要に迫られてだったということを見た。ヨーロッパのルネッサンスは、進歩のために古代ギリシャの哲学に戻ったが、多様なムスリムの思想学派は、完全で究極的な構造物としてメディナ・モデルに目を向けている。この意味では、イスラムの形成期への回帰は起点ではなく、完成の最終段階でしかないのである。にもかかわらず、イスラムの歴史には寛容度が比較的高く、ダイナミックで花咲く知的討議が行なわれた時期がいくつかあった――すなわちアル＝マアムーン在位期とアンダルシア時代である。その後、ゆっくりと停滞の時期が始まって繰り返され、のちには西洋の支配と植民地化が続き、ついにイスラム主義が勃興して、イスラム史における「栄光の」時代への郷愁をもたらした。それゆえ現実には、イスラムが西洋に挑んでいるのではなく、むしろ近代性の理念がイスラムに挑んでいるのである。表現の自由は近代性の固有の一部であり、おそらくそのもっとも脆弱な次元なのだ。

第七章　イスラム主義と「友好」・「敵意」という未解決問題

政治的行動と動機が還元されうる特定の政治的区別は、友人と敵との区別である。

カール・シュミット[319]

人々を友人と敵の範疇に分けることは正常で、個人的及び集団的水準で自然なことだとさえ言える。それぞれの個人・家族・社会・国民は、自分の評価・利益・経験・感情に基づいて、自分の友人と敵、そして中間の何ものかの宇宙を作り上げる。この友人—敵の二分法は、世界政治においても非常に重要な争点をなす。それは戦争勃発や、諸国民間の平和回復を決定する。政治的な友人—敵は、個人的な友人—敵とは区別される。カール・シュミットの言葉では——

敵は、人々の闘う集合体が同様の集合体と対決するとき、少なくとも潜在的に、存在する。敵は、公的な敵のみである。なぜなら人のそうした集合体、とりわけ一国民総体と関係するものはすべて、そうした関係のお陰で公的になるからである。[320]

同様にシュミットは、**ホスティス**（敵）と**イニミクス**（競争相手、あるいは一般に紛争当事者）という重要な概念区別を行なっており、それは有名な聖書の勧告「汝の敵を愛せよ」（マタイ伝五―四四、ルカ伝六―二七）に対する別の解釈、あるいは修正を提供する。この言葉は、「**ディリギテ・イニミコス・ヴェストロース**」と読まれるべきであり、「**ディリギテ・ホステス・ヴェストロース**」と読まれるべきではない。聖書における敵は集合体の敵ではなく、政治的敵ではないのだ。シュミットは続けて言う――

キリスト教徒とムスリムの一〇〇〇年にわたる闘争において、キリスト教徒がサラセン人やトルコ人への愛から、ヨーロッパを護るよりむしろ明け渡そうと考えたことは、一度もない。政治的意味での敵は個人的に憎む必要はなく、私的領域においてのみ敵、すなわち対抗者を愛することが意味をなすのである。[321]

カール・シュミットの宇宙においては、とりわけ第一次世界大戦後のドイツの文脈では、集合体とは国家に等しく、それは組織された政治的実体として、それ自身の友人と敵の区別を定めるものである。この議論は、世界のウェストファリア（一六四八年のウェストファリア条約。それによってヨーロッパに主権国家が共存する国際体系が成立し、それが徐々に世界に広がっていった）後の形状にしっかり対応しているが、ウェストファリア後の理想的モデルといつも調和しているわけではない。中東のような地域では、国民感情や輪郭のはっきりした国民への帰属は、真の国民国家の構造的建設を支えるのに十分なほど、堅固なものではなかった。部族主義や特定宗派への帰属が、なお国家の支配的基盤となっている。エジプトやイランのような古い国でさえ、重たい宗教的構造が国民の骨組みに押し付けられている。それゆえ、「エジプト国家」あるいは「イラン国家」との関係で、友人や敵が見極められるか指名されると言っても、それは隠喩的な用語でしかない。現実には、シュミット的な専門用語で言う真の「集合体」は、そこでは国家によってではなく他の政体、とりわけイスラム的なそれによって代表される。それこそ、ムスリム諸国における友好と敵意に関する議論が、この未解決問題を宗教的（イスラム的）枠組みに位置付けるときに現実的意味をもつ理由である。

自由民主主義的政権、専制的政権の双方と対照的に、全体主義的政権は、外交政策をイデオロギー的用語で表現する。そうした政権の指導者はほとんど無制限の権力をもつが、権力行使と指導者による決定への服従はイデオロギー的正当化を必要とする。官僚制と巨大な宣伝機構の最重要課題は、指導者の日々の決定に、継続的なイデオロギー的正当化を提供することかもしれない。それが、全体主義的政権においてイデオロギーがかくも顕著な地位を占めている一原因であり、もう一つの原因は、イデオロギーが外交政策のロードマップを決定することだ。外部世界に対する最重要の決定や行動は、権力をもつイデオロギーに従って計画され、正当化され、実施される。しかし、イデオロギーが果たすもう一つの役割は、友人を選び、見つけることであり、そして敵を発明することかもしれない。

これらすべては、「友人」と「敵」の指名に関する問題を提起する。その問題に取り組むにあたり、しばらく「友人」を脇において、もっとも決定的な概念である「敵」に焦点を当てよう。アドルフ・ヒトラーは、明示的にユダヤ人を敵と指名した。共産主義政権は資本主義を敵と見なし、資本主義のアメリカは、とりわけ一九五〇年代に、共産主義を敵と見なした。パレスチナのハマスとイラン・イスラム共和国は、指導者の繰り返された発言を通じて、イスラエル国家壊滅の願いを表明してきた。イスラエルとハマスの双方は、相互絶滅の関係にある。元アメリカ大統領のジョージ・W・ブッシュや他の多くの西洋の政治指導者（たとえばフランスのフランソワ・オランド大統領）が、「テロとテロリズムに対する戦争」を宣言してきた[322]。これらの例は、敵と指名された政体を物理的に絶滅させることを目標とする、急進的立場を代表している。象徴的絶滅の幅広いスペクトラムの中で、特定の国の旗を燃やしたり、その国の政治指導者の人形を燃やしたり、「あれこれの国に死を」と叫ぶことは、敵のバーチャルな絶滅を演ずる暴力的ジェスチャーである。敵の物理的絶滅は、敵意の極端な形態だ（戦争、ジェノサイド、あるいはテロリズム）。敵意は、ある行為者の行動への反感に動機付けられることもでき、この型の反感においては、目的は敵を物理的に絶滅させるというより、行動を変化させることである。一部の国での共通のスローガン「アメリカに死を」は、国家あるいは国民としてのアメリカの絶滅を、実際は意味しない。それは、「悪魔の政体」の死というより、むしろ「大悪魔」に率いられる政治への、強い抗議として解釈されるべきである。

行為者の行動は、友人—敵という未解決問題によって決定されるので、この争点に関するイスラム主義者の構想について、有用な知識を身に付けることが本質的に重要だ。友人と敵を指名する際の、彼らの基準は何か？　そうした基準は、歴史を通してどのように変化してきたのか？　こうした問に答えるため、多様な時期を通じたコーランとその事実への適用において、友人—敵問題を簡潔に提示することから始めよう。イスラム主義者は密集したブロックをなしておらず、それぞれ異なる歴史をもつ様々な宗派に分かれている。それゆえ、著名なイスラム主義のイデオローグや指導者によって詳説された友人—敵の言説の、様々なバージョンにおける変遷を評価することは、きわめて興味深い。

コーランとイスラム史における友好と敵意

コーランの宇宙においては、「友好」と「敵意」はアラーの意志への服従、もしくは不服従からなる、唯一の基準によって決定される。この単純な規則によれば、アラーの意志に十分、かつ完全に従う人は真の友と認められ、アラーの意志に背く人は敵と見なされる。コーランのいくつかの詩篇で、アラーは彼（自身）の敵（アドゥ、アーイッダー）について語り、彼らに永遠の業火を約束している。[323] アラーの敵のアイデンティティーについては、それ以上詳しい説明はない。テキストの文脈やコーランの調べに基づき条件付き推測をすれば、アラーの敵と真のムスリム信仰者の敵は同一ということになろう。彼らが「不信仰者、（我々の）啓示を否定する者」である。この特定問題を脇におけば、コーランの言説における「友好」と「敵意」は、（ムスリムの）信仰者との関係によって、それはもちろん神の最後の、真のメッセンジャーとしてのムハンマド自身との関係を含むが、定義されている。その見地からすれば、悪魔は、彼自身も神の創造物であるから、神の競合あるいは敵で、森羅万象の建築物に損害を与えうる者ではありえないが、彼（悪魔）は人間一般、とりわけ真のムスリム信仰者に対して恐るべき敵でありうるし、実際そうなのである。[324] コーランにおいては、悪魔は二つの名前をもつ――シャイターンとイブリスである。後者は、アダムの前に身を伏せよという神の命令に背いたこととの関連でしばしば用いられ、前者は主として、神の命令に伝説的な不服従を行なったあと、エヴァを誤らせ、人類の転落、及びアダムとエヴァの天国からの追放をもたらす（表7－1参照）ことで仕事を始めた、人類を堕落させる者としての彼の役割に言及するものである。この意味では悪魔は敵の原型をなし、かつそれ以上に、悪魔は「敵のモデル」を構成する。他のすべての敵が彼と比較されるが、それは彼が完全で、「無欠」でさえある敵だからだ。彼は、めったにあなたと直接対決しない。彼の役割は、あなたが自発的に誤った行為を犯すようにすることだ。それゆえ、

表 7-1　コーランにおける人類の分類

人類	バシャール	アダム	インサーン
	総称	血統上	社会的

表 7-2　コーランにおける人間の分類

ムーミヌーン	真の信仰者
ムスリムーン	形式的信仰者
アフル・アル＝キターブ	ユダヤ教徒、キリスト教徒、シバ人、ゾロアスター教徒
ムナフィクーン	偽善者
クッファル	不信仰者
ムシュリクーン	多神教徒
ムルタッドゥーン	背教徒

シャイターンは我々各自の内部に住んでおり、常に我々に誤った、危険な考えを与えようとしているのだ。政治的語彙では、**シャイターン**はしばしばある考え、あるいは何らかの政治勢力の反逆的な、かつ、またはあるいは、堕落した性格の象徴となっている。アヤトッラー・ホメイニがアメリカを**シャイターネ・ボゾルグ**、つまり大悪魔と名付けて、同国に対する成功したスローガンの一つを打ち出したのは、この意味においてであった。**ターグート**は、偶像を装った敵の、コーランにおけるもう一つの象徴である[325]。この象徴は政治的にも用いられ、真のムスリムに敵対的と（イスラム主義者によって）非難される、イスラム諸国の政府あるいは指導者が、しばしば**ターグート**と呼ばれる（たとえばイランのシャー、あるいはアンワル・エル＝サダト大統領やホスニ・ムバラク大統領が）。コーランにおいては、人間の傲慢さや反逆に言及する際に、人格化された**ターグート**がファラオの姿によって表わされている。

こうした象徴的・隠喩的な敵に加えて、コーランは、ムハンマドの宗教の形成と進化において真の関与者であった友人と敵の、注意深い分類に取り組んでいる（表7－2を参照）。現実には、その分類は二つの水準からなっている。最初の水準は上に述べたもので、ムハンマドの生涯において役割を演じた友人と敵の分類である。第二の水準は、コーランによってひとたび確立された友人と敵の分類で、それは数世紀にわたって多様なムスリム諸共同体内部のあらゆる信条、すべての宗派と思想学派のムスリムによって体系的に、かつ日常生活において用いられてきた。そのコーランの分類は、圧倒的に内部の友人と敵に向けられていることに注意すべきだ。七世紀（紀元後）という歴史的文脈、とりわけイスラムの勃興と進化に関わるすべての活動が集中していたメッカとメディナの地理的限界を考慮すれば、一人あるいは多数の外部の敵という考えは明らかに排除された。それゆえコーランの分類全体が、本質的には内部の友人と敵に着想を得ているのである。

六三二年のムハンマドの死後、ムスリムはなお共同体（**ウンマ**）内にいる内部の敵を見続けた。第三代カリフのウスマンの統治下（六四四―六五六年）に、状況はきわめて危機的になった。ムスリムの一集団が彼に反逆し、それは群衆によるカリフの暗殺をもたらした。この危機は、イスラムの語彙に「**フィトナ・アル＝クブラ**（大騒覧）」として加えられ、オスマンの後継者アリー（六五六―六六一年）のカリフ政のもとで、ムスリム間の内戦が起きた。こうしてムスリムは、いかなる外部の介入もなしに互いの敵となった。おそらく、ムスリム戦闘員の一集団が、アリーが調停を受け入れたために彼の軍隊を去った時をもって、我々は敵意の外部化の開始について語ることができそうだ。抗議してアリーを去った人たちは、自分たちを**ハワーリジュ**、つまり「出て行った者」と呼んだ（あるいは、他者が彼らをそう呼んだ）。問題は、「どこから出て行ったのか？」である。**ウンマ**全体からか、それともアリーの陣営からか？　アリーは彼らの一人に暗殺されたので、アリーの弟子たちは**ハワーリジュ**を破門された者と見なした。しかし、歴史の中でもう一つの解釈が優勢になり、**ハワーリジュ**はムスリム共同体に属すると見なされており、それゆえ彼らの反乱は、今ひとつの内部の政治的出来事ととらなければならないのだ。

一方でイスラム帝国の領土化と、他方で外部の敵のイメージ構成との間には、直接的関係が存在するように思われる。イスラムのカリフ政が（ウマイヤ朝のもとで）強力な帝国になったとき、多種の行政機能（課税、警察、民事、軍事行政等々）は、帝国の地理的限界の知識を要求した。ムスリムの当局は、それゆえ新たで重要な問題、すなわち領土性の争点の解決への対応を迫られた。本当の質問は、領土化されていないウンマをいかにして領土的に統治すべきか、であった。その問題を解決するために、ムスリムの当局はまっさきに、すでに彼らの権威の下にある領土を定義し、概念化しなければならなかった。そうした領土に、どの名前を付与すべきか？　国か？　国家か？　ほかの何かか？　この緊急かつ官僚的必要から、新たな行政的・司法的観念、すなわち**ダール・アル＝イスラーム**、すなわち「イスラムの世界」が発明されたのである。「イスラムの世界」の外に位置する領土は、**ダール・アル＝ハルブ**、すなわち「戦争の世界」とされる。マジド・ハッドゥーリによれば、「その両世界の関係は、通常平和的でなかった。各世界は、他方と戦争状態にあった。しかしこの戦争という状態は、実際の闘争の状態と考えられるべきではない。[326]」彼は付け加える――「その状態はむしろ、今日**不承認**と呼ばれるものに、実際上等しかった……しかし、「そのことは」……条約を結んだり、公式関係をもつのは不可能であることを含意しなかった。[327]」そうした行為は、両当事者間の対等性を含意するとは見なされず、一時的な性格のものでしかなかった。その二つの敵対的世界の間には、一定の条件の下では、「イスラムの世界」とは独立しており、したがってムスリムと戦争状態にない「盟約の世界」、あるいは「休戦の世界」（**ダール・アル＝アクド**、あるいは**ダール・アル＝スルフ**）が存在しえた。「イスラムの世界」とそれとの関係は、何らかの規制、とりわけ貢納の支払いを通じて処理される。[328]この点から、ムスリムは外部の敵、すなわち皮肉にもムスリム自身によって、とりわけ彼ら自身の行政的・官僚的必要性への回答として創造され、想像された敵の存在を、意識するようになったのである。

この新たな行政的発明は、いくつかの重要な政治的含意を伴った。戦争の正統性の問題は、その一つだった。誰に対してなら、戦争を始めることが正当であるのか？　理論的には、一つの答えは、「戦争の世界」に住んでいる人に対しては戦争が正当化されるというものだ。この場合、「戦争の世界」と神の敵は同一と見なされ、「戦争の世界」に属すること自体が、たとえある、あるいはその、敵によって挑発されなくとも、戦争の十分な動機となる。その（正統的であり正当化される）戦争は、「戦争の世界」が完全に平定され、「イスラムの世界」に併合されるまで継続しうる。この理論的原則は、現実が許す限り用いられうる。こうした状況が、ウマイヤ朝と大部分のアッバース朝双方の下で、数世紀にわたり続いた。しかしその状況は、イスラム帝国が二つの競合する中心に分かれたとき、すなわち一つはバグダード、他方はカイロであるが、シーア派のファーティマ朝がカイロで、自己をバグダードのアッバース帝国の競合として確立したため、劇的に変化した。政治的緊張に加えて、この分割は、敵のアイデンティティーに関して新たな問題を創り出した。アッバース朝とファーティマ朝（ともにムスリム）は、お互いに敵なのか？　両者の間の戦争は、正統なジハードとして正当化されるか？[329]　ここでの私の目的は、そうした質問に答えることではなく、ムスリムの法律家やムフティ、そして普通のムスリムが受け入れ可能な解決を見つけなければならない、多様な問題を提起することである。イスラムの二律背反の結果として、内部と外部の敵を分かつ境界は、何世紀もの間にひどくぼやけてしまった。バグダードのカリフに対して**バーティン派**（シーア派側からの）によって大規模かつ狂暴な闘争が仕掛けられ、それは初めての組織的テロ活動、のちにアサシンの名で有名になるものを生み出した。[330]今日のテロリスト組織に似た最初のものは、ムスリムによって創設され、最初の犠牲者もムスリム自身だったことは、歴史が証人となっている。[331]

重要なことに、ムスリムの当局は、とりわけバグダードのカリフ政は——それはなお、少なくとも形式的にはアッバース家の手中にあったが——、ムスリムの領土に対する十字軍の攻撃に対抗しなかった。[332]カイロのファーティマ朝はいくらか動いたが、キリスト教徒の侵略者を追い返すにはまったく不十分だった。当時ムスリムは、彼らの領土の境界外の非ムスリム（友人であれ敵であれ）に対処するより、内部の紛争や不和にいっそう気を取られていた。第一回十字軍のような規模の事件への、ムスリム側からの反応への関心の欠如、あるいは少なくとも関心の不足は、「非事件」が歴史を通じていかにして「大事件」になるか、また「とるにたりない敵」と認識された者が危険で「恐るべき敵」に変わるのかを示している。当時の十字軍のイメージとのちの十字軍のイメージ、とりわけ近年ムスリムとキリスト教徒がともに互いに対して抱いているイメージは、その事例であった。アッバース朝のカリフ政が一二五八年にモンゴル人に敗れたとき、一部の（全部ではない）神学者にとって、モンゴル人のイメージがイスラムの敵の象徴となった。それとの関連で、モンゴル人に対するムスリムの感情をもっとも一貫して刺激した男は、議論の余地なくイブン・タイミーヤ（一二六三―一三二八年）であるが、彼は今日、現代のイスラム主義者にとってもっとも影響力ある人物の一人となっている。残虐で野蛮な侵略者というモンゴル人のイメージは歴史を通じて生き残り、今日でさえムスリム間でも（イスラム主義者に対して穏健なムスリムが）、アメリカ人に反対するムスリムによっても、とりわけアフガニスタンとイラクにアメリカが軍事介入したことに関連して、世界における破壊的役割と二〇〇三年のバグダードの二度目の陥落ゆえに、アメリカ人を新たなモンゴル人だとして非難することで、用いられている。

歴史を通しての旅を続ければ、史上もっとも持続した帝国の一つであるオスマン帝国（およそ一二九九―一九二四年）の全時代を通じて、ムスリムは敵の新たな共通イメージを創り出さなかったことが分かる。それにかえて、敵のイメージは徐々に異邦人（フェレンジ）[333]のイメージに道を譲った。「モンゴル人」のイメージと違って、それはここではヨーロッパ人侵略者、一七九八年のエジプトにおけるナポレオン・ボナパルト将軍だった。彼と兵士はもちろん占領軍と見なされ、彼らの一部はエジプト人の手によって命を失った。エジプトにおけるフランス軍の最高司令官として、ボナパルトの後継者となったクレーベル将軍はその例だった。しかしこの遠征は、フランス人とエジプト人の間に永続的敵意や反目すら生み出さなかった。反対に、エジプトにおけるボナパルトの軍事行動を直接目撃した編年史家アル＝ジャバルティは、フランスの政治文化のいくつかの側面――平等の原則、公正な裁判、公正な慣行一般――を賞賛した(334)。

友好と敵意の観念についてのコーランやイスラムの立場を簡単に検討したので、今や同じ争点に対するイスラム主義者の立場の分析を始めよう。

イスラム主義の勃興と現代の「友人」と「敵」の構成

イスラム主義者は、彼らの友人をどのように定義し、敵をどのように見極めるのか？　ここで我々は、方法論的問題に直面する。ナチズム・ファシズム・ボルシェビズムは非常によく定義され、多様な側面や次元について無数の研究によって検討されてきたが、イスラム主義はそれらとは対照的に、なお散漫で論争のある概念であり、スンニー派・シーア派・ワッハーブ派をまたぎ、諸国や諸大陸に広がっている多様な下位区分の宗派を包摂している。

それゆえ問題は、イスラム主義の多数の形態の中で、友好と敵意の争点に関する検証可能で妥当な一般的見方を、どうすれば抽出しうるかである。私が選んだ方法は、もっとも代表的なイスラム主義の思想家や指導者の選抜に基づく。第一に、選抜の妥当性は、選ばれた人々が自分をイスラム主義者と描写しているという事実に依拠している。第二に、ある範囲の現代ムスリム思想の学派を、代表する人でなければならない。第三に、調査対象の時期、すなわち一九二八年から現在までの間に、イデオロギー的と政治的の両方の影響力をもっていなければならない。こうして私は、友好と敵意の問題に関して資格ある代表的な見方が得られるだけでなく、様々な資格ある代表的な見方を比較分析できるのである。上に定義した基準に従って、次の五人を選んだ――ムスリム同胞団の創設者ハッサン・アル＝バンナ（一九〇六―一九四九年）、もっとも影響力あるイスラム主義の知識人サイイド・クトゥブ（一九〇六―一九六六年）、最初のイスラム主義革命を実現し、権力を握った男アヤトッラー・ホメイニ（一九〇二―一九八九年）、アル＝カイダの前指導者で九・一一や世界中での多くのテロ行為に責任のあるオサマ・ビン・ラーデン（一九五七―二〇一一年）、そしてＩＳＩＳの指導者アブー・バクル・アル＝バグダーディである。これら五人の男性は、友好と敵意の持続可能な絵を創り出すのに必要な要求をすべて満たしている。この名簿は、ムハンマド・アル＝マクディシ、アブー・ムスアブ・アル＝スーリー、アブー・カタダ・アル＝フィリスティーニ、そしてアブー・バシール・アル＝タルトゥーシのような新たなイスラム主義思想家の集団を加えることで拡大しうる。しかし私は、彼らを加えても私の分析にあまり新たな側面を付け加えないだろうと見ている。この集団の言説は、私の選抜集団の言説と矛盾しないばかりか、事実上同じ言説を、違った文脈で繰り返しているだけである[335]。それゆえ私は、調査対象を彼らに広げる必要を認めない。さらに選抜された五人の男は、イスラム主義の主要な三つのバージョン、すなわちスンニー派、シーア派、ワッハーブ派を代表している。アル＝バンナとクトゥブは通常のスンニー派バージョンを代表し、ホメイニはシーア派イスラム主義を代表し、故ビン・ラーデンとアル＝バグダーディは、イスラム主義の通常のスンニー派バージョンとワッハーブ派バージョンの混合物を代表する。この選抜は、個人を選ぶだけでなく、彼らの著作や発言を念頭においてなされた。作品の選抜基準は、著者のもっとも重要な政治的作品でなければならないということだった。すなわち次の五つである――（１）ハッサン・アル＝バンナの**マジュムーア・ラサーイル**（五つの小雑誌）、（２）サイイド・クトゥブの**マアリーム・フィー・アル＝タリーク**（道しるべ）、（３）アヤトッラー・ホメイニの**フクーマテ・イス**

ラーミー（イスラムの政府）と『**政治的証言**』、（4）オサマ・ビン・ラーデン、アル＝ザワーヒリ、アル＝ザルカーウィのファトワや他の発言、（5）アル＝バグダーディとISISの多様な発言。

アル＝バンナの友好と敵意についての見方

アル＝バンナの作品は、主としてムスリム世界に向けられている。したがって、ムスリム諸国への連帯の呼びかけとも見なされるべきである。

全体として、アル＝バンナは、人類が二つの集団に分かれていると見る。第一の集団は信仰者で、第二の部分は非信仰者である。基本的に、信仰者はすべてムスリムである。

同様に、人々は東洋と西洋、それぞれイスラム世界とヨーロッパ世界と見なされているものに、二分化されているという理解がある。一般的に、人々は地理的基準によって分類されず、それゆえ民族性や国民性は、あなたが真のムスリムであるか否かを決めることに関しては、主要な基準ではない。

友人

アル＝バンナは人類の四つの範疇、あるいは理念型を描く。テキストにおいては、それらの四理念型はムスリムによってのみ代表されるのか、それとも全人類によってかは明示的でない。しかし『**五つの小雑誌**』から、アル＝バンナが人類を四理念型に分けたのは、ムスリムにのみ適用されることがそれとなく分かる。したがって、すべての理念型は多かれ少なかれ友人と見なされ、つまりムスリム同胞団の使命に直接反対しない人々であることが意味される。ムスリム同胞団に直接反対しない人々はすべて、それに参加するよう招かれるべきなのである。

―　真の信仰者（ムーミン）は、ムスリム同胞団の使命を支持する。彼は神によって定められた諸原則によって生き、真の道は何かを理解している。

―　ためらう人・疑う人（ムタラッディド）には、真理が絶対的に明らかになっていない。彼は、ムスリム同胞団の使命を支持することをためらっている。

―　日和見主義者（ナフィール）は、いかなる状況が与えられても、いかにして利益を得るかに一貫して集中している。このように、日和見主義者の関心事は、物質的性質のものである。

―　偏見ある者（ムタハミル）は、ムスリム同胞団の使命に懐疑的な人物である。この人物は、使命に対して疑問と不信に不断につきまとわれている。

第二～第四の理念型は真の信仰者でなく、それゆえ真の信仰者は、彼らを正しい道に案内すべきである。その結果、ためらう人・疑う人、日和見主義者、偏見ある者は、同胞団の指導と助力により真の信仰者に変容しえて、真理を理解するようになりうるので希望がある。四理念型の誰も、同胞団に直接反対して働かない。それゆえ、真のムスリムは彼らとつきあい、助けてもよい。アル＝バンナは世界のムスリム部分に話しかけているので、同胞団の使命は中心から開始して周辺に至る道を開くことと理解してよいだろう。

敵

『五つの小雑誌』において、敵は、ムスリム同胞団の使命に直接反対する人々によって代表されている。それにより、ムスリムの使命に対する攻撃性を示す人はすべて、敵と見なされてよいのだ。それはまた、友人のイメージとは対照的に、敵のイメージはあまり明確に定義されていないことを示唆する。

アル＝バンナは、しばしば東洋と西洋を区別する。それゆえ我々は、四理念型を主として東洋に存在する型と理解してよかろう。他方で西洋は、東洋ほど明確に定義されていない。西洋の東洋に対する影響に関しては、植民地宗主国が東洋に対して行使した影響に、特に焦点が当てられている。西洋は、ムスリム同胞団の使命に従うのに害になる、すべての価値を擁護している。ヨーロッパ諸国がイスラム世界に与えた打撃に、特に焦点が当てられている。アル＝バンナは、長期にわたるヨーロッパの影響についての彼の見方を表わす、長い歴史的説明を提示しており、したがって歴史的文脈を心しておくことが重要である。

一般に、アル＝バンナの敵のイメージは、友人のイメージよりいっそう黙示的である。しかし、敵が西洋（**シヤーサト・アル＝ガルビーヤ**）、とりわけヨーロッパ（**ウルーバ**）であることには疑問がない。そうしてアル＝バンナは、西洋（敵）が物質主義的・帝国主義的イデオロギーによって、よきムスリムをいかに誤らせたかを描写する。こうしてイスラムの敵は、ヨーロッパ文明（**ヒザラー・アル＝ウルビーヤ**）であることが明らかになる。

それと連続して、アル＝バンナがイスラム諸国の様々な部分で植民地宗主国だったヨーロッパ諸国を並べ、そのリストにおいてイギリスが幾度か言及されていることに触れておくべきだ。それゆえ我々は、アル＝バンナはイギリスがとりわけ嫌いであり、それはアル＝バンナによれば、同国がエジプトの困窮の原因でもあるからだと想定してよかろう。ここでも、文脈を心しておくことが重要である。加えて、フランスも何度か言及されている。この植民地宗主国への特別な嫌悪は、それらがムスリムに直接反対して行動していたという見方に照らして、理解されるべきだ。アル＝バンナは、ヨーロッパを集合的名称として用いている――ヨーロッパが、統一的アクターとして行動していないことは認めているが。

方法――一歩一歩

ムスリム同胞団のイスラム解釈が唯一の道であることを否定する、ためらう人・疑う人、日和見主義者、偏見ある者に、確信させるための正しい道は「柔らかな」方法・構想である。それで、ムスリム同胞団の召命（ダアワ）は、改宗への柔らかなアプローチに沿って構成される――

たぶん私は、あなたのためにそれをこう言えば要約できる。つまり同胞団は、意見の相違を許容し、狂信的見解を嫌悪し、真理に到達するよう、そして忍耐と愛情のもっとも優しい方法によって、人々をそれに改宗させようと試みるのだと。(336)

しかし、同胞団の使命に直接反対し、それゆえ敵と分類されなければならない人々に対しては、制裁という正当な選択肢が存在する。敵に対しては、ジハードが聖なる義務である。それにより、非信仰者・敵に対する闘争においては、暴力的行動が一つの可能性として排除されえない。「ジハードは、多神教徒だけでなく、イスラムを受け入れないすべての人に対するものだ。(337)」すなわち、敵に対する武装闘争に参加することは義務なのだ――「神はムスリムに、警戒を怠らず、状況の指示するところにしたがって軍隊や部隊で、あるいは個人として、戦場での経験を積むよう促している。(338)」

クトゥブの友好と敵意についての見方

ムスリム同胞団の偉大な理論家の一人であるクトゥブは、一九六四年に『道しるべ』を書いた。クトゥブはアメリカでしばらく学び、西洋の生活様式に親しんだが、彼は主著である『**道しるべ**』においてそれに対決しようとした。アル＝バンナのように、クトゥブも長い間投獄され、その間に諸著書を書いた。クトゥブは、イスラムを唯一の真理と見なした。それゆえ、彼の世界の全体論的見方は、人類についての彼の見方を理解するために重要である。クトゥブによれば、あなたの人生を生きる唯一の正しい仕方は、神によって定められた法律、すなわちシャリーア法に従うことであり、いかなる逸脱も最終的真理に反するのである。『**道しるべ**』において、クトゥブは**ジャーヒリーヤ**と呼ぶ概念を用いており、それを人生の罪深い過ごし方で、人々をイスラムから遠ざけるものだと特徴付ける。**ジャーヒリーヤ**を避けうるためには、シャリーア法に従うしかない。その結果として、神への真の道は一つしかなく、あなたがもしそれから外れたら神から遠ざかるのである。

友人

クトゥブによれば、神への真の道は一つしかないので、真の信仰者と見なしうる人々は唯一の集団しかない。シャリーア法の正しい理解をもつ、真のムスリムだけが友人である――

信仰するムスリムとは、この宣言［「**ラ・イラーハ・イッラー・アッラー**」アラーの他に神はいない」］が心に完全に浸透した者であり、なぜならイスラムの他の柱や信仰の諸項目は、その派生物だからだ。したがって天使や神の本、神のメッセンジャー、来世、アル＝カドル（善悪の尺度）、アル＝サラート（祈禱）、アル＝シヤーム（断食）、アル＝ザカート（喜捨［義務的慈善］）、アル＝ハッジ（巡礼）、許され、禁じられる物事の神に定められた限度、人間の諸事情、法律、イスラムの道徳的教え、その他は、すべて神の崇拝という基盤に基づくものであって、すべてこれらの教えの源泉は預言者その人――彼に平安あれ――であり、彼を通じて、神は私たちに啓示を明らかにしたのである。[339]

敵

正しい道を歩まない人々は、すべて敵である――「この体制［イスラム］から逸脱し、民族主義、あるいは皮膚の色や人種、階級闘争、同様の腐敗した理論に基づく何か他の体制を欲する者は、まったくもって人類の敵である！」[340] もしあなたが、自ら完全にシャリーア法に従い、クトゥブの解釈に同意するのでなければ、あなたは定義によりクトゥブの使命に反対する者であり、それゆえ敵なのである。同様に、「世界には神の唯一の党があり、すべて他のものは悪魔と反乱の党である。」[341]

友人の部分から分かるように、神への道は一つしかない。そうして、他のすべての道は神から遠ざかるのであり、それはクトゥブが**ジャーヒリーヤ**の概念を通じて描いている過程の一部なのだ――

ジャーヒルの社会とは、ムスリムの社会以外のいかなる社会もそうであり、もしいっそう特定する定義を欲するなら、信仰と思想において、崇拝の遵守と法的規制において、神のみへの服従に自己を捧げないいかなる社会も、ジャーヒルの社会であると言ってよかろう。[342]

人間の生活には唯一の真の体制があり、それはイスラムである。他のすべての体制はジャーヒリーヤなのだ。[343]

方法――暴力とジハード

イスラムのジハードは、あなたの敵に対して活用すべき制裁である。クトゥブによれば、ジハードは次のような広い意味で理解されるべきである――

イスラムのジハードを、防衛的戦争の現在の概念の狭い意味で解釈することによって擁護しようとする人たち、そしてイスラムのジハードにおいて戦われた戦闘はすべて、隣接諸国からの侵略に対してイスラムの母国を防衛するためのものであったと証明すべく研究する人たちは、その一部はイスラムの母国をアラビア半島のみと見なしているのだが、イスラムの性質とその主要目的の理解を欠いている。(344)

これは、ジハードを領土によって限ることはできず、またジハードは防衛のためのみではないことを意味する。クトゥブが、攻撃的ジハードを用いる権利を、黙示的に主張しているのに注目することは重要だ。ジハードの目的は、世界に秩序を再建し、**ジャーヒリーヤ**を一掃することなのだ――

地上の詩篇に描かれたジハードの理由は、以下のものである――地上に神の権威を確立すること、人間の諸事情を神によって与えられた真の導きによって処すること、すべての悪魔の勢力や、生活の悪魔的体制を廃すること。(345)

シャリーア法が実施されるべき時には、クトゥブによれば、物理的暴力に訴えることが必要になるかもしれない――

前に説明したように、地上に神の統治を確立する際には、多くの実際的障害がある。たとえば国家権力、社会体制と伝統、そして一般に人間的な全環境だ。イスラムが、そうした障害を除去するためにのみ力を用いるのは、イスラムと個々の人間の間にいかなる壁も残らないように、また彼らを物質的障害から解放した後イスラムが彼らの心と頭に働きかけ、次いで彼らがそれを受け入れるか拒否するか、自由に選ぶに任せられるようにするためである。(346)

クトゥブは、ジャーヒルの諸社会に二つの仕方で対決することを欲する――(一)説教と説得により、(二)物理的力、あるいはジハードにより。

この運動は、思想や信仰を改革するために説教や説得の方法を用い、ジャーヒルの体制の組織や当局を廃止するために、物理的力やジハードを用いる。(347)

彼がジャーヒルの諸社会と呼ぶものに抵抗し、ついには真のムスリムのためにそれを改宗させる可能性はあるかについての彼の見方に関して、クトゥブは次のように言う――

すなわちムスリムの共同体は、既存のジャーヒルの社会と対決するに十分な力を得るまでは、形成されたり存在し続けたりできないことは明らかだ。その力は、あらゆる水準においてなければならない。つまり、信仰や概念の力、訓練や道徳的性格の力、共同体を組織し維持する力、そしてジャーヒルの社会の猛攻撃に対して勝利するか、少なくとも持ちこたえるために必要な限りの物理的力である。(348)

コメント

『道しるべ』には友人と敵の明確な像があり、それは明確な二分化を生み出している。唯一の友人は真のムスリム、すなわちシャリーア法に一〇〇パーセント従う人たちである。他のすべての人は敵であり、それは彼らが正しい社会、すなわちそこでは神が唯一の権威であり、シャリーア法が全社会に浸透しているような社会を、実現するのを妨げているということを意味する。クトゥブは、明示的に広範囲の敵に言及するが、一部の敵は他より悪いかどうかには言及せず、それゆえ彼らを連続体に位置付けることは可能でない。すべての友人は同一ランクであるが、一部は他より重要だと仮定する理由がある。たとえばクトゥブは、共産主義と西洋文明に非常に関心を寄せている。それとの関連で、西洋文明が幅広く定義されていて、アメリカを含むあらゆる西洋民主主義諸国に及んでいることは、注目する価値がある。ここで、彼がアメリカとヨーロッパを同一文明と見なし、明示的にある一国を主敵として強調していないことは重要だ。

敵に対する制裁について、クトゥブはジハードの権利を、可能性としてだけでなく義務として主張している。ここで、ジハードは侵略者に対して正当であるだけでなく、受動的敵を含むすべての敵に対する攻撃的ジハードが、正当な可能性であると彼が考えているのに気付くことは、非常に重要だ。

繰り返すが、クトゥブの作品を理解するには、歴史的文脈が不可欠であることを強調すべきだと考える。この点に関し、中東の諸紛争を念頭におくことが重要だ。共産主義者は、六〇年代半ばの勢力均衡において重要な地位を占めていたから、彼らを特別に扱っていることを意識し、当時エジプトが社会主義的統治の下にあり、それがムスリム同胞団を脅かしていたことを想起するのも、同様に重要である。

ホメイニの友好と敵意についての見方

以下の議論の起点として、私はホメイニの一九七一年の主著『イスラムの政府——法律家による統治』を、彼の『政治的証言』とともに利用した。『イスラムの政府』においては、ホメイニの出発点はイランのシャーによる統治を批判することで、それで彼の使命は、主としてイランと地理的に結び付いている。しかし二次的には、ホメイニの作品は、全世界のイスラムによる支配への願いを含んでいる。『イスラムの政府』を書いたとき、ホメイニは亡命中だった。彼の主要かつ最重要の目標は、イランのシャーを打倒することだった。それゆえ、彼の焦点はまず、なによりも、イランの「解放」にあてられている。

ホメイニによって死の直前に書かれた『政治的証言』の文脈に移ると、シャーは打倒されたので、ホメイニの焦点は国内外の敵に向けられていたのが、もっぱら国外の敵へと変更された。

ホメイニの、彼が考える理想的社会へのアプローチが、機能的なものであるのを強調することは重要である。そのアプローチは、ホメイニが『イスラムの政府』を書いていたときに、自分を潜在的政治家と見なしていたという観点から受け止められるべきだ。それで同作品は実際的に、かつほとんど、イスラム社会（とりわけイラン）の統治法の処方箋になっている。

友人

ホメイニは、既存の社会の批判を出発点とするので、彼による理想的社会の描写は、彼の友人イメージの一部でもある。それは、ホメイニの友人とは、主としてイマームや神学者（**フカハー**）で、シャリーア法に従って判事として行動し、残りの住民にとっての役割モデルとなる人々だということを意味する。それは、イスラムを理解する**ファキーフ**としての認識能力をもたない人は敵だと、示唆するわけではない。そうではなくて、そうした個人は単に、ホメイニのような指導的人物によって導かれるべきだということである。それゆえイスラム社会においては、任命された指導者がイスラムの正しい解釈と公正で道徳的性格をもつ限りにおいて、すべての社会階級がイスラムの包括的知識をもつ必要はないのだ。

ホメイニとの関係では、彼が特にイランに、国民に焦点を当てているのに注意することが重要だ。ホメイニの見方では、友人とは宗教学者、シャリーア法に従って道徳的モデル・判事として務める指導者たちである。ここで興味深い点は、あらゆる個々のムスリムが特別に教育された段階にまで到達する必要はなく、あなたは単にシャリーア法に従うだけでよき市民、ムスリムになりうるということだ。それゆえ、友人のイメージがいかに宗教指導者のイメージと結び付くに至るかは注目される。

敵

ホメイニの敵イメージは、国内外の敵に分けられ、国内のそれはイランの国境内の敵、国外のそれはイラン国境の外の敵である。国内の敵は、外部からの帝国主義的思考に影響され、自己の利益のために、そうした思想ややり方を採用した個人や集団である――

イスラムは、真理と正義に献身する戦闘的な個人の宗教である。それは、自由と独立を欲する者の宗教である。帝国主義に対して闘争する者の、学校である。しかし帝国主義の従者は、イスラムをまったく違った風に提示した。彼らは、人々の心にイスラムの偽の観念を創り出した。[349]

それは、若者やよく教育された者に対する帝国主義の影響を実証するほか、ホメイニがイラン人を諸階級に分けていることを示す。

国内の敵

正しいムスリムの（そしてイラン人の）生活様式から離れたのは、教育ある階級である。君主制を支持する人は、最悪の敵である――「イスラムは、君主制や世襲の後継を認めない。それらは、イスラムにいかなる居場所もない。」[350]

同様に、シャーによる統治に対して反逆しない宗教学者は批判され、偽の信仰者と呼ばれる。[351]それは暗に、国内の敵のイメージはシャーによる統治とその支持者、そして二次的に、政権に無言の承認を与える人々となることを意味する。それゆえ、反逆を煽らない宗教機関の諸個人は、国内の敵というホメイニのイメージに、直接・間接にシャーを支持する人とともに、包摂されている。

国外の敵

ホメイニは、しばしば国外の敵を帝国主義者として描写する。ホメイニによれば、そうした帝国主義者は、石油と鉱物の形を取ったイランの富に手を掛けることを狙っている。主として問題になる帝国主義者は、アメリカ人とイギリス人である。

イギリス人は最古の帝国主義者と見なされ、のちの歴史的過程になって始めてアメリカ人が加わった――

イギリスの帝国主義者は、諸国や東洋に三〇〇年以上前に浸透した。そうした国々のあらゆる側面を知っていて、彼らはそれらを支配するための詳細な計画を作成した。ついで新たな帝国主義者、アメリカ人その他がやってきた。彼らはイギリス人と同盟し、その計画の実行に参加した。[352]

アメリカ、イギリス、そしてイスラエルとユダヤ人が主たる敵と見なされていることは、次の訓戒に反映されている――「我々は、イギリスやアメリカの押付けに従ってはならない！　イスラエルにムスリムを麻痺させることを、許してはならない。[352]」

このように、ユダヤ人は、イスラムを破壊しようと欲する攻撃的な人々と考えられている――「我々は抗議し、ユダヤ人とその外国の支援者がイスラムのまさに根本に反対し、世界中にユダヤ人の優位を確立しようと願っていることに、人々を気付かせなければならない。[354]」ユダヤ人に関しては、ホメイニは、歴史を通じて彼らはムスリムを片付けようという意図をもっていたと考えている。[355]ユダヤ人は、アメリカやイギリス同様に帝国主義者のエージェントと見なされている。[356]ここでイスラエルは、アメリカやイギリスの下働きと見なされており、したがってイスラエルの建国と、とりわけその保存に関わるそれら二国の役割こそが、ホメイニが両国を憎む重要な原因となっていると想定することは、合理的なはずだということに注目するのは興味深い。

のち、ホメイニの政治的証言において、国外の敵のイメージはずっとはっきりしてくる。たとえば、アメリカが圧倒的な主敵となったことは疑いない――

アメリカは、イスラムの最大の敵である。それは本性からテロリスト国家であり、あらゆるものにあらゆる場所で火を着けており、その同盟者である国際シオニズムは、その利己的で欲深な望みを遂げるためにはいかなる犯罪も厭わないし、その犯罪は舌もペンも言ったり書いたりするのが恥ずかしいほどだ[357]。

そのうえ、イギリスはもはや明示的に敵と言及されない。語られてはいないが、アメリカの同盟国として、イギリスはなおホメイニの敵のイメージの一部である、たとえその重要性が低下しつつあるとしても、と仮定することは合理的だ。

彼が『イスラムの政府』に書いたものと比較すると、ホメイニの『政治的証言』では、他の敵が舞台に加わっている。とりわけサウジアラビアのサウド家は、ヨルダン・モロッコ・エジプトとともに明示的に述べられている。イスラエルは、引き続き主敵の一つとなっている。『政治的証言』では、敵のイメージが、新しくはないがいくらか変化しているのが見られるという事実は、私の考えでは歴史的文脈によると見なされるべきである。すなわち、新たな敵はすべて、多かれ少なかれアメリカと協力しており、したがってイスラエルを受け入れている国からなっている。さらに当時のソ連も、直接イランのというよりむしろ、ムスリム世界一般の敵として言及されている。ここで参照されたと推定されるのは、アフガニスタンでの前の戦争とチェチェンでのムスリム抑圧、及びおそらくは、イデオロギーとしての共産主義である。最後に、ホメイニはサダム・フセインを敵に挙げているが、それは彼がイラクの、及びイランの民衆に対する裏切り者と考えられているからだ。

全体的に、ホメイニは、国外の敵のイメージにおいて非常に明示的だったと結論してよかろう。敵のイメージに一定の発展があったという事実に、私はあまり重要性を認めない。考察した二作品において、国外の敵とは帝国主義者とその協力者であり、またイスラエルの存在を支持し、ムスリムを抑圧する者である。したがってそれは、ホメイニの敵のイメージが実質的に変化したというより、憶測的な変化の問題である。相違は、正邪の見方が変わったことによるのではなく、政治的現実やグローバルな文脈が変化したことに、多くを負っているのだ。

『政治的証言』では、国内の敵は論じられない。それは、国内の敵はまず、またなんと言っても、シャーだったからである。シャーは一九七九年に打倒されたので、『政治的証言』の創作時点では、国内の敵はもはや目立った役割を果たしていないのだ。

オサマ・ビン・ラーデンとアル＝カイダ

ビン・ラーデンの発言は、そのイデオロギー的・政治的遺産が生き続け、なお無数の若きムスリムや改宗者が「イスラムの敵」と戦うのを鼓舞しているゆえに重要である。ビン・ラーデンは、自分の使命への実用的で、特段理論的でないアプローチを特徴とした。同じ理由でアル＝カイダのメンバーは、彼らの無数の犠牲者の斬首や手足切断といった暴力的行為を正当化するのに、あまり時間を用いない。アル＝カイダにとって、目的は手段を正当化するので、この原則に基づいてビン・ラーデンは、「もし戦わないことから来る宗教への危険が、戦うことの危険より大きければ、たとえ戦士の一部の意図が純粋でないとしても、戦うことは義務である」と述べた[358]。

一九九八年二月、ビン・ラーデンは、他の三人の指導的イスラム主義者[359]とともにある発言を刊行し、そこで彼らは「ユダヤ人と十字軍に対するジハード」を呼びかけるファトワを打ち出した——

アメリカ人とその同盟者を——民間人も軍人も——殺せというこの裁定は、そうすることが可能ないかなる国の、それをなしうるいかなるムスリムにとっても、個人的な義務である。それは、アル＝アクサー・モスクと神聖なモスク［メッカ］を彼らの手中から解放し、彼らの軍隊がイスラムのすべての土地から敗れて追い出され、いかなるムスリムにも脅威を与えられなくするためだ。それは全能の神アラーの、「そして異教徒すべてと戦え、彼らが汝らすべてと戦うように」、そして「もはやいかなる騒乱も抑圧もなくなるまで、そして正義とアラーへの信仰が勝利するまで彼らと戦え」という み言葉に従うことである。(360)

アフガニスタンにおける国際軍事介入(二〇〇一年一一月)とイラクのサダム・フセイン政権に対するアメリカ主導の有志連合軍による戦争(二〇〇三年四月)のあと、オサマ・ビン・ラーデンとアル＝カイダはアメリカ向けの彼らの口調を高め、同国に対する行動を強化した。

ビン・ラーデンの友人のイメージはさして明示的でないし、彼はムスリムの間で区別することにはあまり努力しない。それは、すべてのムスリムが潜在的同盟者であることを意味する。彼の友人理解は、彼による武装闘争の呼びかけと、その文脈において、彼は与えられた状況下、異なる認識やコーランの別の解釈をもつムスリムを友人として受け入れる用意があったことにも、照らして見るべきだ――

もし敵を、ムスリム民衆の集合的運動によらなければ押し返すことができないなら、ムスリムには自分たちの間の些細な相違を無視することが義務となる。与えられた時期において、そうした相違を無視することの悪影響は、主要なクフルによってムスリムの土地が占領されることの悪影響よりずっと小さい。(361)

この発言は、ビン・ラーデンが、その最終的目標を達成するためには、イデオロギー面で妥協する用意があったことをも示している。

彼の敵イメージが非常に明示的で、アメリカやイスラエルの脅威を非常に感じていたという事実は、きわめて論理的に友人のぼやけたイメージを生み出す。それで彼は、外部の敵に対して、すべてのムスリムがともに立ち上がらなければならないという考えを採る。それはふたたび、同盟者をもつことにビン・ラーデンが付与する、大きな重要性と一致している。それゆえビン・ラーデンは、その主敵と戦いうるようにできるだけ多くの味方を欲した、戦略的司令官と見なされるべきである。彼が二〇〇四年一一月一日の演説でアメリカの民衆に語りかけたこと、そしてとりわけヨーロッパの指導者たちに、同盟してアメリカの攻撃と戦おうと提案したことは、この参照枠組みの中で見られるべきだ。同時に、初期の演説からこの演説に至る間に起こった進展に、気付くことも重要である。初期には、ビン・ラーデンはアメリカの民間人と戦いたいのだという印象を与えがちだった。この進展が、どの程度自己矛盾的であるのかは言いがたい、なぜなら彼は、『戦争宣言』において敵とは多くの仕方で戦わなければならないと宣言しているからだ――「アラーを喜ばせるという究極的目的は……敵と、あらゆる面で、完全なやり方で戦うことだ。」[362]

こうして、アメリカの民衆に対するビン・ラーデンの演説は、外部の敵に対する闘争における戦術的一手と考えられよう。要約すると、ビン・ラーデンの友人イメージは、戦略的考慮の結果であると見られよう。

オサマ・ビン・ラーデンは二〇一一年五月二日に、アメリカの特殊部隊によってパキスタンで殺された。

ＩＳＩＳ

二〇一四年にモスルで、アブー・バクル・アル＝バグダーディによって自ら名乗られたカリフ政――一般にＩＳＩＳとして知られている――の宣言は、それ自身他のすべてのイスラム主義集団の主要特徴を表わしている。ここでの争点である友人と敵の問題に関しては、友人のサークルは、他の類似イスラム主義集団の場合に較べて甚だしく限定されている。友人は、ムスリムと非ムスリムの世界におけるＩＳＩＳのメンバー、支持者、同盟者（すべてスンニー派）からなる。ＩＳＩＳの敵の層は、他のイスラム主義者のそれよりずっと幅広い。ＩＳＩＳは実際的にどこでも、誰とでも対立している。西洋社会一般、そしてとりわけヨーロッパ人は、シーア派とともに、ＩＳＩＳの主敵と考えられている。

ＩＳＩＳが用いる手段は、いかに恐ろしいものでも、他のイスラム主義者の一部が犯してきた、そしてなお犯している、残虐行為とそれほど違わない。九・一一、アバダンのシネマ・レックスでの四〇〇人焼殺、タリバンやアル＝カイダ、アル＝シャバブ、ボコ・ハラムが犯した残虐行為等々は、我々にとってもっとも恐るべき、非人間的行為の一部をなす。しかし、ＩＳＩＳの手段と他のイスラム主義者のそれとでは、一つ重要な相違がある――すなわち、ＩＳＩＳの手段の自己顕示的性格である。

結論

コーランにおけるイスラムの宇宙は、歴史上も我々の時代にも、構成された宇宙である。我々は、この宇宙の各バージョンはそれぞれ自身の特質を表わしており、それらの一部は、自らがイスラムに属すると宣言する人たちの意志によって決められ、一部は時間的・地理的状況に依存していることを見てきた。コーランは、現象としても言説としても、外国からの支配によって服従させられ、搾取された人々の集団の反応ではなかった。反対に、コーランはムハンマドとその支持者が、全人類のために永続的な新世界を創造しようとする野心によって起こした、進取の気性に富む行動の経典的表現であった。民衆を様々な集団に分類し、とりわけ敵を指名することは、それゆえ、コーランの義務的要求に対する各個人・各集団の態度に従ってなされている。あなたは我々の味方であるか、さもなければ敵である！――コーランにおいては、これが民衆の分類の指導的原則であった。続く時代に、ムスリムが旧世界の大きな部分を支配するのに成功するや、民衆の分類は世界を三つのはっきり異なる範疇――イスラム世界、盟約の世界、戦争の世界――に分割することを通じた、行政的形態を採った。

何世紀ものちになって、ムスリムの支配の衰退加速化とその停滞の開始に伴い、ムスリムによる民衆や世界一般の分類が、進取の気性に富む行政的方法から変化して、ますます遡及的方法になっていった。今や弱まり、支配され、屈辱を味わったムスリム世界は、西洋を指さして、あらゆるムスリムの悲惨や混乱をそのせいだと非難している。西洋は、大悪魔の指導権のもとで、政治権力として、また文明として、絶滅させなければならない敵となっている。結局のところ、これが現代のイスラム主義集団の共通的言説である。

第八章　イスラム主義と世界秩序

イデオロギーは、世界認識を形成し、イデオロギー的目標に関して作戦を企画することにより、全体主義的政権において支配的な役割を果たす。それに対する制約が受け入れられるとしても、嫌々ながらでしかない。

カール・J・フリードリヒとズビグニュー・ブレジンスキー(363)

イスラム主義は、国際的アクターとしては新現象である。それは様々な顔や、多重の次元をもつ。穏健で妥協を求めるかも知れず、強硬で残酷かも知れない。自己を「非暴力的」と宣言するかも知れないし、ジハードを命じるかも知れない。それはまた、非国家的アクター、アンブレラ組織（アル＝カイダ）、政党（ヒズブ・ウト＝タハリールやムスリム同胞団）、準国家的アクター（タリバンとISIS）、あるいは通常の国家（イラン・イスラム共和国）であるかも知れない。多重形態の現象の背後に一つだけ残るのは、イスラム主義がイデオロギーとして、組織として、とりわけ国家として、既存の世界秩序に挑んでおり、世界的優越を装う者として自己を位置付けていることである。それはイスラム主義者の側での、純粋に「ユートピア的」な考えであるかも知れない。しかし歴史は我々に、そうしたユートピアは世界にとって、そしてとりわけユートピア主義者自身にとって、危険であるかも知れないことを告げている。

本章では、二重の目的を達成したい。第一部では、イスラム主義者が世界について抱く認識を明らかにしたい。ついで第二部で、イスラム主義の終焉の問題に取り組もう。

イスラム主義者の世界観

全体主義的諸イデオロギーとそれらが生み出す政権は、常に修正主義的で、それらが直面する世界秩序に根本的に対立している。それらは原則として、絶滅派と呼んで良さそうな立場を採る。すなわちそれらは、既存の世界秩序を自身の世界秩序に置き換えるという目的をもって、それを廃止しようと不断に努めている。既存の世界秩序を根本的に拒否するので、自分を現状に折合わせることが非常に困難である。それらが危急の状況で、かつ厳しい圧力下に、敵と見なしている相手に妥協しなければならない時でさえ、その妥協が態度の全般的変更に至るのを妨げるためには、できることを何でもやるだろう。なぜなら、「全体主義体制にとって、そうした全般的和解は敵を失うことになろうから、それより悪いことは起こりようがないからだ。[364]」ここで、三つの全体主義イデオロギーと現実の政治体制としてのその実現（共産主義、ナチズム、イスラム主義）に限って言うなら、それぞれ社会的、人種的、宗教的理由によって、既存の世界に対するその敵意を動機付けている三つの異なるアプローチ――いずれも本質的に全体主義的だが――があることが分かる。共産主義にとって、世界秩序が不公正なのは、それが資本の蓄積、搾取、そして労働者階級の抑圧に基づいているからである。さらに、資本主義の最高段階としての帝国主義は、戦争と紛争の原因である。それゆえ、帝国主義に対する闘争は、帝国主義が絶滅され、普遍的な共産主義秩序によって置き換えられるまで続く、永続的戦闘なのである。ナチズムは、特定の人種（アーリア人）の優越への信仰に基づいており、共産主義やイスラム主義と較べて、それほど普遍的でないイデオロギーを表わしている。ナチズムにとって、世界、とりわけヨーロッパは、非アーリア人、とりわけユダヤ人によって腐敗させられてきた。その秩序はドイツ帝国［ライヒ］によって置き換えられなければならず、それは国家として「すべてのドイツ人を包摂し、この民衆の基本的な人種的要素中の、もっとも価値ある血統を集めて維持するだけでなく、彼らをゆっくり着実に支配的地位へと押し上げる課題をもっている」のだ[365]。

イスラム主義は、少なくとも理論上は、イスラムと無縁なあらゆる世界秩序に反対する。イスラムが世界を統治しなければならないのだ！　しかし、イスラム主義者のユートピアを脇におき、無数の変種をもつ現代のイスラム主義言説を注意深く検討すれば、イスラム主義が本当に反対しているものは、ムスリムを遅れた、支配される共同体——多かれ少なかれ一五億人の共同体で、強力な大都市を奪われ、いかなる非ムスリムの支配的強国にも匹敵するような、いかなる偉大なムスリム強国ももたない——にしている、現在の世界秩序であることが明らかになる。この状況は、イスラム主義のグローバルな計画にとって有利となるよう、根本的に変革される必要がある。イスラム主義者にとって、ムスリムと非ムスリムからなる（後者は、イスラムの統治に服従しつつある）**ウンマ**こそ、正しい世界秩序の実現なのだ。

イスラム主義の修正主義的性質は、反帝国主義的帝国主義を導いた。帝国主義に対するイスラム主義者の闘争は、原則についての戦いではない。目標は、有害な概念で欠陥ある政治的・経済的構成物である帝国主義を、終わらせることではないのだ。問題は実は、西洋の帝国主義を、イスラムの世界強国の黄金時代の記念物として、新たなイスラムの優越、唯一のイスラム的世界共同体、**ウンマ**によって置き換えることなのだ。この路線は、あらゆる種類の過激派に及び、それらが現在の国際体制に対して戦う限りで連帯している、奇怪な政治同盟を生み出した。イスラム主義者は、世界の舞台できわめて活動的な役割を果たしているにもかかわらず、雑多な種類のハンディキャップに苦しんでいる。以下で、イスラム主義者の強みと弱みを評価しよう。

イスラム主義の強みと弱み

イスラム主義は、その諸目的を果たすために圧力をかける、多くの手段をもっている。テロリズムは、様々な形態と強度をもち、イスラム主義の危険性のもっとも目に付く側面となっている。[366] イスラム主義者のテロ行為のリストは、バスや地下鉄や学校への攻撃から、二〇〇一年九月一一日のニューヨーク、ワシントンDC、バージニアへの悪名高い攻撃まで、実に長い。九・一一の出来事は、アフガニスタン（とパキスタン）での戦争の原因となり、それに続いてイラクへの、同国がそうしたテロリズムと関係していなかったにもかかわらず、侵攻をもたらした。シリアでの内戦とシリア政権による自国民の残虐な弾圧、ＩＳＩＳの勃興とそれによる無辜の男女の壊滅的かつ野蛮な暗殺、パリ・コペンハーゲン・チャッタヌーガ（テネシー州）その他で繰り返されたテロ行為はすべて、イスラム主義者による一連のテロ行為の選抜リストをなすに過ぎない。それらすべての恐ろしい行為の、目標は何なのかという質問に、チャールズ・ヒルは答えた――

国際国家体制の、そして事実上文明的行動の敵たちは、非対称の事実に利点を見出した。彼らは、正当な国家とその国民に対する暴力行為に向けて人を集め、計画し、訓練するために世界の統治されない空間を用い、しかも既存の国際国家体制を破壊し置き換えるため、宗教に着想を得たイデオロギー用に、それを役立てようとするのである。彼らの非対称的戦術は、不断に、かつ成功裏に用いられた。彼らの考えでは、その戦争に勝つ必要はなく、負けないで、我々が我慢できなくなり政治的に志気阻喪し、我が方が「この戦争は勝てない」と結論し始め、時限を切るまで長引かせるだけで良いというものだ[367]。

しかし、世界秩序に対するイスラム主義のテロリズムの本当の影響を検討してみれば、イスラム主義者の恐るべき行為（殺人、人質誘拐、爆破等）にもかかわらず、彼らは世界秩序を変えるどころか一般的混乱を引き起こすことにさえ成功していない。ウェストファリア国家体制はなお機能しており、その中で生じる多様な障害を克復できている。イスラム主義者は、限定された地理的領域で平和と平穏を、部分的・散発的にかき乱す能力を示してきた。それは、いじめの力と呼んで良さそうなものである。加えて、イスラム主義のテロリズムは、国際的アジェンダにときどき影響を与え、世界や地域の諸大国の行動・政策・方向にいくらかの変化をもたらすことができる。それは、アジェンダ変更者としてのテロリズムである。過去三〇年の間に、世界はその過程のいくつかの事例を目撃した。戦争の開戦や諸国家間の厳しい紛争を生み出した、いくつかの事例に言及したい。

二〇〇一年九月一一日は、論議の余地なくもっとも重要な例として際立っている。二〇〇〇年一一月、ジョージ・W・ブッシュは、「国家建設」なしの謙虚な外交政策を約束する綱領によって、大統領に選出された。ブッシュは、クリントン―ゴアの政府をあまりに介入主義的だと批判した――「もし私たちが、世界中に国家建設の使命のために部隊を派遣するのをやめなければ、そのうちに深刻な問題に見舞われるでしょう。だから私は、それを防ぎます。[368]」周知のように、ブッシュ大統領は九・一一のあと、その外交政策を根本的に変えて、アメリカの現代史においてもっとも介入主義的大統領の一人となった。九・一一は、アメリカの国内外政策に巨大な影響を与えただけでなく、重要な結果をもたらしたが、それはたとえばＮＡＴＯの役割や、世界中、とりわけ西洋諸国における安全保障問題、そしてより大きな規模では、中東の政治的地図全体に対してだった。それはすべて、ニューヨークの世界貿易センターのツイン・タワーとワシントンDC付近のペンタゴンへの、同時的テロ攻撃の結果だった。

もう一つの例は、バラク・オバマ大統領がイラクに再度介入し、シリアに部分的に介入すると決めたことである。二〇一四年八月五日から、アメリカはISISと闘うために連合諸国の仲間を集めた。大統領は、「これは長期的計画になるでしょう[369]」と述べた。この決定は、二〇一一年一二月のイラクからの米軍部隊撤収のあとでなされた。オバマ大統領に、イラク領空爆を開始し、イラクにいくらかの部隊を戻すことを動機付けた、決定的要因は何だったのだろう？　それは、二〇一四年七月のISIS創設の一結果として起きたのだった――イラク第二の都市モスルの陥落や、多くのジャーナリスト、とりわけアメリカ人の捕獲の結果である。ジャーナリストたちは斬首され、殺害のビデオがインターネット上で見せられた。今一度、テロ組織によってなされた残虐で野蛮な行為が、アメリカとその同盟国にとって、同一領土からそれらが軍事的撤退をしてからほんの数年後に、新たな軍事介入を始めるのに十分な理由となったのである。

テヘランのアメリカ大使館における、アメリカ人人質の事例（一九七九年一一月四日）も述べよう。この出来事は、ジミー・カーター大統領がロナルド・レーガンに対抗して再選に出馬した際、彼が敗れた一大要因となった。レーガン大統領の在任時期に、ソ連の崩壊によって世界の政治地図が変化した。人質の状況とソ連の失墜の間に、直接的因果関係はたぶんない。しかし、それらの間の相関関係は否定しがたい。同様に、人質事件の結果としてのイランとアメリカ間の敵対的関係という誘因なしには、サダム・フセインがイランに対する戦争（一九八〇―一九八八年）を始めなかっただろうことは、ほぼ確実である。

これらの事例は、イスラム主義のテロリストが国際政治で真の影響力を発揮する能力と、世界秩序を散発的にかき乱す能力をもつことを確証している。

それに核の脅威を加えよう――一部はパキスタンがすでに核兵器を所有しており、イスラム主義者がそのいくつかを獲得するかもという恐怖を生んでいるからであり、また一部にはイランのイスラム主義政権が、どう見ても核兵器の開発途上にあるようだからである。国連安全保障理事会による厳しい経済制裁を受け、またアメリカ・ヨーロッパ連合・日本・その他国家から同様の制裁を多数科されて、イラン政府は二〇一五年七月一四日にとうとう、国連安全保障理事会の五常任理事国及びドイツとともにウィーン協定に調印した。同協定によれば、イランは国連原子力機関（IAEA）による厳重な監視下に原子力施設を抜本的に削減し、核兵器を生産できない状態にすることを誓約した。そのかわりに、制裁は徐々に解除されよう。ウィーン協定は、国連安全保障理事会によって満場一致で採択された（決議二二三一号、二〇一五年七月二〇日）。二〇一一年に、チャールズ・ヒルは、「イラン・イスラム共和国の核兵器プログラムを阻止することは……『核なき世界』に向けた進歩の一前提条件である」[370]と予言した。もし同協定が完全に実施されれば、イスラム主義による核の脅威の削減に貢献するだろう……少なくともしばらくは。

テロリズムや大量破壊兵器の危険性などの物理的脅威に加えて、民主的価値に関わるもう一つの脅威があり、それをイスラム主義のソフトパワーと呼んでも良かろう。これが、ヨーロッパで**シャリーア化**あるいは**ズィンミチュード**の名で通っているものである。ヒジャブ、ブルカ、ハラール・フード、ミナレットに関する周知の討論は、一部のイスラム主義集団が西洋社会の漸進的イスラム化を達成しようと努力していることを示唆する。それは、ヨーロッパにおける極右政党の台頭と、住民間の緊張して疑い深い社会的雰囲気をもたらした決定的要因の一つであった。

このようにイスラム主義は、既存の世界秩序をかき乱し、戦争や危機を誘発し、テロ行為を犯す一定の能力を所有しており、それらを防ぎ対処するには巨額のカネと多くの兵士を要する。イスラム主義者はまた、民主的社会で多くの法律や規範における変化に関係して間接的な影響力を得ており、そうした変化は今や、テロリズムへの反応において、また国家安全保障のために、市民に対して相当大きな支配力を及ぼしている。

イスラム主義は、国際舞台において比較的強い潜在能力を得たにもかかわらず、いくつか深刻な弱点にも悩まされている。おそらく最大の弱点は、イスラム主義が未だ工業化されていない、あるいは十分開発されていない地域で生まれていることだ。国連の報告によれば、イスラム世界は一連の構造的諸問題、すなわち非識字、極貧、女性と児童の抑圧、腐敗、低生産性、そして大きな不平等に直面している。(371)ナチス・ドイツやソ連は工業化され、かなりよく教育された労働力とある種の政治文化を備えていて、それが両国に兵器産業を含む多くの分野で自給自足を可能にしたが、それとは対照的にムスリム諸国は、レンティア〔地代収入に依存する人〕国家として、多くの実質的分野で他の諸国に極度に依存している。それらの唯一の現実的資源は原料、とりわけ石油、ガス、いくつかの鉱物で、それらは国際市場で体系的に兵器として用いることはまず不可能だ。そうした要因の結果として、イスラム主義はナチス・ドイツやソ連がなしたと同じ程度には、既存の世界秩序を未だ脅かしえていない。イスラム主義者が深い依存性を自覚している、まさにそのことが、彼らの一部が通常兵器のかわりに核兵器を獲得しようと試みている理由を、説明すると見ることもできる。

イスラム主義の弱点はまた、その分裂の結果でもある。イスラム主義は一元主義の存在であるが、それは一枚岩的運動ではまったくない。「イスラム主義者は、イデオロギー的にはグローバルな宿願をもっているにもかかわらず、いかなる中心ももたず、いかなる全体的な汎イスラムの急進的指導部も存在しない。(372)」明晰さのために、イスラム主義の宇宙内部の分裂を、次の二つの軸となる柱についてまとめるのが好都合である――一つは二次的な宗教的帰属によって決まるもの、他方は多様な範囲の主張と野心から発するものである。

スンニー派、シーア派、ワッハーブ派

二次的な宗教的帰属の領分では、イスラム主義は三つの主要な支流、すなわちスンニー派、シーア派、ワッハーブ派に分かれている。この分類は完全でも網羅的でもないが、有用である。たとえば、ワッハーブ派はスンニー派の下位宗派であるが、他のスンニー派下位宗派と大きく異なっているので、自律的存在として扱っても良いだろう。スンニー主義は四つの神学的・司法的学派、すなわちハナフィー、マーリク、シャーフィイー、ハンバルに分けられる。ワッハーブ派はハンバル学派から派生しており、イスラムの特別に教条的な解釈をもっている。

スンニー派のイスラム主義者は、イスラム主義者の大多数をなしている。スンニー派の諸運動は、マリからバリ島、ソマリアの砂漠からパキスタンのヒマラヤにまで及ぶ地理的空間を占めている。時系列的には、スンニー派のイスラム主義は、シーア派とワッハーブ派のイスラム主義より古い。第二章（「イスラム主義のイデオロギー的起源」）で、我々はその起源をイブン・ハンバル（七八〇—八五五年）に遡りうることを見た。[373] 現代のイスラム主義は運動として、また組織として、二〇世紀の現象である。それは一九二八年にエジプトで、ハッサン・アル＝バンナがムスリム同胞団を創設したことにより出現したのだ。

イスラム主義のワッハーブ派の支流は、本質的にはサウジアラビアに見られ、より低い程度にはペルシャ湾の諸首長国やコーカサス（とくにチェチェン）と中央アジアの一部にも見出される。ワッハーブ派のイスラム主義は、ムハンマド・アブド・アル＝ワッハーブ（一七〇三—一七九二年）の教えに根差しており、彼はイブン・タイミーヤ（一二六八—一三二八年）に深く影響されていた。他のムスリムの宗派と較べて、ワッハーブ派は一般に特別頑固で、ときに暴力的でさえあることが知られている。九・一一作戦のような未曾有のグローバルで眼を見張らせるテロ行為は、ワッハーブ派のイスラム主義のトレードマークとなった。それは、ムスリムの諸社会で

も残虐行為を犯す。たとえばイラクで、アル＝ザルカーウィ旅団がなした暗殺や人質の斬首の事例、またのちにＩＳＩＳの活動に見られるように。現在、ワッハーブ派と非ワッハーブ派の境界はぼやけており、宗派間の相違は事実上消えてしまった。こうしてアル＝カイダとＩＳＩＳは、様々な宗派的・神学的志向をもつ多くのスンニー派ムスリムを、自分たちの仲間と見なしている。こうした発展は、スンニー派の組織がいっそう超宗派的性格をもつことを証明するもので、それは異なる宗派にわたるグローバルなテロ組織へと発展しつつある。

シーア派のイスラム主義は、主として革命後のイランによって代表され、同国は人口の約八〇％がシーア派イスラムに属している。一九七九年のイスラム革命のあと、イランはイスラムの名におけるテロ活動の活発な中心となった。最初の出来事は一九七九年一一月四日の人質事件で、テヘランのアメリカ大使館の五二名のアメリカ人外交官・職員が、四四四日間幽閉された。レバノンのシーア派イスラム主義集団ヒズボラは、南レバノンのイスラエルによる占領への反応として、イラン・イスラム共和国の援助の下で一九八二年に創設された。イエメンのフーシー派もまた、イランのシーア派政府に支援されており、バハレーンやサウジアラビア王国の東部にあるアル＝アハサ地方のシーア派共同体も同様である[374]。

歴史的に、スンニー派とシーア派の関係は一般に紛争含みだったが、紛争の激しさは政治的文脈によって違いがあった。スンニー・シーア関係は、いわゆる「アラブの春」――とりわけシリア内戦――の、またシーア派のイランの支援を受けたイラクのアル＝マーレキ政府の独占的シーア派政策の一結果として、敵対的かつ高度に闘争的になった。布告されざる戦争が、イランとサウジアラビアの間で進行しており、後者はエジプト、ヨルダン、そして湾岸地域のいくつかのアラブ首長国によって支援されている。

民族的、またグローバルなイスラム主義

あるイスラム主義集団もしくは組織を他と区別する第二の基準は、その目標の範囲である。この基準は、イスラム主義者の二つの範疇、すなわち民族的イスラム主義者とグローバルなイスラム主義者を見極めるよう導く。両集団ともに同じイデオロギーを共有するが、それらの目標の範囲は同じでない。

民族的イスラム主義は、その主張が部分的に民族の現代的概念によって表明される諸運動を擁しており、とりわけカシミール・パレスチナ・レバノン・チェチェンの四地理的領域に見られる。各地域の地政学的文脈により、そうしたイスラム主義集団は民族主義を様々に利用している。ラシュカレ・タイイバ（純粋な軍隊[375]）は、カシミールがインドから切り離され、パキスタンに統合されることを欲する。チェチェンで戦っているイスラム主義連隊の目的は、チェチェンが独立国家になれるようにロシアから分離されることである。ハマスはパレスチナの独立を要求するが、すでに存在する国家、イスラエルの抹消をも主張している。ヒズボラは、イスラエルの抹消という考えを支持するが、さしあたりはすでに存在する国家、レバノン内部での政治的・軍事的支配を広げることに集中している。

グローバルなイスラム主義は、ムスリム同胞団の多様な形態や、イランのホメイニ主義の諸運動、パキスタンその他でのマウドゥーディ支持者、そしてもちろんアル＝カイダやＩＳＩＳのような組織といった諸運動を擁している。それらは様々な速度で、様々な言説によっているが、すべて同じ目標を追求している。その目標は、手短かに言えばイスラムの力と栄光を再興することで、それはすべてのムスリムの領土が非ムスリムの占領者のくびきから解放されたなら達成されるはずなのだ。グローバルなイスラム主義者の言説の一貫性と累積的性格は、その教理のもっとも影響力ある指導者たちの著作に辿ることができる。

イスラム主義はどのように終わるか？

現代の歴史的経験は、全体主義政権は永続的でないことを示している。それらは、最後には崩壊する。テロ組織も、消え去るよう運命付けられている――それは時間と、政策と、それらがさらされる圧力の強さの問題である。全体主義イデオロギーは、一組の思想や信仰としては、政治生活にいかなる現実的影響も与えることなしに生き続ける。こうした想定に基づいて、有用な歴史的経験を通してこの未解決問題を明らかにしようと試みたい。テロリズムから始めるが、それはもちろんイスラム主義のもっとも目立った次元であり、人々の日常生活にいっそう直接的に触れるものである。

オードリー・カース・クローニン教授は、最初二〇〇六年に『国際安全保障』誌に載せた独創的論文として、ついで二〇一一年に本としていっそう入念な形で刊行したテロリズムの終焉に関する研究の中で、現代におけるテロリスト集団の衰退と終焉を広く説明する、（少なくとも）七つの重要な要素を打ち出した。それらの説明要素は、（一）指導者の捕捉あるいは殺害、（二）次世代への移行の失敗、（三）集団の目的達成、（四）正統的な政治過程への移行、（五）政治的支持の減退、（六）弾圧、（七）テロリズムから暴力の他の形態への移行、である。[376]興味深い点は、アル＝カイダ、アル＝シャバブ、ボコ・ハラム、タリバン、ヒズボラ、ＩＳＩＳのような主要なイスラム主義テロ組織は、他の点では広範囲に及ぶこの分類の枠外にあることだ。事実は、あらゆる種類の圧力にもかかわらず、それらがなお活動的であり、局地的また国際的に様々な水準で攻撃を仕掛ける印象的な能力と決意をもち、民間人の間に死をもたらすとともに、重大な物質的損害や破壊を与えているということである。歴史上、これらのイスラム主義テロリスト集団の場合のように、テロ組織と闘うために多国籍で多次元的、かつ洗練されたハルマゲドンが仕組まれたことはなかった。それらの活動は、アフガニスタン・イラク（サダム・フセイン政権の打倒後）・シリア・ガザ・レバノン・ソマリア・イエメンその他で、いくつもの戦争をもたらした。それらの戦争は、まだ続いている。またヨーロッパでは、ヨーロッパのイスラム主義者によるいくつかのテロ行為への反応として、反テロ・キャンペーンも行なわれている。そうした努力のために市民に課された重い財政的負荷は、まったく例外的である。ここでの私の目的は、イスラム主義テロリズムに対する闘争に関わる、あらゆる軍事的・準軍事的な作戦を羅列することではない。それらの作戦の規模の大きさを、それが――今のところ――成功できずにいることを、想起するのみである。そのことは、イスラム主義者のテロリズムを歴史上独特な事例としている。

しかし、イスラム主義者のテロリズムは、単一の存在としてあるのではない。彼らの目的の範囲に応じて、イスラム主義者は限定的目的をもつ者と、限定的目的をもたない者とに分けられる。一般に、限定的目的（独立、分離、権力への参画）をもつテロリスト集団は、アル＝カイダのように「目下の国際的文脈内で達成できるかも知れないような限定的目的をもたない[377]」集団より、いっそう政治運動に変容し易い（たとえば、アイルランドのIRA、イスラエルのイルグン、パレスチナのPLO）。普遍的なイスラムのカリフ政を樹立することを目指すISISには、同様の評価がいっそう当てはまるだろう。この議論は、ハマスのような組織に広げることも可能だろう、なぜならそれは、イスラエル・パレスチナ紛争が将来解決すれば変容するだろうから。フィリピンのアブー・サヤフ、パキスタン・インドのラシュカレ・タイイバ（トイバ）、ソマリアのアル＝シャバブ、ナイジェリアのボコ・ハラムのような地理的に限定され、信頼できる国際的ネットワークをもたない集団の消滅か消耗は、グローバルな目的をもつ組織の場合よりもありそうである。グローバルな宿願をけっしてもたなかったタリバンの運命は、アフガニスタンの和平交渉の運命と直接結び付いている。ヒズボラは、一九八二年のイスラエルによるレバノン侵攻後にイランの革命防衛隊が創設したもので、本質的にイラン・イスラム共和国の代理である。テロ組織としてのその存在は、将来ありうるイランの地域政策の変化に、大きく依存する。

それでは、イスラム主義の政府の衰退または変容という、未解決問題を取り上げよう。それとの関連では、イラン・イスラム共和国（ＩＲＩ）は完成された例をなす。ＩＲＩは新たな政権、最初の成功したイスラム主義革命の成果であるばかりでなく、全体主義政権の性格をすべて備えている――ただし、他の全体主義政権がみな世俗性に基づいていたのと対照的に、強固な宗教的基盤の上に構築されているという、きわめて興味深い新要素をもつ。したがってこの型の調査では、比較のアプローチが大いに役立とう。

他の全体主義政権は、どのように衰退し、あるいは政府の他の形態、たとえば亜全体主義政権へと変容したのか？　ドイツのナチス政権やソ連、イタリアのファシスト政権や毛沢東下の共産中国のような、もっとも代表的な全体主義政権の歴史を見るならば、これら諸政権は、様々な仕方で終わったのが分かる。それゆえ我々は、全体主義政権の変容あるいは衰退の、複合的形態に注目する。

ナチスとファシストの両政権は、歴史上もっとも殺人的な紛争で、五〇〇〇万から八〇〇〇万人以上の死者を出した第二次世界大戦の結果として崩壊した。ソ連は、帝国として、また政治体制として、全般的だがとりわけ経済部門における疲弊が、ミハイル・ゴルバチョフの下での政治的開放（グラスノスチとペレストロイカ）と組み合わさった結果、崩壊した。中国の例は、まったく異なる。一九七六年に毛が死去した後、共産主義政権及び共産党は、一党体制において生き残った。制度を維持しつつも、中国は一九七八年から一九九二年にかけて、鄧小平の指導下に巨大な改革を進め、多くの正統的な共産主義の教義を捨て、中国経済に自由企業体制の本質的要素を組み入れた。こうした改革の結果、中国は今日、世界でもっとも強力な国の一つとなっており、高度に繁栄した経済をもち、世界情勢に大きな影響力を及ぼしている。（こうした主要な全体主義政権の他に、北朝鮮に小さな共産主義政権が存在することは、言及する価値がある。世界でもっとも閉鎖的に鎖国しているこの国は、核兵器をもつ残虐な独裁によって統治されている。）問題は、IRIのようなイスラム主義の全体主義政権にとっては、何がもっともありそうなモデルか?ということだ。この問題に答えるために、上のモデルを一つ一つ、IRIの場合と比較してみよう。

ナチスとファシストのオプションから始めよう。ナチス・ドイツやファシストのイタリアと違って、IRIはその隣国に対して意図的に戦争を仕掛けはしなかった。革命直後の数ヶ月に、アヤトッラー・ホメイニとその政府が反バアス、反サダム・フセインのレトリックを解き放ったのは本当だ。しかし、それは単なるレトリックで、いかなる敵対的軍事行動も伴わなかった。サダムの軍隊こそがイランを攻撃して、八年にわたる戦争を始めたのだった。その戦争はイスラム主義政権を破壊せず、反対にIRIの確立に大いに貢献した。アヤトッラー・ホメイニが述べたように、「その戦争は神の贈り物だった。」のちの二〇〇三年、アメリカ主導の連合諸国がイラクに侵攻した直後、イラン政府はアメリカの侵略がありうるとの危険を感じた。その脅威を懸念し、イランは実際に核計画を中断した。二〇〇三年という年は、イランが、イラク侵攻に続く一年目の軍事的成功の結果として、アメリカによる耐えがたい圧力——おそらくは軍事攻撃さえも——の下におかれるのを避けようとし、予防的政策に従おうとしたことを明らかに示している。しかしイラクにおける状況の悪化と、アメリカ人が直面した大きな困難により、イランへの攻撃の危険は霧散した。マフムード・アフマディネジャドの大統領時代（二〇〇五—二〇一三年）、イランは核計画を再開し、今回は急速に行なった。この政策のゆえに、国連は〔憲章の〕第七章に基づくイラン関係諸決議を採択し、それらはイランに対する戦争を導く可能性があった（二〇〇六年七月三一日の決議一六九六号、二〇〇六年一二月二三日の一七三七号、二〇〇七年三月二四日の一七四七号、二〇〇八年三月三日の一八〇三号)。それは、アメリカやEUの制裁と組み合わさって、イランで経済危機を創り出す水準に達した。戦争の危険は、二〇一五年七月一四日のウィーン協定(前述)によってふたたび消えた。これらすべての要素を考慮して、我々は、ナチス・ドイツやファシストのイタリアの破壊と同様なIRIの破壊の可能性は、ほとんど存在しないと結論して良かろう。

ゴルバチョフ流のソ連の変容は、第二の可能なオプションである。実際、改革志向のムハンマド・ハタミが大統領に二期選ばれて(一九九七—二〇〇五年)、このオプションは大勢のイラン人及び西洋諸国によって広範に期待された。しかし、その方向での多くの試みにもかかわらず、ソ連式の改革は生じなかった。それどころか、反対のことが起こった。イランの最大限綱領主義者の巨大な圧力により、過激な立場で知られるマフムード・アフマディネジャドがまず二〇〇五年、ついで二〇〇八年に二期選ばれた。二〇〇八年の彼の再選は非常に疑義が出され、そのために主要都市で流血のデモが煽られ、二人の革命功労者が逮捕されて(イスラム議会の前議長だったメフディ・カッルービと、八年にわたる前首相だったミール・フセイン・ムサヴィ)今も不法に自宅軟禁されている。二〇一三年にハッサン・ローハニが大統領に選ばれて、改革の希望がしばらく浮上したが、その方向での具体的行動を何ら伴っていない。自分を改革主義者と宣言したハタミ大統領と違って、ローハニ大統領はけっして改革主義者だと主張したことがないと言って差し支えない。彼の最優先事項は、世界におけるイランの地位の向上と、イランに科された経済制裁の解除であったし、今もそうだ。国内改革、すなわちイランの市民社会の拡大、初歩的権利の尊重、市民の自由に関しては、彼の政府の記録は実に貧しい。彼が大統領になってから処刑の数が増えたし、法律家・ジャーナリスト・教師・労働者の投獄は中断なく継続している。それは、ゴルバチョフ・モデルがイランではまだ役立っていないことを意味する。(378)

中国の改革プログラムの基本的考えは、体制の構造をそのままにしながら体制の中身を取り除くことにある。中国モデルでは、マルクス主義が指導的イデオロギーであり、共産主義がその政治的実現である。中国の改革主義者は、共産党を、巨大で複雑な帝国の行政と統制に必要な道具として維持したが、同時に社会的プロジェクトとしての共産主義を資本主義と取り替えた。イランでは、中国モデルの路線によるイスラム主義体制の改革を支持する声がある。しかしそうしたモデルは、イランではいくつかの深刻な障害に出会う。第一に、中国の構造は単一政党体制に基づくが、それはイランには存在しない。そのことは、政党が提供する権力機構なしに、体制を現在の形態で維持することをきわめて困難に、おそらく不可能にさえ、する。イランの構造は漠然としていて、かつきわめて分断されている。全体制が唯一の人物、すなわち指導者の周りに築かれている。それは、中国で起こったように体制を改革し、同時に指導者を維持するということは、不可能であろうことを意味する。その結果本物の、有効な構造が欠けているために、指導部の廃止が不可欠になる。言い換えれば、レジームを変えることが必要なのだ。歴史的に、レジーム交代は戦争、革命、あるいはクーデタを通じて起こっており、平和的にはまれにしか起きていない。

やはり中国の状況と対照的に、イランのイスラム主義の改革主義者は、鄧小平のプロジェクトと同様の包括的改革綱領を定式化し、提案したことが一度もない。彼らはまた、鄧小平のように強力でカリスマ的な指導者を欠いている。「改革主義者」の大統領、ムハンマド・ハタミは、退屈で優柔不断な人物だった。彼は簡潔に、自分の役割は管理者（タドルクチ）以外の何物でもないと語った。それは、イスラム主義の過激派もイスラム主義の改革主義者も、レジームの根本的側面に、また追求すべきイデオロギー的目標にも、合意しているということを意味する。それゆえ大事なことは、中国で起こったように傲慢なイデオロギーを抑制し、飼い慣らす仕方を見出すことではない。イスラム主義の改革主義者は、イデオロギー的重荷から逃れるのに苦労している。彼らは、同じイデオロギーの中に解決を見つけようとする。新大統領のハッサン・ローハニは、ハタミに支持されているが、一度も改革を訴えたことがない。彼が宣言した最優先事項は、核問題で合意に達することだった。まさしく改革綱領の欠如と有能な指導者の不在のために、イスラム主義の改革主義者はイデオロギーの重みを減らし、民族的利益を推進する道を見つけられずにいるのである。

中国モデルの線に沿った改革の可能性を、いっそう複雑にする第三の障害は、イランで革命防衛隊（パスダラン）が占めている不釣り合いな地位に見出される。一部の学者は、パスダランの動きを「革命防衛隊の忍び寄るクーデタ」[379]と名付けた。「単一の世界共同体」という目標の実現を助けるために、指導者（**ラフバル**）は「イデオロギー的軍隊（**アルテシェ・マクタビ**）」を手元においている。それはおそらく、次の二つの義務をもつ世界でただ一つの軍隊である――「（一）国の境界の防衛と保持、そして（二）神の道においてジハードのイデオロギー的使命を果たすこと、すなわち神の法の主権を世界中に広げること。」大胆に言えば、軍事的ジハードがイラン軍の憲法的義務なのである。[380]時間とともに革命防衛隊は経済的巨人となり、石油・ガス産業、軍事産業、テレコミュニケーション・ネットワーク、きわめて儲かる輸出入ビジネス、社会的住宅の供給、消費財の生産といった、広大な諸部門を支配するようになった。それはまた、イランの核開発事業でも決定的役割を果たしている。[381]これらすべての要素によって防衛隊は強力な団体的存在となり、レジームがいかなる改革の試みも行なわないようにしておくことを利益とする。

第四の、最後の障害は、中国とイランにおけるイデオロギーの性格の相違に存する。マルクス主義は人工の構築物で、世俗的イデオロギーである。中国共産党の総書記は、神聖な人物ではない。もちろん、「毛崇拝」は毛を超人間的人物に変容させたが、それは彼に限られていた。イランの指導者は、お隠れのイマームの使者として超自然的人物である。さらにシーア派の神学においては、宗教の解釈は、シーア派神学者の選ばれた集団の独占物であり続けている。外部者による解釈は非難される。ここでも、シーア派神学者による宗教的教理の新たな解釈を通じての改革は、彼らが自分たちの力・地位・特権の土台を意図的に廃止することを決めない限り、考えられないと思われる。中世のヨーロッパの教会史から、我々は、僧職者は闘わずして権力を譲ることはないと気付く。それゆえ、共産中国で鄧小平と彼の仲間がやったように、イスラム主義のレジームを現形態で維持しながら、同時にその中身を取り除く可能性を信じることは難しい。変化は、イデオロギー的信条と現役の統治者の具体的な物質的利益との間に、深刻な矛盾が生じたときにのみ起きるだろう。それは、まだ起きていない。

いずれにせよ、ＩＲＩが宗教的な全体主義政権から新形態の政府へと転落、あるいは比較的平和的に変容することは、歴史上完全に前例のない事例となろう。そうした変容が起きるとすれば、上に検討した諸モデルとはまったく別な仕方で生じるだろう。しかし、国内政策の変化がありそうもないと判断することは、ＩＲＩの外交政策における変化の可能性をかならずしも排除しない。同様の状況が、ニキータ・フルシチョフの下でソ連にも、また毛沢東の下で中国にも生じた。一九六〇年代のソ連で、フルシチョフは平和共存の教義を提出することにより、西側とソ連の関係を改善する主導権を握ったし、それは東西間のデタントの開始をもたらした。フルシチョフ同様、毛主席は一九七〇年代初めに、米中関係を正常化するためのニクソン＝キッシンジャー提案を歓迎した。両ケースともに、国内状況は変化せず、外交政策は、イデオロギー優先を民族的利益優先に置き換えることで変化した。したがって、世界がＩＲＩの外交政策に同様の変化を目撃することは、考えられなくはない。そうした変化は、自発的には起こらない――それには、国家Xが、現状を維持することは耐えがたいと認め、状況が変化しないままだと厳しい罰を受けるリスクを冒すような条件の整うことが要求される。我々は、ＩＲＩがいくつかの場合にある程度の柔軟性を示し、政権が好んだ解決ではない結果を受け入れるよう余儀なくされたことを観察できる。

それに関連して、三つの事例に短く触れておこう。最初の事例は、イラク・イラン戦争である。一九八八年に、サダム・フセインのイラン攻撃は、ホメイニによって「神の贈り物」（ネマテ・エラーヒ）として祝われた。しかし最終的には、国民の極度の疲弊と十分な装備の欠如により、同じ神の贈り物が「有毒の杯」（ジャーメ・ザフル）に転じて、ホメイニは、一九八七年七月二〇日に国連の決議五九八号を、続いてイラクとの停戦を受け入れることで、その杯を飲まねばならなかった。

これは、独特の事例ではなかった。ラシュディ事件にも同様のシナリオが見られた。イラン当局は最初、ホメイニの死刑命令に関連していかなる譲歩もなすことを断固拒否した。当時のEU一二加盟国の一致した決定に直面して、イランの外相は、少なくともイラン政府は、けっしてラシュディの命を奪おうとはしないと宣言した。もう一つの例は、アメリカから耐えがたい圧力を――さらには軍事的侵略さえも――受けることを避けようとして、二〇〇三年にウラン濃縮計画を中断したことだ。第四の例は、イランに対する（上述の）厳しい制裁がイランを交渉の席に着かせ、二〇一五年七月のウィーン協定をもたらしたことである。

四事例すべてにおいて、イランの態度変化の真の原因は圧力であった。第一の事例では、資源の枯渇が、ホメイニにイラクとの戦争終結を強いた。次の二事例では、恐怖と国際的圧力が、イランの政策変化の決定的要因だった。最後の事例では、それは経済危機と軍事攻撃の恐れの組合わせだった。

結論

要約すれば、スンニー派・シーア派・ワッハーブ派のイスラム主義者間にいくつか重要な相違があり、相互の敵意さえあるにもかかわらず、彼らはむしろより多くを共有している。彼らは、イスラムの全体主義的性格に信をおき、同じ究極的目標（一つのグローバルな**ウンマ**）を目指して努力している。さらに彼らは、強い反西洋感情と、暴力的行動手段の使用を促している。これらすべての要素は、それら三つのイスラム主義的宗派集団間に、暗黙の戦略的同盟が存在することを指し示している。結局のところ、一方でサウジアラビアと、他方でイランのシーア派イスラム主義政権やアル＝カイダ、ＩＳＩＳ、さらにはムスリム同胞団の急進的部門のような組織とは、区別されなければならない。どちらもイデオロギーでは、また政治的体制や組織としては全体主義的であるが、前者は西洋を敵と見なさず、リヤドの政府は世界の安全を脅かさない。しかし後者の集団は、政治的実体としての、かつ腐敗し傲慢な文化としての西洋への、敵対感情で活気付けられている。同じ理想を共有し、同じ手段を用い、外部世界に対して同じ連帯と敵意のパターンを育んでいる。イスラム主義のグローバルな世界秩序と、ウマイヤ朝、アッバース朝、さらにはオスマン帝国にも匹敵するイスラムの普遍的政府の創造は、現在の世界秩序と明白な矛盾を来す。新たなイスラム帝国の実現を予期させるものは、何もないと思われる。イスラム主義者が相互に敵対的な分派へと深く分裂していることは、それ自体このユートピア的理想にとってのもっとも効果的な障害である。もしこの評価が正しければ、我々は、将来イスラム主義国家（イラン）、疑似国家（タリバンとＩＳＩＳ）、そしてイスラム主義諸組織の不可避的破壊、あるいは変容を予期すべきだ。過去数年間我々は、とりわけ二〇一三年に〔エジプトの〕モハメド・モルシ大統領が排除され、他の著名なムスリム同胞団員とともに投獄されて以来、ムスリム同胞団組織の緩慢な衰退を目撃してきた。チュニジアのイスラム主義運動アル＝ナフダは、異なる選択をした。民主的過程に参加することを決めたのだ。それとの関連で、イスラム主義のテロリズムは、バーダー＝マインホフ・グループ、赤い旅団〔ブリガーテ・ロッセ〕、アクション・ディレクトのような他の〔ヨーロッパの〕テロリスト集団が行なったものとは対照的に、中東及び西洋の諸社会にとってもっとも目立った脅威をなすことに注意すべきである。世界秩序を変えることができないので、イスラム主義のテロリストは、住民の普段の生活をかき乱そうとする。テロ集団との経験から、情報機関は、断固として強力な政策がテロリズムと闘うためのもっとも効果的な道具だと確言している。そのような政策は、情報機関の健全な構成、調整、財政措置、そして忍耐を要求する。

第九章　イスラム主義――新たな全体主義

これまでの諸章で、全体主義イデオロギーとしてのイスラム主義の多様な側面や次元を論じてきた。この結論の章では、全体主義的なイデオロギーと政権の仲間の中で、イスラム主義を独自の範疇としている、特定の全体主義的性格を概説しようとする。

西洋の全体主義の多様な具現――ボルシェビズム、ファシズム、ナチズム――は、指導者のカルト、単一政党体制、イデオロギーの決定的役割、国民の精神と身体の統制、及び統治手段としての暴力の体系的使用等、多くの重要な特徴を共有する。それらの間の相違は、それほど大きくない。ファシズムが当初から全体主義的だったか、それとも一九三八年までは全体主義的にならなかったか、[382] スターリンは権力行使に細部にわたって介入したが、ヒトラーはもっと離れた態度をとったとか、[383] そうした区別はナチズムとボルシェビズムを政府の異なる二範疇と考えるのに十分ではない。イスラム主義も全体主義であり、西洋の全体主義と多くの傾向を共有している。しかしある重要な一点で、イスラム主義は全体主義イデオロギーの中で新たな範疇として立つ。イスラム主義は、宗教に着想を得たイデオロギーであり、他方西洋の全体主義は、西洋の思想家や学者の間で、非宗教的イデオロギーに一種の宗教的なオーラをもたせようとする傾向があったという事実にもかかわらず、性格が世俗的である。ジャン＝ジャック・ルソーは、**『社会契約論』**において、いかなる近代社会にとっても本質的な道徳的・精神的基盤であると彼が見なすものに、「俗人の［シビル］宗教」として言及している。[384]

明晰さを目的として、我々は、イスラム主義の明確で包括的な定義を必要とする。私はイスラム主義を、**イスラムの全体主義的解釈に基づいており、宗教に着想を得たイデオロギーで、いかなる手段を用いても世界を征服することを最終目的とするもの**と定義する。

イスラム主義の宗教的性格は、象徴や儀式にとどまらない。それは権力の正当化、政府の行動、民衆の忠誠、大衆動員の手段、そして友人と敵の定義において、現実的かつ重要な結果を招来する。

すべてこうした要素は、全体主義クラブのこの新入りにとって、新たな範疇の創設を有用とする。この新入りにとって、もっとも適切な名前、称号は何だろうか？「宗教的全体主義」か？「イスラム主義の全体主義」か？「新全体主義」か？　これら三つの可能な名前は、いずれも条件付きで候補になろう。しかしいかなる誤解も避けるためには、イスラム主義の全体主義がもっとも穏健で、十分適切な呼称であると私は思う。

イスラム主義と西洋の全体主義の間の類似性と相違をよりよく把握するために、イスラム主義に西洋モデルを突き付けるより先に、まず西洋の全体主義の三つの主要な具現（ボルシェビズム、ファシズム、ナチズム）に共通する、もっとも有用な特徴を描写しよう。

古典的全体主義の一般的特徴を見極めるために、ハンナ・アーレントから始めるが、彼女の意見では、全体主義政権はアリストテレスのよく知られた政権の三範疇——一統治者もしくは専政、数名の統治者もしくは貴族政、多くの統治者もしくは民主政——とはっきり異なる、政府の新たな形態をなしている（表9-1を参照）。これらの三範疇は、モンテスキューによってそれぞれ専制主義、君主政、共和国と再定式化された。アーレントは、モンテスキューの諸範疇に対して立論しているのだ。しかしそれら諸政権の形態の問題は、ここではそれ

表9-1　アリストテレスによる政府の形態の三範疇

	正規	逸脱
一人の統治者	君主政	専政
数名の統治者	貴族政	寡頭政
多数の統治者	政体	民主政

表9-2　ハンナ・アーレントによる政府の形態の諸類型

	形態	行動原則
モンテスキューとアーレント	共和政	徳
	君主政	名誉
	専政	恐怖
アーレント	全体主義	テロル

ほど重要でない。真の相違は、諸政府それぞれを動機付ける行動原則に存するのだ。アーレントにとっては、君主政における指導原則は名誉であり、共和政においては徳であり、専政においては恐怖であるが、全体主義の指導原則はテロルなのである[385]（表9－2参照）。この記述の前に、彼女は「全体主義的政府の本質である全面的テロルは、人々のために存在するものでも、人々に反して存在するものでもない。それは人々の運動を加速するために、自然あるいは歴史の諸力に、比較不能な道具を与えるとされるのだ」と強調している[386]。

恐怖とテロルとの間には、重要な相違がある。恐怖は、諸個人が権力のピラミッドの頂上におかれている唯一の人、または多数の人を恐れる状況を指す。恐怖は、垂直的であるに過ぎない。対照的にテロルは、垂直的かつ水平的である。誰もが頂上の指導者を恐れるだけでなく、各個人は他のすべての人を恐れる。それは、広大で水平的な恐怖である。この精神において、アーレントは全体主義的政府の次の定義にたどり着く――「政府の一形態で、その本質はテロルであり、行動原則はイデオロギー的思考の論理性である。」[387] フランソワ・フュレは、新たな政治体制としての全体主義の新奇性についてアーレントに同意し、次のように述べている——「レーニンとヒトラーの両方の政権は、歴史上先例がなかった」[388]し、こうした政権はアリストテレス、モンテスキュー、マックス・ウェーバーには未知のものであったと。[389]

ハンナ・アーレントとは反対に、フアン・J・リンツは、テロルは多くの非全体主義政権を特徴付ける要素でもあるとして、それを全体主義の定義に加えない。[390]しかし彼は、全体主義体制におけるテロルは多くの特別な特徴をもち、それに独特の性格を与えていると認めており、またテロルは、彼が素描する全体主義の三つの中心的特徴の、避けがたい、あるいは必然的な結果ではないけれど、ありがちな結果であるとも主張する。リンツは、ある体制を全体主義的と性格付けるのに必要と定義される、次の三つの次元は維持している（そして重要なことに、それらは別々には非民主的政権の他の型にも見出しうるが、それらが同時に存在することが体制を全体主義的にするのだと書いている）——

—権力の一元的、しかし一枚岩的ではない、中心——制度あるいは集団の多元主義が存在する限り、それは正統性をその中心から引き出しており、［かつ］ほとんどは先行した社会の力学の副産物というより、政治的な産物である。

—排他的、自律的で、かつ多かれ少なかれ知的に精巧なイデオロギー。統治集団や指導者、［そして］指導者たちを支える政党はそれを信奉し、政策の基礎として、またそうした政策を正当化する操作のために用いる。このイデオロギーは単なる政治綱領以上のもので、何らかの究極的意味、歴史的目的の感覚、社会的現実の解釈を提供すると想定されている。

—政治的・集合的な社会の諸課題への市民参加、そして積極的動員が、単一政党、［また］多くの独占的な二次的集団を通じて励まされ、要求され、報われ、かつ導かれる。そうして受動的服従やアパシーは、統治者によって好ましくないと見なされる[391]。

カール・J・フリードリヒとズビグニュー・ブレジンスキーは、より簡潔な仕方で全体主義の主要特徴を描写している。彼らにとって全体主義は、次の六つの相互に関連する特徴のパターンによって定義される――イデオロギー、典型的には一人の男によって指導される単一の大衆政党、テロリスト的警察、コミュニケーションの独占、兵器の独占、そして中央から指揮される経済である[392]。

同じ特徴が、レーモン・アロン（一九六五年）、フランソワ・フュレ（一九九九年）、イアン・カーショウとモシェ・レウィン（一九九七年[393]）、その他大勢の全体主義専門家によって反復されている[394]。

そうした特徴をイスラム主義に適用すると、イデオロギー、テロ、神学的主張といった要素は備わっている。単一政党体制や中央が統制する経済といった他のいくつかの要素は、同一形態では存在しない。

全体主義体制においては、イデオロギーは大衆動員のための強力な道具であるとともに、正統性の源泉である――指導者あるいは統治集団の使命感の源泉だ。この意味でイスラム主義は、単に神学的信仰、私的な祈り、儀式的崇拝といった狭い意味における宗教である以上に、政治的・経済的・社会的行動を導く、人生の生き方すべてであると見ることができよう。イスラム主義者は、選択的な仕方でイスラムのいくつかの要素を取り上げ、イデオロギー的指針に仕立てる。イスラム主義は、実際にイデオロギーの全要件を満たしているが、純粋なイデオロギー的次元を超えて、イデオロギーのまさに神髄を神聖化するのであって、それはイスラム主義に神秘的次元を与え、いっそう洗練された現象にさえするのである。正統性の問題を、取り上げてみよう。世俗的全体主義政権は、その正統性が国民（ドイツでは**フォルク**）あるいは国民の一部（共産主義政権ではプロレタリアート）から生まれると主張し、そうした場合の正統性は現世的である。イスラム主義者から見れば、正統性は神秘的権威（アラー）によって左右されるのであって、それが政府の決定の正当化に影響する。世俗的全体主義政権は、決定を「合理的」論議によって正当化する。収容所列島〔ソ連の強制収容所群〕やホロコーストのような、もっとも恐るべき冷血的行為でさえ、神のような神秘的権威に言及することなく、現世的論議によって正当化された。この場合、行為への責任は統治者の肩に掛けられている。イスラム主義政権は、自分を現世的あるいは合理的正当化から除外している。イスラム主義の統治者は、自分は「摂理」の代理人であり、その使命は「アラーの使者」の宗教を適用することによって、アラーの意志を成就することだと考えている。こうして、統治者あるいは司令官あるいはイスラム主義テロリスト集団の指導者は、彼のなす決定の責任を回避している。イスラム主義者がとる行動は、彼らには宗教的義務と見なされており、信仰者やイスラム主義政権に服従させられている他の者すべては、命令の実行に自ら関与する義務を負い、すべての個人に積極的参加が要求されているのである。

ある政権のイデオロギーが無傷で、確固としていて、訴求力がある限り、その政権は大きな問題もなく継続するだろう。表面的には、全体主義イデオロギーは単純化され、一般国民に理解しやすい──「資本主義は搾取だ」、「帝国主義は資本主義の最高段階だ」、「アーリア人は他の人種より優れている」、「ユダヤ人は陰謀を企んでいる」、「万国の労働者よ、団結せよ」等々。イスラム主義のイデオロギーも、さして洗練されてはいない──「イスラムが解決だ」、「イスラムは攻撃されている」、「西洋はイスラムに対して陰謀を企んでいる」、「アメリカは大悪魔だ」等々。イデオロギーはまた、大衆を動員する強力な道具として、また諸個人を統制する効果的手段として用いられている。全体主義政権による諸個人の統制は、身体の統制に限られない。いかなる全体主義政権にあっても、真の狙いは民衆のアイデンティティーを、新たに構成されたアイデンティティーによって置き換えることである。そうすることで、国民の統制という課題ははるかに容易になり、時にはもはや必要でなくなる。

日常の語彙、歴史的参照事項や伝説、伝統的儀式、さらには個人の名前さえも置き換えることは、全体主義政権のよく知られた慣行である。「純粋な人種」、「強力な男」、「ソビエト人〔ホモ・ソビエティクス〕」は、ヒトラー、ムッソリーニ、スターリンの目的だった。イスラム主義者は、まさに同じことを行なっている。彼らが、イスラムとは異なり無縁と考えたものはすべて――本、名前、映画、芸術、詩等々――、体系的に撲滅される。服装、食事、飲み物、夢見、親密な関係でさえ新たな規範、すなわちイスラムの規範によって規制される。それとの関連で興味深いのは殉教（シャハーダ）カルトで、イスラム文化にきわめて特有のものである。新たなアイデンティティーを発見する行程で、究極的かつ至高の局面は、殉教者（シャヒード）になることである。他の全体主義政権も「殉教」を有するが、イスラム主義の殉教の特殊性はその宗教的性格にあり、それは非宗教的な全体主義政権には見られない。加えてイスラム主義イデオロギーには、政治的に死者願望的な傾向が、世俗的全体主義イデオロギーよりはるかに顕著である。エーリッヒ・フロムは、有名な著書『**破壊――人間性の解剖**』（一九七三年）において、アドルフ・ヒトラーの強い死者願望的傾向を詳述した。ヒトラーの場合、死者願望は人格的特徴で、イデオロギー的特徴ではなかった。イスラム主義においては、死者願望はイデオロギーそれ自身に根付いている。アラーの道で死ぬことは、ムスリムが達成しうる最高度の至福であると祝福され、認められている。俗世の生活は、それ自身何の価値もない。それは、アラーが勧める義務のために使われれば、そしてその時にのみ、価値をもつ。殉教は、もっとも栄光ある義務とされている。コーランが言うように、殉教者は死んでいない――彼はアラーの前で生きていて、養われているのだ（第三章詩篇一六九）。それゆえ戦争は、イスラム主義者の眼にはまったく新たな意義を得る。アラーの道での戦争は、単なる「戦争」ではない。それは一般に「聖戦」と訳されるジハードであり、それがイスラム主義を好戦的イデオロギーに似たものとしている。

イスラム主義政権は、扇動・デモ・動員なしにはまず生残り得ない。動き続けることが、イスラム主義の機構を活動的に維持するために不可欠である。しかし、あらゆる種類の運動が許されるわけではない――政権の多重的業務によって組織され、統制される扇動やデモだけが許可を与えられるのだ。他はすべて、厳しく抑圧される。

扇動は、目的をもたなければならない。好まれる目的は、いかなる悪意に対しても政権の支持者が警戒し闘おうとしていると、敵に示すことである。全体主義政権が「敵」に取り憑かれていることは、周知の現象だ。イスラム主義政権においては、この強迫観念がいっそう強まり、敵はイスラム国家の敵であるばかりか、何よりもまずアラーの敵なのである。

イスラム主義政権の下では、真実とは指導者あるいは司令官――アヤトッラー・ホメイニ、その後継者アリー＝ハメネイ、アル＝カイダの故オサマ・ビン・ラーデン、ムスリム同胞団の**ムルシド**（案内人）、あるいは自称カリフ（アブー・バクル・アル＝バグダーディ）さえもの形を採る――によって選ばれるイスラムのバージョンである。イスラムの他のすべての解釈は、誤解を招くものと宣言されるか、外国列強やイスラムの敵によってでっち上げられたものと言われる。それは、イスラム主義の統治のまさに存在理由である宗教でさえも、イスラム主義の統治の恣意性の犠牲となることを意味する。宗教は、宣伝、大衆動員、政治的決定や反対者処刑の正当化のための、単なる道具に貶められている。モスクや準軍事的部隊（バシジ）において、この「公認」イスラムの周囲に巨大で集権的なネットワークが織りなされ、指導部の命令でいかなる瞬間にでも行動する用意ができている。指導部の命令は、ただちに全国（イランの場合）、領土の一部（イラクとシリアのイスラム国すなわちＩＳの場合）、あるいは組織全体（アル＝カイダやアル＝シャバブの場合）に伝達され、拡散される。イスラム主義の全体主義の、もっとも精巧な形態をなすイラン・イスラム共和国においては、各モスクに中央委員会がイマームを注意深く選んで任命し、彼は命令の執行に責任をもつ。モスク関連の諸協会（ヘイアト）と協力し、イマームの部下はデモや扇動、反対派への攻撃を準備しなければならない。それら多数の協会は、敬われているシーア派の人物にちなんで名付けられている（ザフラ、アボルファズル、フセイン等々）。ヘイアトは、地元名士の特定集団の利益を反映する。全体制は、牽制と統制に基づいている。組織されたデモや集会に出てこない者は連絡を受け、欠席の理由を尋ねられる。有効な弁解ができなければ問題となりうえ、物質的・社会的特権の剥奪――現金支給の削減から大学の教職等への採用拒否、メッカその他の神聖な場所への巡礼不許可、結婚に関わる支援取消し、サークルからの全面的排除に至る――に繋がりうる。

イスラム主義の場合に単一政党体制が欠如していることは、イスラム主義の全体主義のもう一つの大きな特殊性をなす。スターリンとその後継者の下での共産党の圧倒的な政治的重要性や、ヒトラーの下でのドイツにおけるナチス党の巨大な権力を、喚起する必要はない。我々は、イスラム主義の統治下でそうした政党に対応するものは、一九七九年の革命以来のイランでも、タリバンの下でも、あるいはサウジアラビアにおいても、いかなる点でももっていない。

この型の社会で単一政党体制が欠如していることは、本質的に、権力の獲得・維持・行使が政党――不在であるか無意味な――から完全に独立しているという事実によるものだ。それとの関連で我々は、レーニン・ヒトラー・ムッソリーニはいずれも政党指導者だったことを想起しなければならない――彼らは、その党機構の脈絡内で権力を握ったのである。ホメイニの場合はそうではなく、政党でなく宗教の指導者だった。ホメイニが設置し、存在し続けている政府の政治的・宗教的体制は、政党体制の外で作動していることも注目すべきである。

さらに西洋の社会では、政党の創設は、とりわけ経済の急速な産業化による階級形成から、自然に発展したものだった。イスラム主義が目立つ諸国における階級形成は、一般にきわめて弱い。レンティア国家が存在し、そここでは統治者が強く、国民が弱くて国家の寛大さに依存していることや、部族主義が政治的配列に影響していること、混乱した課税制度、宗教的文化の深い影響が世俗的な政治的競争にあまり類縁性をもたないこと等が、真の政党の形成を妨げている要因のうちに数えられる。それらは名前だけの「政党」で、現実的な組織的枠組み、あるいは明確な綱領をもたず、信頼できる党員ももたず、とりわけ自律性をもたない。もし、公式政党とやや異なる立場を採る外部の諸政党が現われたら、それらは抑圧され、非合法と宣言されるだろう。全体主義政権における単一政党体制は、二つの重要な機能、すなわち政治的・イデオロギー的に政府機関を監視することと、権力にとどまるための必要条件である大衆動員を行なうことを担っている。イスラム主義の文脈においては、第一の機能を担う組織体が何もない。にもかかわらず、イスラム主義の統治者は集団、モスク、宗教的協会、団体、労働者、学生、作家、詩人、殉教者の家族の、強力なネットワークを直接利用できる立場にある。この手段と道具の武器庫は、強力な国家機構（文民及び軍事官僚の）と二重になっており、統治者の動員機械を構成している。イスラム主義者の機械は、広大で多様な機関をもち、異常な正確さで大衆を動員できる巨大なタコのようだ。他のファシスト政権同様、イスラム主義政権はいかなる自発的示威行動も許可しない。どの示威行動も、政権の直接的統制下に組織される。イスラム主義の統治者は、統制不能となるのを恐れて、いかなる非公認デモも暴力的に抑圧する。イスラム主義の暦は宗教的だから、イスラム主義の統治者は祝賀やデモの用事がずっと多いので、動員の程度は西洋の全体主義の暦――市民的行事のみからなる――が許すものより高度になる。金曜の祈禱、無数の宗教的行事（とりわけシーア派の文脈での）、通常の政治的動機による記念日が、政権の強固さを固め、政権の民族的・国際的「敵」を攻撃し、革命の活力と、いかなる犠牲を払ってもそれを防衛する用意を示すために利用されている。もし、ふたたび西洋の全体主義の単一政党体制を、この無政党体制（上述の**ヘイアト**の巨大ネットワークのようないくつかの散漫な集団は存在するが、それらはいかなる真の政党にも比較しえない）と比較するならば、政党の欠如は、イスラム主義の統治者の手中にある権力の大きさを増すだけでなく、西洋の二重体制のいくつかの否定的側面を除去していることが観察される。政党の機械・機構の欠如は、指導者の手中にある膨大なネットワーク体制——彼自身の事務所（ベイテ＝ラフバリ、指導部の家）が管理する——によって補われているのである。

しかし、政党抜きのイスラム主義体制は耐衝性のある体制ではない。この体制内で、相当数の対決（政治的・経済的・文化的、そして神学的対決さえも）が起きている。様々な分派間のもっとも目を見張らせる政治的対決は、二〇〇九年の大統領選挙の途中で起こった。一九七九年革命のあとで生まれた当初の政治体制は、ピラミッドの形にデザインされた。この構造の頂上は三つの階層的水準、すなわち（一）指導者、（二）大統領、（三）革命防衛隊（パスダラン）によって構成されていた（現在もそうである）。

この特殊な体制において、専門家会議（マジュレッセ・フブレガネ・ラフバリ）によって指名される指導者は、公式にも実際にもすべての権力を手中にし、その強力な権威を逃れる権力共有は見られない。読者は、イラン憲法が指導者に与える特権を注視し、それを、結局のところ普通選挙を通じて直接「選出」される共和国大統領に分かたれた、ほとんど存在しない特権と比較してみられたい——

第一一〇条

指導部の義務と権力は以下の通りである——

1．公益判別会議（ショライイエ・マスラヘテ・ネザーム）との協議を経て、イラン・イスラム共和国の一般政策を策定する。

2．体制の一般政策の、適切な実施を監督する。

3. 国民投票のための、命令を発する。
4. 軍隊の最高指揮権を担う。
5. 戦争と和平を宣言し、軍隊を動員する。
6. 以下の者の任命・罷免・辞任の承諾を行なう――
 1. 監督者評議会のフカハー［聖職者］
 2. 国の最高司法当局
 3. イラン・イスラム共和国のラジオ・テレビネットワークの長
 4. 統合幕僚長
 5. イスラム革命防衛部隊の最高司令官
7. 軍隊の三翼間の相違を解決し、それらの関係を規制する。
8. 従来の手段では解決できない問題を、公益判別会議（ショライエ・マスラヘテ・ネザーム）を通じて解決する。
9. 国民による共和国大統領選出を、命令に署名して正式なものとする。共和国大統領候補が、憲法に規定された資格に照らしてふさわしいか否かは、選挙前に監督者評議会によって確認されなければならない。［大統領制の］第一期については、指導部がそれを行なう。
10. 共和国大統領が、最高裁判所によって憲法上の義務違反を認定された場合、あるいはイスラム諮問評議会が憲法第八九条に基づいてその無能判定を可決した場合、わが国の利益を適切に考慮して罷免する。
11. 司法権の長からの［その趣旨の］勧告に基づき、イスラムの基準の枠組み内で、罪人に対する判決を赦免あるいは減刑する。指導者は、その義務と権限の一部を他の人に移譲しうる。

第一一三条
指導部の本部に次いで、大統領はわが国で二番目に高位の当局者である。その責任は、憲法の実施と、指導部（の本部）に直接関わる事項を除き、行政府の長として行動することである。[395]

イランにおける大統領の機能のもっとも適切な説明は、ムハンマド・ハタミ大統領によってなされたもので、彼は八年の在任期間（一九九七年八月二日―二〇〇五年八月三日）の終わりにあたり、次のように述べた（とされる）――「イランの大統領は、支配人・管理人でしかない！」と。

革命の過程と権力掌握時のカリスマ的指導者の役割に関しては、イラン・ロシア・ドイツ・イタリアの諸事例に類似性がある。ホメイニ・レーニン・ヒトラー・ムッソリーニは革命の過程及び権力維持と全体主義国家の運営において、決定的役割を果たした。最初、イスラム主義革命は概略［**グロッソ・モド**］ボルシェビキ革命と同じ道を辿った。四人の人物は、すべて革命の議論の余地なき指導者となり、死ぬまで権力を握っていた（レーニンとホメイニは自然死、ヒトラーの場合は自殺、ムッソリーニの場合は銃殺）。ヒトラーとムッソリーニの国家は彼らの失墜とともに消滅したが、レーニンとホメイニの国家は建設者の死を乗り越えたことも憶えておかなければならない。レーニンの後継は、スターリンとトロツキー間の長く残忍な闘争となり、メキシコにおけるトロツキーの暗殺（一九四〇年）をもって終わった。イランにおける後継について言えば、それはよりスムーズに進行し、ホメイニの後継者（現在のアヤトッラーであるセイエド・アリー・ハメネイ）はハシェミ・ラフサンジャニによって専門家会議に提案され（一九八九年六月四日）、満場一致で承認された。ラフサンジャニは彼の推薦を、ホメイニがハメネイを後継者として支持すると宣言したとされる一文に基づいて行なった。

それでは、西洋とイスラム主義の諸政権の間のもう一つの重要な相違をなす、経済に目を向けよう。西洋の全体主義政権はすべてより進んだ経済から現われ、いかなるイスラム主義政権よりいっそう工業化していた。イスラム主義政権は、本質的にはレンティア国家の一変種である。レンティア国家のように、それはナチス・ドイツや共産主義ロシアより世界市場の変動にはるかに強く依存しており、それゆえはるかに脆弱である。イスラム主義の全体主義の経済構造の弱さは、それがしばしば世界に挑戦すると主張する、その現実的能力に直接的影響を与える。（この問題は第八章で論じた。）レンティア経済とは、レント〔地代〕状況が支配的（国家所得の最低でも四〇％を占める）なものである。それはまた、相当な外的レントに依存する経済だ。さらに、レンティア国家においては少数の者だけがレント〔富〕の発生に関与しており、多数派はその分配、あるいは利用にのみ関わっている。そして、少数者の役割の当然の結果として、レンティア国家では、政府が経済における外的レントの主要な受取手である。(396) レンティア経済と計画経済に共通し、それに関連して決定的要因となっているものは、両方の場合に国家が経済と財政を統制し、それを自立的で周囲の社会から自律的にしている点だ。経済は中央で計画され、五カ年計画に大きく依拠している。

全体主義政権においては、差別が標準であり、法の前の平等は、とりわけ法自身が差別の源泉であるから、未知の原則である。ヒトラーとスターリンの支配下の西洋全体主義政権は、人種や社会階級の差異によって差別を正当化した。イスラム主義の全体主義においては、差別は宗教、そして宗派にさえ正当化を見いだす。ムスリムであることが非ムスリムよりあなたにいっそう大きな権利を与え、スンニー派であることがシーア派であることよりあなたにいっそう大きな権利を与え、ワッハーブ派であることがシャーフィイー派であることよりあなたにさらにいっそう大きな権利を与え、全面的に逆も真なりなのである。生物学的・社会的正当化は、いかに馬鹿げた説明であれ人間による説明を必要とするが、宗教的差別は人間の判断から自由であり、それによってイスラム主義の統治者は、人間の判断からはるかに独立的になっている。それはイスラム主義の統治下では、内部的と外部的の二種類の差別に直面するということを意味する。前者はムスリムのムスリムに対する差別からなり、ムスリムの婦人と、支配的あるいは公式的宗派と異なる宗派に属するムスリムへの差別であり、後者はムスリムでない国民（キリスト教徒、ユダヤ教徒、バハイ教徒、無信仰者）に対する差別である。

多様な形態での暴力――抑圧、暗殺、処刑、私刑、絞殺、むち打ち、石打ち、テロリズム――は、イスラム主義の政府に共通の手段であり、サウジアラビアでも、イランでも、タリバンの統治下のアフガニスタンでも、あるいはもっとも野蛮な形ではイスラム国（ＩＳＩＳ）でもそうである。そうした恐ろしい行為は、その残虐性にもかかわらず、ホロコーストや収容所列島とは較べられない。ここで我々は、その相違は実質の問題か程度の問題かを問う必要がある。それぞれの規模や能力については、今日のイスラム主義の全体主義政権とナチス・ドイツやスターリン主義のロシアとでは、意味ある比較をなしえないことは明らかだ。しかし、イスラム主義政権とその関連集団がしてきたことを見れば、それらは実質的にというより、程度において異なるだけだと確信させられよう。そうしたイスラム主義の行為者が、ナチスやスターリン主義者と同様の手段を用いる機会を得たとき、彼らはいつも活用可能な最大の能力をもってそれらを用いた。多くの例があるが、ただ三つのエピソードを挙げよう。イランの革命的混乱期に、一九七八年八月一九日にイスラム主義者がアバダンのシネマ・レックスにおける火事で約四〇〇人を焼き殺した。それは、一九七八年にイラン革命の引き金を引く鍵となる出来事だった。

一九八九年二月一四日、アヤトッラー・ホメイニが『悪魔の詩』の著者であるサルマン・ラシュディに有名な死刑の命令（誤ってファトワと呼ばれている）を発したことは、世界的次元のもう一つの明白な暴力行為である。

ＩＳＩＳによって、イラクとシリアの両国民及び西洋のジャーナリストに対して犯された一連の残虐行為は、イスラム主義者が（スンニー派もシーア派も）権力を奪うという決意によって、もっとも恐るべき犯罪を行なうことも躊躇しないと、今一度証言している。

最後に、すべての全体主義政権にとって、多様な形態での暴力、とりわけテロルの重要性を指摘しておかなければならない。我々は、ハンナ・アーレントにとって、テロルが全体主義政権の顕著な特徴であることを見た。ボルシェビキ政権もナチス政権もともに権力を行使し、国民を統制するためのお気に入りの道具として、テロルをいつも使用した。イスラム主義の場合は、テロルは公然と認められ、統治手段として認定され、「勝利はテロルによって得られる（アル＝ナスル・ビル・ルウブ）」というスローガンが、イスラム主義当局によってしばしば掲げられている。さらにこの文脈でとりわけ興味深いことは、イスラム主義者によるテロリズムの使用である。テロルはほとんど心理的現象であるが、テロリズムは戦争の一形態、敵・政府・組織・個人に対する戦いの武器となる。アル＝カイダのテロリストとしての記録、及びイラン、タリバン、ラシュカレ・タイイバ、アル＝シャバブ、そしてＩＳＩＳの記録は、こうした行為者によって実行された無数のテロ行為が、実際にはテロルを広げるのを動機としていなかったことを示している。本当の動機は、それらの敵、とりわけ西洋に、できるだけ大きな物理的・心理的損害を与えることである。テロリズムの行使は戦争の武器であるが、それは他の全体主義政権が考えていたこと、すなわちテロ行為によって戦争をすることではなかった。この政策の相違は、以下のことで説明されるかもしれない――西洋の全体主義政権は強力な国家で、工業化し、戦争装備の建設において自給できた。スターリン主義とナチズムは、ホロコーストと収容所列島を組織することで、巨大な規模で恐るべき犯罪を実行した。そうした犯罪はジェノサイドであったが、それ自体はテロリズムではなかった。イスラム主義者は、権力を行使する手段として「ミニ・ホロコースト」——（たとえば）映画館で観客を焼き殺したり、二〇〇一年九月一一日にニューヨークでほとんど三〇〇〇人を殺したり、ヤジディー教徒の人たちを殺したり——とテロリズムを、ともに用いる。彼らがテロリズムを用いるのはおそらく、自分たちで現代的かつ洗練された兵器を生産できる、高い水準の工業化を未だ達成していないからだろう。それゆえ彼らは、利用可能で効果的な武器として、テロリズムを使用するほか選択肢をもたないのである。もしハンナ・アーレントが今日生きていたら、行動分野での新たな展開を、おそらく考慮に入れただろう。彼女は全体主義の定義を公式化するにあたり、おそらく「テロル」に「テロリズム」を追加しただろう。

第一〇章　結論

イスラム主義は、規模の大きく異なる多様な要素によって構成された、複雑な現象である。それを、他のイデオロギーからとりわけて区別するものは、宗教的・超越論的次元である。共産主義・ナチズム・ファシズムのような他の同様のイデオロギーは、いずれも何らかの仕方でユートピアの形をとった神話に、それが過去に見いだされるはずか未来に見いだされるはずのいずれであれ、言及する――「原始的共産主義」、「プロレタリア独裁」、「第一帝国」、「白人の優越性」、「千年帝国」、「ローマ帝国」の再建といった神話に。イスラム主義は、独自の仕方でそうした神話的・ユートピア的次元を、すべて有している――「メディナの共同体」、「全地球的なウンマ」、「世界大のイスラムのカリフ政」、「真のイスラム」――し、同時に特定の宗教、イスラムの本物のバージョンだと主張する。とりわけこの主張こそが、イスラム主義をイデオロギーとして、組織として、政治体制のはっきりした型として研究することを、非常に複雑にした。私は本書を通して、イスラム主義を、元来の源泉、歴史を通じた多様な旅路、スンニー派とシーア派のイスラム主義という形態での復興を見定めることにより、脱神話化しようとしてきた。

二〇世紀の革命のほとんどは、世俗的イデオロギーに基づくか反植民地主義であったが、一九七九年の最初のイスラム主義革命は、一人のアヤトッラーに率いられた宗教的革命だった。二一世紀の最初の一〇年間のチュニジアとエジプトにおける革命は、スンニー派イスラム主義の権力奪取を結果したが、それらは厳密な意味では［センス・ストリクト］宗教的革命ではなかった。二〇一一年にエジプトの大統領に選出されたモハメド・モルシも、二〇一一年にチュニジアで権力に就いたラーシド・アル＝ガンヌーシ（イスラム主義組織アル＝ナフダの指導者）もともに、宗教的権威ではなかった。それは、イスラム主義がかならずしも僧職者の運動ではないということを意味する。それは、「真のイスラム」の真の擁護者だと主張している者がどの宗派に属しているかによって、僧職者の運動でありうるし、そうでないこともありうる。非聖職者のイスラム主義指導者のもう一つの例は、ISISの新たな自称カリフであるアブー・バクル・アル＝バグダーディだ。彼は言葉の伝統的意味では聖職者でないが、戦争を続け、イスラムの名において残虐行為を犯している。それらの例は、イスラム主義が純粋の宗教運動というよりは、むしろイデオロギーであるという私の議論を支えるものだ。

様々なイスラム主義集団による暴力とテロ行為の増加により、イスラム主義とイスラムの間の関係問題が、国際的公共舞台で広範に論じられている。もっとも頻繁に聞かれる質問の一つは、「イスラム主義は、イスラムと同一なのか？」である。私は、イスラムとイスラム主義の関係は両義的だという結論に達した。一方でイスラム主義は、歴史をはるかメディナにおけるムハンマドの政府にまでさえも遡る、いくつかのイスラムの源泉に育まれていることを否定できない。他方で我々は、歴史を通じて、また現代においても、イスラムの無限の多様性に直面している。それを言った上で一つ確かなのは、イスラム主義はイスラムなしには、我々が今日知るようには存在しえないということだ。その二つは、何らかの形で繋がっているのである。

また、様々なイスラム主義があり、アル＝カイダのイスラム主義からホメイニのイスラム主義、そしてサラフィー主義のイスラム主義からムスリム同胞団やアル＝ナフダの「穏健な」イスラム主義に及んでいる。こうして本書で述べたように、様々なイスラムの間、様々なイスラム主義のバージョンの間に、大きな相違がある。無数の異なるイスラムに基づいて、標準的イスラムを定義することは不可能だが、あらゆるイスラム主義者の多様な言説を包摂しうる、標準的イスラム主義の定義に到達することは可能なのだ。この質的相違から、私は重要な分析の、また理論的な道具を得て、本書全体で活用してきた。

イスラム主義は危険だろうか？　これまでの諸章において、私はこの質問に答えるための明確化や説明に努めてきた。すべてのイスラム主義者がイスラムの優越性、イスラムが世界を征服しなければならないという考え、スンニー派にとってのカリフ政とシーア派にとってのイマーム政の重要性を基礎とするイデオロギーに、着想を得ていることは否定しがたい。少なくとも過去三〇年にわたるイスラム主義者の行動の様態を見直し、分析する中で、イスラム主義者はみな、宗派的属性とは独立して、影響力を獲得し権力を征服しようとして、平和的あるいは暴力的、民主的あるいは専制的な手段を用いていることが、明らかになった。イスラム主義者の意志と、その意志の実現が可能か否かは、全く別のことである。イスラム主義者は、今日の世界で、その目標を達成する機会をいくらかでももっているだろうか？　彼らの力や弱さの評価をさんざん行なった結果、この質問に対する私の答えは、イスラム主義者が既存の世界秩序を変えることはもちろん、国際的安全保障に深刻な一撃を加えることさえ、きわめて困難だろうというものだ。たしかに、イスラム主義集団はテロ行為を犯すことはできる――トゥールーズでユダヤ人児童の学校を攻撃したり、モスクワの地下鉄やボストン・マラソンで殺人爆弾を起爆したり、ロンドンの通りでイギリス兵を刺し殺したり、パリの**シャルリー・エブド**でジャーナリストを殺したり、コペンハーゲンその他で作家やジャーナリストを襲ったりすることは。そうした行為はすべて、今や「自発的テロリズム」として知られているが、嫌悪感を引き起こすけれども、世界に全般的混乱を生み出すには十分でない。とりわけイスラム主義者が深く分裂しているために、彼らは大規模で多目標の一斉攻撃を組織し実行することはできない。さらに、ムスリム諸国の大多数は（おそらく、インドネシアやマレーシアのような国を除いて）、なお低開発である。それらは、（一）専制主義、（二）レンティア経済の新形態、（三）宗教的思考（合理的思考でなく）、（四）強い外部の介入にさらされていること、の悪循環に囚われている。これまでのところ、それらは主として原材料の生産者である。テクノロジー、工業製品、兵器について外部世界、とりわけ西洋世界に深く依存している。この状況は、ナチス・ドイツやソ連に存在した条件とまったく異なっている。これこそ、イスラム主義者はなぜナチス・ドイツがやったように戦争を始めることはおろか、ソ連の場合のように世界秩序を深刻に脅かすことさえできないのかということの理由である。強力な能力が欠けているので、イスラム主義者は他の二つの道具、すなわちテロ行為という形態での迫害と、世界のアジェンダ変更の追求を用いるのである。しかし我々が、イスラム主義者は世界秩序とグローバルな安全保障に対する深刻な危険ではないと合意したとしても、中東地域の安定と安全に対する彼らの脅威は、実際きわめて現実的である。何年もの間、この地域は全面的混乱の中で生きてきた。西洋によって始められた大規模な軍事干渉は、望まれた結果をもたらさず、平和と安定を確立するかわりに、この地域にいっそうの戦争・テロリズム・混乱を惹起してしまった。

まさにこの混乱した状況により、イスラム主義者は影響圏を拡大することができている。現実には、その地域で起きている対決は、非民主主義者と他の非民主主義者との間の対決である――サウジアラビアとイスラム主義のイラン、ＩＳＩＳとその両国、ヒズボラとシリアのアサド、タリバンとカブールの弱体な政府、イエメンのフーシー派とスンニー派のイエメン人、アル＝カイダとムスリム同胞団、そしてムスリム同胞団とＩＳＩＳ等々。それは、実際暗い状況であり、結末は誰にも分からない。中東での大規模で繰り返される西洋の軍事介入が必要、あるいは有用であるかは、未解決の問題である。

西洋の諸社会におけるイスラムの信条（シャリーア）の実践問題は、ヨーロッパへのムスリム移民の大波の状況と同じく、存在し続けている。前者については、シャリーア化過程の方向へのイスラムの攻撃後、多くのヨーロッパ諸国でその速度が今や減速したのは事実である。この停止過程では、フランス・イギリス・デンマーク・スウェーデン・その他における右翼急進主義政党の勃興が、役割を果たすかも知れない。シャリーア化過程の減速と並行して、何千人もの若いムスリムと、また多くのイスラム改宗者が、ジハードの目的でＩＳＩＳの領土へ向かって旅立つ例の増加が、目撃されている。この問題がヨーロッパにもたらした、大きな治安上の懸念を強調することは必要ないだろう。第二の問題、すなわちヨーロッパに入ってくる、ほとんどムスリムの数千人の人々の大規模移民は、ヨーロッパの将来に対する巨大な挑戦をなし、積極的な方向でも否定的な方向でも未知の結果を生むだろう。一つだけ確かなことは、ムスリムの統合という未解決問題はさらにいっそう重要となり、未曾有の規模に達するだろうということだ。

最後の質問は、核問題に関わる。もし一部のイスラム主義者が原子爆弾の獲得に成功すれば、世界は完全に新たな状況に直面し、そのリスクはまったく別の性質をもつだろう。それゆえ、イランのような国が原子兵器を獲得するのを抑止することは、イスラム主義の冒険主義を予防するために、疑いもなく必要な措置であろう。対話と外交は、望ましい結果を達成する時には価値ある道具である。しかしイスラム主義は、対話と外交だけでは諦めさせられないだろう。歴史は、全体主義イデオロギーに鼓舞された人々・集団・国家は非常に決意しており、想像力があり、高度のリスクをとる用意があることを繰り返し示してきた。イスラム主義を封じ込めるための第一歩は、その性質・起源・言説・諸次元について、適切な知識を獲得することである。それこそが、本書の目的である。

[原注]

（1）Albert Camus, *Oeuvres Complètes* (Paris: Gallimard, 2008), vol. 4, p. 560. 原著はもちろんフランス語。英語への翻訳は著者による。
（2）*Le Petit Robert, Dictionnaire de la langue française*, CD-ROM ed. (Paris: Dictionnaires Le Robert/VUEF, 2001-3).
（3）Martin Kramer, "Coming to Terms: Fundamentalists or Islamists," *Middle East Quarterly* vol. X/2 (Spring 2003), pp. 65-77. Also available at: http://www.martinkramer.org/ (accessed 19 September 2006).
（4）Alexis de Tocqueville, *Oeuvres Complètes*, vol. 3, J. P. Mayer (ed.) (Paris: Gallimard, 1961-77), p. 155.
（5）Hassan Al-Turabi, *Al-Islam wal-Hukm* (London: Al-Saqi, 2003), p. 49.
（6）Salwi al-Sharfi, *Al-Islâmiyyûn wal-Dimuqrâtiyya* (Tunis: Manshurât Alâmât, 2001).
（7）Larbi Sadiki, *The Search for Arab Democracy* (New York: Columbia University Press, 2004).
（8）Aziz al-Azmeh, *Islams and Modernities* (London: Verso, 1993).
（9）Bassam Tibi, *Islamism and Islam* (New Haven & London: Yale University Press, 2012), p. 227.
（10）フェルナン・ブローデルは、この手法をヨーロッパの経済史研究に適用した。「エヴェヌマンシェル」は個人水準、日常生活、我々の直観的幻想、我々の意識、コラムニストやジャーナリストの時間における短時間を示す。「コンジョンクチュレル」はより長い期間における過去、すなわち一〇年、二〇年、あるいは五〇年を指す。「ロング・デュレ」は時空の表面の下部でゆっくり進行している歴史の深い層、すなわちインフラストラクチャーと呼ばれるものに適用される。See Fernand Braudel, *Écrits sur l'Histoire* (Paris: Flammarion, 1969), chapter on "Longue Durée," pp. 41-83.
（11）Karl R. Popper, *Open Society and Its Enemies*, 2 volumes (London: Routledge, 1993).
（12）Carl. J. Friedrich and Zbigniew K. Brzezinsky, *Totalitarian Dictatorship and Autocracy* (Cambridge, MA: Harvard University Press, 1965), p. 98.
（13）Ibid., p. 101.
（14）Adolf Hitler, *Mein Kampf*, trans. by Ralph Manheim into English (London: Pimlico, 1992), p. 245 and note 1. Stanley G. Payne, *A History of Fascism: 1914-1945* (London: Routledge, 2001), Chapter 1.

(15) 「アロンによれば、パレートは政治体制間の歴史的移行を『循環運動』として描く『歴史の生物学的哲学』をもっていた……パレートは、民主政は力を行使しようとしないので『弱い』と考えた。それゆえ、より強力な国家が取ってかわり、力に依拠した国際的『位階制』を樹立するだろうと。」Trine M. Kjeldahl, 'Defense of a Concept: Raymond Aron and Totalitarianism," *Totalitarian Movements and Political Religions*, vol. 2. issue 3 (Winter 2001), p. 128. パレートのベニート・ムッソリーニに対する影響は、よく知られた事実である。「ムッソリーニは、スイス滞在中にパレートの思想を知るようになった……パレートが一九〇四年のジュネーブでの哲学会議で発表した論文『個人的なものと社会的なもの』についてムッソリーニが書いた記事は、この文脈においてたいへん重要である。ムッソリーニは、その講義は『学者であろうがなかろうが、みな歳を取り過ぎている元牧師や元神学者の死ぬほど退屈な会合で、唯一の健康的実証哲学の例』だと感じたのだ。」Emilio Gentile, *The Origins of Fascist Ideology* (New York: Enigma Books, 2005), p. 8.

(16) Herbert Tingsten, *Nazismens og fascismens ideer* (first published in1936 in Stockholm) (Copenhagen: Gyldendal, 1965), pp. 62-78. See also George L. Moss, *Masses and Man* (New York: Howard Fertig, 1980), Chapter 10 "The Mystical Origins of National Socialism," pp. 197-213.

(17) Giovanni Gentile, *Origins and Doctrine of Fascism*, trans. and ed. by A. James Gregor (London: Transaction Press, 2002), p. 60. Robert O. Paxton, *The Anatomy of Fascism* (London: Penguin, 2004), p. 34.

(18) この定義は、現代のもっとも著名なイスラム主義のイデオローグや指導者であるハッサン・アル＝バンナ、マウラナ・マウドゥーディ、サイイド・クトゥブ、アヤトッラー・ホメイニの著作や宣言、及びアル＝カイダの多様な声明の体系的な分析に基づいている。イスラム主義の定義やその全体主義的性格について、さらなる議論は次を参照——Mehdi Mozaffari, "What is Islamism? History and Definition of a Concept," *Totalitarian Movements and Political Religions*, vol. 8, No. 1, (March 2007), pp. 17-33.

(19) この組織の起源については——Richard P. Mitchell, *The Society of the Muslim Brothers* (Oxford: Oxford University Press, 1993) and Brynjar Lia, *The Society of Muslim Brothers in Egypt* (Reading: Ithaca Press, 1998).

(20) Mehdi Mozaffari, "Bin Laden, Islamism and Terrorism," *Social Science and Modern Society*, vol. 42, No. 5 (July/August 2005); Peter L. Bergen, *Holy War: Inside the Secret World of Osama bin Laden* (London: Weidenfeld & Nicholson, 2001); and Jason Burke, *Al-Qaeda: The True Story of Radical Islam* (London: Penguin, 2004).

(21) Michael Whine, "Islamism and Totalitarianism: Similarities and Differences," *Totalitarian Movements and Political Religions*

2/2 (Autumn 2001), p. 60.

(22) とりわけ以下を参照―― Joseph Van Ess, *Une lecture à rebours de l'histoire du Mu'tazilisme* (Paris: Geuthner, 1984); Richard C. Martin (et al.), *Defenders of Reason in Islam* (Oxford: One World, 1997); Abdul Hakim I. Al-Matroudi, *The Hanbali School of Law and Ibn Taymiyyah: Conflict or Conciliation* (London: Routledge, 2008), p. 7; and Ann K. S. Lambton, *State and Government in Medieval Islam* (New York: Oxford University Press, 1981), pp. 40-42.

(23) 一部の学者にとって、イスラム帝国の弱さは私が指摘した時期（九世紀の間）よりほとんど一世紀早く始まった。その関連で、カリフ・ヒシャーム（七二四―七四〇年）の統治が全般的衰退の開始点として提起されている。七四〇―七四三年の間の拡張政策崩壊と、ヒシャーム下での軍事的敗北が、論拠として用いられている―― Khalid Yahya Blankinship, *The End of the Jihâd State* (New York: State University of New York Press, 1994).

(24) Bernard Lewis, *The Middle East* (London: Phoenix, 1996), p. 81.

(25) Henri Laoust, *La Politique de Gazâlî* (Paris: Paul Geuthner, 1970), pp.135-6 and Claude Cahen, *Orient et Occident au temps des Croisades* (Paris: Aubier, 1983).

(26) 当時の歴史家たち（タバリ、イブン・アル＝ジャウジ、クダマ・イブン・ジャアファル、ムンタザム）は、バグダードの住民がきわめて多かった点を強調する。次は、人口が一五〇万人と推測されていたとする―― Simha Sabari, *Mouvements populaires à Bagdad: A l'époque 'Abbasside IXe-XIe siècles* (Paris: J. Maisonneuves. Succ., 1981), p. 16. 九世紀には、彼らはアル＝ムスタアインとアル＝ムウタッズの間の戦争の最中、八二二年（正確には八六二年）から八六五年のバグダード包囲中の生活費高騰、ついで八七三年にすべてのイスラム諸国で物価が上昇したことを想起している。バグダードでは、小麦一「クル」（約二七〇〇キログラム）の価格が一五〇ディナールに達していたし、大麦の価格は一二〇ディナールだった（p. 40）。九世紀には、ある職人、熟練した刺繍職人が月給は一〇〇ディルハムだと主張していたし、店の経理担当は日に半ディルハムと食事・被服を得ていた（in Sabari, pp. 39-40 and 101）.

(27) Sabari, ibid., p. 33.

(28) Sabari, ibid., p. 125.

(29) Philip K. Hitti, *History of the Arabs* (London: Macmillan, 1982), p. 297.

(30) Abdul Hakim I. Al-Matroudi, op. cit., pp. 7-8; Ann K. S. Lambton, op. cit., pp. 40-42; and Henri Laoust, *Les Schismes dans l'Islam* (Paris: Payot, 1965), pp. 107-109.

（31）現代のイスラム主義のイデオローグや活動家の主なテキストを検討すると、彼らは一般にメディナ詩篇とメディナに理想的生活のモデルとして言及していることが分かる。

（1）アル＝バンナの小冊子『我々の使命』を詳しく調べると、メッカとメディナの詩篇をきわめてバランス良く用いているのが示される。明らかに、この事実は主題の性質に結び付いている。アル＝バンナはムハンマドの例に倣っており、ムハンマドにとって、メッカとメディナの両時期を通じて「柔らかな」、たとえば非暴力的で宣教的な活動の必要性は一貫している。それでも、ムハンマドの例に倣ってアル＝バンナは、ある段階で平和的な布教からイスラムの暴力的宣伝の思考へと移行する。彼は小冊子『ジハードについて』において、ジハードがすべての信仰者にとって個人的義務である事実を強調する。驚くべきことではないが、彼はメディナ詩篇のみを引用しており、もっとも頻繁に引用される章は「アト＝タウバ」（第九章）で、それはコーランでもっとも攻撃的かつ明白に好戦的な章の一つである。別の興味深い例は、「イスラムにおける平和」というテキストに見られる。そのテキストにおける主な議論は、イスラムは平和、愛、兄弟愛の信仰であり、それゆえにイスラムは、必要なら暴力的手段によってでも護られ、宣伝されさえしなければならないというのだ。アル＝バンナはその観点から、平和を維持せよという命令に言及するだけでなく、イスラムにおいてはなぜ、場合によって武装行動が正当あるいは義務であるか、説明しようと努めている。こうして、「イスラムにおける平和」は、もっとも頻繁にメディナへの言及が現われるテキストとなっている。

この例で分かるように、アル＝バンナのメッセージとコーランの主題の表現は、ホメイニのものより柔軟である。

（2）アル＝バンナ同様、クトゥブは様々なコーランの詩篇を多様に用いている。『道しるべ』という作品において、彼は様々な詩篇を引用し、読者にそれらを詳しく説明する。二つの詩だけが三回現われる。その一つは、ウンマの、「純粋な」ムスリム共同体の、すなわち命令し禁じる権威をもつ共同体の、優越性を主張する（第三章一一〇）。三回言及されたもう一つの詩は、信仰に全面的に従わない者への警告である（第四章六五）。クトゥブは純粋と不純の世界に住んでおり、アル＝バンナと同じ段階的区別による処置はしない。クトゥブはキリスト教徒とユダヤ教徒を、中立的参加者としてでなく敵と見ており、その主題に関する最新のメディナ啓示の一つ、第九章を引用する。驚くべきことに、クトゥブはまた、我々の言語資料中メディナ詩篇よりメッカ詩篇をより多く引用する、唯一のイスラム主義者でもある。そうした事実は、私の主な理論、すなわちイスラム主義者は、その暴力的イデオロギーを正当化するためにメディナ詩篇を強く選好するという理論を否定するだろうか？詩篇の用い方を詳しく見ると、かならずしもそうでないことが分かる。メッカ詩篇を引用する際、彼はしばしば、メディナでも繰り返されたものを選んでおり、それによってメッカとメディナの諸啓示が結び付くしっかりした織物が編まれるのだ。

（3） ホメイニのもっとも重要な著書『**イスラムの政府**』において、著者はメディナでの言葉を強調しているが、この作品は「政府」に関するものだから驚くべきことではない。彼はメディナの二八章中の一〇章に言及しているが、メッカの八四章からは六章にしか言及していない。全体で、メッカから九、メディナから二〇の計二九の詩に言及しているが、メディナの詩のいくつかを最高七回まで反復しているので、メディナ詩篇の実際の比率はもっと高い。メディナでの言葉はメッカのものより三倍も頻繁に現われる。それで、メディナの詩への言及は二九あるが、メッカの詩は九にとどまる。

本質的にはこの二九の詩に基づいて、ホメイニは「イスラムの政府」に関する彼の理論を築いている。引用は、彼が重要だと信じる諸主題を巡って鮮明になされている。もっとも頻繁に現われる主題は「絶対的従順さと服従」であり、一二の言及がある。ホメイニが権力に執念を抱いていたことは、神、メッセンジャー、そして「おまえたちの中で権威をもつ者たち」に従えという、それらの命令の反復によって自ずと明らかになっている。ホメイニ自身、シーア派イスラムが「権威の持ち主」と定義する、ムハンマドの子孫である宗教指導者のカーストに属することは注目すべきだ。第二のもっとも頻繁に現われる主題は、「イスラムの法」である（九回言及）。第三の主題は、暴力的手段による、あるいは平和的な手段による「改宗」だ（八回言及）。

メディナ詩篇と、より広くは権力・支配・司法に関するメディナでの言及を非常に強調する点が、『イスラムの政府』においてもっとも目立っている。

ホメイニの『最後の遺言と証言』では、このアヤトッラーの言葉における優先順位が変化している。コーランの詩篇への言及が、メッカの一つ（第二三章八八）とメディナの一つ（第四七章七）の二つしかない。

（4） オサマ・ビン・ラーデンの行動や動機を取り上げるとき、アイマン・アル＝ザワーヒリという人物を無視しえない。ビン・ラーデンほど目立たないが、ザワーヒリはアル＝カイダのイデオロギー設計において重要な役割を果たしている。事実、ビン・ラーデンによって発せられた宣言は、しばしばザワーヒリによって共同署名されている。

それらの文書におけるメッカとメディナの章の用い方を分析すると、一つの明白なパターンが見られる――メディナからは一〇五の言及があるのに対してメッカからはわずか八であり、ビン・ラーデンとザワーヒリは明らかなイデオロギー的選択をしたのである。さらに、より詳しく見るともっとも好戦的な章、たとえば第三章（二六回言及）、第九章（二二回言及）、第四章（二一回言及）に強く焦点を当てているのが分かる。第九章からの言及がきわめて多いのは、この章が他のメディナの章と較べて非常に短いので、とりわけ意義深い。

（32） Sayyid Qutb. *Milestones* ［*Ma'ālim fil-Tarīq*］（USA: The Mother Mosque Foundation, no date）（ISBN 0-911119-42-6）, p. 23.

（33）William Montgomery Watt, “Introduction” in *The Meaning of the Glorious Koran*, trans. by Marmaduke Pickthall（London: Everyman’s Library, 1993）, p. 7. ティナ・マガールドは、メッカとメディナの章の詳しい比較研究に基づいた論説の中で、ムハンマドの人格が第一期と第二期で変化するという一般的考えを疑問視する。彼女は、メディナ期と通常結び付けられているすべての主題——シャリーア法、暴力、「長」の重要性——が、メッカの章にすでに存することを示している。すなわち、メッカは概念化を、メディナはムハンマドの手段と目標の運用開始を表わしている。Tina Magaard, ‘Fjendebilleder og voldsforestillinger i islamiske grundtekster［Images of Animosity and Perceptions of Violence in Islamic Fundamental Texts］and Mehdi Mozaffari et al.（eds）, *Totalitarisme*（Aarhus: Aarhus Universitetsforlag, 2007）, pp. 213-238.

（34）たとえば、ホメイニがイランから亡命したとき（一九六三年）、弟子たちはこの強いられた亡命を、いつもムハンマドと支持者の亡命と比較した。ホメイニのかつての仲間の一人で、ホメイニの抑圧的政権からフランスに逃れたイランの初代大統領アボルハッサン・バニ・サドルは、同じイデオロギー的路線に従って彼の新聞の名前を『イスラム革命』から**『亡命したイスラム革命（エンゲラベ・イスラーミー・ダール・ヒジュラート）』**へと変えた。別の例としては、エジプトのテロリスト集団で自分たちを**「アル＝タクフィール・ワル＝ヒジュラ**（破門と亡命）」と呼んだものが挙げられよう。この集団はその名を選ぶことで、ムハンマドの道を本当に辿る者として、自己の輪郭を描こうとしたのだ。

（35）W. Montgomery Watt, *Muhammad at Medina*（Oxford: Oxford University Press, 1956）. とりわけ次を参照せよ—— “List of Expeditions and Dates” — Excursus B, pp. 339-343. Mehdi Mozaffari, *Authority in Islam: from Muhammad to Khomeini*（New York: Sharpe, 1987）, Chapter 2.

（36）殉教の観念とその歴史上の進化については——David Cook, *Martyrdom in Islam*（Cambridge: Cambridge University Press, 2007）; Assaf Moghadam, “Mayhem, Myths, and Martyrdom: The Shi‘a Conception of Jihad,” *Terrorism and Political Violence*, No. 19（2007）, pp. 125-143; David Cook, “The implications of ‘Martyrdom operations’ for Contemporary Islam,” *Journal of Religious Ethics*, 32. 1（2004）, pp. 129-151; and E. Kohlberg, *Medieval Muslim Views on Martyrdom*（Den Haag: Holland Academic Graphics, 1997）.

（37）R. B. Serjeant, “The *Sunnah Jami‘ah*, Pacts with the Yathrib Jews, and the *Tahrîm* of Yathrib: Analysis and translation of the documents comprised in the so-called ‘Constitution of Medina,’” *Bulletin of the School of Oriental and African Studies*, University of London, Vol. XLI, Part 1（1978）.

（38）Sayyid Qutb, op. cit., p. 159.

(39) Ahmad Ibn Hanbal, *Musnad* (in Arabic), (Beirut: al Maktab al-Islami, no date), vol. 4, p.126; Henri Laoust, *La Politique*, op. cit., p. 118（ラウストにおいては、注記が欠けている）; and Ibn Taymiyya, *The Madinan Way: The Soundness of the Basic Premises of the School of the People of Madina* (tr. Aisha Bewley) (London: Bookwork, 2000), pp. 14-15.

(40) イスラム法では、**タクフィール**という告発は人のあらゆる権利を奪う。彼の命と財産は「好き放題」、すなわち欲する者は誰でも自由に奪って良いものとなる。とりわけ社会的騒乱と経済的危機の時期には、そうした措置の物質的含意を想像することは容易である。それゆえイブン・ハンバルもまた、その二つの範疇の相違を列挙するのにきわめて慎重であり、背教が明白でなければ**タクフィール**より**タブディー**を選んでいる。

(41) Henri Laoust, *La Politique*, op. cit., p. 54, and Ann K. S. Lambton, op. cit., p. 107.

(42) Mustapha Hogga, *Orthodoxie, Subversion et Reforme en Islam: Gazali et les Seljuqides* (Paris: J. Vrin, 1993), p. 164.

(43) ガザーリの『**哲学者の矛盾**［**タハーフト・ウル＝ファラーシファー**］』という論文は、世界中でアヴェロエス（一一二六―一一九八年）として知られている有名なムスリムの哲学者イブン・ルシュドによって、その著書『**矛盾の矛盾**［**タハーフト・ウル＝タハーフト**］』(Cairo: Dâr ul-Ma'arîf, 1964, commented by Dr. Sulayman Dunya) で強く反駁されている。

(44) Osman Bakar, *Classification of Knowledge in Islam: A study in Islamic Philosophies of Science* (Cambridge: Islamic Texts Society, 1998), p.188.

(45) Bakar, ibid., p. 189.

(46) たとえば、一九世紀の**イスラーフ**［改革］運動の著名な指導者サイイド・ジャマール・アル＝ディーン・アル＝アフガーニーは、「ヨーロッパ人は、今や世界のあらゆる場所に手を掛けた……現実にはこの強奪・侵略・征服は、フランス人やイギリス人によるものではない。むしろ、あらゆるところで偉大さと力を顕わしている科学によるものだ」と書いている (quoted in John Donohue and John Esposito, *Islam in Transition* (New York: Oxford University Press, 1982), p. 17. 同じ問題についてアヤトッラー・ホメイニは、次のように彼の見方を表現した――「もし文明が革新・発明・先進的テクノロジーを意味するなら、イスラムも他のいかなる唯一神宗教も反対しない。しかしもし文明と近代化が、専門的知識人が言うように、あらゆる不法な行為（売春、同性愛さえもや）、その類いのものにおける自由を含意するなら、それらはあらゆる宗教と矛盾する……」Ruhollah Khomeini, "Political Testament," *Sahifay-e Nur* [Light Scriptures] (Tehran: Soroush, 1990), p. 178.

(47) Laoust, *La Politique*, op. cit., p. 343.

(48) Hogga, op. cit., p. 109.

（49）ガザーリの見解では、宗教のまさに存在理由［**レゾン・デートル**］を疑う無神論者（**ダリーヤとザナーディカ**）は、「**タクフィール**」で有罪であることは言うまでもない。宇宙の創造者の存在を認めるが預言機能を否定する**バラーヒマ**（インドの精神性に影響されている）もまた、「タクフィール」で有罪と見なされる。過去の預言的啓示を否定しないが、将来における宗教法の義務からの解放をあからさまに主張する**フッラミーヤ**は、カイロとアラムート（北イラン）からのシーア派イスマーイール分派で、法律の字句の絶対的・恒久的価値を相対化する**バーティニーヤ**とともに、同じ範疇に入る。**バーティニーヤ**宗派はアル＝ガザーリの一貫した攻撃目標で、彼は『**アル・イクティサード・フィー＝ル＝イアティカード**』や『**ムスタズヒリ**』などの著作においてそれに対する攻撃を展開している。**バーティニーヤ**は、新たな循環を開き、ムハンマドが押し付けた法律を撤廃し、新たな法律によって置き換える新たな**イマーム**の出現を主張する。一部の者にとっては、そのイマームはカイロのファーティマ朝のカリフの姿ですでに到来しており、ムスリムはそれに従わなければならない。Henri Laoust, *La Politique*, op. cit., pp. 79-81.

（50）Laoust, *La Politique*, op. cit., p. 379.

（51）Emmanuel Sivan, *L'Islam et la Croisade: Idéologie et propagande dans les réactions musulmanes aux Croisades*（Paris: Librairie d'Amérique et d'Orient, Jean Maisonneuve, 1968）, p. 76.

（52）Sivan, ibid., p. 73.

（53）Henri Laoust, *Le Traité de droit public d'Ibn Taymîya, traduction annotée de la Siyâsa shar'îya*（Beyrouth: Institut français de Damas, 1948）, p. XXV-VI. 同書の英訳は、一九六六年にベイルートで刊行された。

（54）Laoust, ibid., XXVI. モンゴル人に対するタイミーヤのファトワの英訳は―― Emmanuel Sivan, *Radical Islam*（New Haven: Yale University Press, 1985）, pp. 97-98. 同ファトワの仏訳は―― Anne-Marie Eddé and Françoise Micheau, *L'Orient au temps des croisades*（Paris: Flammarion, 2002）, pp. 123-127.

（55）Laoust, *Le Traité*, op. cit., p. XXVI.

（56）Ibn Taymiyya. *The Madinan Way: The Soundness of the Basic Premises of the School of the People of Madina*（translated by Aisha Bewley）（London: Bookwork, 2000）, p. 88.

（57）Ibid., pp. 87-88.

（58）Ibn Taymiyya. ibid., p. 18.

（59）ファラビと中世ムスリム世界におけるギリシャの遺産については―― Abu Nasr al-Fârâbi, *Mabadi 'Ârâ 'Ahl al-Madina al-*

Fâdila（Al-Farabi on the Perfect State）, trans. and comt. by Richard Walzer（Oxford: Clarendon, 1985）; Al-Fârâbi, *Idées des Habitants de la Cité Vertueuse*, trans. by Youssef Karam et al.（Beirut: Librairie Orientale, 1986）; Joel L. Kramer, *Humanism in the Renaissance of Islam*（Leiden: E. J. Brill,1986）; Patricia Crone, *Medieval Islamic Political Thought*（Edinburgh: Edinburgh University Press, 2004）, Chapter 14.

（60）Ibn Taymiyya, *Enjoining Right and Forbidding Wrong*（*Ami bil-Ma'rûf wa Nahy min al-Munkar*）（translated by Salim Abdallah Ibn Morgan）http://d1.islamhouse.com/data/en/ih_books/single/en_Enjoining_Right_and_forbidding_wrong.pdf）, section: “Who Are ‘Those In Authority Among You’ Who Enjoin What Is Right?” Accessed June 2015.

（61）Laoust, *Le Traité*, pp. XXXVII-XXXIX.

（62）Laoust, ibid., p. 125.

（63）Laoust, ibid., p. 127.

（64）Ibn Taymiyya, *Enjoining*, op. cit., section: “Criticism of Cowardice.”

（65）Cahen, op. cit., p. 198.

（66）Hend Gilli-Elewy, *Bagdad nach des Sturz des Kalifats: die Geschichte einer Provinz unter ilhanischer Herrschaft*（*656-735/1258-1335*）（Berlin: K. Schwarz, 2000）, p. 201.

（67）Gilli-Elewy, ibid., p. 208.

（68）Gilli-Elewy, ibid., p. 204.

（69）Gilli-Elewy, ibid., p. 202.

（70）Gilli-Elewy, ibid., p. 207.

（71）Cahen, op. cit., p. 199.

（72）Sivan, op. cit., pp. 100-101.

（73）Natana J. DeLong-Bas, *Wahhabi Islam*（London: I. B. Tauris, 2004）, pp.56-68.

（74）Henri Laoust, *Les Schismes dans l'Islam*（Paris: Payot, 1965）, p. 328（フランス語からの私の翻訳）.

（75）*Al-Jabarti's Chronicle of the French Occupation: Napoleon in Egypt*, trans. by Shmuel Moreh and “Introduction” by Robert L. Tignor（Princeton: Markus Wiener Publishing, 1995）, p. 3. アル＝ジャバルティは、フランス人が「六年前に彼らのスルタンに反乱を起こして殺害したとき、民衆は、もはや単独の統治者はあるべきでなく、彼らの国家・領土・法律・行政は、彼ら

の間の知的で賢い者に委ねられるべきだということに、全員合意した」と書いている。p. 28.

（76）See Nikki R. Keddie, *An Islamic Response to Imperialism: Political and Religious Writings of Sayyid Jamâl al-Dîn "al-Afgânî"* (Berkeley: University of California Press, 1968); Malcolm H. Kerr, *Islamic Reform: The Political and Legal Theories of Muhammad 'Abduh and Rashîd Ridâ* (Berkeley: University of California Press, 1966); Henri Laoust, *Le Califat dans la doctrine de Rashîd Ridâ* (Paris: Adrien Maisonneuve, 1986); Carol S. Northrup, *Al-Afghani and Khomeini: A Study in Islamic Anti-Imperialism in Iran*, Thesis (Master of Arts) presented to the University of Texas at Austin, May 1995.

（77）As'ad Abukhalil, article on *Islâh in the Oxford Encyclopedia of the Modern Islamic World*, vol. 2 (New York: Oxford University Press, 1995).

（78）Larbi Sadiki, *The Search for Arab Democracy* (New York: Columbia University Press, 2004), pp. 218-223.

（79）See Nikki R. Keddie, *An Islamic Response*, op. cit., p. 39.

（80）シーア派は三つの主な分派に別れている——ザイード派、イスマーイール派、十二イマーム派（**イスナ・アーシャリ**）である。最後のものが一番重要な分派で、イランで権力をもち、レバノン・バハレーン・アフガニスタン・パキスタン・サウジアラビアで多数の支持者を有する。本章は十二イマーム派に捧げられている。シーア派一般については、とりわけ以下を参照——Henri Laoust, *Les Schismes*, op. cit. Chapter VI; Dwight M. Donaldson, *The Shi'ite religion* (London: Luzac, 1933); Heinz Halm, *Shiism* (Edinburgh: Edinburgh University Press, 1987); Mehdi Mozaffari, *Pouvoir Shi'ite: Théorie et Evolution* (Paris: L'Harmattan,1998).

（81）**ナフジュ・ウル＝バラーガ**の編纂は、アル＝ラディ（九七〇—一〇一五年）の仕事である—— Mehdi Mozaffari, *Pouvoir Shi'ite*, op. cit., pp. 185-186. アラビア語の原典は—— note 16 on page 194 of *Pouvoir Shi'ite.*

（82）See Haj Sayyid Alinaqi Fayz ul-Islam, *Nahj ul-Balâghah*, 6 volumes (Tehran: Aftâb, 1326/1947).

（83）アーシュラーはムハッラム（イスラム暦の一月）の一〇日で、六八〇年の一〇月一〇日にフセインと彼の仲間が、ウマイヤ朝の第二代カリフであるヤジードの軍勢によりカルバラー（イラク）で殺された。ムハッラムの第一日から一二日までの期間が、一般にアーシュラーと呼ばれる。

（84）See Jill Diane Swenson, "Martyrdom: Mytho-Catexis and the Mobilization of the Masses in the Iranian Revolution," *Ethos*, Vol. 13, No. 2 (Summer 1985), pp. 121-149; David Cook, *Martyrdom in Islam* (Cambridge: Cambridge University Press, 2007); Reuven Firestone, "Merit, Mimesis, and Martyrdom: Aspects of the Shi'ite Meta-historical Exegesis on Abraham's

Sacrifice in Light of Jewish, Christian, and Sunni Muslim Tradition," *Journal of the American Academy of Religion*, 66/1（1998）, pp. 93-116; and E. Kohlberg, *Medieval Muslim Views on Martyrdom*（Amsterdam: Koninklijke Nederlandse Akademie van Wetenschappen, 1997）.

（85）Ruhollah Khomeini, *Islam and Revolution*, trans. by Hamid Algar（Berkeley: Mizan Press, 1981）, p. 242.

（86）お隠れの理論については—— Mehdi Mozaffari, *Pouvoir Shî'ite*, op. cit., pp. 218-250.

（87）同様の表現は、一九〇六年のイラン憲法の付則第二条に見られる。

（88）Adolf Hitler, *Mein Kampf*（London: Pimlico, 2003）, pp. 345-46.

（89）Jean-Baptist Duroselle, *Tout Empire Perira*（Paris: Armand Colin, 1992）.

（90）Michael Hardt and Antonio Negri, *Empire*（Cambridge, MA: Harvard University Press, 2000）, p. 373.

（91）Ibid., p. 380.

（92）Roger Griffin, *Modernism and Fascism*（Hampshire and New York: Palgrave, 2007）, p. 162.

（93）Max Weber, "Politics as a Vocation," in H. H. Gerth and C. Wright Mills（eds）, *From Max Weber: Essays in Sociology*（London: Routledge, 1991）, p. 128, and in Peter Lassman and Ronald Speirs（eds）, *Weber Political Writings*（Cambridge: Cambridge University Press, 1994）, p. 368.

（94）Max Weber, "Science as a Vocation," in Peter Lassman & Irving Velody（eds）, *Max Weber's "Science as a Vocation"*（London: Unwin Hyman, 1989）, pp. 13-14, and in Gerth and Wright Mills, *From Max Weber*（note 7）, p. 139.

（95）Jan Iversen, "The Crisis of European Civilization," in Mehdi Mozaffari（ed.）, *Globalization and Civilizations*（London & New York: Routledge, 2002）, pp.152-54.

（96）Ibid., p. 160.

（97）Arnold Toynbee, *A Study of History*（London: Oxford University Press & Thames and Hudson, 1995）.

（98）Hannah Arendt, *The Origins of Totalitarianism*（New York and London: Harcourt Brace & Company, 1975）, Chapter 8, p. 222. 同じ章に、読者は、汎ゲルマン主義と汎スラブ主義の相違に関するアーレントの優れた分析を見出そう—— pp. 222-302.

（99）Walter Laqueur（ed.）, *Fascism: A Reader's Guide*（London: Penguin Books, 1982）; George L. Moss, *Masses and Man*（New York: H. Fertig, 1980）; Stanley G. Payne, *A History of Fascism 1914-45*（London: Routledge, 2001）.

（100）Giovanni Gentile, *Origins and Doctrine of Fascism*（London: Transaction, 2002）, p. 2.

(101) Ibid.
(102) Ibid., p. 15.
(103) Renzo De Felice, *Interpretation of Fascism*（Cambridge, M. A: Harvard University Press, 1977）, p. 175.
(104) Ibid.
(105) Gino Cerbella, *Fascismo E Islamismo*（Tripoli: Maggi, Stampatore Editore, 1938-XVI）. 引用は、ティナ・マガールドによってイタリア語から英訳されている。
(106) Ibid., p. 14.
(107) Ibid., p. 14.
(108) Ibid., p. 13.
(109) Ibid., p. 17.
(110) Ibid., p. 17.
(111) Ibid., p. 16.
(112) Ibid., p. 16.
(113) Ibid., p. 16.
(114) Griffin, op. cit.
(115) Ibid., pp. 167-68.
(116) Karl Mannheim, *Ideology and Utopia*（New York: Harvest Book, 1936）, p. 203.
(117) 第一次世界大戦が終わったとき、わずかなムスリム諸国しか独立しておらず、多くはなお植民地だった。それゆえ「ムスリム」という言葉は、しばしば宗教的確信や動機に基づいて政治活動に積極的に参加した、主にスンニー派に属するムスリムを指している。
(118) イスタンブールは、エイス・テン・ポリン、すなわち「都会に行く」から派生したということもありそうである。
(119) Rashid Rida, *Al-Khalâfat au al-Imâmat al-Uzma*, アンリ・ラウストによってフランス語に翻訳された—— *Le Califat dans la doctrine de Rashid Rida*（Paris: J. Maisonneuve, 1986）, p. 116.
(120) Hamid Enayat, *Modern Islamic Political Thought*（London: Macmillan, 1982）, pp. 70-1.
(121) Hassan al-Banna, *Majmu'a Rasâ'I al-Imam al-Shahid: Hassan al-Banna*（Cairo: Dâr al-Tawzi' wal Nashr el-Islâmiya, 1992）,

pp. 99-100 / *Five Tracts of Hassan al-Banna*, translated by Charles Wendel（Berkeley: University of California, 1978）, pp. 22-4.

（122）Alan Palmer, *The Decline and the Fall of the Ottoman Empire*（London: John Murray, 1992）, p. 266.

（123）Quoted by Richard P. Mitchell, *The Society of the Muslim Brothers*（Oxford: Oxford University Press, 1993）, p. 232.

（124）ハンバル学派の代表的人物であるイブン・タイミーヤは多作の著者で、主な政治思想は『シアーサ・アル＝シャルイーヤ［宗教政治］』という作品にまとめられている。同書はアンリ・ラウストによって仏訳された―― *Le Traité de droit public d'Ibn Taimîya*（Beirut: Institut Français de Damas, 1948）. ムハンマド・アブドゥル・ワッハーブもハンバル学派で、ワッハーブ派運動の創設者である。彼の論文『キターブ・アル＝タウヒード［単一性の書］』（Paris: Al-Qalam, 2001）はワッハーブ派の指導的理論作品をなす。

（125）See Vali Nasr, *The Shia Revival*（New York: W. W. Norton, 2006）and Yitzhak Nakash, *Reaching for Power: The Shi'a in the Modern Arab World*（Princeton: Princeton University Press, 2006）.

（126）第一次世界大戦前や、とりわけ後のアラブ世界における社会的・政治的階層についてのさらなる情報は、とりわけ次を参照―― Albert Hourani, *A History of the Arab Peoples*（London: *Faber and faber*, 1991）, Chapters 19-22, and Nazih Ayubi, *Over-stating the Arab State: Politics and Society in the Middle East*（London: I. B. Tauris, 1995）, Chapters 5-8. アラブ社会における政治的潮流のアユービによる分類は、一方の急進的・ポピュリスト的共和国と、他方の保守的で血縁秩序による君主国という、二大類型に分ける政治体制の一般的分類と関わっている。

（127）要約した四つの潮流の概観は、網羅的ではなく例示的であることに注意されたい。それらの中間にある他の潮流も存在した。たとえば、イランでは一九五〇年代と一九六〇年代に、ハリール・マレキの指導下に社会民主主義者（すなわち「第三勢力」［ニルウイ・セウム］）がいた。同様に、自由主義者と自称する一部のムスリムがいたし、今もいる（たとえば、メフディ・バザルガン［アヤトッラー・ホメイニの最初の首相］の指導下の「イラン解放運動」［ネフザテ・アーザディエ・イラン］や、ヨルダンのムスリム同胞団さえも）。自由主義的ムスリムはまた、『イスラムと政治的権威の源泉』［*Al-Islam wa Usul al-Huk*（Cairo: Al-Hay´at al-Mesriyyah, 1993）］の著者で、イスラムが特定の政治的体制であることを否定したエジプト人のアリー・アブド・アル＝ラジクのような思想家によって代表されてきた。アブド・アル＝ラジクは、「預言者は政治的指導者ではなく、カリフは預言者の後継者ではなかった……さらに彼は、預言者の使命を通じた共通の信仰からなる宗教的共同体は、政治的次元をもたないと信じていたと思われる」と論じる（Leonard Binder, *Islamic Liberalism*（Chicago: The University of Chicago

Press, 1988), p. 131)。同じ自由主義の見出しのもとに、有名なエジプト人作家のターハー・フセイン、及びノーベル文学賞を受賞した別のエジプト人小説家ナギーブ・マフフーズのような人たちを加えなければならない——Tarek Osman, "Mahfouz's grave, Arab Liberalism's death," *Open Democracy*, November 23 (2006). アルバート・ホーラーニは、政治的・知的潮流のもう一つの分類、すなわちオスマン主義、イスラム改革主義、民族主義、伝統主義への分類を用いている——Hourani (note 33), pp. 311-14.

(128) アルバート・ホーラーニは、ヨーロッパ文明に対するアラブ自由主義者の一般的立場を見事に要約している——「一般的に、ヨーロッパ文明のある定義が受け入れられた。すなわちヨーロッパは、それが身に付けた価値、あるいはもっと特定すれば一九世紀の自由主義的思想家によって身に付けさせられた価値によって、受け取られたのだ。ヨーロッパ文明の基礎、その力と繁栄の『秘密』は、次のような要因によるものとされた——それ自身の利益に照らして自己を統治する民族共同体の存在、宗教と政治の分離、政府の民主的体制、すなわち自由に選出された議会とそれに責任を負う諸省庁、権利の尊重、政治的徳や共同体への忠誠とそのために犠牲を払う用意の力、そして何よりも、近代的産業の組織とその裏に存する『科学的精神』である。」Albert Habib Hourani, *Arabic thought in the liberal age: 1798-1939* (London: Oxford University Press, 1983), pp. 324-25.

(129) Maxime Rodinson, *Marxism and the Muslim World* (London: Zed, 1981), pp. 60-75.

(130) 様々なムスリム諸国におけるイスラム運動の拡大についての、詳しい研究は—— Nazih Ayubi, *Political Islam: Religion and Politics in the Arab World* (London: Routledge, 1991), Chapters 4-5, pp. 70-119.

(131) ナジー・アユービは、*Political Islam*, (note 35), Chapter 6, pp. 120-157 において、イスラム主義の著名人物の知的源泉についての、短いがきわめて有用な分析を提示した。

(132) Quoted in Seyyed Vali Reza Nasr, *Mawdudi and the Making of Islamic Revivalism* (New York: Oxford University Press, 1996), p. 51. 同じ言説の類似版は—— Abul 'A'la Ali al Mawdudi, *Minhaj al Enqilâb el-Islâmi* [The Path of the Islamic Revolution] (Cairo: Dar al-Ansar, 1977), p. 17.

(133) Sayyid Qutb, *Ma'âlim ul-Tariq*, [Milestone], English translation (USA: The Mother Mosque Foundation, no date of publication, ISBN: 0-911119-42-6), pp. 159-160.

(134) Quoted in Hamid Algar, *Islam and Revolution: Writings and Declarations of Imam Khomeini* (Berkeley: Mizan Press, 1981), p. 304.

（135）ファダイアネ・イスラームについては、とりわけ次を参照——Farhad Kazemi, "*The Fada'iyan-e Islam*: Fanaticism, Politics and Terror," in Said Amir Arjomand (ed.), *From Nationalism to Revolutionary Islam* (New York: University of New York Press, 1984), pp. 158-76.

（136）イフワーンとファダイアネの関係については——Abbas Khameh Yar, *Iran wal Ikhwan al-Muslimin* (Beirut: Markaz al-Dirâsât al-Istrategiyyeh - Al-Ahram, 1997).

（137）マウドゥーディの運動と彼の影響の歴史については——Seyyed Vali Reza Nasr, *The Vanguard of the Islamic Revolution: The Jama'at-I-Islami of Pakistan* (Berkeley: University of California Press, 1994).

（138）Quoted in Seyyed Vali Reza Nasr, *Maududi and the Making of Islamic Revivalism* (New York: Oxford University Press, 1996), p. 80.

（139）Ibid., p. 77.

（140）Gilles Kepel, *Jihad: The Trail of Political Islam* (London: I. B. Tauris, 2004), p. 36.

（141）一九七七年、「破門と亡命［**タクフィール・ワ・ヒジュラ**］」集団は、前宗教基金大臣のシェイフ・フセイン・アル＝ザフラを暗殺した。一九五四年に、ムスリム同胞団は著名な判事アフメド・ハゼンデルを暗殺したし、同胞団は少なくとも他の二つの事件——カイロ警察長官と、イエメンのスルタン及びその三人の息子といった著名人物を殺害した——に関与したと告発された。一九五四年、アフメド・マーヘル首相はムスリム同胞団につながる集団の暗殺者によって射殺された——David C. Rapoport, "Sacred terror: A contemporary example from Islam," in Walter Reich (ed.), *Origins of Terrorism* (Cambridge: Cambridge University Press, 1990), p. 126, note 73. さらに、エジプトにおけるイスラム主義集団の進化の、詳しい分析は——Johannes J. G. Jansen, *The Neglected Duty: The Creed of Sadat's Assassins and Islamic resurgence in the Middle East* (London: Macmillan, 1986).

（142）アル＝バンナの死にもかかわらず、その遺産は無傷で残り、かえって強化されてすべてのムスリム社会に広がった。それゆえアル＝バンナの時代は、ホメイニやビン・ラーデンと較べて最長である。

（143）Bernard Lewis, *The Assassins* (London: Al Saqi Books, 1985), pp. 4 and 112.

（144）一九世紀末に始まった全般的都市蜂起の結果として、イランが一九〇五年に初の憲法を採択したことに注目するのは有用である。その憲法は、ロシア人が一九〇五年一〇月一七日に皇帝ニコライ二世の一〇月宣言によって採択した憲法よりも、はるかに自由主義的であった。ドゥーマは単なる諮問機関だったが、マジュリスは本物の立法議会だった。逆説的だが、イランの一九〇五年革命は一九七九年の革命を準備しなかった。レジーム・ダサンブレ〔議会制度〕に基づく自由主義的体制は、ホメイニのヴェラヤテ・ファギーフ（シーア派法学者の統治）との共通性を何らもたなかった。一九七九年の革命は、イランの一九〇五年革命の延長でなかっただけでなく、現実に、また多くの点で、その反対だった。一九〇五年のイランの革命は立憲主義の運動（**マシュルーテ**）だったが、一九七九年の革命はイスラム主義の運動（**マシュルーエ**）として現われ、それは文字通り、シャリーアが社会のあらゆる側面を支配するような政権を意味する。

（145）イラン暦の第三の月。

（146）国際メディアは、この悲劇的な出来事を速やか、かつ広範に報道しなかった。国際的聴衆に大惨事の反響が届いたのは、事件後数日経ってからだった―― *Washington Post*, August 26, 1978.

（147）Amir Taheri, *Holy Terror: The Inside Story of Islamic Terrorism*（London: Hutchinson, 1987）, p. 123.

（148）Zahir Tanin, *Afghanistan dar qarn-e bistom*［Afghanistan in the 20th century］（Tehran: Shabak, 1384/2004）. タニンは「数十万人のアフガン人の死者と一万三〇〇〇人のソ連人の死者」に触れている（p. 336）。他のある資料によると、「戦争中におよそ一〇〇万人のアフガン人と、一万五〇〇〇人のソ連兵士が死亡した」と推定されている―― *Encyclopedia of Conflicts since World War II*（edited by James Ciment）,（Chicago: Fitzroy Dearborn, 1999）, vol. 1, p. 236.

（149）Ahmed Rashid, *Taliban: Islam, Oil and the New Game in Central Asia*（London: I. B. Tauris, 2000）, Chapter 3.

（150）Peter L. Bergen, *Holy War: Inside the Secret World of Osama Bin Laden*（London: Weidenfeld & Nicolson, 2001）, Chapter 9.

（151）Declaration of al-Qaida, "1998 Fatwa," see http://www.representativepress.org/1998Fatwa.html（accessed February 2015）.

（152）Audrey Kurth Cronin, "How al-Qaida Ends," *International Security*, Vol. 31, No. 1（Summer 2006）, pp. 7-48.

（153）Ibid., p. 48.

（154）See http://www.mi5.gov.uk/output/Page25.html（last accessed November 2006）.

（155）Marco Goli and Shahamak Rezaei, *House of War. Islamic Radicalisation in Denmark*（Aarhus: CIR, 2010）; Lene Kühle and Lasse Lindekilde, *Radicalization among Young Muslims in Aarhus*（Aarhus: CIR, 2010）.

（156）See video at http://www.telegraph.co.uk/news/worldnews/middleeast/10948492/Isis-leader-Caliph-Ibrahim-makes-first-ever-public-video-appearance.html（accessed February 2015）.

（157）Hannah Strange, "Islamic State leader Abu Bakr al-Baghdadi addresses Muslims in Mosul," *The Telegraph*, July 5, 2014 （accessed February 2015 at http://www.telegraph.co.uk/news/worldnews/middleeast/iraq/10948480/Islamic-State-leader-Abu-Bakr-al-Baghdadi-addresses-Muslims-in-Mosul.html）.

（158）Tom Keatinge, “Finances of jihad: How extremist groups raise money,” *BBC*, December 12, 2014（accessed February 2015 at http://www.bbc.com/news/world-middle-east-30393832）.

（159）Bernard Lewis, *The Assassins*（London: Al Saqi Books, 1985）, p. 12.

（160）アヤトッラー・ホメイニは、テヘランの同僚たちに送った電報の中で次のように宣言し、タキーヤの実践を禁止した。「タキーヤの実践は、爾後不法となり、真理の表明が義務となる。それでよい！」と。ホメイニは、これまでのところタキーヤの実践を禁じた唯一のアヤトッラーであることを指摘すべきだろう。S・H・ローハニが彼の著書に示した同電報のテキストは、日付がないが、もっとも可能性が高い日付は一九六三年三月末である。Seyyed Hamid Rouhani, *Nehzat-e Emâm Khomeini* を参照。同書の第一巻は、革命前に刊行された。その本は、出版地も日付も載せていない。私がもっている一冊には、ローハニが一九七八年一二月八日にパリで書いた献呈の辞（筆者でないある人に宛てたもの）がある。（vol. 1, pp. 372-373）

（161）Ruhollah Khomeini, *Kashf ul-Asrâr*（Tehran: no publisher, 1941）. ファダイアネも、彼らなりの綱領を一九五〇年に刊行した（Guide to the Verities”/*Ketâb-e Râhnamây-e Haqâyeq*）。この指導書はまったく政治的言説ではなく、理想的なイスラム国家が実行すべき実際的措置を列挙している。この指導書の要約（フランス語による）は、ヤン・リチャードの論文（下の注167を参照）に見られる。英語版は―― Adele K. Ferdows, *Religion in Iranian Nationalism: The Study of the Fadayan-i Islam*. PhD thesis, Indiana University, 1967.

（162）Khomeini, op. cit., p. 66.

（163）Ibid., p. 77.

（164）Ibid., p. 239.

（165）Ibid., p. 251.

（166）ウラマー一般、及び一九〇六年憲法については―― Mehdi Mozaffari, *Pouvoir Shi'ite: Théorie et Evolution*,（Paris: L'Harmattan, 1971）, p. 342; and *l'IRAN*（Paris: Librairie Générale de Droit et de Jurisprudence, 1978）, p. 272.

（167）Ruhollah Khomeini, *Hukumat-e Islami*（Nejef: no publisher, 1971）, p. 109.

（168）Ibid., p. 110.

（169）Ibid., p. 186.

（170）Ibid., p. 187. ホメイニがこの点について留保していることは、当時、彼はシーア派の位階制において重要な地位を占めていなかったという事実によって、またはおそらく、今は直接ウラマー権力を要求するに適切な時機でないと、彼が考えたことで説明されえよう。

（171）Ibid., p. 185.

（172）Ibid.

（173）Ibid.

（174）Yann Richard, "L'organisation des Fadâ'iyân-e Eslâm," in Olivier Carré and Paul Dumont（eds）, *Radicalismes islamiques*（Paris: l'Harmattan, 1985）, p. 74. Cf. also Farhad Kazemi, "The Fadâ'iyan-e Islam: Fanaticism, Politics and Terror", in Said Amir Arjomand（ed.）, *From Nationalism to Revolutionary Islam*（New York: State University of New York Press, 1985）.

（175）Khomeini, *Kashf*, p. 333.

（176）Richard, p. 74; Kazemi, p. 25.

（177）*Jomhuri Eslâmi*, January 16, 1985.

（178）この**ファトワ**は、イラクに住むアヤトッラー・アミニによって発せられた。

（179）この日以降、パレスチナ人とシーア派イスラム主義者の間にきわめて密接な関係が育ち、政治的・軍事的協力さえも行なわれるようになった。それで一九六〇年代に、アヤトッラー・モンタゼリ（ホメイニの後継者に指名されていた）の息子を含む若いイスラム主義者の集団が、パレスチナ人のキャンプで訓練した。ホメイニの方でも、亡命先のイラクから、宗教税（**ザカート**）及び慈善寄付（**サダカート**）の一部をパレスチナ人に支払うことを、許可した。この**ファトワ**の元のバージョン（ペルシャ語による）で、ホメイニが「パレスチナ人」という言葉を使わず、「**ムダーフィイーン**（守護者）」という表現を選んでいることは興味深い。アラブ語のバージョンで使われている言葉は、「**ムダーフィイーネ・バイザタル・イスラーム**（イスラムの大義の守護者）」である――Rouhani, op. cit.（Tehran 1986）, vol. 2, pp. 387-391, 886（Documents, Nos. 156 and 157）.

（180）一部のウラマーは、彼ら自身、大規模所有地の持ち主だったことを付け加えるべきである。利用できる統計によると、一九四六年にイスファハン県では、そうした所有地をもつ聖職者家族の数は、他の社会層の家族より三倍多かった――Shahrokh Akhavi, *Religion and Politics in Contemporary Iran*（New York: State University of New York, 1980）, pp. 96-97.

（181）ブルジェルディの死後、**マルジャ＝イッヤテ・コル**の空席を誰が埋めるかを決めるために専門家集団が会合した。基本的にホメイニ派の人々からなるこの集団（メフディ・バザルガン、アヤトッラー・モタッハリ、アヤトッラー・ベヘシュティを含む）は、ブルジェルディの死以前は十二イマーム派共同体の指導部の通常形態だった個人大統領にかえて、複数の同等者からなる大統領制の樹立を提案した。実際は、専門家集団はこの計略に訴えることで、ホメイニ以外のアヤトッラーの誰かが**マルジャ＝イッヤテ・コル**の尊厳を与えられることを阻止するか、少なくとも遅らせようとしていたのである。

（182）それこそ、シャーがなぜ、彼の電報や予備交渉において、イラク人でイラクに住むアヤトッラー・モフセン・ハキムを支持すると決めたかの理由である。

（183）婦人の投票権は、ついに一九六四年六月一日、すなわち六月五日の蜂起の一年後に確立された。

（184）他の五提案は、木材資源の国有化、国営企業の株式売却、労働者との利益共有、選挙法の改正、そして最後に「知識軍」の設置だった。

（185）Rouhani, op. cit., vol. 1, p. 348.

（186）アーシュラーは、シーア派の第三代イマーム、フセインが六八〇年一〇月一〇日に、カルバラで暗殺されたのを記念する日である。

（187）国際法の歴史において、一国が自国領域内で他国にその市民に対して領域外管轄権を行使することを認める、いかなる条約をもそう呼んだ。

（188）ホメイニの演説テキストは、以下に再録されている――Rouhani, op. cit., vol. 1, pp. 716-726.

（189）Seyyed Javad Madani, *Târikh-e Siyâsiy-e Moâser-e Iran*, Tehran, 1984, p. 101.

（190）この委員会の構成に関する正確な情報は、まだ何もない。わずかに知られているのは、メフディ・アラギとハビボッラー・アスカル・オウラディ（ともにバザール商人）が含まれていたということだ。二人とものちに、革命後の時期に重要な政治的役割を果たした。

（191）この評議会は、モタッハリ、ベヘシュティ、アンヴァリ、モウライの諸アヤトッラーを含んでいた。

（192）マンスール暗殺を許可するファトワは、マシュハドの住民アヤトッラー・ミラニによって届けられた―― Madani, *op. cit.*, p. 103, Note 2.

（193）処刑された四人はムハンマド・ボハライ、サデグ・アマニ、レザー・ハランディ、モルタザ・ニク＝ネジャドだった。他の七人（メフディ・アラギ、ハシェム・アマニ、ハビボッラー・アスカル・オウラディ（のちの商務大臣で、イスラム共和国の大統領候補）、アッバス・モダッレシ・ファルド、アボルファジ・ヘイダル、モハンマド・タギ・カラフチ）は終身刑を宣告された—— Rouhani, op. cit., vol. 1, p. 817.

(194) サイディとホメイニの関係、及びSAVAKのサイディに関する秘密報告については—— Rouhani, op. cit., vol. 2, pp. 963-987 and Madani, op. cit., p. 218, Note 2.

(195) マダニは、他のいくつかの小さなイスラム主義集団、すなわち *Ummat-e Vahedah, Towhid, Falaq, Fallah, Badr, Movaheddin, Saff, Mansourun* の存在に触れている（op. cit., p. 224）。マダニは、それら集団の活動の性質については沈黙している。

(196) モジャヘディーネ・ハルグについては、たとえば次を参照—— Mozaffari, *Authority in Islam: From Muhammad to Khomeini* (New York: M. E. Sharpe, Inc., 1987), pp. 86-92.

(197) この火災は、当初SAVAKの仕業とされた。そうした仮説は、もっともありそうにないと言わなければならない。当時、シャーは本物の危機のさなかにあって、それゆえ彼の政権に対する国民の憎悪を掻き立てることや、ましてや映画館内で数百人を焼き殺させることに興味はなかった。さらにシャーは、自分が癌におかされていることを知っていたから、一九七八年夏の出来事に関して実際上、受け身でないとしても防御的態度を採っていた。外国人訪問客らは、「主権者が自己に引きこもっているように見え、異常に受動的・内省的行動をするのに驚いた」—— Michael Ledeen and William Lewis, *Débacle: l'échec américain en Iran* (Paris: Michel Albin, 1981), p. 142. したがって、客観的に見てこの犯罪的悲劇が、世界とイランの世論に与える異常な衝撃から利益を得られた唯一の集団は、イスラム主義者であったことに異論の余地はない。アボルハッサン・バニ・サドルの（亡命先での）雑誌『**エンゲラベ・イスラーミー**』は、イスラム主義者がこの火事の責任者であることを示す文書を刊行した。筆者は、この文書を見ることができない。

(198) マキシミリアン・ド・ロベスピエール（一七五八—一七九四年）とその支持者は、テルミドール（フランス革命暦の第一一月）九日に打倒された。テルミドールは、革命中に、とりわけ指導部の交代の結果として、急進的な目標や戦略から離れる動きを意味するようになった。

(199) Crane Brinton, *The Anatomy of Revolution* (New York: Random House, 1965), pp. 21-22.

(200) イランにおける一九八八年の政治犯処刑とは、一九八八年七月一九日に始まって約五ヵ月続いた、国家の提案になるイラン全土での政治犯処刑を指す。アムネスティ・インターナショナルは、同期間に行方不明になった四四八二名以上の名前を記録したが、イランの反対派集団は、処刑された囚人の数ははるかに多く、三万名もの反政府活動家が処刑されたかもしれないと示唆している—— http://www.amnesty.org/en/library/asset/MDE13/021/1990/en/5c32759d-ee5e-11dd-9381-bdd29f83d3a8/

mde130211990en.html and http://www.iranhrdc.org/english/publications/reports/3158-deadly-fatwa-iran-s-1988-prison-massacre.html（accessed August 2015）.

（201）Magnus Ranstorp, *Hizb'Allah in Lebanon: The Politics of the Western Hostage Crisis*（New York: St. Martin's Press, 1997）.

（202）Charles Tilly, *The Formation of National States in Western Europe*（Princeton: Princeton University Press, 1975）, p. 502.

（203）Ibid.

（204）Samuel P. Huntington, *The Clash of Civilizations and the Remaking of World Order*（New York: Simon & Schuster, 1996）, Chapter 12.

（205）Ibid., p. 42.

（206）Philip Bagby, *Culture and History: Prolegomena to the Comparative Study of Civilizations*（London: Longman, 1958）, pp. 162-63.

（207）Arnold Joseph Toynbee, *A Study of History*（London: Oxford University Press & Thames and Hudson, 1995）, p. 46.

（208）Fernand Braudel, *A History of Civilizations*（New York: Penguin Books, 1995）, p. 5.

（209）Immanuel Wallerstein, *Geopolitics and Geoculture*（Cambridge: Cambridge University Press, 1992）, p. 235.

（210）Robert W. Cox, "Civilization and the 21st Century: Some Theoretical Considerations." Paper at Third Pan-European International Relations Conference, Vienna, September 16-19, 1998, p. 8.

（211）Edgar Morin, *Penser l'Europe*（Paris: Gallimard, 1987）, p. 33.

（212）Braudel, op. cit., p. 315.

（213）François Guizot, *The History of Civilization in Europe*（Penguin Books, 1846/1997）, p. 31.

（214）Douglas Jerrold, *The Lie about the West, a Response to Professor Toynbee's Challenge*（London: J. M. Dent and Sons, 1954）, p. 24）and in Manfred P. Fleischer（ed.）, *The Decline of the West?*（New York: Holt, Rinehart and Winston, 1970）, p. 8.

（215）フライシャーは、衰退研究の進化に関する短いが洞察に富んだ論考において、「ルネッサンスの間に、衰退理論は世俗派の方に揺れ戻った。ペトラルカ（一三〇四―一三七四年）は、キリスト教以前のローマの時代を**アンティークワ**……コンスタンティヌスの時代を**ノヴァ**、そして彼の時代を**テネブラエ**……と呼んだ」と書いている―― Fleischer, op. cit., p. 1.

（216）Carroll Quigley, *The Evolution of Civilizations: An Introduction to Historical Analysis*（New York: Macmillan, 1961）, pp. 146.

（217）「ギリシャ文明の『崩壊』後の、その社会的歴史の輪郭。社会の指導的少数派は、ますます力に頼り、ますます魅力に頼らなくなる。同一局面における、文明の宗教的歴史。国内のプロレタリアートはより高度な宗教、キリスト教を創り出し、ついで着想を非ギリシャ文明の一つから引き出す……『外部のプロレタリアート』（野蛮人）が果たす役割……野蛮人がギリシャの普遍的国家を軍事的に征服し、その領域に後継諸国家を樹立する。」Toynbee, 1995, p. 56.

（218）「ある普遍的国家が崩壊するか存続するかを決定する際に、経済要因が果たす役割の重要性は、ローマ帝国の様々な部分のそれぞれの運勢を比較することで測りうる。西部諸州は、帝国がキリスト教時代の五世紀に崩壊したが、経済的には相対的に遅れていた。中央部及び東部の諸州は、同じ世紀に帝国が存続したが、『ギリシャ世界』の産業と貿易の主要拠点だった。諸州の相対的な経済力は、その戦略的立場の相対的不利を補って余りあった。中央部及び東部は、西部より、ステップの『大西部草地』のユーラシア遊牧民や、イランとイラクのササン朝権力からの攻撃にいっそう直接的にさらされていたが……」Toynbee, 1995, p. 63.

（219）「ローマが宇宙を征服する間、その壁の中には隠された戦争があった。それは火山の火のような火で、何らかの物質が発酵を進めるや否や噴出するのだ。」Charles-Louis de Montesquieu, "Considerations sur les causes de la grandeur des Romains et de leur décadence," in *Œuvres Complètes*, vol. II (Paris: Gallimard, 1951), p. 111.「悪をなしたのはまさしく共和国の偉大さで、それは民衆の騒乱を内戦に変えた。ローマには当然、分断があった。そして外部であれほど誇り高く、大胆で、恐ろしい戦士たちは、内部で十分穏健ではありえなかった……」Montesquieu, op. cit., p. 119.

（220）フランツ・ローゼンタールの翻訳によれば、アサビーヤとは「集団感情」を意味する。ロバート・コックスはそれに練り上げた意味を与え、「国家の創設に関わる間主観性の形態。それは人間の発展の、この重要な局面における創造的構成要素であり、この点でアサビーヤは、（西洋人にとって）マキャヴェリのヴィルトゥ〔徳〕と何らかの関わりをもつ」と定義する―― Robert W. Cox and Timothy J. Sinclair, *Approaches to World Order* (Cambridge: Cambridge University Press, 1996), pp. 162-63.

（221）Abderahman Ibn Khaldun, *The Muqaddimah: An Introduction to History*, trans. by Franz Rosenthal, 3 vol. (London: Routledge & Kegan Paul, 1968), p. 101, vol. II.

（222）Ibn Khaldun, op. cit., p. 103. より広い意味で、イブン・ハルドゥーンは「不公正は、金や他の資産を補償も理由もなしに所有者から没収することだけを含意すると、理解されるべきではない。それは普通、そのように理解されているが、より一般的な何かである」（ibid., p. 106）「人々が、もはや生活するために業務を行なわなくなったら、そしてすべての有用な活動をやめてしまったら、文明の業務は停滞し、すべてが朽ちて行く」（ibid., p.104）と説明している。

(223) Huntington, op. cit., Chapter 12.

(224) 挑戦された文明は、適切な反応をなすように求められる。その存続は、反応の成功に掛かっている。彼はそれを、次のように表現する――「諸文明は、次々に来る挑戦にうまく反応することで生まれ、成長するに至るのだと私は信じる。それらは、もし直面した挑戦への対応に失敗したら、そのとき崩壊し、ばらばらになるのである」Arnold Joseph Toynbee, *Civilization on Trial*（New York: Oxford University Press, 1948）, p. 56.

(225) Toynbee, 1995, p. 137.

(226) Cox, 1996, p. 164.

(227) Brooks Adams, “The Law of Civilization and Decay”（N. Y. 1959, pp. 57-61）, in Fleischer, op. cit., p. 61.

(228) Matthew Melko, “The Nature of Civilization,” in Stephen K. Sanderson（ed.）, *Civilizations and World Systems: Studying World-Historical Change*（Walnut Creek: Altamira Press, 1995）, p. 42.

(229) Ibid., p. 44.

(230) Huntington, op. cit., p. 302.

(231) Francis Fukuyama, *The End of History and the Last Man*（New York: Free Press, 1992）, p. 88.

(232) Immanuel Kant in Fukuyama, op. cit., p. 59.

(233) G. W. Friedrich Hegel, *The Philosophy of History*, trans. by J. Sibree（Mineola, N. Y.: Dover Publications, Inc.）, p. 19. Also in Fukuyama, op. cit., p. 60.

(234) David Wilkinson, “Central Civilization（1987）,” in Sanderson（ed.）, op. cit., p. 46.

(235) トインビーは、文明は（一）何らかの文明以前の社会が自然発生的に変貌し、（二）すでに存在する何らかの文明の影響が、文明以前の社会に刺激を与えて文明に変える、（三）一つないしそれ以上の旧世代の文明が解体し、その要素のいくつかが新たな輪郭へと変容するといった過程によって出現するのではないかと、信じている―― Toynbee, 1995, p. 85.

(236) Braudel, op. cit., p. 73.

(237) Ibid.

(238) Joel L. Kraemer, *Humanism in the Renaissance of Islam*（Leiden: E. J. Brill, 1986）, p. 14.

(239) Ibid., p. 15.

（240）Ibid., p. 29.

（241）Marshall G. S. Hodgson, *The Venture of Islam. Conscience and History in a World Civilization*, 3 vols.（Chicago: The University of Chicago Press, 1974）, p. 430, vol. I.

（242）Kraemer, op. cit., p. 4.

（243）私は、多くの先達と同じ結論に達した。すなわち、西洋の哲学はアリストテレスに基づくが、イスラムの政治哲学はプラトンに基づいていたと――Mehdi Mozaffari, *Fatwa: Violence and Discourtesy*（Oxford: Aarhus University Press, 1998）（Sura IV）.

（244）Kraemer, op. cit., p. 6.

（245）Braudel, op. cit., p. 73.

（246）アンダルシア時代については――Juan Vernet, *La cultura hispanoárabe en Oriente y Occidente*（Barcelona: Ariel, 1978）and Salma Khadra Yayyusi（ed.）, *The Legacy of Muslim Spain*（Leiden: E. J. Brill, 1994）. アンダルシアの経験は、少なくとも二つの主な目的を達成した。すなわち第一に、様々な学問分野の様々な学者のためにコスモポリタンなフォーラムを創り出し、第二に、その結果として、ギリシャの知識が中世のヨーロッパへと移されたことだ――Mehdi Mozaffari, *Fatwa: Violence and Discourtesy*（Oxford: Aarhus University Press, 1998）, p. 172-73.

（247）Kraemer, op. cit., p. 6.

（248）Braudel, op. cit., p. 83.

（249）ガザーリについては、とりわけ次を参照――Henri Laoust, *La Politique de Ghazâli*（Paris: Paul Geuthner, 1970）.

（250）Braudel, op. cit., p. 87.

（251）ある意味で、この出来事は実際にヨーロッパ文明の勃興に貢献し、そのヨーロッパ文明が徐々に世界を支配したのだ。アンリ・ピレンヌが述べているように、「西洋は壜の中にあり、花瓶に閉じ込められて自力で生きるよう迫られている。史上初めて、歴史的生命の軸が地中海から北へと追われている。それに続いて、メロビンガ王国の陥った退廃が、北のゲルマン地域出身の新たな王朝、カロリンガ朝を出現させた」――Henri Pirenne, *Mahomet et Charlemagne*（Paris: Club du Meilleur Livre, 1937/1961）, p. 187.

（252）Braudel, op. cit., p. 87.

（253）Toynbee, 1948, p. 62.

(254) Daryush Shayegan, *Cultural Schizophrenia: Islamic Societies Confronting the West* (Syracuse: Syracuse University Press, 1997), p. 85.

(255) イスラムにおいては、合理性が黄金時代の初めに、とりわけムウタジラによって公式化され、擁護された—— Richard C. Martin et al. (eds), *Defenders of Reason in Islam* (Oxford: Oneworld, 1997) and Joseph Van Ess, *Une lecture à rebours de l'Histoire du Mu'tazilisme* (Paris: Paul Geuthner, 1984).

(256) 教条主義のもっとも著名な人物であるガザーリが、その記念碑的作品を『復活（イフヤー）』と呼んだのは、彼の時代の支配的潮流を明らかに示しており、驚くべきことである。事実、その復活とは教義の「ルネッサンス」、すなわち哲学やヘレニズムから決別して、神学に戻ることだった。

(257) Toynbee, 1948, p. 70.

(258) Immanuel Wallerstein, *Geopolitics and Geoculture* (Cambridge: Cambridge University Press, 1992), p. 223.

(259) Braudel, op. cit., p. 111.

(260) See *Al-Jabarti's Chronicle of the French Occupation*, trans. by Shmuel Moreh (Princeton: Markus Wiener Publishing, 1995).

(261) Ali Shariati, Tamaddun va Tajaddud/Civilization and Modernization, speech (10 Dey 1352/31 December 1973), pp. 2-3.

(262) Bassam Tibi, *Islamism and Islam* (New Haven & London: Yale University Press, 2012), p. 236.

(263) Daniel Bell, "The Return of the Sacred? The Argument on the Future of Religion," *British Journal of Sociology*, Vol. 28, No. 4, pp. 419-49 (December 1977); pp. 426-27.

(264) Ibid.

(265) Paul Valadier, "La religion dans le débat démocratique," *Le Monde diplomatique*, p. 3 (June 1989).

(266) Bassam Tibi, "Islamic Law/*Shari'a*, Human Rights, Universal Morality and International Relations," *Human Rights Quarterly* 16 (2), pp. 277-99 (1994).

(267) Mehdi Mozaffari, *Authority in Islam: from Muhammad to Khomeini* (New York: M. E. Sharpe, 1987), Chapter 2.

(268) Alexis de Tocqueville, *Democracy in America*, ed. by J. P. Mayer (New York: HarperPerennial), p. 447.

(269) Bassam Tibi, "Secularity and International Morality. Islam and the Secular Concepts of Human Rights," in Niels Barfoed and Anders Jerichow (eds), *Bridging the Cultural Gap – a European-Arab/Muslim Conference. Louisiana – Denmark* (Copenhagen: Danish PEN, 1995), pp. 80-91.

(270) John Rawls, *Political Liberalism* (New York: Columbia University Press, 1993), p. 291.
(271) Ibid., p. 305.
(272) Ibid.
(273) Ibid., xvi.
(274) Ruhollah Khomeini, *Hukumat-e Islami* (Islamic Government: Governance of the Jurist) (Najaf, 1971), pp. 53-54.
(275) Interview in *Horizon*, February 23, 1989.
(276) Ahmad S. Moussali, "Hasan al-Turabi's Islamist Discourse on Democracy and *Shura*," *Middle Eastern Studies* 30 (1), January 1994, p. 57.
(277) Immanuel Kant, "What is Enlightenment?" in Lewis White Beck (ed.), *Kant in History* (Indianapolis: Bobbs-Merrill, 1983), p. 3.
(278) Rawls, op. cit., p. xxiii.
(279) Asad Abukhalil, "Islâh," in *The Oxford Encyclopedia of the Modern Islamic World*, vol. 2 (Oxford University Press, 1995).
(280) John Donohue and John Esposito, *Islam in Transition* (New York: Oxford University Press, 1982), p. 17.
(281) Ibid., p. 27.
(282) David Commins, "Hasan al-Banna (1906-1949)," in Ali Rahnama (ed.), *Pioneers of Islamic Revival* (London: Zed Books, 1994), p. 133-34.
(283) Charles Taylor, *Hegel* (Cambridge: Cambridge University Press, 1991), p. 6.
(284) John F. Rundell, *Origins of Modernity* (Oxford: Polity Press, 1987), p. 2.
(285) Salman Rushdie, *The Satanic Verses* (London: Viking, 1988), p. 374.
(286) Levi 24:15 and Joshua 10:33.
(287) *Encyclopœdia Britannica.* Accessed June 2015: http://global.britannica.com/EBchecked/topic/69015/blasphemy.
(288) Matthew 11:19.
(289) Matthew 12:31.
(290) Leonard Levy, *Blasphemy* (New York: Alfred A. Knopf, 1993), p. 50.
(291) Gary Remer, *Humanism and the Rhetoric of Toleration* (Pennsylvania: Pennsylvania State University Press, 1996), p. 225.

(292) Ibid., p. 85.
(293) Sura IX, verse 74.
(294) Sura VI, verse 108.
(295) Sura III, verses 86, 87, and 89.
(296) Sura XLVII, verse 32.
(297) Sura IX, verse 74.
(298) Ibn Taymiyya, *Majmû' fatâwi Shaykh ul-Islâm* (Saudi Arabian, 1386/1965), vol. 4, p. 606.
(299) Ibn Taymiyya, vol. 35, p. 110.
(300) Mohaqqiq Hilli, *Sharâyi' ul-Eslâm* (Tehran: Tehran University Press, 1360/1981), vol. 4, p. 1893.
(301) Ibid.
(302) Ruhollah Khomeini, *Tawzih al-Masâil* (no place, no date), p. 495.
(303) Ibid., p. 23.
(304) Hilli, op. cit., p. 1894.
(305) Mehdi Mozaffari, *Pouvoir Shi'ite: Théorie et Evolution* (Paris: L'Harmattan, 1998), part 2, Chapter 3.
(306) See Ann K. S. Lambton, *Qajar Persia* (London: I. B. Tauris, 1987).
(307) Mirza M. Tunkâbuni, *Qisas ul-Ulama* (Tehran: Elmiya, no date), p. 144.
(308) *Le Monde*, February 26, 1997, p. 34.
(309) *Le Monde*, January 9, 1997, front page.
(310) Gudrun Gersmann, "Ideal and Reality: The French Revolution and the Debate on the Freedom of the Press," in Wolfgang Schmale (ed.), *Human Rights and Cultural Diversity* (Goldbach: Keip Publishing, 1993), p. 203.
(311) Ibid., p. 210.
(312) Interview with Salman Rushdie in *The Sunday Independent*, February 4, 1990.
(313) *Le Monde*, March 9, 1989.
(314) 死刑宣告前のインタビューが、次に掲載されている――*Far Eastern Economic Review*, March 2, 1989.
(315) 一九八九年二月一八日のラシュディの声明。次に引用されている――Lisa Appignanesi and Sara Maitland (eds), *The*

Rushdie File (London: Fourth Estate, 1989), p. 120.

（316）Flemming Rose, "Muhammeds ansigt" ("The face of Muhammad"), *Jyllands-Posten*, September 30, 2005. Accessed June 2015 at: https://en.wikipedia.org/wiki/Jyllands-Posten_Muhammad_cartoons_controversy.

（317）二〇一五年一月七日、サイード・クアシとシェリフ・クアシの兄弟が、パリのフランスの風刺画週刊紙『シャルリー・エブド』の事務所に入り、一二人を殺害して警官一人を含む他の何人かを負傷させた。兄弟は二人とも、二〇一五年一月九日にダンマルタン＝アン＝ゴエルで、フランスの特殊部隊によって殺された。

テロリズムを非難し言論の自由を護るために、二〇一五年一月一一日の日曜にパリと他のフランスの諸都市で巨大なデモが組織され、世界の指導者何人かもそれに参加した。パリのデモは二〇〇万人以上に及んだと推定され、一九四四年のパリ解放以来もっとも重要な集会となった。クアシ兄弟と密接に協力した共犯者のアメディ・クリバリは、三日の間（一月七―九日）にフォントネー＝オ＝ローズで一人、二人目（女性警官）をモンルージュで、最後にパリのポルト・ド・ヴァンセンヌのユダヤ人「イペル・カシェ」スーパーで四人（みなユダヤ人）を殺して、その場で警察に殺害された。

二〇一五年二月一四日、オマル・アブデル・ハミド・エル＝フセインは、クリュドトゥンデン市文化センターでの「芸術、冒瀆と表現の自由」集会を攻撃した。そこには約六〇名が参加しており、その中にはスウェーデンの芸術家ラルス・ヴィルクス（ムハンマドを犬として描いた）及びフランスの大使がいた。犯人はホールに入ることはできなかったが、建物の外で一人を殺した。その日中に同市の大シナゴーグに行き、そこでは子どもたちの誕生日とバル・ミツワー［ユダヤ教の成人式］が祝われていた。彼は守衛のユダヤ人男性を撃ち殺し、二人の警官を負傷させた。二月一五日早朝、銃撃犯はデンマーク警察によって殺害された。

（318）たとえば、一九九四年七月一八日にブエノス・アイレスで、ユダヤ人コミュニティ・センターのアルゼンチン・ユダヤ教徒相互協会において八五人のユダヤ人が殺害されている。

（319）Carl Schmitt, *The Concept of the Political* (Chicago: The University of Chicago Press, 1996), p. 26.

（320）Ibid., p. 28.

（321）Ibid., p. 29.

（322）ブッシュ大統領は二〇〇一年九月二〇日、アメリカ議会において。オランド大統領は、二〇一五年八月二一日のタリス列車（アムステルダム―パリ）の乗客に対するテロリストの攻撃失敗後、二〇一五年八月二四・二五日に。

（323）Sura 8, verse 59; sura 41, verses 19 and 28.

(324) コーランは、人間を定義するのに**バシャール**（総称的）、**バヌー・アダム**（血統上）、**インサーン**（社会的存在）等様々な言葉を使用している。一般に「人々」を表わすには、**アン・ナース**が用いられる。

(325) Sura 2, verse 257; sura 4, verse 76; sura 5, verse 60; sura 16, verse 36; sura 39, verse 17.

(326) Majid Khadduri, *The Law of War and Peace in Islam* (London: Luzac & Co., 1940), p. 76.

(327) Ibid.

(328) Ibid., p. 77.

(329) 法律家で神学者のアル＝マワルディ（九七二―一〇五八年）は、ジハードに次の四類型を認める。多神教徒に対するジハード、離反に対するジハード、意見の相違に対するジハード、そして脱走者・ギャング・強盗に対するジハードである。イブン・ルシュド（一一二六―一一九八年）は五番目の類型、すなわち辺境の防衛を付け加えている。マジド・ハッドゥーリ（一九〇九―二〇〇七年）は六番目、すなわちスクリプチュラリー（ムハンマドと条約を結んで平和的関係を確立した、ナジランのキリスト教徒。その義務は、第二代カリフのオマルの時まで双方によって尊重されたが、オマルは彼らに、アラビアを去って「肥沃な三日月」地帯に行くよう要求した）に対するジハードを付け加えている――Ibid., pp. 39 and 44.

(330) See Bernard Lewis, *The Assassins* (London: Al Saqi Books, 1985) and Mehdi Mozaffari, *Fatwa: Violence and Discourtesy* (Oxford: Aarhus University Press, 1998).

(331) アサシンという言葉は、シーア派の歴史から直接派生している。それはハッサン・アル＝サッバ（一一二四年死去）の弟子たちに与えられた名前だが、彼はイランのカスピ海地方のギラン県・マザンダラン県にあるアルブルズ山脈の中央地域出身の**セニョール・ド・モンタナ**だった。弟子たちは著名なムスリムを多数殺害し、中でももっとも有名なのはセルジュクの王たちの強力な大臣だったハージャ・ニザム・ウル・ムルクだった。

(332) See Claude Cahen, *Orient et Occident au temps des Croisades* (Paris: Auber, 1983) and Henri Laoust, *La Politique de Gazâli* (Paris: Paul Geuthner, 1970).

(333) 「フェレンジ」と「ファランギ」は、ヨーロッパ人、とりわけフランス人を指す言葉である。

(334) Abd al Rahman al-Jabarti, *Al-Jabarti's Chronicle of the French Occupation: Napoleon in Egypt*, trans. by Shmuel Moreh, with introduction by Robert L. Tignor (Princeton: Markus Wiener Publishing, 1995).

(335) 新たなイスラム主義者のイデオロギーの体系的分析は、次の価値ある書物を参照――Farhad Khosrokhavar, *Jihadist Ideology: The Anthropological Perspective* (Aarhus: CIR, 2011).

(336) Hassan al-Banna, *Rasā'il* (Five Tracts of Hassan al-Banna), trans. By Charles Wendel Berkeley: University of California Press, 1978), p. 60.
(337) Ibid., p. 142.
(338) Ibid., p. 135.
(339) Sayyid Qutb, *Ma'ālim fi al-Tariq* (*Milestones*) (USA: The Mother Mosque Foundation, 1964), p. 40, ch. 5.
(340) Ibid., p. 26, ch. 3.
(341) Ibid., p. 63, ch. 9.
(342) Ibid., p. 63, ch. 9.
(343) Ibid., p. 42, ch. 5.
(344) Ibid., p. 31, ch. 4.
(345) Ibid., p. 36, ch. 4.
(346) Ibid., p. 37, ch. 4.
(347) Ibid., p. 27, ch. 4.
(348) Ibid., p. 42, ch. 5.
(349) Ruhollah Khomeini, *Hukumat-e Islami* (Islamic Government: Governance of the Jurist) (Najaf, 1971), p. 8.
(350) Ibid., p. 11.
(351) Ibid., p. 89.
(352) Ibid., p. 87.
(353) Ibid., p. 89.
(354) Ibid., p. 79.
(355) Ibid., pp. 53 and 78.
(356) Ibid., pp. 22-23.
(357) Ruhollah Khomeini, *Sahifay-e Nur* (Political Testament) (Tehran: Soroush, 1990), p. 5.
(358) *Bin Laden's Fatwa*, August 1996.
(359) 他の四人は、エジプトのジハード集団の指導者で当時アル＝カイダの副司令官だったアイマン・アル＝ザワーヒリ、イスラム集団の指導者アブー＝ヤーシル・ラファル・アフマド・ターハー、ジュミアト＝ウト＝ウレメ＝パキスタンの事務局長シェイフ・ミール・ハムザ、そしてバングラデシュのジハード運動の指導者ファズルール・ラフマーンである。

（360）*Jihad against Jews and Crusaders*, World Islamic Front Statement, February 23, 1998.

（361）Bin Laden's *Declaration of War*, 1996.

（362）Ibid.

（363）Zbigniew Brzezinski and Carl J. Friedrich, *Totalitarian Dictatorship and Autocracy*（Cambridge, MA: Harvard University Press, 1965）, p. 355.

（364）Ibid.

（365）Adolf Hitler, *Mein Kampf*（London: Pimlico, 2003）, p. 362.

（366）テロリズムは、昔の**ガズワ**（最近は**ラッジア**として知られる）に似た、特定の型の戦争である。**ガズワ**は、メディナの初期のムスリムによって実践された。何人かの個人が、キャラバンを奇襲攻撃したのである。

（367）Charles Hill, *Trial of a Thousand Years: World Order and Islamism*（Stanford University Press: Hoover Institution Press, 2011）, p. 142.

（368）二〇〇〇年の大統領選挙の第二回候補者討論会で、司会はジム・レフラー。

（369）*The New York Times*, August 10, 2014.

（370）Charles Hill, op. cit., p. 139.

（371）*Arab Human Development Reports*（AHDR）– United Nations Development Programme. Accessed August 2015 at http://www.arabhdr.org/.

（372）Michael Whine, "Islamism and Totalitarianism: Similarities and Differences," *Totalitarian Movements and Political Religions* 2/2（Autumn 2001）, p. 60.

（373）アブー・ハミドやムハンマド・アル＝ガザーリのような教条的神学者と、アヴェロエス（イブン・ルシュド）のような「ギリシャ主義」哲学者の間の対決については――Chapter 2.

（374）アメリカ政府は、ヒズボラは、六三人が殺されたベイルートでの一九八三年四月のアメリカ大使館爆破に責任があり、またベイルートでの兵舎爆破、すなわち一九八三年一〇月にベイルートで、二四一人のアメリカ海兵隊員を兵舎で殺した自爆トラックによる爆破や、他の多くのテロ行為を背後から操っていると非難している――Amir Taheri, *Holy Terror: The*

Inside Story of Islamic Terrorism（London: Hutchinson, 1987）, pp.123-29; Wazzah Shararah, *Dawlat Hezbullah*［Hizbullah's Government］-（Beirut: dâr al-Nahar, 1996）, pp.280-82.

（375）カシミール語では、アラビア語の「タイイバ」は「トイバ」になる。

（376）Audrey Kurth Cronin, "How al-Qaida Ends: The Decline and Demise of Terrorist Groups," in *International Security*, Vol. 31, No. 1 (Summer 2006), pp.7-48; *How Terrorism Ends: Understanding the decline and demise of terrorist campaigns* (Princeton and Oxford: Princeton University Press, 2011）.

（377）Cronin, 2011, p. 194.

（378）アムネスティ・インターナショナルによると、イランでは二〇一一年に三六〇人、二〇一四年には七三四人（うち一四人が女性、一三人は少年少女だった）、二〇一五年前半には六九四人が処刑された。イランの公式情報では、二〇一一年に二五二人（うち五人が女性、一人は少年もしくは少女だった）、二〇一四年は二八九人、二〇一五年前半には二四六人が処刑された。その七四％は麻薬関連で、残る処刑のほとんどすべては殺人、悪質な強姦、強盗・誘拐致死、あるいは大規模麻薬売買に対して行なわれた。

（379）Ali Alfoneh, "Iran's Parliamentary Elections and the Revolutionary Guard's Creeping Coup d'Etat," *American Enterprise Institute for Public Policy Research*, No. 2., February, 2008.

（380）*The Constitution of the Islamic Republic of Iran*, An Ideological Army.

（381）Ali Alfoneh, *Iran Unveiled: How the Revolutionary Guards Is Turning Theocracy into Military Dictatorship*（Washington, D. C.: American Enterprise Institute Press, 2013）.

（382）Hannah Arendt, *The Origins of Totalitarianism*（New York and London: Harcourt Brace & Company, 1985）, p. 257.

（383）Ian Kershaw and Moshe Lewin（eds）, *Stalinism and Nazism: Dictatorships in Comparison*（Cambridge: Cambridge University Press, 1997）, p. 353.

（384）Jean-Jacques Rousseau, *The Social Contract: & Discourses*（J. M. Dent & Sons, Ltd., 1920）, Chapter 8, book 4.

（385）Arendt, op. cit., p. 467.

（386）Ibid., p. 466.

（387）Ibid., p. 468.

（388）François Furet, *The Passing of an Illusion: The Idea of Communism in the Twentieth Century*（Chicago: University of

Chicago Press, 1999), p. 2.

(389) Ibid., p. 156.

(390) Juan J. Linz, *Totalitarian and Authoritarian Regimes* (Boulder: Lynne Rienner, 2000), p. 100.

(391) Ibid., p. 70.

(392) Carl. J. Friedrich and Zbigniew K. Brzezinski, *Totalitarian Dictatorship and Autocracy* (Massachusetts: Harvard University Press, 1965), p. 21.

(393) Raymond Aron, *Démocratie et totalitarisme* (Paris: Editions Gallimard, 1965), pp. 287-288; Furet 1999; Kershaw and Lewin 1997.

(394) Cf. Mehdi Mozaffari, *Western Totalitarianism. A Reminder* (Aarhus: CIR, 2011).

(395) Islamic Republic of Iran Constitution, see http://www.iranonline.com/iran/iran- info/government/constitution. html (accessed February 2015).

(396) Hossein Mahdavy, "The Pattern and Problems of Economic Development in Rentier States: The Case of Iran," in Michael A. Cook (ed.), *Studies in the Economic History of the Middle East* (Oxford: Oxford University Press, 1970), p. 428; Hazem Beblawi and Giacomo Luciani, *The Rentier State* (London: Croom Helm, 1987), pp. 51-52.

【術語解説】（五十音順）

アウカーフ（*awqâf*（ワクフ（*waqf*）の複数形）死手の土地
アクル（*aql*）知性、理性
アサビーヤ（*asabiyya*）血族精神
アスハブ（*ashab*）預言者の仲間
アダブ（*adab*）都会風、礼儀正しさ、世俗的文化
アダーラ（*adala*）道徳的誠実さ、公正
アドル（*adl*）性格の誠実さ、公正
アハル・アル＝ベイト（*ahal al-beyt*）イランが設置した国際組織の名称
アフル・アル＝キターブ（*ahl al-kitab*）聖典の民、すなわちユダヤ教徒とキリスト教徒で、のちに古代シバ人とゾロアスター教徒も加えられた
アフル・アル＝スンナ（*ahl al-Sunna*）正統的な伝統主義者
アマーン（*aman*）保護、安全な行動
アミール（**エミール**）（*amir*（*emir*））軍事司令官、王子
アミール・アル＝ムーミニーン（*amir a-muminin*）信徒の司令官
アヤトッラー（*ayatollah*）シーア派の高位の宗教的権威
アヤトッラー・アル＝ウズマ（*ayatollah al-Uzma*）シーア派の最高位の宗教的権威
アーリム（*'âlim*）学識のある（とりわけ宗教的知識で）人
アンサール（*ansar*）メディナでムハンマドを支持した支援者
アンム、アンマ（*amm, amma*）庶民

イジュティハード（*ijtihad*） 個人的推論の実践
イジュマー（*Ijmâ*） 意見一致
イスティクバール（*istikbâr*） 傲慢さ、「帝国主義」
イスマ（*isma*） 申し分ないこと、罪や過ちに無縁なこと
イスラーフ（*islâh*） 改革
イマーム（*imam*） 軍事集団の指導者、祈禱指導者やイスラム政府の指導者
ウィラーヤ（ト）（*wilayâ (t)*） 県、後見
ウラマー（*ulamâ*（アーリム（*'âlim*）の複数形） イスラムの聖職者団
ウルフ（*'urf*） 慣習法
ウンマ（*umma*） イスラム共同体
ガイバ（ト）（*ghayba (t)*） 姿を隠している状態（とりわけ第一二代のシーア派イマームの）
カーフィル（*kâfir*） 異教徒
カラーム（*kalâm*） 教条的あるいはスコラ的神学
キトマーン（*kitmân*） 隠匿
キヤース（*qiyas*） 類似、類推
クフル（*kufr*） 背信
ザカート（*zakât*） 義捐税
サダカート（*sadaqât*（サダカ（*sadaqa/h*）の複数形） 寄付
サラート（*salât*） 祈り
サラフ（*salaf*） 前任者、祖先、初期のムスリム
ジズヤ（*jizya*） 臣民中の非ムスリム住民に課される税
ジハード（*jihad*） 聖戦

シヤーサ（*siyâsa*） 権威、政治、政策
シャハーダ（ト）（*shahada* (*t*)） 信仰告白、殉教
シャヒード（*shahid*） 殉教者
ジャマーア（*jama'a*） 共同体
シャリーア（*shari'a*） イスラムの聖なる法
シャルウ（*shar'*） イスラムの聖なる法
シューラ（*shura*） 評議会
シルク（*shirk*） 神に同列者を認めること
ズィンミー（*dhimmi*） 誰かがアフル・アル＝キターブ（右記を参照）に属する状態
ズフル（*zuhur*） 現われ、再出現
スルターン（*sultân*） 統治者、王
ズルム（*zulm*） 圧政、不公正
スンナ（*sunna*） 預言者の伝統、規範的な法慣習
ダアワ（*da'wa*） イスラムへの招待または正式な呼びかけ
ダウラ（ト）（*dawla* (*t*)） 王朝、国家
タキーヤ（*taqiyya*） 戦術的まやかし（とりわけシーア派によって行なわれる）
タクフィール（*takfir*） 破門
ダール・アル＝イスラーム（*dar al-islam*） 「イスラムの住まい」
ダール・アル＝スルフ（*dar-al-sulh*） ムスリム世界が条約関係を結んでいる領土
ダール・アル＝ハルブ（*dar al-harb*） 「戦争の住まい」
ディーン（*din*） 宗教
ナーイブ（*nâib*） 副官、代理人、大尉

ナッス（*nass*）コーランのテキスト
バイア（*bay'a*）ある人物をイスラム共同体の長として権威を認めること
ハッジ（*hajj*）メッカへの巡礼
ハッド（*hadd*）イスラム法学により命じられた体罰
ハディース（*hadith*）預言者またはシーア派のイマームが、述べたか行なったことに基づく伝統
ハラーム（*haram*）禁止行為
ヒジュラ（*hijra*）紀元六二二年九月に、ムハンマドがメッカからメディナに移住したこと
ビドア（*bid'a*）イスラムの教義における非公認の革新
ヒラーファ（ト）（*khilafa*（*t*））カリフ政
ファキーフ（*faqih*）イスラム法学の専門家
ファトワ（*fatwa*）ムスリムの宗教的権威が下す、何らかの法的問題に関する見解
ファラーシファ（*falâsifa*（ファイラスーフ（*faylasuf*）の複数形）哲学者たち
フィクフ（*fiqh*）イスラム法学
フィトナ（*fitna*）騒乱、内戦
フカハー（*fuqaha*）ファキーフの複数形（とりわけシーアの十二イマーム派で）
フクム（*hukm*）命令、規制、指示
フズン（*huzn*）悲しさ、憂愁
フドゥード（*hudud*（ハッド（*hadd*）の複数形）イスラムの宗教法によって命じられた法的処罰や刑罰
ヘイアト（*hey'at*）形、イランのシーア派宗教集団
マアスーム（*ma'sum*）罪に無縁なこと
マジュリス（マジュレッス）（*majlis/majless*）評議会、議会
ミフナ（*mihna*）苦痛、異端審問

ムフティ（*mufti*）　ファトワを与える者
ライース（*raïs*）　指導者、エジプト大統領の称号
ラスール（*rasul*）　遣い、預言者
ラフバル（*rahbar*）　案内人、指導者
ルトフ（*lutf*）　神の報奨金
ワラーヤ（ト）（*walāya(t)*）　シーア派の用語法では、預言者の家族への献身
ワーリ（*wāli*）　知事
ワリイェ・ファギーフ（*waliy-e faqih*）　イラン・イスラム共和国の「指導者」の称号

【参考文献】

Abukhalil, Asad（1995）. Article on "Islâh," in the *Oxford Encyclopedia of the Modern Islamic World*, Vol. 2. New York: Oxford University Press.

Adams, Brooks（1959）. *The Law of Civilization and Decay. An Essay on History*. New York: Vintage Books.

———（1970）. "The Law of Civilization and Decay," in Manfred P. Fleischer（ed.）, *The Decline of the West?* New York: Holt, Rinehart and Winston.

Akhavi, Shahrokh（1980）. *Religion and Politics in Contemporary Iran*. New York: State University of New York Press.

Alexander, Yonah and Swetnam, Michael S.（2001）. *Usama bin Laden's Al-Qaeda*. Ardesley: Transnational Publishers.

Algar, Hamid（1981）. *Islam and Revolution: Writings and Declarations of Imam Khomeini*. Berkeley: Mizan Press.

Appignanesi, Lisa and Maitland, Sara（eds.）（1989）. *The Rushdie File*. London: Fourth Estate/ICA.

Arab Human Development Reports（AHDR）–United Nations Development Programme. Accessed August 2015 at http://www.arab-hdr.org/.

Arendt, Hannah（1985）. *The Origins of Totalitarianism*. New York and London: Harcourt Brace & Company. アーレント、ハンナ『全体主義の起原』（Ⅰ・Ⅲ　大久保和郎訳、Ⅱ　大島通義訳、みすず書房、二〇一七年）

Arkoun, Mohammed（1984）. *Pour une critique de la raison islamique*. Paris: Maisonneuve & Larousse.

Aron, Raymond（1965）. *Démocratie et totalitarisme*. Paris: Editions Gallimard.

———（1968）. *L'opium des intellectuels*. Paris: Calmann-Lévy.

Ascherson, Neal（1995）. *The Black Sea*. London: Jonathan Cape.

Ayubi, Nazih（1991）. *Political Islam: Religion and Politics in the Arab World*. London: Routledge.

———（1995）. *Overstating the Arab State; Politics and Society in the Middle East*. London: I. B. Tauris.

Azmeh, Aziz al- (1993). *Islams and Modernities.* London: Verso.

Bagby, Philip (1958). *Culture and History: Prolegomena to the Comparative Study of Civilizations.* London: Longman. バグビー、フィリップ『文化と歴史——文明の比較研究序説』(山本新・堤彪訳、創文社、一九七六年)

Bakar, Osman (1998). *Classification of Knowledge in Islam: A Study in Islamic Philosophies of Science*. Cambridge: Islamic Texts Society.

Banna, Hassan al- (1992). *Five Tracts* [*Majmu'ah Rasâ'îl al-Imam al-Shahid Hasan al-Banna*]. Cairo: Dar al-Tawzi' wal Nashr al-Islamiyya (in Arabic).

——— (1978). *Rasâ'il* (Five Tracts of Hassan al-Banna). Trans. by Charles Wendel. Berkeley: University of California.

Beblawi, Hazem and Luciani, Giacomo (1987). *The Rentier State.* London: Croom Helm.

Bergen, Peter L. (2001). *Holy War: Inside the Secret World of Osama Bin Laden.* London: Weidenfeld & Nicholson. バーゲン、ピーター『聖戦(ジハード)ネットワーク』(上野元美訳、小学館、二〇〇二年)

Binder, Leonard (1988). *Islamic Liberalism.* Chicago: The University of Chicago Press.

Blankinship, Khalid Yahya (1994). *The End of the Jihâd State.* NewYork: State University of New York Press.

Braudel, Fernand (1995). *A History of Civilizations.* New York: Penguin Books. ブローデル、フェルナン『文明の文法』(Ⅰ・Ⅱ、松本雅弘訳、みすず書房、一九九五—九六年)

Brinton, Crane (1965). *The Anatomy of Revolution.* New York: Random House.

Burke, Jason (2004). *Al-Qaeda: The True Story of Radical Islam.* London: Penguin. バーク、ジェイソン『アルカイダ——ビン・ラディンと国際テロ・ネットワーク』(坂井定雄・伊藤力司訳、講談社、二〇〇四年)

Cahen, Claude (1983). *Orienet et Occident au temps des Croisades.* Paris: Aubier.

Camus, Albert (2008). *Œuvres complètes, Vol. 4. 1957-1959* (Bibliothèque de la Pléiade, Raymond Gay-Crosier, ed.). Paris: Gallimard.

Cerbella, Gino (1938-XVI). *Fascismo E Islamismo.* Tripoli: Maggi, Stampatore Editore.

Ciment, James and Hill, Kenneth (eds.) (1999). *Encyclopedia of Conflicts since World War II,* Vol. 1. Chicago: Fitzroy Dearbon.

Commins, David (1994). "Hasan al-Banna (1906-1949)," in Ali Rahnama (ed.), *Pioneers of Islamic Revival.* London: Zed Books.

Cook, David (2004). "The Implications of 'Martyrdom Operations' for Contemporary Islam." *Journal of Religious Ethics*, 32 (1): 129-151.

——— (2007). *Martyrdom in Islam*. Cambridge: Cambridge University Press.

Cox, Robert W. (1998). "Civilization and the 21st Century: Some Theoretical Considerations." Paper at the Third Pan-European International Relations Conference, Vienna, 16-19 September.

Cox, Robert W. with Sinclair, Timothy J. (1996). *Approaches to World Order*. Cambridge: Cambridge University Press.

Crone, Patricia (2004). *Medieval Islamic Political Thought*. Edinburgh: Edinburgh University Press.

Cronin, Audrey Kurth (2006). "How al-Qaida Ends: The Decline and Demise of Terrorist Groups." *International Security* 31 (1): 7-48.

——— (2011). *How Terrorism Ends: Understanding the decline and demise of terrorist campaigns*. Princeton and Oxford: Princeton University Press.

De Felice, Renzo (1977). *Interpretation of Fascism*. Cambridge, MA: Harvard University Press. デ・フェリーチェ、レンツォ『ファシズム論』（藤沢道郎訳、平凡社、一九八一年）

Declaration of al-Qaida, "1998 Fatwa," http://www.representativepress.org/1998Fatwa.html. Accessed February 2015.

Delong-Bas, Natana J. (2004). *Wahhabi Islam*. London: I. B. Tauris.

Donaldson, Dwight M. (1933). *The Shi'ite Religion*. London: Luzac.

Donohue, John and Esposito, John (1982). *Islam in Transition*. New York: Oxford University Press.

Duroselle, Jean-Baptist (1992). *Tout Empire Périra*. Paris: Armand Colin.

Eddé, Anne-Marie and Micheau, Françoise (2002). *L'Orient au temps des croisades*. Paris: Flammarion.

Enayat, Hamid (1982). *Modern Islamic Political Thought*. London: Macmillan.

Encyclopœdia Britannica. Accessed June 2015: http://global.britannica.com/EBchecked/topic/69015/blasphe my.

Etienne, Bruno (1987). *L'Islamisme radical*. Paris: Hachette.

Fadaiyan (1950). "*Ketâb-e Râhnamây-e Haqâyeq*" [Guide to the Verities]. No place or publisher (in Persian).

Farabi, Abu Nasr al- (1985). *Mabadi' Ârâ' Ahl al-Madina al-Fâdila* [Al-Farabi on the Perfect State]. Trans. and comt. by Richard

Walzer. Oxford: Clarendon.

———（1986）. *Idées des Habitants de la Cité Vertueuse*. Trans. by Youssef Karam et al. Beirut: Librairie Orientale.

Fayz ul-Islam, Haj Sayyid Alinaqi（1326/1947）. *Nah jul-Balâghah*［The Path of Eloquence］, 6 vols. Tehran: Aftâb（in Arabic and Persian）.

Ferdows, Adele K.（1967）. *Religion in Iranian Nationalism: The Study of the Fadayan-i Islam*. PhD thesis, Indiana University.

FFI/Rapport–2002/01393 *Dokumentasjon om al-Qa'ida–Intervjuer, kommunikéer og andre primærkilder*, 1990-2002.

Firestone, Reuven（1998）. "Merit, Mimesis, and Martyrdom: Aspects of the Shi'ite Meta-historical Exegesis on Abraham's Sacrifice in Light of Jewish, Christian, and Sunni Muslim Tradition." *Journal of the American Academy of Religion*, 66（1）: 93-116.

Fleischer, Manfred P.（ed.）（1970）. *The Decline of the West?* New York: Rinehart and Winston, Inc.

Friedrich, Carl J. and Brzezinski, Zbigniew K.（1965）. *Totalitarian Dictatorship and Autocracy*. Massachusetts: Harvard University Press.

Fromm, Erich（1973）. *The Anatomy of Human Destructiveness*. NewYork: Holt, Rinehart and Winston. フロム、エーリッヒ『破壊——人間性の解剖』（上・下、作田啓一・佐野哲郎訳、紀伊國屋書店、一九七五年）

Fukuyama, Francis（1992）. *The End of History and the Last Man*. New York: Free Press. フクヤマ、フランシス『歴史の終わり——歴史の「終点」に立つ最後の人間』（上・下、渡部昇一訳、三笠書房、二〇〇五年）

Furet, François（1995）. *Le Passé d'une illusion: essai sur l'idée. communiste au XXe siècle*. Paris: Calmann Levy/Robert Laffont. フュレ、フランソワ『幻想の過去——20世紀の全体主義』（楠瀬正浩訳、バジリコ、二〇〇七年）

———（1999）. *The Passing of an Illusion: The Idea of Communism in the Twentieth Century*. Chicago: University of Chicago Press.

Gentile, Emilio（2000）. "The Secularisation of Politics: Definitions, Interpretations and Reflections on the Question of Secular Religion and Totalitarianism," *Totalitarian Movements and Political Religions* 1（1）: 18-55.

———（2005）. *The Origins of Fascist Ideology*. New York; Enigma Books.

———（2006）. *Politics as Religion*. Trans. by George Staunton. Princeton: Princeton University Press.

Gentile. Giovanni（2002）. *Origins and Doctrine of Fascism*. Trans. and ed. by A. James Gregor. London: Transaction.

Gersmann, Gudrun (1993). "Ideal and Reality: The French Revolution and the Debate on the Freedom of the Press," in Wolfgang Schmale (ed.), *Human Rights and Cultural Diversity*. Goldbach: Keip Publishing.

Gilli-Elewy, Hend (2000). *Bagdad nach des Sturz des Kalifats: die Geschichte einer Provinz unter ilhanischer Herrschaft* (*656-735/1258-1335*). Berlin: K. Schwarz.

Goli, Marco and Rezaei, Shahamak (2010). *House of War. Islamic Radicalisation in Denmark*. Aarhus: CIR.

Griffin, Roger (2007). *Modernism and Fascism*. Hampshire and New York: Palgrave.

Guizot, François (1846/1997). *The History of Civilization in Europe*. Penguin Books. ギゾー、フランソワ『ヨーロッパ文明史――ローマ帝国の崩壊よりフランス革命にいたる』(安士正夫訳、みすず書房、二〇一四年)

Halliday, Fred (1995). *Islam and the Myth of Confrontation*. London: I. B. Tauris.

Halm, Heinz (1987). *Shiism*. Edinburgh: Edinburgh University Press.

Hamas Charter. *The Covenant of the Islamic Resistance Movement* (Hamas), August 18, 1988. Accessed May 30, 2013: http://www.mideastweb.org/hamas.htm

Hanafi, Hassan (1991). *Ilm ul-Istighrab* [Occidentalism]. Cairo: Dar ul-Fanniyyah (in Arabic).

——— (1997). "An Islamic Approach to Multilateralism," in Robert Cox (ed.), *The New Realism*. Tokyo: Macmillan.

Hanbal, Ahmad ibn (no date). *Musnad* (in Arabic), vol. 4. Beirut: al Maktab al-Islami.

Hansen, Hendrik and Kainz, Peter (2007). "Radical Islamism and Totalitarian Ideology: A Comparison of Sayyid Qutb's Islamism with Marxism and National Socialism." *Totalitarian Movements and Political Religion* 8 (1): 55-76.

Hardt, Michael and Negri, Antonio (2000). *Empire*. Cambridge, MA: Harvard University Press. ネグリ、アントニオ&ハート、マイケル『帝国――グローバル化の世界秩序とマルチチュードの可能性』(水嶋一憲訳、以文社、二〇〇三年)

Hegel, G. W. Friedrich (1956). *The Philosophy of History*. Trans. by J. Sibree. Mineola, N.Y.: Dover Publications, Inc. ヘーゲル『歴史哲学講義』(上・下、長谷川宏訳、岩波文庫、一九九四年)

Hill, Charles (2011). *Trial of a Thousand Years: World Order and Islamism*. Stanford: Hoover Institution Press.

Hilli, Muhaqqiq al- (1360/1981). *Sharâyi' ul-Eslâm*. Tehran: Tehran University Press (in Persian).

Hitler, Adolf (1992). *Mein Kampf*. Trans. by Ralph Manheim. London: Pimlico. ヒトラー、アドルフ『わが闘争』(上・下、平野一

郎・将積茂訳、角川文庫、一九七三年）

Hitti, Philip K.（1982）. *History of the Arabs*. London: Macmillan. ヒッティ、フィリップ『アラブの歴史』（上・下、岩永博訳、講談社学術文庫、一九八二―八三年）

Hodgson, Marshall G. S.（1974）. *The Venture of Islam: Conscience and History in a World Civilization*, 3 vols. Chicago: The University of Chicago Press.

Hogga, Mustapha（1993）. *Orthodoxie, Subversion et Réforme en Islam: Gazali et les Seljuqides*. Paris: J. Vrin.

Hourani, Albert（1991）. *A History of the Arab Peoples*. London: Faber and Faber. ホーラーニー、アルバート『アラブの人々の歴史』（湯川武訳、第三書館、二〇〇三年）

Hourani, Albert Habib（1983）. *Arabic Thought in the Liberal Age: 1798-1939*. London: Oxford University Press.

Huntington, Samuel P.（1996）. *The Clash of Civilizations and the Remaking of World Order*. New York: Simon & Schuster. ハンチントン、サミュエル『文明の衝突』（上・下、鈴木主悦訳、集英社文庫、二〇一七年）

Islamic Republic of Iran Constitution, accessed February 2015 at http://www.iranonline.com/iran/iran-info/government/constitution.html.

Iversen, Jan（2002）. "The Crisis of European Civilization," in Mehdi Mozaffari（ed.）, *Globalization and Civilizations*. London & New York: Routledge.

Jabarti, Abd al Rahman al-（1995）. *Al-Jabarti's Chronicle of the French Occupation: Napoleon in Egypt*. Trans. by Shmuel Moreh and "Introduction" by Robert L. Tignor. Princeton: Markus Wiener Publishing. ジャバルティー『ボナパルトのエジプト侵略』（後藤三男訳、ごとう書房、一九八九年）

Jansen, Johannes J. G.（1986）. *The Neglected Duty: The Creed of Sadat's Assassins and Islamic Resurgence in the Middle East*. London: Macmillan.

Jerrold, Douglas（1954）. *The Lie about the West, a Response to Professor Toynbee's Challenge*. London: J. M. Dent and Sons, and in Manfred P. Fleischer（ed.）(1970）. *The Decline of the West?*. New York: Holt, Rinehart and Winston.

Jihad against Jews and Crusaders. World Islamic Front Statement, February 23, 1998. Accessed May 30, 2013: http://www.fas.org/irp/world/para/docs/980223-fatwa.htm.

Kant, Immanuel (1983). "What Is Enlightenment?" in Lewis White Beck (ed.), *Kant in History*. Indianapolis: Bobbs-Merrill. カント『永遠平和のために／啓蒙とは何か』（中山元訳、光文社、二〇一三年）

Kazemi, Farhad (1984). "The Fada'iyan-e Islam: Fanaticism, Politics and Terror," in Said Amir Arjomand (ed.), *From Nationalism to Revolutionary Islam*. New York: University of New York Press.

Keatinge, Tom, "Finances of Jihad: How Extremist Groups Raise Money," *BBC*, December 12, 2014. Accessed February 2015 at http://www.bbc.com/news/world-middle-east-30393832).

Keddie, Nikki R. (1968). *An Islamic Response to Imperialism: Political and Religious Writings of Sayyid Jamâl al-Din "al-Afghânî."* Berkeley: University of California Press.

Kepel, Gilles (2004). *Jihad: The Trail of Political Islam*. London: I. B. Tauris. ケペル、ジル『ジハード——イスラム主義の発展と衰退』（丸岡高弘訳、産業図書、二〇〇六年）

——— (2004). *The War for Muslim Minds: Islam and the West*. Cambridge, MA: Harvard University Press. ケペル、ジル『ジハードとフィトナ——イスラム精神の戦い』（早良哲夫訳、NTT出版、二〇〇五年）

Kerr, Malcolm H. (1966). *Islamic Reform: The Political and Legal Theories of Muhammad 'Abduh and Rashîd Ridâ*. Berkeley: University of California Press.

Kershaw, Ian and Lewin, Moshe (eds.) (1997). *Stalinism and Nazism: Dictatorships in Comparison*. C.ambridge: Cambridge University Press.

Khadduri, Majid (1940). *The Law of War and Peace in Islam*. London: Luzac & Co.

Khaldun, Abdelrahman Ibn (1968). *The Muqaddimah: An Introduction to History*. Trans. by Franz Rosenthal, 3 vols. London: Routledge & Kegan Paul. イブン＝ハルドゥーン『歴史序説』（1—4、森本公誠訳、岩波文庫、二〇〇一年）

Khatami, Seyyed Muhammad (1997). *Bîm-é Mowj* [Fear of the Wave]. Tehran: Simây-e Javân (in Persian).

——— (1997). Statement to the 8th Session of the Islamic Conference Summit Conference. Tehran, 9 December.

Khomeini, Ruhollah (1941). *Kashf ul Asrar* [Discovery of Secrets]. Tehran: no poublisher (in Persian).

——— (1971). *Hukumat-e Eslâmi* [Governance of the Jurist]. Najaf: no publisher (in Persian).

——— (1981). *Islam and Revolution*. Trans. by Hamid Algar. Berkeley: Mizan Press.

——— (1990). *Political Testament, Sahifay-e Nur* [Light Scriptures]. Tehran: Soroush (in Persian).

——— (nodate). *Tawzih al-Masâil.* No place (in Persian).

Khosrokhavar. Farhad (2011). *Jihadist Ideology: The Anthropological Perspective.* Aarhus: CIR.

Kjeldahl, Trine M. (2001). "Defense of a Concept: Raymond Aron and Totalitarianism." *Totalitarian Movements and Political Religions* 2 (3).

Kohlberg, E. (1997). *Medieval Muslim Views on Martyrdom.* Amsterdam: Koninklijke Nederlandse Akademie van Wetenschappen.

The Koran (1992). Trans. by Marmaduke Pickthall. London: Everyman's Library. 『コーラン』(I・II、藤本勝次他訳、中公クラシックス、二〇〇二年)

Kraemer, Joel L. (1986). *Humanism in the Renaissance of Islam.* Leiden: E. J. Brill.

Kramer, Martin (2003). "Coming to terms: Fundamentalists or Islamists," *Middle East Quarterly* X/2: 65-77. Accessed March 10, 2013 at htttp://www.martinkramer.org/.

Kühle, Lene and Lindekilde, Lasse (2010). *Radicalization among Young Muslims in Aarhus.* Aarhus: CIR.

Lambton, Ann K. S. (1981). *State and Government in Medieval Islam.* New York: Oxford University Press.

——— (1987). *Qajar Persia.* London: I. B. Tauris.

Laoust, Henri (1948). *Le Traité de droit public d'Ibn Taymîya, traduction annotée de la Siyâsa shar'îya.* Beirut: Institut français de Damas.

——— (1965). *Les Schismes dans l'Islam.* Paris: Payot.

——— (1970). *La Politique de Gazâlî.* Paris: Paul Geuthner.

——— (1986). *Le Califat dans la doctrine de Rashid Ridâ.* Paris: Adrien Maisonneuve.

Laqueur, Walter (ed.) (1982). *Fascism: A Reader's Guide.* London: Penguin Books.

Ledeen, Michael and Lewis, William (1981). *Débacle: l'échec américain en Iran.* Paris: Michel Albin.

Levy, Leonard (1993). *Blasphemy.* New York: Alfred A. Knopf.

Lewis, Bernard (1985). *The Assassins.* London: Al Saqi Books. ルイス、バーナード『暗殺教団——イスラームの過激派』(加藤和秀訳、新泉社、一九七三年。原著旧版によるもの)

——— (1996). *The Middle East.* London: Phoenix.

Lia, Brynjar (1998). *The Society of Muslim Brothers in Egypt.* Reading: Ithaca Press.

Linz, Juan J. (2000). *Totalitarian and Authoritarian Regimes.* Boulder: Lynne Rienner.

——— (2004). "The religious use of politics and/or the political use of religion," in *Totalitarianism and Political Religions*, Hans Maier (ed.). London and New York: Routledge.

Lohr, Steve (1989). "Rushdie Expresses Regret to Muslims for Book's Effect." *New York Times on the Web*, February 19th.

Madani, Seyyed Javâd (1984). *Târikh-e Siyâsiy-e Moâser-e Iran.* Tehran (in Persian).

Magaard, Tina (2007). "Fjendebilleder og voldsforestillinger i islamiske grundtekster" [Images of Animosity and Perceptions of Violence in Islamic Fundamental Texts], pp. 213-38, in Mehdi Mozaffari, Hans-Jørgen Schanz, and Mikkel Thorup (eds.), *Totalitarisme.* Aarhus: Aarhus Universitetsforlag.

Mahdavy, Hossein (1970). "The Pattern and Problems of Economic Development in Rentier States: The Case of Iran," in Michael A. Cook (ed.), *Studies in the Economic History of the Middle East.* Oxford: Oxford University Press.

Mannheim, Karl (1936). *Ideology and Utopia.* New York: Harvest Book. マンハイム、カール『イデオロギーとユートピア』(高橋徹・徳永恂訳、中公クラシックス、二〇〇六年)

Martin, Richard C., Woodward, Mark R., and Atmaja, Dwi S. (1997). *Defenders of Reason in Islam.* Oxford: One World.

Matroudi, Abdul Hakim I. al- (2008). *The Hanbali School of Law and Ibn Taymiyyah: Conflict or Conciliation.* London: Routledge.

Mawdudi, Sayyid Abul A'la-al (1977). *Minhaj al Enqilâb el-Islâmi* [The Path of the Islamic Revolution]. Cairo: Dar al-Ansar (in Arabic).

——— (1995). *Islam Today.* Abul-Qasim Publishing House.

Melko, Matthew (1995). "The Nature of Civilization," in Stephen K. Sanderson (ed.), *Civilizations and World Systems: Studying World-Historical Change.* Walnut Creek: Altamira Press.

Mitchell, Richard P. (1993). *The Society of the Muslim Brothers.* Oxford: Oxford University Press.

Moghadam, Assaf (2007). "Mayhem, Myths, and Martyrdom: The Shi'a Conception of Jihad." *Terrorism and Political Violence*, 19: 125-43.

Montesquieu, Charles-Louis de（1951）. "Considérations sur les causes de la grandeur des Romains et de leur décadence," in *Œuvres Complètes*, vol. II. Paris: Gallimard.
Morin, Edgar（1987）. *Penser l'Europe*. Paris: Gallimard.
Moss, George L.（1980）. *Masses and Man*, chapter 10 "The Mystical Origins of National Socialism." New York: H. Fertig.
Moussali, Ahmad S.（1994）. "Hasan al-Turabi's Islamist Discourse on Democracy and *Shura*." *Middle Eastern Studies* 30（1）.
Mozaffari, Mehdi（1971）. *La Conception Shiite du Pouvoir*. Doctoral thesis in political science. Paris.
――――（1978）. *L'IRAN*. Paris: Librairie Générale de Droit et de Jurisprudence.
――――（1987）. *Authority in Islam: from Muhammad to Khomeini*. New York: M. E. Sharpe.
――――（1998）. *Fatwa: Violence and Discourtesy*. Oxford: Aarhus University Press.
――――（1998）. *Pouvoir Shi'ite: Théorie et Evolution*. Paris: L'Harmattan.
――――（2005）. "Bin Laden, Islamism and Terrorism." *Social Science and Modern Society* 42（5）.
――――（2007）. "What is Islamism? History and Definition of a Concept." *Totalitarian Movements and Political Religions* 8（1）.
――――（2011）. *Western Totalitarianism. A Reminder*. Aarhus: CIR.
Nakash, Yitzhak（2006）. *Reaching for Power: The Shi'a in the Modern Arab World*. Princeton: Princeton University Press.
Nasr, Seyyed Vali Reza（1994）. *The Vanguard of the Islamic Revolution: The Jama'at-I-Islami of Pakistan*. Berkeley: University of California Press.
――――（1996）. *Mawdudi and the Making of Islamic Revivalism*. New York: Oxford University Press.
――――（2006）. *The Shia Revival*. New York: W. W. Norton.
Northrup, Carol S.（1995）. *Al-Afghani and Khomeini: A Study in Islamic Anti-Imperialism in Iran*. Thesis（MA）presented to the University of Texas at Austin, May 1995.
Osman, Tarek（2006）. "Mahfouz's Grave, Arab Liberalism's Death." *Open Democracy*, November 23rd.
Palmer, Alan（1992）. *The Decline and Fall of the Ottoman Empire*. London: John Murray. パーマー、アラン『オスマン帝国衰亡史』（白須英子訳、中央公論社、一九九八年）
Paxton, Robert O.（2004）. *The Anatomy of Fascism*. London: Penguin. パクストン、ロバート『ファシズムの解剖学』（瀬戸岡紘訳、

桜井書店、二〇〇九年）
Payne, Stanley G.（2001）. *A History of Fascism 1914-1945*. London: Routledge.
Pirenne, Henri（1937/1961）. *Mahomet et Charlemagne*. Paris: Club du Meilleur Livre. ピレンヌ、アンリ『ヨーロッパ世界の誕生』（中村宏・佐々木克巳訳、創文社、一九六〇年）
Popper, Karl R.（1993）. *Open Society and Its Enemies*, 2 vols. London: Routledge. ポパー、カール『開かれた社会とその敵』（Ⅰ・Ⅱ、内田詔夫・小河原誠訳、未來社、一九八〇年）
Quigley, Carroll（1961）. *The Evolution of Civilizations: An Introduction to Historical Analysis*. New York: Macmillan.
Qutb, Sayyid（1964）. *Ma'âlim fi al-Tariq*［Milestones］. USA: The Mother Mosque Foundation（in Arabic）. クトゥブ、サイイッド『イスラーム原理主義の「道しるべ」――発禁〝アルカイダの教本〟全訳＋解説』（岡島稔・座喜純訳、第三書館、二〇〇八年）
Ranstorp, Magnus（1997）. *Hizb'allah in Lebanon: The Politics of the Western Hostage Crisis*. New York: St. Martin's Press.
Rapoport, David C.（1990）. "Sacred terror: A contemporary example from Islam," in Walter Reich（ed.）, *Origins of Terrorism*. Cambridge: Cambridge University Press.
Rashid, Ahmed（2000）. *Taliban: Islam, Oil and the New Game in Central Asia*. London: I. B. Tauris. ラシッド、アハマド『タリバン――イスラム原理主義の戦士たち』（坂井定雄・伊藤力司訳、講談社、二〇〇〇年）
Rawls, John（1971）. *A Theory of Justice*. Cambridge: Harvard University Press. ロールズ、ジョン『正義論』（川本隆史他訳、紀伊國屋書店、二〇一〇年）
――――（1993）. *Political Liberalism*. New York: Columbia University Press.
Raziq, Ali Abd al-（1993）. *Islam and the Sources of Political Authority*［Al-Islam wa Usul al-Hukm］. Cairo: Al-Hay´at al-Mesriyyah（in Arabic）.
Reich, Walter（ed.）（1990）. *Origins of Terrorism*. Cambridge: Cambridge University Press.
Reeve, Simon（1999）. *The New Jackals*. London: André Deutsch.
Remer, Gary（1996）. *Humanism and the Rhetoric of Toleration*. University Park: Penn State University Press.
Richard, Yann（1985）. "L'organisation des Fadâ'iyân-e Eslâm, mouvement intégriste musulman en Iran," in Olivier Carré and Paul

Dumont (eds.), *Radicalismes islamiques*. Paris: L'Harmattan.

Rida, Rashid (1986). *Al-Khalâfat aw al-Imaâmat al-Uzma*. Trans. by Henri Laoust into French: *Le Califat dans la doctrine de Rashid Rida*. Paris: J. Maisonneuve.

Robertson, Roland (1992). *Globalization: Social Theory and Social Culture*. New York: Sage.

Rodinson, Maxime (1981). *Marxism and the Muslim World*. London: Zed.

Rose, Flemming (2005). "Muhammeds ansigt" [The face of Muhammad], *Jyllands-Posten*, September 30, 2005. Accessed June 2015 at: https://en.wikipedia.org/wiki/Jyllands-Posten_Muhammad_cartoons_controversy.

Rouhani, Seyyed Hamid (no date, before the Revolution of 1979). *Nehzat-e Emâm Khomeini* [Imam Khomeini's Resurrection]. Vol. 1. No place or publisher (in Persian).

——— (1986). *Nehzat-e Emâm Khomeini*. Vol. 2. Tehran: Bonyad-e Shahid (in Persian).

——— (2004). *Nehzat-e Emâm Khomeini*. Vol. 3. Tehran: Chap va Nashr Urouj (in Persian).

Rousseau, Jean-Jacques (1920) *The Social Contract: & Discourses*. Book 4. London: J. M. Dent & Sons, Ltd. ルソー、ジャン＝ジャック『社会契約論』(桑原武夫・前川貞次郎訳、岩波書店、一九五四年)

Roy, Olivier (2002). *Globalised Islam: The Search for a New Ummah*. London: Hurst & Company.

Rundell, John F. (1987). *Origins of Modernity*. Oxford: Polity Press.

Rushd, Muhammad ibn (Averroës) (1964). *Tahafut ul-Tahafut* [The Incoherence of the Incoherence]. Comt. by Dr. Sulaymân Dunya. Cairo: Dâr ul-Ma'arîf (in Arabic).

Rushdie, Salman (1988). *The Satanic Verses*. London: Viking. ラシュディ、サルマン『悪魔の詩』(上・下、五十嵐一訳、新泉社、一九九〇年)

Sabari, Simha (1981). *Mouvements populaires à Bagdad: A l'époque 'Abbasside IXe-XIe siècles*. Paris: J. Maisonneuves Succ.

Sadiki, Larbi (2004). *The Search for Arab Democracy*. New York: Columbia University Press.

Said, Edward (1979). *Orientalism*. New York: Vintage. サイード、エドワード『オリエンタリズム』(上・下、今沢紀子訳、平凡社、一九九三年)

Schmitt, Carl (1996). *The Concept of the Political*. Chicago: The University of Chicago Press. シュミット、カール『政治的なもの

の概念』（田中浩・原田武雄訳、未來社、一九七〇年）
Serjeant, R. B.（1978）. "The *Sunnah Jâmi'ah*, Pacts with the Yathrib Jews, and the *Tahrîm* of Yathrib: Analysis and translation of the documents comprised in the so-called 'Constitution of Medina.'" *Bulletin of the School of Oriental and African Studies*, University of London, Vol. XLI, Part 1.
Shararah, Wazzah（1996）. *Dawlat Hezbullah* [Hizbullah's Government]. Beirut: dâr al-Nahar（in Arabic）.
Sharfi, Salwi al-（2001）. *Al-Islâmiyyûn wal-Dimuqrâtiyya* [Islamists and Democracy]. Tunis: Manshurât Alâmât（in Arabic）.
Shariati, Ali（1352/1973）. "Tamaddun va Tajaddud" [Civilization and Modernization]. Speech, 10 Dey 1352/31 December 1973/（in Persian）.
Shayegan, Daryush（1997）. *Cultural Schizophrenia: Islamic Societies Confronting the West*. Syracuse: Syracuse University Press.
Shepard, William E.（1987）"Islam and Ideology: Towards a Typology." *International Journal of Middle East Studies* 19（3）: 307-335.
Simonsen, Jørgen Bæk（2006）. *Hvad er islam?* Aarhus: Akademisk Forlag.
Sivan, Emmanuel（1968）. *L'Islam et la croisade: Idéologie et propagande dans les Réactions Musulmanes aux Croisades*. Paris: Librairie d'Amérique et d'Orient, Jean Maisonneuve.
———（1985）. *Radical Islam*. New Haven: Yale University Press.
Soroush, Abdulkarim（1991/1996）. *Qabz wa Bast-e Teoritik-e Shari'at* [Theoretical tightening and extension of sharia]. Tehran: Sarat（in Persian）.
———（2000）. *Reason, Freedom, and Democracy in Islam*. Trans. by Mahmoud and Ahmad Sadri. Oxford: Oxford University Press.
Sternhell, Zeen（1982）. "Fascist ideology," in *Fascism: A Reader's Guide*, Walter Laqueur（ed.）. London: Penguin Books.
Strange, Hannah, "Islamic State leader Abu Bakr al-Baghdadi addresses Muslims in Mosul," *The Telegraph*, July 5, 2014. Accessed February 2015 ah tttp://www.telegraph.co.uk/news/worldnews/middleeast/iraq/10948480/Islamic-State-leader-Abu-Bakr-al-Baghdadi-addresses-Muslims-in-Mosul.html.
Swenson, Jil Diane（1985）. "Martyrdom: Mytho-Catexis and the Mobilization of the Masses in the Iranian Revolution." *Ethos* 13

(2) : 121-149.

Taheri, Amir (1987). *Holy Terror: The Inside Story of Islamic Terrorism*. London: Hutchinson.

Tanin, Zahir (1384/2004). *Afghanistan dar qarn-e bistom* [Afghanistan in the 20th century]. Tehran: Shabak (in Dari).

Taylor, Charles (1991). *Hegel*. Cambridge: Cambridge University Press.

Taymiyya, Ibn (1948). *Siyâsa al-Shar´iyya* [Religious Politics]. Trans. into French by Henri Laoust: *Le Traité de droit public d'Ibn Taimîya*. Beirut: Institut Français de Damas.

——— (1386/1965). *Majmû'fatâwi Shaykh ul-Islâm* [Compilation of Ibn Taymiyya's Fatwas]. Saudi Arabian (in Arabic).

——— (2000). *The Madinan Way: The Soundness of the Basic Premises of the School of the People of Madina*. Trans. by Aisha Bewley. London: Bookwork.

——— (no date). *Enjoining Right and Forbidding Wrong* [Amr bil-Ma'rûf wa Nahy min al-Munkar].Trans. by Salim Abdallah ibn Morgan. Accessed June 2015 at http://d1.islamhouse.com/data/en/ih_books/single/en_Enjoining_Right_and_forbidding_wrong.pdf, section: "Who Are 'Those In Authority Among You' Who Enjoin What Is Right?"

Tibi, Bassam (1994). "Islamic Law, Shari'a and Human Rights. Universal Morality and International Relations." *Human Rights Quarterly* 16 (2): 277-299.

——— (1995). "Secularity and International Morality. Islam and the Secular Concepts of Human Rights," pp. 80-91, in Niels Barfoed and Anders Jerichow (eds.), *Bridging the Cultural Gap–European-Arab/Muslim Conference. Louisiana–Denmark*. Copenhagen: Danish PEN.

——— (2007). "The Totalitarianism of Jihadist Islamism and Its Challenge to Europe and to Islam." *Totalitarian Movements and Political Religions* 8 (1): 35-54.

——— (2012). *Islamism and Islam*. New Haven & London: Yale University Press.

Tilly, Charles (1975). *The Formation of National States in Western Europe*. Princeton: Princeton University Press.

Tingsten, Herbert (1965). *Nazismens og fascismens ideer*. First published in 1936 in Stockholm, Copenhagen: Gyldendal.

Tocqueville, Alexis de (1961-77). *Oeuvres complètes*, Vol. 3, J. P. Mayer (ed.). Paris: Gallimard.

——— (1969). *Democracy in America*. Trans. by George Lawrence; J. P. Mayer (ed.). New York: HarperPerennial. トクヴィル、

アレクシス『アメリカの民主政治』（上・下、井伊玄太郎訳、講談社学術文庫、一九八七年）

Toynbee, Arnold Joseph（1948）. *Civilization on Trial*. New York: Oxford University Press. トインビー、アーノルド『試練に立つ文明』（深瀬基寛訳、現代教養文庫、一九六六年）

———（1995）. *A Study of History*. London: Oxford University Press & Thames and Hudson. トインビー、アーノルド『歴史の研究』（1—3、長谷川松治訳、社会思想社、一九七五年）

Trevor-Roper, H. R.（1981）. "The Phenomenon of Fascism," in *Fascism in Europe*, S. Woolf（ed.）. London: Methuen. ウルフ、S・J編『ヨーロッパのファシズム』（上、斉藤孝監訳、福村出版、一九七四年）

Tunkâbuni, Mirza M.（no date）. *Qisas ul-Ulama*［Ulama's Biography］, Tehran: Elmiyya（in Persian）.

Turabi, Hassan al-（2003）. *Al-Islam wal-Hukm*［Islam and Government］. London: Al-Saqi（in Arabic）.

Vakili, Valla（1996）. *Debating Religion and Politics in Iran: The Political Thought of Abdulkarim Soroush*. New York: Council of Foreign Relations.

Van Ess, Joseph（1984）. *Une lecture à rebours de l'histoire du Mu'tazilisme*. Paris: Geuthner.

Vernet, Juan（1978）. *La cultura hispanoárabe en Oriente y Occidente*. Barcelona: Ariel.

Wahhab, Muhammad Abdu（l2001）. *Kitâb al-Tawhid*［The Book of Unicity］. Paris: Al-Qalam（in Arabic）.

Wallerstein, Immanuel（1992）. *Geopolitics and Geoculture*. Cambridge: Cambridge University Press.

Watt, William Montgomery（1956）. *Muhammad at Medina*. Oxford: Oxford: University Press.

Weber, Max（1991）. "Science as a Vocation," in H. H. Gerth and C. Wright Mills（eds.）, *From Max Weber: Essays in Sociology*. London: Routledge. ウェーバー、マックス『職業としての学問』（尾高邦雄訳、岩波文庫、一九八〇年）

———（1994）. "Politics as Vocation," in Peter Lassman and Ronald Speirs（eds.）, *Weber. Political Writings*. Cambridge: Cambridge University Press. ウェーバー、マックス『職業としての政治』（西島芳二訳、岩波文庫、一九五二年）

Whine, Michael（2001）. "Islamism and Totalitarianism: Similarities and Differences." *Totalitarian Movements and Political Religions* 2（2）: 54-72.

Wickham, Carrie R.（2002）. *Mobilizing Islam*. New York: Columbia University Press.

Wiktorowicz, Quintan（ed.）(2004）. *Islamic Activism*. Bloomington: Indiana University Press.

Wilkinson, David（1995）. "Central Civilization," in Stephen K. Sanderson（ed.）, *Civilizations and World Systems: Studying World-Historical Change*. Walnut Creek: Altamira Press.

Wittfogel, Karl（1957）. *Oriental Despotism: A Comparative Study of Total Power*. New Haven: Yale University Press. ウィットフォーゲル、カール『オリエンタル・デスポティズム――専制官僚国家の生成と崩壊』（湯浅赳男訳、新評論、一九九五年）

Yar, Abbas Khameh（1977）. *Iran wal Ikhwan al-Muslimin*. [Iran and Muslim Brotherhood], Beirut: Markaz al-Dirâsât al-Istrategiyyeh–Al-Ahram（in Arabic）.

Yayyusi, Salma Khadra（ed.）(1994）. *The Legacy of Muslim Spain*. Leiden: E. J. Brill.

訳者後書き

二〇〇一年の対米九・一一同時多発テロ事件等を引き起こしたアル＝カイダや、二〇一四年にシリアでカリフ制国家の樹立を宣言した「イスラム国」等のイスラム過激派が、近年の世界を揺るがしてきている。アフガニスタン・イラク・シリア等でアメリカ等多くの国が関わる戦争を惹起しただけでなく、欧米・アジア・アフリカ等で多くのテロ事件を実行している。それらの指導者・参加者は、なぜ自分の命をかけてまで他人を殺そうとするのだろうか？　アメリカのトランプ大統領のように、イスラム教自体が危険な宗教なのではないかと考える人がいる一方で、多くのイスラム教指導者やムスリム・非ムスリムの学者等はイスラム教の問題ではなく、貧困や差別で若者が自暴自棄になっていることが原因なのだと主張する。真実は、この場合も両極端の見解の中間にあるようだ。つまり、貧困や挫折で生きる意味を見失った若者の中で、単純な犯罪や自殺行為に走らず、共産主義やファシズムに希望や自己の存在理由を見いだした人がいたように、自分たちが見下されていると感じているムスリム青年の中で、イスラムの過激思想に誇りや自己の存在理由を見いだす人がいるのであろう。貧困や挫折は間接的原因であっても直接的原因ではなく、思想こそが過激な政治行動を生み出していると思われる。本書はこのことを、そしてイスラムの過激思想の特質を説得的に論じており、現代世界の問題を考える上できわめて有用と考える。

本書は、Mehdi Mozaffari, *Islamism: A New Totalitarianism*（2017, Verlag Hans Schiler, Berlin）の全訳である。

著者メフディ・モザッファリは、一九三九年にイランで生まれた政治学者で、テヘラン大学で一九六三年に政治学修士号を取得、パリ政治学院で一九六六年に政治学の学士号、同じくパリの国立東洋語学校で一九六七年に中東・アラブ文学の学士号、パリ第一大学（パンテオン＝ソルボンヌ）で一九七一年に政治学国家博士号を取得、テヘラン大学に戻って教授、国際学研究所長を務めていたが、一九七九年にイラン革命が起きてイスラム過激派が政権を握るや亡命を余儀なくされ、デンマークのオーフス大学で政治学部教授を務めるようになった。同大学の「イスラム主義・急進化研究センター」所長を二〇一三年まで務め、現在は同大学名誉教授。ハーバード大学の上級研究員やパリ第一大学等の講師も務めてきた。これまでの主な研究業績には、デンマーク語のものを除いても、*Authority in Islam: From Muhammad to Khomeini*（New York: Sharpe, 1987）, *FATWA: Violence and Discourtesy*（Oxford: Aarhus University Press, 1998）, *Pouvoir Shi'ite: Théorie et évolution*（シーア派の権力――理論と進化）（Paris: L'Harmattan, 1998）, *Globalization and Civilizations*（editor, London and New York: Routledge, 2002）等がある。

本書は、二〇一三年にデンマーク語で刊行され、デンマークで同年最良の本の一冊に挙げられたものを改訂した英語版であり、ドイツだけでなくアメリカでもリン・リーンナー出版社から共同出版されている。デンマークでは多くの書評が書かれているようだが、残念ながら訳者には読めない。英語版については、二〇一七年三月に出版されたばかりでまだあまり書評が見られないようだが、オーストラリアの雑誌 *Independent Australia* のウェブ頁一〇月八日付でケビン・ベインが、「著者は（中略）個人的経験とイスラムのインサイダーの見方をもっており、それにより本書は有益なものとなっている。」「読者はまた、イスラム主義の壮大な歴史、教義に関する論争や分派、（中略）二〇世紀の大事件について知ることができる」等、好意的書評を載せている。また英語版の裏表紙には、オックスフォード・ブルックス大学のロジャー・グリフィン教授による「モザッファリの本は、この主題を朦朧とさせている無知と混乱の厚い帳をついに切り裂いて、西洋の歴史家・社会科学者・文化批評家にとって理解可能なものとしている」、またドレスデンのハンナ・アーレント全体主義研究所ウェ・バッケス教授による「本書は、二一世紀の全体主義的イデオロギー・運動の役割に関して、学者にとって不可欠な案内書、論争への重要な貢献となるだろう」という推薦文が載っている。

本書の題である「Islamism、イスラム主義」とは、イスラム急進主義のことで、かつては「Islamic fundamentalism、イスラム原理主義」と呼ばれることが多かった。しかし「fundamentalism、原理主義」は、もともとキリスト教で、聖書の字義通りの解釈に戻って堕落した現代社会を正そうとするような思想・運動に対して使われた用語で、それをイスラム教に転用するのは不適切であるとされるようになった。かわりに「Islamic extremism、イスラム過激主義」「Jihadism、ジハード（聖戦）主義」などと言う人もあるが、これらは攻撃的行動に注目した表現であり、より思想面を問題にした表現として「Islamism、イスラム主義」が用いられるようになっている。本書において、それは「イスラムの全体主義的解釈に基づき、宗教に着想を得たイデオロギーで、その最終的目標はあらゆる手段を用いて世界を征服することである」と定義されている。そして、政治思想・運動としてボルシェビズムやファシズムに続く「新たな全体主義」（本書の副題）であるとされる。すなわち、ヨーロッパの二〇世紀初頭の危機が第一次世界大戦の悲劇を引き起こし、それが汎ゲルマン主義や共産主義等の過激思想の台頭をもたらしたが、ムスリム世界でもオスマン帝国崩壊の衝撃がイスラムの過激思想を生み出したのだという。この点を指摘し、具体的にボルシェビズムやファシズムと比較して論じているところが、イスラム急進主義を主題とする類書にない特長である。日本語でも、二一世紀に入ってから刊行されたイスラム急進主義関連の書物は少なくなく、個々の団体や国のみを取り上げたものでない一般論に限っても次のようなものがある――

大塚和夫『イスラーム主義とは何か』（岩波書店、二〇〇四年）

G・ケペル『ジハード――イスラム主義の発展と衰退』（丸岡高弘訳、産業図書、二〇〇六年）
岡倉徹志『イスラム原理主義』（明石書店、二〇〇一年）
宮田律『イスラム過激派・武闘派全書』（作品社、二〇〇九年）
G・ケペル『テロと殉教』（丸岡高弘訳、産業図書、二〇一〇年）
宮田律『世界を標的化するイスラム過激派』（角川書店、二〇一〇年）
藤原和彦『イスラム過激原理主義』（中央公論社、二〇一三年）
J・バーク『21世紀のイスラム過激派』（木村一浩訳、白水社、二〇一六年）
保坂修司『ジハード主義』（岩波書店、二〇一七年）

――これらのうち、最初の二冊は歴史的背景を中心に論じているが、他は近年の諸団体の活動の概要をジャーナリスティックに紹介したものと言って良い。すなわち、それらの思想や行動を分析して、全体主義思想・運動との類似性を指摘し、ボルシェビズムやファシズムと具体的に比較して論じた書物は、日本語では存在しないのである（外国語でもあまりないようだが）。これこそ、訳者が本書を日本の読者にぜひ紹介したいと思った最大の理由である。なぜなら、訳者は青年時代に社会主義・共産主義に強い関心を抱き、大学の学部時代のソ連研究を経て大学院では東欧、とくにハンガリーの社会主義体制・政策を研究した者であり、それに幻滅した後中東、とくにアラブ諸国を研究するようになったからである。したがってイスラム主義だけでなく共産主義にも相当な知識を有し、ハンガリーが両大戦間にファシズムに近づき、実際にドイツ・イタリアや日本と同盟国になった歴史も勉強していたので（また、大学で国際関係論を教えた際に、ナチス・ドイツについての講義もしたので）ファシズムについてもある程度知識を有する。そのような研究者として本書を読んだので、非常に共感・納得できただけでなく、本書を翻訳する意欲や、必要な知識をそれなりに有する人物は日本で（世界でも？）他にあまりいそうにないから、自分がやるべきだと思えた。

とはいえ、本書の内容はあくまでイスラム主義の分析が中心であり、そのイデオロギー的根源、ヨーロッパの全体主義（ボルシェビズムやファシズム）の影響、シーア派の急進化、イスラム文明のヨーロッパ文明との比較、表現の自由問題や友・敵の区別、世界秩序に対するイスラム主義の立場等が論じられている。著者がイラン人なだけにシーア派のイスラム主義、とくにイラン・イスラム革命の思想と行動が比較的詳しく紹介されている点も、類書にあまり見られない特長と言って良い。著者は第一章の末尾で、自分は青年期まで敬虔なムスリムであったが、フランスで政治学を学び一九六八年の「五月革命」に遭遇して世俗主義（政治と宗教を切り離す考え方）者になったと告白しており、本書では学者として非常に客観的に、欧米の一流大学で高く評価される水準でイスラム主義を分析している。ではイスラム主義とイスラム教は、どのような関係にあるのか？　実は、著者はこの疑問に明快な解答を与えてはいない。なぜなら、イスラム教自体が非常に複雑多岐にわたっており、スンニー派、シーア派だけでなく多くの下位宗派に分かれていてそれぞれ異なる教義の解釈を奉じ、お互いを「異端派」呼ばわりしているので、一般的に論じがたいからである。他方イスラム主義は、多様な集団に分かれているとは言え、それらの主張には「概念的コンセンサス」があるとされる。すなわち、イスラム教が世界を支配しなければならないことと、スンニー派ならカリフ政、シーア派ならイマーム政を実現しなければならないこと、そのためには暴力的だろうが専制的だろうが、いかなる手段を用いてもかまわないと考えることである。この、他宗教や無宗教を一切認めない不寛容性こそがイスラム主義の全体主義思想たる由縁であり、イスラム主義と自分のイスラムは違うというムスリムは、他宗教や無宗教への寛容と平和共存を明確に支持すべきだろう。

ボルシェビズムやファシズムは、第一次世界大戦の終結前後に一部の国で政権を獲得したが、イスラム主義は一九七九年になって初めてイランで政権を獲得した。その後アフガニスタンでタリバンが、シリアとイラクで

「イスラム国」が一時、一部地域で政権を樹立したけれど、それらは諸外国の軍事介入もあって長続きしていない。著者は第八章の末尾で「イスラム主義はどのように終わるか?」を論じているが、もっぱらイランを念頭において、ソ連や中国、イタリアやドイツの全体主義の終わり方はあまり参考にならないとしている（中国の全体主義はまだ終わったとは言えないはずだけれど）。イランはイラクによる干渉戦争で敗れなかったし、ソ連でゴルバチョフが、中国で鄧小平が行なったような体制改革は（中国では経済面のみだが）、イランでは世俗的思想ではなく宗教思想をイデオロギー的基盤とするだけに、正当化することが難しいと言う。しかし、ソ連や中国で体制改革を必要とさせた経済危機のような状況がイランでも起こったり、外国から強い圧力を受けて、より柔軟な宗教解釈が支持を得る可能性はあろうという期待を表明している（実際、昨年末からイランで体制批判デモが多発するようになったことは、そうした期待を抱かせる）。イスラム主義政党が民主主義を受け入れるまでに柔軟化した例として、チュニジアのナフダ党を挙げているが、著者は同党についてほとんど何も語っていないので、関心ある読者は訳者が二〇一五年に訳出・刊行した『チュニジア近現代史』（K・パーキンズ著、風行社）を参照されたい。

本書の訳出にあたっては、英語やアラビア語だけでなく、フランス語・ペルシャ語・デンマーク語・ラテン語等の固有名詞や引用、成句が頻出するので苦労した。デンマーク語は著者に、ペルシャ語・ラテン語等は金沢大学の元同僚で言語学者の柘植洋一名誉教授に読み方を教えていただいた（著者には、もちろんそれ以外にも多くの質問に答えていただいた）。それらの日本語表記方法については凡例に書いておいた通りであるが、読み方の不正確さや一貫性の欠如が残っているならばもちろん訳者の責任である。また引用文については、日本ではすでに訳書のある本についてはその訳文を借りる人が多いが、本書では原書が英語以外のものも英語版から引用している場合が多く、原書と英語版と日本語版をすべて入手して引用箇所を探し出すのは容易でない。著者ができるだけ早く日本語版を刊行して欲しいと望んだこともあり、訳者はそうした例に倣わなかった。ただし、コーランからの引用は、章と詩篇番号が注記してあって日本語版を容易に参照できたので、藤本勝次・伴康哉・池田修訳『世界の名著18　コーラン』（中央公論社、一九七〇年）の訳文を借用させていただいた。また、「参考文献」中、訳書のあることが分かったものはそれを付記しておいた。

最後に、風行社の犬塚満氏には、今回も快く訳書刊行を引き受けていただき、丁寧な編集をしていただいたことに、厚く感謝申し上げたい。

二〇一八年一月、金沢にて

鹿島正裕

[人名索引]

【か行】

【さ行】

【た行】

【な行】

【は行】

【や行】

【ら行】

【わ行】

【訳者略歴】
鹿島正裕（かしま　まさひろ）
1948年新潟市に生まれる。東京大学教養学部、同大学院社会学研究科で国際関係論を学ぶ（2001年同大学院総合文化研究科より学術博士号を取得）。1980－82年にエジプト・カイロ大学で客員助教授を務めた後1982年から2013年まで金沢大学の法学部、ついで人間社会学域国際学類で国際関係論を教え、現在は同大学名誉教授、2014-18年放送大学特任教授。主要著作に『ハンガリー現代史』（亜紀書房、1979年）、『中東戦争と米国』（御茶の水書房、2003年）、『21世紀の世界と日本（改訂版）』（編著、風行社、2004年）、『国際学への扉（改訂版）』（共編著、風行社、2012年）、『中東政治入門（増補新版）』（第三書館、2013年）、『アラブ・イスラエル和平交渉』（アイゼンバーグとキャプランの共著の翻訳、御茶の水書房、2004年）、『民主化かイスラム化か』（ダウィシャ著の翻訳、風行社、2013年）、『チュニジア近現代史』（パーキンズ著の翻訳、風行社、2015年）等がある。

イスラム主義――新たな全体主義

2018年3月5日　初版第1刷発行

著　者　メフディ・モザッファリ
訳　者　鹿　島　正　裕
発行者　犬　塚　　満
発行所　株式会社 風　行　社
〒101-0052 東京都千代田区神田小川町3－26－20
Tel. & Fax. 03-6672-4001
振替 00190-1-537252
印刷・製本　中央精版印刷株式会社
装丁　安　藤　剛　史

ISBN978-4-86258-113-6